汉语文化语用学

Pragmatics in Chinese Culture

第三版
Third Edition

钱冠连 著

清華大学出版社
北京

内容简介

《汉语文化语用学》是国内外首部以汉语文化为背景的语用学专著，其构建体系与以英语文化为背景的语用学同中有异。主要内容有：语境干涉、附着于人的符号束的参与、智力干涉、语用原则与策略、语用的体现关系、宽式语用学以及语用学也可以称为"人文网络言语学"。本版主要对"语用学的哲学渊源"这部分内容进行了更详尽地讲解；同时，对上一版的文字和排版作了细微的修正和调整。

主要读者对象为高校外语专业与中文专业本科生、硕士生、博士生等。

版权所有，侵权必究。举报：010-62782989，beiqinquan@tup.tsinghua.edu.cn。

图书在版编目（CIP）数据

汉语文化语用学 / 钱冠连著 . —3 版 . —北京：清华大学出版社，2020.4（2025.2重印）
ISBN 978-7-302-55178-2

Ⅰ.①汉… Ⅱ.①钱… Ⅲ.①汉语—语用学 Ⅳ.① H13

中国版本图书馆 CIP 数据核字（2020）第 049576 号

责任编辑：刘细珍　周　航
封面设计：子　一
责任校对：王凤芝
责任印制：杨　艳

出版发行：清华大学出版社
　　　　网　　址：https://www.tup.com.cn, https://www.wqxuetang.com
　　　　地　　址：北京清华大学学研大厦 A 座　　邮　编：100084
　　　　社 总 机：010-83470000　　邮　购：010-62786544
　　　　投稿与读者服务：010-62776969, c-service@tup.tsinghua.edu.cn
　　　　质量反馈：010-62772015, zhiliang@tup.tsinghua.edu.cn
印 装 者：涿州市般润文化传播有限公司
经　　销：全国新华书店
开　　本：155mm×230mm　　印　张：23.25　　字　数：389 千字
版　　次：1997 年 7 月第 1 版　　2020 年 4 月第 3 版　　印　次：2025 年 2 月第 5 次印刷
定　　价：98.00 元

产品编号：086448-01

有人从社会网络那里开挖打地道，

又有人从语言运用那里开挖打地道，

结果，两个地道口在语用学那里汇合。

——本书作者

各类学生必读书目,汉语界称其为"钱氏语用学",并将其推衍为另类书目述之、评之研之者众,早有外语学者跃跃欲试外译一九九九获广东省社科奖三等。虽如此,断不敢称其有云章星斗之华、闽中肆外之气,焉几可称可叩可款之门欤?本次修编,重在

导言第三节 语用学的哲学渊源 大段增

序《漢語文化語用學》(三版)

拙著蒙清華出版社厚愛，一九九七首版，未幾二〇〇二再版。時如白駒過隙，今歲距首版已二十有三。拙著告罄抑市有年，仍有海外讀者詰予何處可求，亦有港台學人呈書求簽，亦有日本學人報導、問訊。是書曾由國家教委定為研究生研教用書，北大、南開、浙大咸列入

其上耶?

钱冠连文弄书

补，以期對源頭尽可能精雕细鏤。但予已过杖朝之年又二，無力全書大修矣。予尝自問：學人砣砣，窮年伏案運奠苦爲？自答曰：惟愿发現一普古价值之新思想，以富人类之精神宝庫。

茫茫四海，遠眺斯書，不啻一葉輕舟，君若跳乘其上，或可中華文化之敦厚、穩固與溫存。諸君盍試躍感

第一版他序（一）
——季羡林

钱冠连教授的近著《汉语文化语用学》，即将在清华大学出版社出版问世。蒙他垂青，索序于我。这实在出我意料，真是受宠若惊。谈到语用学，要说我一点都不懂，那不是谦虚，而是虚伪。要说我懂得很多，那无疑是吹牛。我的水平大概处于小学与中学之间。我读钱先生这一部近著的过程，就是我学习的过程。这绝不是像书中所说的那样的"语用策略"，而全是大实话。以我这样的水平竟敢佛头着粪来写什么"序"，岂非天大的笑话！

然而我却感谢钱先生的殷殷感情，情不可却，又感谢本书中那些前无古人的精辟的见解，开我茅塞，把我的水平一下子从中小学提高到大学预科。我立即动手来写这一篇序。在这样的情况下，我对本书的内容，宛如游夏诸贤，不敢赞一辞。我只有一条路可走，那就是借题发挥。

多少年来，我就考虑一个问题：为什么在国际学术之林中，中国学者的声音几乎一点都听不到？中国的文化积淀不比世界上任何国家差，中华民族的聪明智慧也不比世界上任何民族低。在国外，在人文社会科学范围内，新学说层出不穷，日新月异，彪炳宇内，煞是热闹。有的学说简直像"蟪蛄不知春秋"，生命并不长久。我曾套用赵瓯北的诗："江山年有才人出，各领风骚数十天。"然而，反观国内，则噤若寒蝉，一片寂静。

原因何在呢？

要找原因，并不困难，远在天边，近在眼前。专就语言学而论——其他人文社会科学也差不多，我现在先置而不谈，——有个别的学者患了明显的"贾桂病"，总觉得自己这也不是，那也不行，在"老外"面前挺不起腰板来。一提到中国的语言理论，他们的鼻子都想笑歪。大部分搞中国现代汉语语法的学者，他们那一套分析的方法，我总觉得是受了西方的影响。这影响自《马氏文通》以来就存在于我们的汉语研究中。最近几年，我才豁然顿悟，西方印欧语系的语言同中国的汉语不是一码事。西方的基本的思维模式是分析的，而东方的，其中当然包括中国的基本的思维模式是综合的。表现在语言上，就形成了西方与中国的语言的差异，在中国首先是汉语。这个问题相当复杂，绝非三言两语能够说明白的。简而言之，最明显的差别就是西方印欧语言有形态变化，字与字之间的关系尽量用语法变化的形式来表达得尽可能清楚。而汉文则既无形态变化，词类的区分又往往并不泾渭分明，总之是有点模糊。汉语的模糊性，多少年来就受到了谴责。有人说——是不是鲁迅先生？——中国人语言模糊就说明思想糊涂。鲁迅先生等人，曾企图改造汉语，有一段时期使用"的""地""底"三个字，把英文 historically 译为"历史底地"，一时成为严肃的笑话。从世界最新科学的发展来看，万事万物没有哪一个是绝对清楚的。汉语的优点正在于它的模糊。研究汉语，就首先应该抓住汉语的这个特点，用西方语言的理论来硬套是不行的。也只有这样才能真正创立自己的理论。有人把中国学者没有发出声音称为"失语症"。找准了病源，开个药方，并不是办不到的事情。

在西方学者方面，他们或多或少，有意识地或者潜意识地，难免还有"天之骄子"的思想。他们昧于东西文化的根本区别，他们不知道，研究人文社会科学，西方的资料只占一半的分量。钱冠连教授说得好："缺了以汉语为语料的语用学专著的语用学学科，就像缺了一个方面军的大集团军那样不可思议。"语用学是这样，人文社会科学的其他学科何独不然！可惜目前懂得这个道理的人还不算多。东方和西方都有懵懵懂懂者。只有懂得这个道理的人多了起来，全世界人文社会科学各个学科才能真正成为完整的学科。看来要想完成这个理想的任务，只能等到 21 世纪了。

我的借题发挥就到此为止。现在再回到钱冠连教授的这一部《汉语文化语用学》这里来。我那一套一得之愚，钱先生未必都会同意。但是，他写作本书的基本精神，我认为，却是同我的一些想法不谋而合的。因此，尽管我在决意写这一篇序时心中确有诚惶诚恐之感，可是，现在写完一看，并没有离题太远，不知读者诸君以为如何？

1997 年 3 月 7 日
一气呵成，时窗外春风吹拂，柳露鹅黄

第一版他序（二）
——王宗炎

语用学是一门年轻的科学，可是在中国的际遇不错。热心把语用学引进的，大有其人；努力把语用学发展的，也有好几个。在这些引进者和发展者当中，钱冠连先生占有显著的位置。

搞语用学，钱先生有好些优势。第一，他年富力强，而且思想敏捷。第二，他得到广州外国语学院（现广东外语外贸大学——编辑按）领导的支持。第三，1992 年他有机会到国外深造，在那里读了不少名著，并且与各国学者接触，获得了启发和激励。

眼前这本书——《汉语文化语用学》——是钱先生长期研究的成果。本书有丰富的汉语材料，国外的语用学著作与它是无可比拟的。这个优点一眼就能看出，本文用不着多讲。我个人关心的倒是，钱先生多年来锲而不舍，他的理论建设最后在哪里表现出来。

据钱先生在《读书》杂志发表的文章说，他啃外国著作虽则啃了十多年，可是只有最近才发现，语用学原来是"人文网络言语学"。"我们在做语言环境的奴隶，不折不扣的奴隶。""我们是在受非语言环境的左右，也受语言性环境（上下文）的左右。"在语用学文献中，这样尖锐而干脆的话是很少看到的。

社会人文网络由什么组成呢？钱先生说，由人（自然的人，这在语言系统之外）和社会（这也在语言系统之外）共同组成。语用是一种功能系统，它"完全建立在社会行为之上"，"完全建立在人和人文网络对语言干涉的基础之上"。

对于上面这种判断，我是赞同的，但是想补充两点：

第一，社会人文网络不是一成不变的，因为人在不断地变，社会也在不断地变。就中国来说，把改革开放前的社会人文网络与改革开放后的社会人文网络相比，分明大不一样。与此相应，汉语的语用规范也应该有不少地方改变了。

第二，一个人与社会人文网络的关系，到底是怎么样的呢？人在社会人文网络中的行为，是完全被动的呢，还是仍有一定的能动性、主动性呢？从许多人的经验看来，人虽然受到社会的制约，可还不是被五花大绑捆得死死的。

当奴隶是不自由的，然而一个人"当了奴隶"依然有某种程度的选择权；人处在社会人文网络中，当然要受到种种的限制，然而同时他也获得多方面的指引和支持。人有失也有得，不能只怪罪社会而不感谢社会，这是我的看法。这个看法对不对，请钱先生赐教。

1997 年 5 月 2 日

于中山大学回春楼

面对三位先生的期待
——第一版作者自序

我为什么要写这部书？

作为一家之言，我知道这声音既不是玉磬击明堂，又不是朱瑟奏雅室，但我还是冒险喊出，自有它难解的情结。

1992～1993年，我有幸在国际语用学会研究中心（设在比利时的安特卫普大学）搞合作研究，接触到浩如烟海的语用学资料。然而令我脸红的是，竟没有一本中国人写的语用学专著，更没有以汉语为语料、以汉语文化为背景的语用学专著！我们当然不必把这事儿扯到中国人行不行的问题上去。因为中国人的本领是世界公认的。但是，缺口必须填补。事情总得要人做起来。

早在出国之先，就有三位先生的话如重锤时时敲在我的心上。

吕叔湘："介绍的目的是借鉴，是促进我们的研究，我们不能老谈隔壁人家的事情，而不联系自己家里的事情。"（陈平，1991）此外吕先生还"一直为我国外语界和汉语界不相往来、'两张皮'的现象深为忧虑"（沈家煊，1996）。

王宗炎（1994）："中国的学者不研究中国问题、汉语问题，拿不出本土的材料来，很难说完成了自己的任务。"

许国璋（1991）："语言学界的学术活动，大体分两类：中文系学人以音韵、训诂、方言、汉语语法的研究为主；外文系学人以介绍、解释国外诸语言学派的论点为主。两者未见汇合。"此外他"欢迎引进，但不欢迎照搬；欢迎借鉴外国资料，更欢迎开发本国资源"（刘润清，1995）。

于是，我们面对一种忧虑。于是，我们又面对殷切甚或焦急的期待，极有意义的期待。说期待是"殷切甚或焦急"，是因为在我们的记忆中，这类似的号召，不知道发过多少次了，却不曾见落到实处的响应。不落实，期待只能是无期之待，于是才有了吕先生的"深为忧虑"。说期待是"极有意义"，是因为实践这个期待，在战略上、战术上，对我国语言学界甚至其他学界，是一种思维定势上的改造。有过这样的说法：大陆提出问题，海外解决；海外提出理论，大陆引用。听到这样的话，我们是不是感到寒心？20世纪80年代早期，在湖北的一次语言学年会上，报告过这样的消息：在一次国际语言学会议上，有洋人说，中国还没有语言学。在那次国际会议上，我国的一位颇有成就、有影响的语言学家只能作为旁听代表。凄凉也罢，气愤也罢，我们都得认了。

短短的十多年过去了，我们的语言学研究有了惊人的发展。欢呼一下也可以。但是，上面三位先生的话，言犹在耳。新的任务直逼我们面前。

与其袖手旁观，不如从自己做起。我要做做"自己家里的事情"，试着把"两张皮"弄成一张皮，努力"拿出本土的材料来"，用心"开发本国资源"。即使我做得有毛病甚至大有毛病，我的同胞也会谅解我的。我这样想着，也就做起来了。

但是，写一本以汉语文化为背景的语用学专著的念头早就起了。1990年我在全国首届语用学研讨会后的一个综述报告中问道："在一套符号系统里可以生存、发展的语用学，在另外一套（语言）符号系统里就没有解释能力了，这说得过去吗？"当时，在我的头脑里，"另外一套语言符号系统"就是指的汉语。

就是上面这些原因催生了本书。

本书写作时，国外的语用学资料不谓不多了，引进也不少。可是，这本书里，它们只会被拿来与汉语对照，不会当成基本框架。理由有二。其中之一是：上面三位先生的教诲一定是有一番道理的。我想老老实实地实践一下，试探一下，"隔壁人家的事情"怎样和"自己家里的事情"联系呢？联系了有什么好处呢？"拿出本土材料"会别有一番什么样的天地呢？"开发本国资源"会有什么样的景观呢？理由之二是：不同的文化就会生出不同的言语行为，不同的言语行为，就会生出不同的语用策略，于是就会抽象出不同的语用原理与原则。为什么一定要拿西方语言（比如说英语）的语用原理与原则来代替汉语的语用原理与原则呢？我承认你根据你的实际抽象出来的理论是对的，你为什么就不能承认我根据我的实际抽象出来的理论是对的呢？本书作者无意故意和洋人闹别扭以自抬，并且认为，能为我用的洋而故意不用，这是毫无意义的标新立异。但是，如下的信念是不会错的：从汉语的事实里抽象出来的语用原理与策略，绝不会矮人家半截儿。这里，权将拙著第一章第一节里的一段话先引用如下：

> 《汉语文化语用学》不可能是搬用英语文化语用学的原理作为"帽子"，然后采取西洋帽子＋汉语例子的貌合神离模式。汉语文化语用学，只能是从地道的汉语文化事实出发，抽象出真正符合汉语文化的语用原理、原则与策略。可以预料到，汉语文化语用学既有部分地与别种语言文化语用学相覆盖的理论、原则与策略，更有汉语文化独特的理论、原则与策略。理想的汉语文化语用学，应该是汉语文化与语用规律的水乳交融，从语料到术语到原则到策略，都应该是地地道道的汉语文化本性。

但愿本书真能如此。

此书于1990年10月开始着笔，但是，上面说过，写此书的念头早在1990年初就生发了。此后，由于一种科学上的好奇心，又不想踩着洋人的脚印走到底，便真正地留心起汉语材料来。另一方面，又毫无恶意地但有意识地寻找了一些"冒犯"洋人的题目做了开来。这样干的结果，便产生了一批在全国高校外语学刊上出现的论文：《语言冗余信息的容忍度》《言语假信息——兼论 Grice 合作原则的拯救》《不合作现象》《面相身势与话语必须和谐：一条会话合作原则》《语用学在中国的起步与发展》《〈语用学：语言适应理论〉评述》《语言符号的局限与语用学》《言语的生命意识》《论构建语用推理模式的出发点》《文化共核对翻译和语用失误的调剂》《语言功能不完备现象》《新格赖斯语用机制新在哪里？》等。当我现在系统地构建这本书的框架的时候，便不无趣味地发现，这一系列的文章，基本上都并非巧合地围绕着一个思路，即：在借用外面东西的时候，也在寻找适合中国特点的东西。适合中国特点的东西到底是什么呢？现在比较清楚了，是汉语文化的语用原则，就必须向汉语文化的本性回归。现在写出的这本书，当然是上面系列文章的思路的发展,尽管如此,这些文章也不能像砖头那样搬来就往墙上砌,必须修改、补充,因为原来的文章毕竟有大量的英语文化背景。

审阅过本书的理论框架并提出了许多很好的修改意见的先生有:中山大学的王宗炎教授、上海外国语大学的戚雨村教授、河南大学的徐盛桓教授、复旦大学的熊学亮教授、湖南师范大学的易仲良教授、北京大学的高一虹副教授、华中师范大学的陈宏薇教授、北京语言学院(现北京语言大学——编辑按)的周换琴副教授。没有他们无私地贡献各种意见,本书不可能有如今这个样子的。我对他们怀有深深的敬意并在此表达我的谢意。

清华大学出版社的同志们,在我写作此书的过程中,给了我许多细致的帮助和鼓励。1996 年的广州的春节,十余天寒潮氤氲,冷雨纷飞,是几十年之仅见,在我面对电脑的硬屏冷盘操作之时,此书的责任编辑北方来电慰问。虽然隔着千里,话筒传过来的声气,却也是温温的、暖暖的了。后来他还邮来了禅宗方面的资料,助我禅宗公案那一章的写作。信中说:"人生痛快事,文思泉涌时。能找到一个开创性的课题做,一展智慧才华,幸莫大焉。"我明白,虽然我离这一境界尚远,出版社如此鼓励他们的作者,用心却也良苦!我想,这个出版社对作者的工作做得这样细致,一能使读者明白他们的极高声誉是如何得来,二能督促我竭力殚精,务必不使热望付之东流。

另外,我还想感谢贤惠的妻子,是她承担了全部的家务,让我得以潜心写作,神闲气定地思考,遂有今日之果(但不敢断言为"正果")。

语用学大家巨擘如林,自知"观于海者难为水,游于圣人之门者难为言"(孟子:《尽心》)。既然不是黄钟大音,拙著就权充竹管律吕之声。这本写语言运用的书,按说,它本身应该是思想绵密,语言清澄;不说文采壮丽、引簪挥鞭吧,至少也应该会词切理。可是,写成之后,除了感觉自己尚能老老实实从汉语实际出发以外,还深感瑕疵颇多,或一叩而语穷,或一发不可收拾。这两个极端都不好。愧矣!

作者

于广东外语外贸大学

1996 年 7 月 23 日

自己的声音
——第二版序

　　1997年《汉语文化语用学》问世后,从各方面传来了与它有关的一些消息。有些外语院校以它为教材或必读书,一些中文系也以它为教材开了课(这正是作者的初衷之一:多年来,中文系与外语系学人两不搭界的事,如块垒在胸,此书能为两界学人做一点穿针引线之事,也是我响应了前辈的号召),美国国会图书馆收藏了它,日本《言语》杂志1998年第1期(Vol. 27)报导了我在中国第五届语用学大会(1997年8月,长春)上就本书的发言,国际语用学学会秘书长Jef Verschueren在同一个会闭幕式上的讲话中对此书也有一些积极评价,国际语用学会会刊 PRAGMATICS 11:1 (March, 2001)对它有一短小介绍,日本关西大学一副教授在日本《语言》杂志(2000年第5期)详细介绍了《汉语文化语用学》,清华大学出版社也传来关于韩国某大学索讨此书作为教材的事,后来广东省给了它一个小小的社科奖。再后来便传来南京大学社科文献价值评估中心(此名不甚确)关于此书较多被引用的消息。

　　上面这些消息都远远不能证明这本书就真正有价值。一本书有无价值或许能在50年后看出一点眉目。我的意思仅仅是,著书立说,还是要有一点自己的声音。只要是自己的声音,无论强弱,无论对错,甚至有许多可以挑剔的东西,读者还是愿意倾听的。——这也许是这本书能给我自己的一点启示。我理解我的外语同事们专注于对国外理论的介绍与解释,他们也能理解我在介绍与解释国外理论的同时，掺和一点自己的声音。趁本书入选教育部推荐研究生教学用书之机，我愿意说出这样的想法与愿意倾听我的读者共勉。

这次再版，增加了两节。一节是"语用学的哲学渊源"，另一节是"国内外语用学选题对比研究"。我以为这两节对愿意研究语用学的人会稍有帮助的（选题是研究最关键的一步）。也趁再版之机，对初版的排版与文字错误做了一些订正。在这一耗时费力的劳作中，第二版的责任编辑尽心尽力，多次与我磋商，尽可能将一切误讹之处改正了过来。我特别感谢我的挚友、湖北民族学院的汤贤均教授与精美的牛津高级英汉双解词典的编译者、香港大学的李北达教授对此书摘误指谬、详细匡修。后者来信说，他"对书中的错误采取了零容忍度"。对错误的零容忍度就是对科学的百分之百的忠诚。

作者

于羊城冬收斋

2001 年 4 月 15 日

阅读指南

第一章 导 论

本书第一章的第五节与第六节，分别介绍了国外与国内语用学的发展概况，资料丰富，叙述详细。第五节"国外语用学发展概况"用心在为汉语界的读者提供一点方便，外语界较熟悉这方面情况的读者可以略读，甚至跳过不读。第六节介绍国内语用学发展概况，"刘鸿的语用观"部分，外语界读者可详读，汉语界读者则可略读；"作为独立学科的语用学研究起步的十年"以后的部分，外语界和汉语界的读者可分别作出详览或略读处理，不必逐一追章索句。第七节专论国内外语用学选题对比研究，对青年学者们有导向作用，或可详读。

第二章 语境干涉

对语境实质的认识，直接关系到下面这一命题：语用学实质上就是人文网络言语学。

语境干涉——对语音、句式的干涉，对说话人（使用策略）的干涉——就是社会人文网络干涉我们说话，这是一开口就要发生的事，只是我们自已没有察觉出来。一旦意识到这一点，就会理解为什么语用学可以叫作人文网络言语学。

从很多方面可以论证出语用学是对语言符号局限性的补偿。因此，必须重视语言符号局限性的说明。

这一章突出了语境句与零语境句的对立，明确这两个术语的对立的好处是：(1)迅速抓住语法和语用学的区别；(2)几乎就抓住了语用学的主要内容。

第三章 附着（于人的）符号束的参与

一切伴随着人、附着于人的符号，如声、气、息、面部符号、身势符号、伴随的物理符号（物体），形成了一个与话语同步的符号集合，于是成为符号束。

为什么它们是语用学研究的对象呢？因为有的（如伴随物）具有超载意义；有的（面相身势）可以补充信息量的不足，鉴别信息的真假，调理话不对题，澄清模糊不清的方式，甚至可以代替话语在谈话的一切层次上发挥作用（一个民族的文化特征在面相身势体系中最顽固地被保留了下来）；有的（如声、气、息）是将意向含义渗透到话语里去的极重要的手段。

第四章 智力干涉

从言语事实中发现，语用推理走纯粹形式化的路子走不通，于是人的智力就必须进入语用推理之中。听话人不断寻找并抓住合适感觉的过程，这也就是所谓的智力干涉。

要得到话语的特殊含义或一般含义，可以用逻辑的、直觉的、认知的、语言的（句法的）、非语言的（其他符号的），诸般综合手段，允许犯错误，允许改正错误，参照语境，通过智力干涉，找出真实的话语含义，这就是语用推理的基本出发点。

语用推理模式只能大——把握几项基本的出发点，不能小——毋须细致的纯粹的形式化手段。这几个大的出发点是：简单自然、混成符号束同时工作、语境干涉推理、智力干涉推理。

第五章 语用原则与策略

本章花了很大的气力去讨论五花八门的、有趣又繁杂的语用策略。为什么呢？因为不这样就对下面这样的结论不信服：

五花八门的策略，与其说为了交际成功，倒不如说就是接受了社会人文网络（社会文化、风俗习惯、行为准则、价值观念、历史事件等）对人的干涉。

明白这一点就是接近了语用学的实质：语用功能理论系统完全建立在语言符号关系之外，换句话说，完全建立在人对语言干涉的基础之上！用"功能不完备原理"去解释，就是说，语用功能理论系统完全是靠语言系统之外的人及社会这两个系统补充而成的。

第六章 语用的体现关系

语用学不在符号层次上操作，为什么本章要不厌其详地介绍句法、文学、翻译、甚至禅宗公案呢？

为了说明语用学"三带一理论"的渗透事实。"三带一理论"解释了语用分析可以在句法、文学与翻译等方面体现出来，也在语言运用的某些特殊场合（如禅宗公案）中体现出来。不妨这样认为，这种关系也就是语用分析介入了其他学科，比如说，介入了句法，介入了文学，介入了翻译，介入了禅宗公案，等等。

如果这样做成功了，就会体味到语用学是一个非常有用的、有生气的、有生命力的学科。

第七章 宽式语用学的一个例子：会话分析

本章只须注意：（1）为什么要研究对话；（2）对话的结构形式和可能出现的情况以及对话的连贯机制。

第八章 语用学：人文网络言语学

这一章很短，但却令人割舍不下。结论再明白不过了，我们不再重复。只是建议读者：钱钟书等人关于符号系统与意识形态"相互重叠"的论述非常有意思，反复琢磨，真有一种洞穿的体味。

只要你一说话，这个人文网络就跑出来纠缠你，它也要"说话"，并且还真能操纵你！前面七章已经说明了这个问题，这会儿，你只需要做结论了。

目录

第三版序 …………………………………………… ii

第一版他序（一）——季羡林 ………………… vii

第一版他序（二）——王宗炎 ………………… xi

面对三位先生的期待——第一版作者自序 ……… xiii

自己的声音——第二版序 ………………………… xvii

阅读指南 …………………………………………… xix

第一章　导论 ……………………………………… 1
  第一节　"汉语文化语用学"诠释 ……………… 1
    一、不同的语言文化共用的语用原理 ………… 1
    二、不同的语言文化升华出不同的语用原理 …… 2
    三、西方语言文化语用学对"禅门公案"
        无能为力 ……………………………………… 6
  第二节　什么是语用学 …………………………… 9
    一、语用学的定义 …………………………… 9
    二、语用学的课题不能封顶 ………………… 23
    三、语用学是"对语言任何一个方面的
        功能性综观" ……………………………… 24
    四、语用学的实质 …………………………… 25
  第三节　语用学的哲学渊源 ……………………… 26
  第四节　研究对象与研究方法 …………………… 37

  一、研究对象……37
  二、研究方法……40
 第五节 国外语用学发展概况……41
  一、语用学尚在幼年时代……41
  二、哲人的探索……41
  三、奥斯汀与言语行为理论……42
  四、赛尔与言语行为分类……42
  五、格赖斯与"会话含义"……42
  六、列文森与描写语用学……43
  七、利奇与《语用学原则》……43
  八、威尔逊和斯波伯的关联理论……43
  九、维索尔伦与语言适应理论（以及综观论）……45
  十、新格赖斯语用机制……50
 第六节 我国的语用学研究……51
  一、刘勰的语用观……51
  二、作为独立学科的语用学研究起步的十年……62
  三、1990年以后的状况……66
  四、对我国语用学研究的基本估计与展望……70
 第七节 国内外语用学选题对比研究……72
  一、报告我国语用学者的选题状况……73
  二、报告国际语用学者的选题状况……78
  三、两点结论……82
  四、我国语用学如何向前发展……82

第二章 语境干涉……87
 第一节 什么是语境干涉……87
  一、何谓语境……87

二、何谓语境干涉 ·· 90

第二节　语言符号的局限邀请语境介入 ···················· 96

　　一、语言符号是有局限的 ··· 96

　　二、语言符号的这种局限性从何而来 ················· 100

　　三、语境介入又如何 ··· 101

　　四、语境克服线性造成的语言局限 ····················· 105

　　五、小结 ··· 106

第三节　在语境上操作的语用推理 ······························ 107

　　一、上下语作为语境对话语干涉的几个例子 ···· 107

　　二、推理可以在语境上操作 ································· 109

第四节　语境使符号信息量膨胀 ··································· 112

　　一、一个词所产生的附加信息量 ························· 112

　　二、句子在语境中产生的意义膨胀 ····················· 116

　　三、语篇在语境中的意义膨胀 ····························· 116

第五节　零语境句与语境句 ··· 117

　　一、零语境句与语境句的对立 ····························· 117

　　二、从语境句激起的反应看语境句的功能 ········ 119

　　三、一种特殊的语境句——跨时空语境句 ········ 119

第三章　附着（于人的）符号束的参与 ···················· 121

第一节　什么是附着符号束 ··· 121

第二节　附着符号束参与言语活动的前提 ·················· 123

第三节　伴随物的参与 ··· 124

第四节　面相身势的参与 ··· 126

　　一、面相身势与话语内容和谐 ····························· 127

　　二、两者的和谐一致对成功的交际具有
　　　　普遍意义吗 ·· 129

xxv

三、所谓会话合作不只有一个层次 ················ 131
　　　四、面相身势与话语和谐对成功的交际
　　　　　有何功能 ······································· 132

　第五节　声、气、息的参与 ····························· 134
　　　一、声、气、息是人的生命迹象，亦即言语的
　　　　　生命意识 ······································· 134
　　　二、某些无标记的句子（语用学里的"零语
　　　　　境句"）配上不同的声、气、息，就会有
　　　　　不同的隐含意义 ······························· 137
　　　三、违反三项配合对语用含义的影响 ············ 137
　　　四、语调的意向含义 ······························· 137

第四章　智力干涉 ··· 143
　第一节　智力干涉：合适感觉的选择 ················ 143
　第二节　语用推理为何不能走纯粹形式化的道路 ···· 148
　　　一、推理模式的势头缘何而起 ···················· 148
　　　二、这些语用模式的问题 ··························· 153
　　　三、语用推导模式应该有什么样的出发点 ······ 157
　第三节　智力必须进入语用推理模式 ················ 159
　　　一、为什么智力必须进入语用推理模式之中 ··· 159
　　　二、禅门对话中智力干涉（语用推理）的特
　　　　　殊性 ··· 160

第五章　语用原则与策略 ································· 165
　导言 ··· 165
　第一节　目的—意图原则：兼论合作不必是原则 ···· 167
　　　一、目的—意图原则的定义与由来 ··············· 167
　　　二、合作不必是原则 ······························· 168
　　　三、目的—意图原则 ······························· 174

四、意图在语用学中的分量 ································180
第二节　语用策略：得体及其他 ································181
　　一、言语得体策略 ································181
　　二、谢绝夸奖 ································186
　　三、虚抑实扬的恭维 ································188
　　四、把对方当第三者 ································188
　　五、把自己当第三者 ································189
　　六、借第三者之口说出自己的意思 ································190
　　七、多种言语行为与礼貌策略伴随 ································191
　　八、运用权威 ································193
　　九、回避策略 ································195
　　十、表面一致而事实否定 ································196
　　十一、以行代言的答复 ································197
　　十二、禅宗公案极端手段与机巧策略 ································197
　　十三、小结 ································200
第三节　面相身势与话语和谐原则 ································200
第四节　假信息策略（假信息论）································201
　　一、什么是言语假信息 ································201
　　二、利害假信息 ································202
　　三、功能假信息 ································202
　　四、能不能立即让对方从假信息中悟出真
　　　　信息来是区别功能假信息和利害假信息
　　　　的标准 ································204
　　五、假信息的证实背景 ································204
　　六、言语假信息论与语用学 ································206
　　七、假信息论与得体 ································206
　　八、假信息论与修辞（夸张与比喻等）································207

九、假信息的两种情况 …………………………… 207
第五节　适当冗余信息策略（冗余信息论）……………… 208
　　　一、什么是语言冗余信息的容忍度 ………………… 208
　　　二、容忍度的三种情形 ……………………………… 210
第六节　容忍语用失误策略（语用失误的容忍度）……… 215
　　　一、什么是"语用失误" …………………………… 215
　　　二、跨文化交际中的语用失误的容忍度 …………… 216
　　　三、汉语文化中的语用失误的容忍度 ……………… 217
　　　四、避免语用失误的选择与修辞 …………………… 227
第七节　从功能不完备原理到语用学的实质 ……………… 230
　　　一、什么是"功能不完备原理" …………………… 230
　　　二、功能不完备原理的深层原因 …………………… 232
　　　三、从功能不完备原理到语用学的实质 …………… 233

第六章　语用的体现关系 …………………………… 235

导言 ………………………………………………………… 235
第一节　句法体现 …………………………………………… 236
　　　一、对句型作语用分析的理论准备 ………………… 236
　　　二、句式形成与变化的语用理据 …………………… 239
　　　三、语用介入句法的另一种形式：消除歧义 ……… 248
　　　四、研究语用介入句法有两种方法 ………………… 248
第二节　文学体现 …………………………………………… 251
　　　一、体现之一：整个作品的语用含义 ……………… 252
　　　二、体现之二：人物对话的语用含义 ……………… 254
　　　三、体现之三：语境干涉 …………………………… 257
　　　四、体现之四：附着符号束的参与 ………………… 259
　　　五、体现之五：智力干涉 …………………………… 268
　　　六、体现之六：语用原则与策略 …………………… 270

第三节　翻译体现 ·············· 273
　　一、本书对翻译可译性与翻译等值的观点 ······ 274
　　二、翻译的语用观 ·············· 276

第四节　禅门公案体现 ·············· 293
　　一、为什么全方位对禅宗的考察中没有
　　　　语言学的位置 ·············· 293
　　二、不立文字的宣言与文字禅的事实 ······ 294
　　三、禅门对话的三个显著特点 ·············· 295
　　四、语用学如何切入禅门公案 ·············· 298
　　五、禅宗对话对语用模式和各种语用原则和
　　　　准则的启发 ·············· 300
　　六、禅门公案在汉语文化语用学中的安顿 ······ 301

第七章　宽式语用学的一个例子：会话分析 ·············· 305
　　一、会话（也称"对话"）的结构层次 ·············· 305
　　二、对话的结构形式和可能出现的情况 ·············· 308
　　三、对话的连贯机制 ·············· 312
　　四、语境与会话 ·············· 314

第八章　语用学：人文网络言语学 ·············· 315
　　一、语用学的社会成分 ·············· 315
　　二、语用学的语言成分 ·············· 320
　　三、西方语用学定义的缺陷 ·············· 321

第一版后记：简单的与美的 ·············· 323

主题词与关键词索引 ·············· 325

主要参考书目 ·············· 331

Outline of the Book ·············· 339

第一章 导论

第一节 "汉语文化语用学"诠释

一、不同的语言文化共用的语用原理

　　隶属于不同的语言文化的人,可以共享某些语用策略,或者对某些语用原理有共同的认定,这一现象是我们语言研究者的共识。达到这一共识几乎没有什么困难。我们这样说,丝毫不意味着国外来的语用原理和策略有多么神奇,或者它们天生下来就比汉语语用原理高出一头,这不过是由语言的共性决定的,或者说是由于人性和心理有着部分共同性,人类有着共同的生理机能而已。对于大家很容易统一意见的部分,这里(以及本书的后面各章)就不必加以讨论了。对于这样一些共通的语用原理及其策略可以直接拿来借用。这句话很容易被误解,以为借用就是将英语例子改译成汉语例子就得了。这便是所谓"照搬原理,改译成相应的句子作例句"的懒办法。世界上怕是没有这样便宜的语言研究吧?

　　若是这样投机取巧,以改头换面为主要思路进行研究,就会碰到至少两个不可逾越的障碍:一是两种语言的语言形式不同,对它们的语用观照和解释就会根本不一样,怎么换译成相应的句子?比如1995年11月6日上午，广东人民广播电台新闻台节目主持人介绍以色列总理拉宾遇刺时说了这样的话："这位世界人民尊敬的政治领袖……这位犹太青年阿米尔……"后面的"这位"是一个明显的语用失误。阿米尔是刺杀凶手，指称他不宜用表示尊敬意图的"这位"，而应该用强调憎恨意图的另外指称，至多也只能用一个感情色彩中性的"这个"。在引用这个例子时，若照搬到英语，就没法找到类似区别的两个成对的指示词语。我们可以用 this 来代换"这个"（还可以用定冠词 the 代换），但是，this 也可以代换"这位"，这样，就找不到与 this 成对的可用来指代具有尊敬意图的"这位"的词了。这是一个小例子，而且，英汉两种语言你中无我、我中无你的语言形式不会少，你怎么能够"照搬原理，改译成相应的句子作例句"？

第二个不可逾越的障碍是文化心理不同，语言心理不同，言语行为也就不同，这也无一隙可以"照搬原理，改译成相应的句子作例句"。这个问题的进一步讨论请看下面的问题（不同的语言文化升华出不同的语用原理）。

二、不同的语言文化升华出不同的语用原理

《汉语文化语用学》，这样的书名是不是提示，还应该有以英语文化、俄语文化、日语文化、法语文化……为背景的语用学？也就是说，语言文化不同，就会有不同的语用原理？诚然如此。这样的观点并非不被中国语言学界接受，问题是实际上常常将以外语为语料的语用原理原封不动地搬到汉语里来，长久地不愿发现以汉语为语料的语用原理。这恐怕和过分的"洋为中用"的热情与信仰有关。

所谓汉语文化，就是汉语及其负载的文化，或汉语及其背后的文化，亦指以汉语为母语的人的文化。英语文化，也就是以英语为母语的人的文化。语料不同，出的成品（比如说语用学）不同，原因盖出于文化不同。都是使用礼貌策略，说汉语的人与说英语的人，就有很大的不同。反驳别人，说汉语的人与说英语的人，也有相异的办法。在接受赞美时，不同语言文化的人，有相去甚远的表示。这些都是我们大家所知道的事实。

书名中的"汉语文化"不是提示在书中有这样的安排：撇开汉语这条线，再开辟另一条文化的线，来讲中国文化对语用原理与策略的影响。不是的。从头至尾就只讲语言这条线。但是，人的言语行为必然带上所属文化的特征。汉语赖以生存的文化母体就是中国文化。用"汉语文化"这一术语，既是把汉语当作中国文化的载体，又是把它当作中国文化的一部分，

是一个单元，不是"汉语+中国文化"这样的两个单元。

因此，首先指出，《汉语文化语用学》不可能是搬用英语文化语用学的原理作为"帽子"，然后采取西洋帽子+汉语例子的貌合神离模式。汉语文化语用学，只能是从地道的汉语文化事实出发，抽象出真正符合汉语文化的语用原理、原则与策略。可以预料到，汉语文化语用学既有部分与别种语言文化语用学相覆盖的理论、原则与策略，更有汉语文化独特的理论、原则与策略。理想的汉语文化语用学，应该是汉语文化与语用规律的水乳交融，从语料到术语到原则到策略，都应该是地地道道的汉语文化本性。

别种语言文化与汉语文化的相异的语用策略，没有谁是谁非的问题，它们只是从不同的角度丰富了语用学。前些年有些学者，立意是"洋为中用"，拿英语文化的语用策略当作模子去套汉语，不是觉得汉语装不进去，就是觉得模子不合适，还要硬着头皮把话说圆，那能把文章做得下去吗？

其实，语言之间是有恩怨的。王佐良先生如是说是符合事实的。按本书作者的理解，所谓语言之间的恩怨，是指隶属于不同语言文化之间的人的不同的言语行为、语言心理和语言价值观念的矛盾甚至斗争。1993年的春天，本书作者在巴黎乘地铁时，发现那里的地铁多如蜘蛛网，地铁叠地铁，垒了三层，尽管前一天晚上花了很长时间看地铁线路图，面对如此困境也只好问路。先试用英语问了几个法国人，都摇头耸肩不理。后来我发现他们神情不对，好像不是不懂英语，而是不屑于说它。为了证实这个猜想，我找了一个地道的英国人，他也在地铁的指路牌前犯嘀咕。我和他越套越近乎，互相同情，讨论完了怎样走的路线以后，他把我当作自家人，大发牢骚，"我们英语怎么啦？法国人干吗要以说英语为耻？"[1] 可是另一方面，又有许多人在"控诉"英语对其他语言的霸权，如说虐待语言的历史（英语被洋泾浜化）和语言虐待的历史（英语对于其他语言的霸权），两者从一开始就是分不开的。

王佐良为这个论断提供了不少例子。苏格兰女作家缪里尔·斯巴克（Muriel Spark）曾写道："英国将继续把它最好的东西献给欧洲，即它的语言。……它已经代替了法语，而成为国际标准语。"我疑心法国人小气：是不是因为你取代了我，我就干脆不沾你的边？第三世界各国部族语言繁多，如尼日利亚有两百多种，但没有一种是覆盖面大的，加上殖民者推行英

---

[1] 这一段情节，曾在作者的一篇散文"天堂里的骗子"（《现代人报》，1993）里披露过。

语，英语就成了共同语言；有的地方流行的是混血儿语言，如克里奥耳语（Creole），受英语教育的知识分子，就感到英语具有了优势，如西印度群岛一带；更有一种情况如印度，原本有高度发达的文学语言，英国却以政治经济的压倒优势硬把英语强加在他们头上。乔治·斯泰纳的话更具有煽情作用："美国英语和英国英语在向全球渗透的过程里，变成了毁灭语言天生多样性的凶手。这种毁灭也许是我们这个时代特有的生态破坏中最难恢复的一种。更隐秘的是，英语正逐渐转变为世界贸易、技术、旅游的世界语（Esperanto），也对英语本身产生削弱的影响。用一句时髦的话说，英语的无处不往正在得到消极的反馈"（《通天塔之后》）。还有一个问题要注意，即民族感情：在比利时和加拿大，就都有一个民族为保持自己语言的独立而进行激烈斗争的问题。

中国和日本的文字缘不可谓不深了吧？能说两者之间的言语行为、语言心理和语言价值观念是一样的吗？据说林琴南极其厌恶日语俗语与汉语相似，对来自日本的词汇如"民主""科学""社会""主义"等等颇不服气。日本人对中国文化细心研究，而中国人对日本文化一窍不通、不屑打听的一边倒局面一直持续到20世纪下半叶很晚的时候才改观。现在，相当多的中国文人和普通人对日本文化并不了解，却对日本文化抱有莫名其妙的鄙视。由于"和文汉读法"表面上的成功，相当多的中国人认定了日语不难学。另一方面，在中国人认为自己天下第一时，日本人却认定自己的东西是独一无二。这真有趣。例如，几十年前，还有日本女招待在日本饭馆里看见中国人自如地使用筷子大为惊讶；还有俏丽佳人见了《人民日报》感叹"全是汉字呀！"以为汉字是日本的祖传；日本人总拿荞麦面招待中国客人，以为这是他们所特有。

海德格尔1953年与日本某教授做了一次谈话，讨论了东西方文化"传通"（对话）的可能性，大谈隐藏在对话的语言中的"危险"，"话"一出口，危机四伏。海德格尔大体倾向于认为"对话"是不可能的。又有人（汪晖，1995）指出，"即使是在学术圈内，各说各话也是日常的现实。你把话语/权力的一群……放在一起，无异将他们放在相互隔绝而透明的玻璃罩内：看得见嘴巴和身体的扭动，'听'（理解）不见声音连成的句子（意义）"。同一个地区同一学术圈子内尚且如此，何谈东西方的对话！有些外国人甚至觉得，例如日本人说，"中国语有时会起到妨碍他们理解中国的作用。"（《中国语和近代日本》，岩波，1982）

以上种种语言恩怨横亘直立在各国人民之间,这样的状况能容忍我们把一种语言的语用策略和原理原封不动地搬到另一种语言里去吗?

中国人有一个经常的言语行为"罚酒……杯",是对赴宴迟到者的"惩罚"。这算是什么样的语言运用策略呢?是惩罚,还是看重、尊敬?显然是后者。本书称之为"虚抑实扬的恭维"策略(见本书第五章第二节"得体及其他")。外国人能否直接将这样的汉语语用策略搬到外语的同等情形下里去使用?他们能否想象以 punishment(惩罚)来表示看重与尊敬?难以想象。又比如,汉语"老板"一语,近年来,在中国知识界中流行起来。据我所知,留学国外的硕士生与博士生,常称自己的导师为"老板",那不是在这个词的本义上使用的,它暗示了中国留学生给自己导师干活,导师给经费,但将中国学生的劳动成果如论著往往据为己有,有时论著甚至连中国学生的名字也不挂上。这是一种纯粹的雇佣关系。这个称呼就是暗示了这种雇佣关系。值得指出的是,现在国内不少研究生也开始这样称谓自己的导师了。是耶?非耶?读者可以自行掂量一番。作者本人多次发现,广东外语外贸大学语言所同事早些年在聚餐时,称所长为"老板",其义与这个词的本义就相去甚远了。它的语用含义是,今天聚餐是"你出钱,我们沾你的光"。当然,这是善意的恭维与抬举。这个用语在知识分子中出现如此频繁,是在中国大家都知道的原因的语境中发生的。[1] 很难想象,外国的研究所同事聚餐时对自己的头头也采用与上同样的恭维与抬举策略。又比如,中国人请人吃饭时,有一个通常的礼貌用语"我这菜做得不好,请你尝尝,味道不好就丢在那里好了"。中国人听了这话,谁也不觉得有什么不妥,绝无开罪客人之虞。搬到英语文化中去,说出相应的句子"The dish is not very tasty. Have a taste. If it is not good, you may leave it on the plate."英美人听了就要想,你明知做得不好,干吗还要拿出来招待我,这不是存心侮辱我吗?中国人强调中庸、和为贵,与对方争辩时,明明是自己对了,为了顾全对方的面子,仍然要采取委婉的策略。这样的策略,英美人大不以为然,认为是虚伪的委婉。有一个用语 Chinese compliment 就是说的这种情况。这个用语的解释是:自己已有定见,胸有成竹,却佯装尊重他人的意见。因为美国人讲究以雄辩说服对方,不争出个输赢不收兵,这种情况

---

[1] 这里有一个统计(周晓红,《社会学研究》,1995年3月)表明:中国1993年流行程度最高的语言排列为:①下海;②炒股;③申办奥运;④第二职业;⑤大哥大;⑥大款;⑦发烧友;⑧发;⑨打的;⑩老板。

他们不使用委婉恭维策略。可见文化冲突引起语用策略冲突。

反过来，外语（例如英语）中的语用策略也有不能硬搬到汉语中来的。一个小例子是英语中的恭维运用。英美一个陌生人当着一个小姑娘或一个女人的面顺口就来一句 You are really pretty。被恭维的人还满脸是笑地回一个 Thanks。皆大欢喜。中国人敢有效法者，当着一个陌生姑娘的面说一句"你真漂亮！"，改革开放前，重则会被认定为流氓或无赖，轻则为一个浅薄之辈。近年来，大多数人还是不怎么敢用这个恭维之术。又如，欧美姑娘与小伙子当着未来的公公、婆婆或岳父、岳母的面直呼其名，不过前边加上一个 Mr 或 Madam/Mrs 而已。不消说，这样的运用，中国人绝不能容忍。他们要求未来的儿媳或女婿首要的一条往往就是礼貌语言的运用。如果一个中国姑娘或小伙子敢在自己的未婚夫或未婚妻的父母面前直呼其父母的姓名，那不是发了狂，便是下决心翻脸了。别说当面不敢直呼其名，就是在背后也不敢，只好转弯抹角地称道一番。又比如 Leech 提出的那个最为中国硕士生青睐的论题——礼貌原则，着眼于自己和他人的利与害，得与失，让对方受益，自己受损，礼貌成了"策略"。原封不动照搬这一策略到汉语文化中来，一定会碰壁，因为在以儒家思想为主流的汉语文化背景中，礼貌更偏重于道德，不是玩策略，我要对人礼貌才是道德的，不一定时时都考虑了利与害、得与失、受惠与受损。

三、西方语言文化语用学对"禅门公案"无能为力

中国的禅宗，从极盛时期唐朝起至晚清，千年来留下的公案（禅门祖师的话头，禅师之间、禅师与僧人之间的对话与辩论的机锋的记录，禅师的偈颂），至今仍是中国文化瑰宝，启发了无数求索的心灵。禅门气势磅礴，奇伟辈出，伟大的禅人在心灵的高峰留下智慧的对话（机锋），直到如今仍一叩即鸣，且久叩久鸣，在历史的长空光焰不灭，灿如星辰。

不要说企图达到见性成佛这一境界非常困难，只说国人理解（从前是听懂，现在则是看懂）禅门公案，都是一件很难很难的事儿，更不消说用什么西方人和西方语言文化语用学解释它了。对于国人，理解公案的三个障碍是："不立文字""教外别传"和"直指人心"。为何生出这三大障碍呢？禅门认为，想要达到"见性成佛"这个目的和境界，少不了三个不可或缺的条件，那便是："不立文字""教外别传"和"直指人心"。我们现代人看来是三个障碍的东西是由禅宗的目的——"见性成佛"（成佛不在形式上的

修炼，而在本心、本性上见出）——所决定的。

先说"不立文字"。它是禅宗特色之一，却最容易被误解。中国禅宗标榜"不立文字"，实际上留下来的文字何止万千（是佛教八宗之最）？所谓不立文字，是指不直接依靠表面的"文字语句"，或者说，**不在文字上立意解意**。那在什么上头立意解意呢？本文作者认为，这有三层意思。第一，不在文字上头立，而立在内心体验，立在悟，立在见性（本性、本心）。慧能（禅宗六祖）说"诸佛妙理，非关文字"。如果你硬是要在文字上求解会如何呢？比如有和尚问禅师：如何是祖师西来意？（菩提达摩祖师由西方来东方的意图是什么？）竟然是人答人异。有的禅师答"鱼跃天源水，莺啼枯木花"，有的禅师答"冬月深林雨，三春平地风"，有的答"白猿抱子来青嶂，蜂蝶衔花绿蕊间"，有的答"树带沧浪色，山横一抹青"，如此等等。你盯着文字企图看透意思，看不出。为什么？就是因为你是盯在"鱼跃、莺啼、冬月、三春、白猿、蜂蝶、树、山"等字面上企图穿越与附会。而答话人的意思与这些词语根本无关。他用这些无关的词语是为了阻断你的常识的视线（常规的思路）。你本来就不该在词语上下功夫。你要用生命的内心体验，见本心。见月忘指（禅是月，文字和言语是手指，借指可见月，见月之后，不再被手指束缚），不可依语生解。对此，还有一种解释：没有一物不是佛法，就地取材就是佛法，既然如此，随口诵一句都是答案，当然又都不一定是。第二，告诫学禅之人亲近生活，不要死钻故纸堆。第三，传达禅义的媒介主要不是靠文字与言语，认为言语是多余的。百丈大师破格让灵佑（管杂物的僧人）当主持，华林僧人不服气，百丈说："你若能当着寺众的面说一句出格的话，就给你当主持。"说完指着净瓶问道："不得叫它净瓶，你叫它什么？"华林答："不可叫它椟"百丈又问灵佑，灵佑踢倒净瓶便出去了。百丈和灵佑认为，净瓶是人给它取的名字，叫什么都可以，但只要是想着取名儿，就被名相束缚住了。传达禅义更多是靠特殊手段，如喝、棒、拂、杖、翻字诀，等等。光是"喝"（临济义玄禅师指导修行者的手段），就有下列四种：有时一喝如金刚王宝剑；有时一喝如踞地狮子；有时一喝如探竿影草；有时一喝不作一喝用。（林新居，1994）棒，就是棒打。这里有许多僧人挨打的故事。有位僧人到归宗智常禅师那里学禅，没有收获，便向归宗辞行。

归宗：什么处去？
僧人：诸方学五味禅去！

归宗：诸方有五味禅，我这里只是一味禅。
　　僧人：如何是一味禅？
　　归宗：（拿起棒子便打）
　　僧人：（自以为悟了）会也！会也！
　　归宗：道！道！（赶紧说出来呀）
　　僧人正欲开口道出，归宗提棒又打。[1]

"拿起棒子便打"就是对"如何是一味禅？"的"合作"态度。格赖斯如何解释？西方语用学能解释"不立文字"的妙义吗？

再说"教外别传"。这话是说禅义不传教外的人？误解了。它的真正意思是"除了教说之外所传授的特别传承法"（林新居，1994）。那么，有些什么特别的传承法呢？心法、口诀、亲证（一心一境，在离却语文的思索中）、突破疑团、开悟。这些东西，别说西方语用学不能为之设置理论框架，就是我们本土的语言工作者也难索解。

三说"直指人心"。所谓直指，是指不使用无意义的语言或文字，而直接指向人心，以直观去领悟。其目的在于切断外物影响而产生的妄想、迷执，然后彻底领悟存在于自己内心的纯真本心、本性——佛心、佛性。

上述这些特殊的传达手段，国人尚且丈二金刚摸不着头脑，如何企望西方人能够解读？如何可企望西方语用学能释疑于万一？

但是，汉语文化语用学却能解释。

诸如所答非问、喝、棒、拂、杖、烧、翻字诀等，都可以分别在语境干涉（第二章）、附着符号束的参与（第三章）、智力干涉（第四章）和语用原则与策略（第五章）里找到它们应有的位置。

通过三个问题的讨论——不同的语言文化共享的语用原理、不同的语言文化升华出的不同语用原理、西方语言文化对禅门公案无能为力，我们就会感到有必要在语用学中增加汉语文化语用学来处理汉语文化中的语用现象。这样看来，"汉语文化语用学"就是**以汉语文化为背景的语用的策略与原理的研究**。

---

[1] 第二版未标注本段文字来源。——编辑按

第二节 什么是语用学

本书给"语用学"下的定义,既适合汉语文化语用学,又适合其他语言文化语用学。

一、语用学的定义

窄式语用学定义(简称"窄式定义"):语用学是一种语言功能理论,它研究语言使用人是如何在附着于人的符号束、语境和智力的参与和干涉之下对多于话面(字面)的含义做出解释的。

为了便于记忆,这可简称为"语用学三带一理论"。"三"是指三个语言符号外因素的干涉,即附着于人的符号束(简称"附着符号束",下同)、语境和智力对语用含义推理的干涉。"一"是指多于话面(字面)的隐含意义。所谓"三带一理论",就是说由于有三个因素的分别或综合的作用,某话语产生了一个多于话面的含义。

三带一理论是对言语活动的全方位的描写。一个多于话面的含义实际上总是在三个方面的一个或两个或全部在场的情况下才产生的。

这样,窄式定义虽然排除了常规含义的解释,使语言运用显得有点窄,却非常有特色、有魅力、有前途,因而是本书的重点描写对象。

宽式语用学定义(简称"宽式定义"):语用学是一种语言功能理论,它研究语言使用人是如何在附着符号束、语境和智力的参与和干涉之下理解并运用话语的。

这样一来,进入使用之中的语言或者说一般语言运用都可以包括在这个定义之内了,如只具常规含义的、但非常普遍因而引人注目的语篇分析、会话结构分析也包括进去了。但这样做的目的不在于"照顾"某些基本分析单元(本文作者不赞成语用学固定在几个基本的分析单元上),让它们都有一个归宿,且包容得越多越好,而在于这些分析单元毕竟也是语言的运用。你总不能将这些东西归于不管运用的句法、语义学里去吧?毋庸讳言,宽式语用学因为包括了一切语言运用,就容易和别的学科相互覆盖,引起别的学科的"歧视"。

本文作者认为,本书尝试两个定义(窄式定义与宽式定义),即使本学科有了独特的价值,又可避免和别的学科撞车。

现在，我们对这两个定义，尤其是窄式定义，加以讨论。

1. 这样的定义是对人的存在方式的一种概括

这两个定义里，都有说话人、附着符号束、语境干涉和智力干涉这四个元素。它们不就是人的存在方式吗？

说话人是人存在的主体，这是再明显不过的。

附着符号束（伴随物作为符号＋面相身势作为符号＋声、气、息作为符号，详见第三章第一节）呢，它简直就是一个外在的庞大世界，因为一切自然物在一定的条件下（被人赋予了象征和规约意义）都可以作为符号使用（详见第三章第一节）。

语境，就是社会人文网络和语言语境的总和。对于社会人文网络的具体描写，请见第二章第一节"什么是语境干涉"。

智力，是人之为人的能力的证明。

（说话）人、附着符号束、语境和智力干涉这四项合起来，如此圆穹迢递，以致算数无穷。所以我们说，这两个定义，就是对人的存在方式的一种概括。语言具有客观的物质形态，但更具本质意义的是，离开了天地之精华、万物之灵长的人的理解和使用，它便不是符号而是自然形态，也就不称其为语言了。

人的存在方式是动态的，语言的存在方式也是动态的，因为"语言毕竟只在使用中存在"（吕叔湘，1990）。这样两个动态是和谐配合的。这个定义刚好就反映了这两者的和谐配合。

2. 为什么要"三"来带"一"

"三"是指语言符号之外的三个因素的干涉，即附着符号束、语境和智力的干涉。总的来说，三大因素的作用是：它们提供了语言符号本身所不能提供的东西。它们可以（1）使不足的信息得到补偿，（2）使多余的信息得以削减或趋于合理，（3）使不对题的话或非所问之答与话题匹配相关，（4）使不清楚的话得以澄清，（5）使隐含意义以无言的方式传达到对方。也就是说，这三大因素是话语的补偿、纠正、证实、澄清与无言而得义的手段，帮助听话人找到多于话面的含义。

下面对三个因素逐一简单交代，详细的分析将分别放在第二章、第三章与第四章里。

第一个因素：附着（于人的）符号束干涉

这个问题将在本书第三章详细讨论，先在这里略为交代：什么是附着符号束？什么是附着符号束干涉？

附着符号束是指，语言符号以外一切伴随着人、附着于人的符号，如声、气、息、面相符号、身势符号、伴随的物理符号（物体）。这样的符号束对话语含义必然产生影响，即附着符号束在干涉话语。

语言是符号系统，这已不必讨论了。一切伴随人的物体都可以作为符号使用，**只要它不再是它自己，而是象征着别的什么；只要它是通过社会约定的，即有了规约性的**，都可作为符号进入交际。扫帚（假如它碰巧拿在说话人手上）可以不再是扫帚，而是驱赶客人出门的一种象征，而且，一旦成为社会的规约，那么，在任何家庭里，主人拿着它当着不受欢迎的来客的面往外扫地，它就充当了逐客物。在英语世界里，中指与食指伸出且略为张开，不再是中指与食指，而是有了胜利的象征意义，而且在英美国家（甚至亚洲国家，如中国）有成为约定俗成之势，于是，这个手势广泛地进入了人们的言语交际之中。在中国，某些时候，在某些条件下，梨不再是梨，用刀切梨也不再是用刀切梨，而是象征"分离"，而且在中国的文化中成了约定，就可以进入交际并会获得"分离"那样的特殊含义。详细讨论请看本书第三章。

第二个因素：语境干涉

本书第二章第一节与第五节对此详细讨论，读者可提前翻阅，此处不再赘述。

第三个因素：智力干涉

大致上说，智力干涉就是运用智力进行语用推理的过程。这将在第四章专门研究。

3. **三种超语言符号外的因素，有没有重复的部分呢？**

没有。

智力干涉，是指说话人、听话人大脑内的推理活动。

语境干涉，语境是指言语行为赖以表现的物质和社会环境。这个环境由两个大的部分组成。其一是语言符号内的因素，即上下语（可听的）或上下文（可见的）。其二是语言符号外的因素。它可以是外在于人的、显性的地点、对象、场合、自在物体、意外出现的人或物、自然环境等。也可以是隐性的、不可见的背景，如社会文化，风俗习惯，行为准则，价值观念，历史事件等。

附着符号束的参与，是指一切伴随着人、附着于人的符号，如声、气、息、面部符号、身势符号、伴随的物理符号（物体）。

智力与语境，一个是内存于人大脑的，一个是外在于人大脑的，两者之间不可能有重复的概括。

有重复嫌疑的只是两个东西：附着符号束里的"**伴随的物理符号即物体**"（这一段文字中的引言均出自本书第三章"附着符号束的参与"）与语境中的"**可见的自在物体、意外出现的人或物、自然环境**"。因为，后者(语境）也包括了物理符号即自然物，也是可见的。但是，"伴随的物理符号（物体）"却是专指"伴随人的"物理符号（物体），如人随身带的笔、筷子、望远镜、书、各种劳动工具等，又如随身而有的工具系统、衣着系统、头饰系统等，当它们脱离具体物件而获得约定的象征意义时，都有可能进入交际活动而成为符号。语境干涉中的第二部分"自在物体、意外人或物、自然环境"（树、山、建筑物、艺术品等）虽然可能进入交际具有符号意义，但毕竟是早已存在的，不是人带着的，与说话听话人不存在依附性。这样两者就容易分开来了，重复之虞是不存在的。

4. 多于话面（字面）的含义

第一，如何理解"多于话面的含义"？

如下例中的话语"早饭要吃饱"，由于没有多于话语的含义，不算是窄式语用学研究的对象：

> 语境：一小孩早晨不好好吃饭，胡乱吃一点点就背上书包往学校奔。
> 妈妈：早饭要吃饱！

妈妈的话就是常规含义,即话面意义,不是语用学研究的对象,是语义学的研究范围,因为这个语境句只是表示了符号与符号所指对象的关系。

但是,下面语境中的"早饭要吃饱"就有隐含意义了:

语境:某市督导团将来学校检查工作,全校上下一片紧张气氛。往常课间卖点心时,大家你争我夺,纪律最为混乱,为给督导团留下好印象,学校决定取消课间点心供应,并已将此决定公之于众了。校长集合全校师生讲话。
校长:该以什么面貌来迎接督导检查?
学生:早饭要吃饱!

(《上海青年报》,1993)

这里的学生的答语才是窄式语用学研究的对象。这个语境句超符号的含义太多,它推导出的言外之意是:"我们知道课间没有点心供应了,于是就不会你争我夺了,于是就不混乱了,于是就给督导团留下好印象了,于是学校领导就可以得到提拔了,于是我们学生就要挨一餐饿了。"

吕叔湘(1980)有一段话基本上解释了什么是"多于话面的含义":"任何语言里的任何一句话,它的意义绝不等于一个个字的意义的总和,而是**还多些什么**。按数学上的道理,二加二,只等于四,不能等于五。语言里可不是这样。……在人们的语言活动中出现的意义是很复杂的,有语言本身的意义,有环境给予语言的意义。……所以才有'言不尽''意在言外'这些话。"那么,"多些什么"到底是些什么呢?就是这段话里的"言不尽"与"意在言外"。

另外,这段话中说的"有语言本身的意义,有环境给予语言的意义",大抵上,前者相当于语义学讨论对象,后者相当于语用学讨论的范围。所谓"环境给予语言的意义"就是超出符号性质的。语用学总是在超符号的范围上操作。

言外之意和简省不同。简省是"睹一事于句中,反三隅于事外"。或者叫"文略理昭"。省掉了言辞,但事情、事件和道理可以想见。钱钟书《管锥编:一二 闵公二年》(第180页)中有一些解释:《模拟》篇又称左氏"文略理昭",举例:"中军、下军争舟,舟中之指可掬",说之曰:"夫不言'攀舟乱,以刃断指',而但曰'舟指可掬'"较……为切,然言外虽有事而无多。

对于什么是多于话面的含义，我们可以借用钱钟书所举出的一个很能说明问题的例子（同上书）："……须解说者，不足为简也。如'秦伯犹用孟明'，突然六字起句；……只一'犹'字，读过便有五种意义：孟明之再败、孟明之终可用、秦伯之知人、时俗人之惊疑、君子之叹服。不待注释而后明，乃为真简。"钱钟书说的是"不待注释而后明，乃为真简"，这是句子意义超负荷的非常恰当的例子。我再增加几个现代汉语的例子："你怎么又来了？"可见某人已经来过，且说话人厌恶来人；"你怎么又这么干？"可见做事人已经做过类似的事，且说话人讨厌此做事人。诸如此类，不一而足。

高名凯把语义分为"概念义"和"超概念义"。这两个对立划分得很科学，"超概念义"大致上就说到了语用学的范围，并且与本书所主张的窄式定义"多于话面（字面）的含义"相关。

"从理论上说，一个语言单位只能表达一个单元的语言信息，假如该单位表达的信息超过了一个单元，超过的部分就是语用学的研究对象。"熊学亮（1996）把这种现象叫作"语言的超载"。"你会游泳吗？"这句话所承载的语言信息仅仅包含了词义（字典意义）、句法意义（疑问结构）和相关的语义信息（词语组合后的整体意义及词语间的兼容），而在一定的场合里（比如在游泳池边），语用者可能推导出"游给我看看"的含义，此时我们就可判定这句话是超载了。"从理论上说，一个语言单位只能表达一个单元的语言信息"，有没有值得商榷的地方，这里暂时不说，我们感兴趣的是"语言的超载"，它和本书要讨论的"多于话面的含义"，显然是一个意思。

句法和修辞都在符号层次上操作，前者是横向选择，后者是纵向选择，偏偏语用学是超符号性质的。廖秋忠（1983）认为"语用学研究的是语言片断在特定场合中对说者听者所具有的实际意义"。这里所说的"实际意义"显然与"语言片断"若即若离，两者关系在符号层次之外寻找。

杨成凯（1994）有个说法，"正是由于 L'（语言的一个理想模式）与 L（语言）有差异和学者试图处理这个差异，使句法学和语义学之外出现了一个语用学领域。"传统语法把一些和理想模式不一样的句子说成是省略了某些成分，这样就可以不讲语用层次了。还可以理解成，这个差异在句法中表现出来，人们可以把它说成是"省略"，在语用学上，我们就可以称之为句子外的含义。杨的这一说法可以演绎成如下的解释：

> 上文：大学生恋爱的工作便从地下转到了地上。工作内容也有了较大的变化，接吻拥抱是"日常功课"。教师晚上散步，边走边想某个问题，偶然一抬头，便看到了如下的情景：
> 下文：一对学生正在那里热烈着。[1]

传统语法认为，按理想模式，这个句子应该是"一对学生正在那里热烈接吻拥抱着"，现在这个实际上的句子是省略了"接吻拥抱"。语用学却认为，这个句子无所谓省略了什么，作者使用这样的句子，他的意图就是为了让读者作出多于话语字面（语面）的任何想象。

从信息角度看，语用信息揭示了负载了内容的语言符号在运用过程中对交际者的价值。它和语义信息、语法信息共有一个载体，但信息的生长点不同。这个生长点在哪儿呢？不在符号上，而在语境干涉之中，或者附着符号束与智力干涉之中。

语用学的定义，真是人言人殊。它们是每一个语用学者心理的写照。但是，普遍认为，**语用学是研究形式和意义不相匹配的言语活动，也就是说，话面含义超出了符号的负载**。本书窄式定义就是反映了这样一个普遍认识。

第二，多于话面的含义，按其容量，分为两种，一是会话含义，容量较小，往往见于交际正在进行中的一两句话上。本节上面举出的例子就是这种情形，这里就不再罗列了；另一个是语篇含义，容量较大，国外是放在"语篇分析"这个题目之下研究的。本节只是举出一个有多于话面含义的语篇作为例子，怎么对语篇具体分析，进行操作，本书就不涉及了。国内这样的文章很多：

> 赴 宴
> 满堂粉黛窄旗袍，侍酒殷勤步步娇。
> 送出外宾齐下跪，再伸素手要红包。
> （选自杨宪益《"打油诗"一束》，1993年10月）

---

[1] 本书第二版作者标注：本段选自程文超1995年创作的作品。但因年代久远，且原书遗失，故作品名与出处不详。——编辑按

如果我们同意打油诗不是诗，因而不是文学，如果我们同意打油诗只是一个表明情绪、专于讽刺或自嘲的押韵文，那么，我们就会同意打油诗倒是最有言外之意的话语了，我们就会同意，在语用学家眼里，一首打油诗便是一个精短的语篇。"赴宴"的多于话面的含义是：批评那些不要国格人格只要钱的人。还有更长的语篇，如文章中之一个段落，或者一篇完整的文章（非文学），也会有言外之意。

5. 研究多于话面的含义是窄式语用学定义的突出特点

这里有了一个非常关键的问题需要解决：不产生言外之意的话语都排除在范围之外了，这样语用学只研究这一点点东西，不是太窄了吗？

其实，判断一种理论是不是科学的，本来不必担心它所管辖的范围的宽与窄，只须根据以下三点：是不是简单的，是不是恒贯如一的，是不是可重复操作的（任何人都可以据规则重复地操作而得到相同的结果）。有了这三条，一个理论就可以站住脚，就具有解释力量，就会有针对性，而无须考虑它的覆盖面是大还是小。没有特定对象的学科，必然走向流产。语用学之所以被人一会儿称作"垃圾箱"，一会儿称作"灰姑娘"，别人（语言学其他领域学者）揶揄，自己（语用学研究者）调侃，就因为它企图覆盖许许多多的对象，于是就容易和别的学科抢研究课题。我们现在分成两个定义，分别管两个范围，窄式讨论的对象专一，但是却不乏迷人的魅力，因为要推敲出言外之意，智力干涉过后就是一种陶醉，就会有无穷无尽的发挥与创造。我们将在第六章"语用的体现关系"看到这种魅力。而且，它的研究对象虽然专一，但观照的范围却很宽，只要有语言运用的地方，它都会有体现关系表现出来，这就是为什么第六章涉及了那么多的学科的原因了。这样看来，研究对象专一不但不是缺点反而是优点。至少语用学可以不再与别的学科抢课题。

6. 多于话面意义的文化传统与美学渊源

窄式语用学定义的魅力，有它特有的文化传统与美学渊源。我们研究传统的中国文化就会发现，文学艺术（诗、画、书法与文论）、儒家人物言论与禅门公案对言外之意情有独钟。**文学艺术、儒家人物的言谈及禅门公案的言外之意，培养了我们中国人的审美味道，使我们把这些审美味道延伸到言语行为里。**这就是中国文化传统与美学渊源对中国人言语行为的渗透。在这里，我们对这种文化与美学渊源按以下三个方面作一个简略的交代。

第一方面：文学艺术传统与美学作为渊源

钱钟书在《管锥编》（中华书局，1986 年 6 月第 2 版，第 719 页～723 页，以下所引皆出此书）里对此有一些论述，下面的引用与论述都是在象外得意即"意余于象"这条线索之下展开的：

张萱"《乞巧图》《望月图》皆纸上幽闲多思，意余于象"。陈师道《后山集》："韩干画走马，绢坏，损其足。李公麟谓'虽失其足，走自若也'"；失其足，"象"已不存也，走自若，"意"仍在也。张画出于有意经营，韩画乃遭非意耗蚀，而能"意余于象"则同。宋明院画，如《六月杖藜来石路，午阴多处听潺湲》，不画一人对水而坐，而画长林乱石，"一人于树阴深处，倾耳以听，而水在山下，目未尝睹"；《野水无人渡，孤舟尽日横》，不画空舟系岸侧，而画"一舟人卧于船尾，横一孤笛，其意以为非无舟人，但无行人耳"；《竹锁桥边卖酒家》，只画"桥头竹外挂一酒帘"；《踏花归去马蹄香》，只画"数蝴蝶逐马后"……，亦皆于象外见意。黎士宏"《孟尝君宴客图》，竟作两列长行，何异《乡饮酒礼》图说？陈章侯只作右边筵席，而走使行觞，意思尽趋于左；觉隔树长廊，有无数食客在。省文取意之妙，安得不下拜此公！"曰"省文取意"，已知绘画此境，犹声诗之"空外音""言外意"耳。《晋书·文苑传》张华称左思《三都赋》曰："读之者尽而有余"；《文心雕龙·定势》记刘桢曰："使其词已尽而势有余，天下一人耳"；杜甫《八哀诗》称张九龄曰："诗罢地有余"；《六一诗话》记梅尧臣曰："含不尽之意，见于言外"；《白石道人诗说》曰："意有余而约以尽之。"……张彦远《历代名画记》卷一论吴道子不用界笔直尺云："意在笔先，画尽意在也，虽笔不周而意周也"；吴之"画尽意在"，非张之"意余于象"乎？恽格《瓯香馆集》卷一一《画跋》："尝谓天下为人不可使人疑，惟画理当使人疑，又当使人疑而得之"；"疑而得"即耐人思索而遇诸象外，非一览无余，恽氏危言之以发深省尔。《全唐文》卷三三七颜真卿《张长史十二意笔法记》记与张旭问答："曰：'损谓有余，汝知之乎？'曰：'岂不谓趣长笔短，常使意势有余，点画若不足之谓乎？'"书之"点画"，画之"像"与诗文之"言"相当。……赵执信《谈龙录》载王士禛"云中之龙时露一鳞一爪"。窃谓王氏《香祖笔记》卷六："……论山水而悟诗家三昧，其言曰：'远人无目，远水无波,远山无皱。'"实与"谈龙"之旨分途歧出……龙而亦"远",则无"鳞"无"爪",正似远人"无目"、远水"无波"耳。张萱、吴道子、院工以及西方诸师之画皆工笔也,而未尝不"意余于象""画尽意在";左思《三都赋》铺张排比,博物俪词者也,而未尝不"尽而有余"。足见曲包余味、秀溢目前之境地,非"清谈"家数所可得而专焉。……至于含蓄隐示,作者不著迹象而观者宛在心目（shifting something of the load of creation on the beholder）,则近视之工笔与远视之大写均优为之;同本于视觉之"孕蕴趋向",利用善导,以策"意余于象"之勋。夫含蓄省略者,不显豁详尽之谓。……《琵琶行》:"犹抱琵琶半遮面",禅偈:"彩霞堆里仙人见,手把红罗扇遮面"……"难写之景如在目前"者复含"不尽之意见于言外",梅尧臣两语自可合而都指写景,呈前逗外,虚实相生;……刘大櫆《海峰文集》卷一《论文偶记》:"文贵远,远必含蓄。"

　　值得我们注意的论点有如下这些:

　　意余于象;(张萱)

　　于象外见意;(钱钟书)

　　省文取意;(黎士宏)

　　空外音;(钱钟书)

　　言外意;(钱钟书)

　　读之者尽而有余;(张华)

　　词已尽而势有余;(刘祯)

　　含不尽之意,见于言外;(梅尧臣)

　　意在笔先,画尽意在也,笔不周而意周;(张彦远)

　　疑而得之;(恽格)

　　趣长笔短,意势有余;(张旭)

　　曲包余味,秀溢目前;(钱钟书)

　　呈前逗外,虚实相生;(钱钟书)

　　文贵远,远必含蓄;(刘大櫆)

　　如此多的命题皆围绕一个意思:言外之意。说得深透如斯,以至无以复加。

《管锥编》(第880页)有一个颇为说明问题的小趣话:魏应璩《三叟》早云:"住车问三叟:'何以得此寿?'上叟前致辞:'内中妪貌丑。'"言外意正是"独卧""单栖"也。听"内中妪貌丑",先是"疑",后是"得之",正有"呈前逗外"的乐趣。

第二方面:儒家人物的言谈作为渊源

中国人受儒家熏陶之深之广,是尽人皆知的事实,毋须在这里论证。我们从记录孔子言行的《论语》中,发现孔子的言语案例中有许多是有隐含之意的。中国人从小就开始以《论语》接受家训,孔子语录自古就脍炙人口,孔子的言谈方式不可能不影响中国人说话的方式。我们从《论语》(杨伯峻译注,中华书局,1980年)可以举出的这样例子非常多,为了不多用篇幅,只选9例。

 有人向孔子请教如何行天子之礼。
子曰:"不知也;知其说者之于天下也[知道的人对于治理天下],其如示[摆放]诸斯乎[会好像把东西摆在这里一样容易吧]!"指其掌。(第27页第3、11段)

孔子哪有不知如何向天子行礼的呢?他这样说,无非是在他看来,在鲁国举行这样的典礼,是完全不应该的。但孔子又不想明白指出,只得说不知道。这就等于今人的外交词令,自己不赞成的事,又不便公开反对,只好不予置评。

 王孙贾问曰:"与其媚于奥[房屋里西南角的神],宁媚于灶[灶君司令],何谓也?"子曰:"不然;获罪于天,无所祷也。"(第27页第3、13段)

王孙贾与孔子两人都是话中有话。王孙贾的暗示是:你与其巴结卫公或者南子,不如巴结我。孔子答复的暗示是:这话不对。我若做了坏事,巴结也没有用处;我若不做坏事,谁都不巴结。将王孙贾的讹诈顶了回去。但注家杨伯峻认为下面一种解释比较近情理。王孙贾请教孔子:"有人告诉我,与其巴结国君,不如巴结有势力的左右如像南子等人。你以为怎样?"孔子却告诉他:"此说不对。得罪了上天,那无所用其祈祷,巴结谁都不行。"无论是哪种解释,王孙贾都是在用比喻暗示巴结人。

例3 子贡欲去[废掉]告朔[每月初一祭庙]之饩羊[杀活羊]。子曰："赐[子贡的名号]也！尔爱[可惜，在意]其羊，我爱其礼。"（第29页第3、17段）

子贡话暗示：每月初一，鲁君不但不亲临祖庙，而且也不听政，只是杀一只活羊"虚应故事"，不如干脆连羊也不杀，连这形式也不必留。孔子回答的意思是：尽管是残存的形式，比什么也不留好。

例4 宰予昼寝。子曰："朽木不可雕也，粪土之墙不可圬[泥工将墙抹平]也；于予与[对于宰予么]何诛[有什么值得责备]？"（第45页第5、10段）

宰予白天睡觉。孔子说那番话的含义是：此人无用了。

例5 子华[公西华]使于齐[被派往齐国当使者]，冉子[冉有]为其母请粟。子曰："与之釜[6斗4升]。"请益[冉有请求增加]。曰："与之庾[再给他2斗4升]。"冉子与之粟五秉[80石]。子曰："赤[公西赤]之适齐[到齐国去]也，乘肥马，衣轻裘。吾闻之也：君子周[救济]急不继[施舍]富。"（第55页第4、6段）

孔子表面上的话是"君子只是雪里送炭，不去锦上添花"，实际上是不同意冉子给出80石小米。

例6 冉求曰："非不说[喜欢，接受]子之道[学说]，力不足也。"子曰："力不足者，中道而废。今女[汝]画[停止，没有开步走]。"（第59页第6、12段）

孔子的意思是不悦的批评：你不必再找借口了，你不愿意学习而已。

例7 陈司败问昭公知礼乎，孔子曰："知礼。"孔子退，[陈司败]揖巫马期而进之[向巫马期作了个揖，请他走近自己]，曰："吾闻君子不党[偏袒]，君子[指孔子]亦党呼？君取于吴[鲁君从吴国娶了位夫人]，为同姓[吴和鲁是同姓国家]，谓之[她]吴孟子。君而知礼[若说鲁君懂礼]，孰不知礼？"巫马期以告[转告了孔子]。子曰："丘[自称]也幸，苟有过，人必知之。"（第74页第7、31段）

陈司败的最后一句话暗示，鲁昭公不懂礼。孔子最后这句话，归过于己，无异是承认了鲁昭公不知礼。

鲁人为[翻修]长府[是个金库]。闵子骞曰："仍旧贯，如之何？何必改作？"子曰："夫人不言[此人平日不大开口]，言必有中。"（第114页第11、14段）

孔子的意思是，闵的观点对，金库可以不必修。

子路使子羔为费宰[费县县官]。子曰："贼夫[害了]人之子[地方老百姓]。"（第118页第11、25段）

孔子的言外之意是子羔不配做县官。

以上9例说明，孔老夫子的言语中，有大量作隐含处理的地方。而他的话在中国流行之深广度，到目前仍是无人打破的最高记录。这样的文化传统、道德传统、价值观念传统对中国老百姓言语行为的影响力量及其普及程度，都是强大与根深蒂固的。

第三方面：禅门公案的对话方式作为渊源

禅门公案的斗机锋的特别方式，智力干涉的特殊性，以及独特的语用策略，在第六章第四节（禅门公案体现）有专门叙述，这里只是简要地罗列如下：

不同寻常的斗机锋（对话）方式

（1）反理性的语言形式；

（2）大量地使用语言符号之外的其他符号手段：行事与动作；

（3）经常出现极端手段，如棒喝、扑打甚至拳打脚踢。

特殊的智力干涉

（1）斗机锋；

（2）绕路说禅："面南看北斗"；

（3）答非所问："麻三斤"；

（4）对极端手段的推理："赵州放火""子湖夜喊捉贼"；呵佛骂祖；辱

毁经典，等等；

（5）对话中偷换施事（请注意本书第六章第四节的例子）。

独特的语用策略

（1）绕路说禅（也是语用策略）："面南看北斗"；

（2）偷换施事（也是语用策略）："什么处去也？"不再指野鸭子了。

反戈一击

（1）怀让禅师："磨砖既然不能成镜，你那坐禅就能成佛了吗？"

（2）坦山和尚："我放下了，你怎么还抱着（女）？"（此例以下均见第五章第二节语用策略）

（3）慧忠禅师："虚空也不看唐肃宗一眼"；

（4）遵布禅师："你把'那个'拿来给我瞧"。

设陷阱

（1）南泉禅师："谁能不动境？"

（2）百丈禅师："不得叫净瓶，叫它什么？"

答非所问

赵州禅师："青布衫"。

重复印证

（1）"柏树子有佛"与"天掉下来时"；

（2）大隋禅师："我自己与你自己"。

中国禅宗从隋唐产生以来流传至今的千百年间，上面这几个方面对老百姓的言语行为影响极为深远。而且，从禅宗演化出来的禅诗，又火借风势、风助火威地加强了这种言语行为的浸透力与铺张力。所以，中国人的言语中大量地经常地隐含了言外之意，是完全正常的（正常到人们发现不了），也是具有异常魅力的研究对象。

上面从三个方面简略地叙述了中国人的文化传统与美学渊源造就了中国人善用言语行为中的隐含示意。本文作者认为这个判断不谬。

这是一种文化传统向言语行为渗透，言语行为向文化传统寻找渊源的辩证关系。

7. **宽式语用学的必要性**

可是，实际上的语言运用，即附着符号束、语境和智力三者干涉的运用，毕竟并非都产生了多于话面的含义，还大量地、甚至更多地产生了规约的、常规的含义。请研究下面的这个录音记录。

　　语境：1995年11月3日上午，广东广播电台新闻台新闻专线
　　　　　节目。
主：喂！您好！
客：喂！
主：请问您从什么地方打来电话？
客：我是姓林啦。
主：您有什么要反映呢？
客：我反映的一个问题就是这样，就是那个，今年航空工业学校招生的问题呀，到海珠地区招了一百来个学生，学生去到这个学校的时候，发现这个学校是冒牌的。……
主（插话）：嗯。
客：他叫了航天工业学校的牌子来招生，……
主（插话）：嗯。
客：他招了学生送给了商业学校和粮食学校，现在学生去了一个多月以后，上课，课程上的都是商业学校和成年中专的教材。他发的学生证都是没有编号的，假的，当地邮局都不认可，学生拿到汇单到邮局取款时，他都不给取。……

这半个语篇里（仅仅为了节省篇幅，将其他部分略去），没有超符号的含义出现。语用学还管不管呢？窄式语用学管不着，但你不能否认它是话语的运用，因此，这个时候，宽式语用学就有了用武之地了。语篇分析、会话结构分析，等等，就是这样出现的。

二、语用学的课题不能封顶

国内外语用学界，都选了一些基本分析单元（如"言语行为""指示词"，等等）或者课题（如"语篇分析"，等等），借以实现语用学的研究。应该说，这样的课题是找不完的。如果我们赞成语用学是对语言任何一个方面的功

能性综观（Verschueren，1987）的话，就会发现不是七个八个甚或更多的课题就可以把语言功能概括完全的。按杨成凯（1994）的意见，语用学要研究的课题可能跟下面三个因素有关：语言表达式集合 W 包括的内容；W 所对应的所指集合 U 包括的内容；所谓语言表达式的用法集合 A 包括的内容。从这个角度看，我们就能理解语用学已经包括和可能包括哪些研究课题，以及为什么它有一种不封顶的发展趋势。这个论断是有道理的。所以本书不搞基本分析单元。只要最基础的理论站得住，便可以拿了这些基本理论去作综观、扫射。

三、语用学是"对语言任何一个方面的功能性综观"

语用学不是一个和音位学、句法学、语义学平行的学科，而是一种功能理论，即"对语言任何一个方面的功能性综观"[a functional perspective on (any aspect of) language，Jef Verschueren，1987]。本书作者认为这个综观论是符合语用事实的（详细讨论见本章第五节），因而接受。与"综观论"相联系的是放弃在语用学中开辟基本分析单元的做法。也即是说，如果同意语用学为"综观论"，那就得赞成这样的观点：语言的功能不是六七个或七八个基本分析单元（表现为课题）能概括完全的，既然是这样，就不如放弃所谓的基本分析单元，其理由在上一小节"语用学的课题不能封顶"已述。但是我们要指出：国外研究的许多基本分析单元，我们中国也有人做过，而且做得非常好，不会比国外的功夫差。比如语篇分析，钱钟书就有许多智慧的发现。他发现语篇中的"丫叉句法"的特点是："先呼后应，有起必承，而应承之次序与起呼之次序适反。"其例不胜举。请参考《管锥编》第一册第 66 页。在同一册第 75 页，他说："此重章之循序渐进……语虽异而情相类，此重章之易词申意（varied iteration）者。……先秦说理散文中好重章叠节，或易词申意，或循序渐进者，《墨子》是也。"同一书的第 870 页～872 页，他叙述了写作的阶进法：

> 宋玉《登徒子好色赋》："天下之佳人，莫若楚国，楚国之丽者，莫若臣里，臣里之美者，莫若臣东家之子。"按"佳""丽""美"三变其文，造句相同而选字各异，岂非避复去板欤？此类句法如拾级增高……所谓"每况愈上"名之。西方词学命为"阶进"（gradation）或"造级"（climax，译"造级"一词不易懂，实为"逐渐推出高潮"之意——本书作者注）语法。……斯法不仅限于

数句，尚可以成章谋篇，先秦出色文字如……。后世诗文运用善巧者……五层升进，一气贯串，章法紧密而姿致舒闲，读之殊不觉其累叠。……参《独漉篇》句法以成阶进，能押韵而不为韵压，承接便捷，运转流利。

《钱钟书论学文选》（花城出版社）第四卷第285页~287页阐明了蟠蛇章法，其特点是："起结呼应衔接，如圆之周而复始。……首尾钩连……顺次呼应……线索皆近圆形，结局与开场复合。或以端末钩接，类蛇之自衔其尾，名之曰'蟠蛇章法'。……文章亦应宛转回复，首尾俱应，乃为尽善。《左传》《孟子》《中庸》《谷梁传》诸节，殆如腾蛇之欲化龙者矣。"本书不准备单独将语篇分析列为一个章节，但我们相信，这些"成章谋篇"之法，只要认真展开，完全可以成就鸿篇巨制，不让洋人分毫。我们不专门讨论它，只是我们不赞成语用学囿于基本分析单元而赞成语用学是功能性的综观而已。

四、语用学的实质

我们将会在第五章第七节"从功能不完备原理到语用学的实质"里详细阐述语用学的实质。这里只是初步交代如下：

语用学的实质，就是**语用功能理论系统完全建立在语言符号关系之外，具体地说，完全建立在人对语言干涉的基础之上**！用"功能不完备原理"去解释，就是说，语用功能的理论系统完全是靠语言系统之外的人（自然的人）及其社会这两个系统补充而成的。这就是语用学的实质。

回忆本章语用学的几个根本的理论要点，无一不是在人或人组成的社会那里生根。

语境和语境对话语的干涉：非语言语境，即社会人文网络里的各种体系（村落体系、城镇体系、交通体系、市场体系、政治体系、思想体系），各种制度（土地制度、经济制度、法律制度、教育制度）和各种关系（国际关系、民族关系、氏族关系、供求关系、人际关系、敌我关系），都是在人那里生根的。

附着于人的符号束及其对话语的参与：这里的符号束，除开伴随物，就是由人的脸、手、身体发出的信息，声、气、息更是人发出的生命信息。

智力对话语的干涉：智力属于人的专长。

事实上，本书前五章就是在完成对语用学实质的阐述。读者不妨注意这个理论线索。

第三节 语用学的哲学渊源[1]

西方哲学的中心课题发生了两次重要的转向，终于从本体论、认识论转到了近代的语言论（所谓 linguistic turn，语言性转向）。许多哲学家大谈语言，为世人触目，也引起世人困惑。其实他们大谈语言不是立异邀誉，而是为了大谈"存在"。这方面的代表人物是英美分析哲学家及欧陆哲学家，影响最深广之分析哲学（即语言哲学）家，当首推 Wittgenstein（Maria, 86）[2]之一系列语用思想，彼之 meaning is in use（意义在使用中），颇中肯綮，此命题将意义由静态一举推向了动态——使用、交际中；还有 Austin（Maria, 107）的 performatives，将言语（speech, utterance）的意义归于行事之中，遂有后来 saying something is doing something 等说法；另有 Grice（Maria, 124）将 meaning 发展到言外之意、会话隐含，破坏合作原则也生出了意义，人的特定意图也生出了意义，对方从来言去语中猜测出意图（intention）来。以上这三四位（还包括 Searle），哪一位的论说不切中后来语用学（作为语言学分支）的要点？说他们这些哲学家是语用学的宗师算过分吗？这两个问题一想通，语用学的哲学渊源不是一清二楚了吗？又如海德格尔等（他的著名命题是"语言是'存在'的居所"）。他们讨论的语言问题，推动了语言学特别是语用学的学科建设，为语言学（其中包括语用学）提供了理论营养，也直接为语用学提供了一些重要的、脍炙人口的分析单元。

不无遗憾的是，我国语用学在引进时，汲取了语用学课题的营养，却将哲学家原本的哲学目的与哲学色彩淡化了、忽视了。我们忘记了一个基

---

[1] 这一节曾以相同的题目发表在《外语与外语教学》1999（6）上，是根据作者的另一部著作《语言：人类最后的家园》中的第二章第四节"语言学家如何面对哲学成果"改写而成。本节经王宗炎先生审阅，提出了许多重要意见。与本书相关的一点意见是：既然讲 pragmatics，应当指出它的哲学渊源，并且讲得越清楚越好。但是，对于一般学语言学的人，可以着重实际用处，哲学问题可以少谈。

[2] 以下本节中的引用均出自 Modern Philosophy of Language（Maria, 1999），括号内数字为页码。

本事实，那就是：那些哲学家的语言研究是在哲学轨道上的语言研究。所谓哲学轨道上的语言研究，最应首先追溯的是我所谓的"意义—指称配对"，是什么原因使意义与指称变成了分析哲学传统的核心内容？意义—指称配对的动力来自：因为只有意义与指称的配合分析才能确定地知道并锁定世界某一研究对象（object）的存在状态。这是一切西方哲学家不可逃逸的任务。让我们以实例来显示意义—指称配对是怎么流动起来的。语言哲学的奠基人 Frege（Maria, 3）认为，使意义与指称达至确定地知道，首要的是把 sense（涵义）与 reference（指称）分开成两件事；Russell（Maria, 26）主张，摹状语（描述语）生成的意义与专名的意义是不同的，一个专名可以对应于若干多的描述语，并提出，**描述语是不完全符号**；Tarski（Maria, 41）认为，成真的语义值为语义学的诞生奠定了基础；Carnap（Maria, 64）阐明了实证论、语义学和存在论（ontology）之间的关系。我要指出的是，是 Frege, Russell, Tarski 和 Carnap 的意义和指称论在先，后才有 Wittgenstein, Austin, Grice 等人把意义向动态化方向流动，为后来语言学的语用学大厦奠定了基石。而意义—指称配对还在流，流到 Davidson（Maria, 162）那里，他说，信念（我、你、他相信……）是意义的基础；Donnellan（Maria, 178）进一步把限定描述语和指称的关系说清楚，而 Kripke（Maria, 201）讨论了命名过程与必然性；Putnan（Maria, 222）论述了"意义"的意义；Evans（Maria, 245）专说"专有名称"……我所谓的"意义—指称配对"就这样流起来了。它深刻地影响了后世的哲学和语言学。

殊不知，这个意义—指称配对深刻地影响了句法（Chomsky, 290）、尤其是语义学（Tarski 等）和语用学（Wittgenstein 等），这三项恰好是语言学的三个分支，而有些中国语言学者就迷惑于哲学家为何管语言学的"闲事"。依予所见，知道了意义—指称配对的流动史，便赫然大悟：**静态的语义流向动态的语义，便产生了后来的语言学中的语用学**。但我要特别提醒的是：意义与指称配合，使哲学家确定地知道并锁定了世界某一研究对象的存在状态之后讲出来的道理**不是关于语言学的道理，而是关于宇宙世界中某一研究对象的存在的道理**。

语言研究的哲学轨道，窃以为，有三点含义：（1）西方哲学研究两次转变方向，本体论（研究存在是什么，世界的本质是什么）搞不通了转向认识论（研究思维与存在的关系，人的认识的来源、途径、能力、限制），认识论搞不下去了转向语言论（研究 intersubjectivity，即主体间的交流和传达）。（2）通过研究语言来研究"存在"，研究思想与世界。"这一变化（指

the linguistic turn)",用 Maria（1999：前言）所说，"就是用词语重铸（recast）西方哲学的千年老题。"不是新问题，而是老问题。手段却是新的：用词语（分析）。人的思维是一种内在的交谈，哲学研究就是通过语词意义和指称的分析将"内在交谈"外化出来；用利科的话来说，就是"把对语言的理解当成解决基本哲学问题的必要准备"。也就是说，对词语意义的研究，是为了从词语的意义中反推出人的理性和哲思。(3)西哲认为，研究语言可以澄清一些由于滥用语言而造成的哲学问题。一旦澄清了语言，哲学问题自然解决。

我自己在接触语言哲学文献之前，曾多次问自己：怎么是哲学家做了语用学的"台柱子"？他们是怎么会想到研究语用学的？这对语言学家是不是有点讽刺意味？后来（1995年）发表的"语言学家不完备现象"，记录下了这些当初的疑问，思考了这些疑问对人们的启发。现在我们回过头看，哲学家光顾到语言头上是为了上述三条原因，不是哲学家离行搞语言，即是说，哲学的"语言性转向"（第二次转向），以词语的意义和指称为中心课题所作的研究（以种种意义观切入，引入了说话人意图、言语行为、语境等）在客观上推动了语用学作为一门学科的建立。这就不难解释为什么相当多的哲学家成了语用学的中坚人物。但是，必须说明，他们的本意不是为语用学提供理论基础。后来把它当成基础理论，是语用学家的事。但国内许多的语用学翻译文本或引进介绍文章，将哲学家的研究本意省去，将来龙去脉省去，至少是没有点明原文对语言的研究是在哲学的轨道上进行的，没有交代他们是在为哲学而研究词语的意义和指称。这种引进，是丢掉了形而上，捞到的只是形而下的东西（虽说这形而下的东西也很有用）。**这样的哲学目的淡化以至损失，是引起国内读者误会的重要原因。**引进中的这种失落或淘洗，有种种原因，或者引进者们不熟悉西方哲学与语言交错这个大背景，眼里只有语言没有哲学，又或者引进人对哲学转向有所了解，但认为语用学就是语用学，介绍那么多的哲学背景多占了许多篇幅和时间而语涉不详（如用"哲学家某某认为"，但往下并没有具体的哲学目的的交代），如此等等。

对语用学的如此引入，客观地看，第一，引进毕竟有功；第二，对引进中的哲学亏损的原因，可以理解；第三，亏损事关根本性、全局性，必须补充出来。

下面以三个例子加以详细说明。

第一例：语用学界人人熟悉的言语行为理论。它如何分类，各类有何功用，不再重复。现在我们只是补充出没有得到强调的、没有被点明的哲学思路。

先看国内语用学引进是怎么处理的。《语用学概论》（何自然，1988：135）的"言语行为"这一章中，在介绍了"哲学家奥斯汀在美国哈佛大学做了一系列的讲座，推翻了认为逻辑—语义的真值条件是语言理解的中心这个观点"之后，便直接进入言语行为的具体描写。

言语行为理论的创立到底是为了什么呢？它创立的哲学目的是什么呢？是为了解决哲学上的一个什么问题呢？

Wittgenstein（1953）在《哲学研究》中强调，"'意义'这个词可以这样来定义：一个词的意义就是它在语言中的使用。"这一观点促使 Austin、Searle 等人更进一步把语言当成行为方式，他们的观点被称为言语行为论，这是一种从全新角度研究意义问题的方式。Searle（1969）说："**研究语词的意义在原则上和研究言语行为没有区别。确切地说，它们是同一种研究**（黑体为本书作者所注）。因为每一个有意义的语句借助其意义可用来施行一种特定的言语行为（或一系列语言行为），而因为每一种可能的言语行为原则上可以在一个或若干个语句中得到表述（假如有合适的说话语境的话），因此语句意义的研究和言语行为的研究不是两种不相关的研究，而是一种从不同角度进行的研究。"反推过去，研究言语行为就是研究词语意义，研究词语意义就是为了反观人的思想，反观"存在"与世界（请见哲学轨道三含义）。这就是对言语行为理论哲学目的的解说。

现在我们看看言语行为理论创始人 Austin（1970：233～252）在 *Performative Utterances* 一文中如何交代自己的哲学目的的。不错，此文主要内容在于告诉人们，人的言语除了报告真值条件以外，还有一种行事性的（performative）言语，它们的主旨不在报告事实，却是以某种方式影响人们做事，是无所谓真或假的。他是这样交代哲学目的的：他说（在第二个自然段），我们回顾哲学史时不必走得很远就可以发现，一些哲学家多少总以为，任何话语（即我们说的任何事）的唯一可究之处（the sole business），唯一有趣的可究之处，不是真即是假。还有这样一些哲学家，他们总以为，他们唯一感兴趣的东西是这样一些话语，它们能报告事实或者能描写情景的为真或为假。Austin 反对这一看法，他在文中列举了行事性言语（the performative，也有人译为"施为句"）、话语不得体性（the infelicity）、显性施为句（the explicit performative）、话语用意（the forces of utterances）概念之后，在文章的结尾指出："我认为，如果我们注意这些问题，我们就可以清算某些哲学错误。哲学总是替罪羊（and after all philosophy is used as a scapegoat），因为它展示了本该是人犯下的错误。"最后一段，他不无幽默地说："这个问题是不是有点复杂？是的，有点儿复杂；但是生活、真理与事物确实倾向于复杂。不是事物本身简单，而是哲学家太简单。大家一定听说过，过于简单化是哲学家的职业病，你可能会附和这个说法。咱们在私下里认为，这就是他们的职业。"至此，他的哲学目的和盘托出：清算哲学家的简单化毛病。本来现实生活中的许多话语不仅仅是以真假值来区分的，他们却硬是以为所说的话非真即假，不承认有另一类话语——行事性话语。原来，他大谈行事性话语，是为证明"本来现实生活中的许多话语不仅仅是以真假值来区分的"。**这样，他就把问题的讨论牢牢地拴在如何通过言语行为看词语的意义，说话人如何表达**（行事性言语也是一种表达）**自己的意思上**——哲学转向后相当多的哲学家就是如此看待语言意义研究的。这样重大意义的哲学目的，我们怎么能丢失呢？

还有。哲学家认为，**以言行事的话语可以绕开哲学本体论的争论**。试看徐友渔（1996：75）举出的以下三个句子和说明："他说'地球围绕太阳运行'是真的。""助人为乐是好的。""这幅画真美。"如果将它们当成一般的陈述句，可能会产生难解的关于真善美本质是什么的问题，如果把它们理解为说话人借以表达一种赞同（"地球围绕太阳运行"这一论断）、提倡（助人为乐）、欣赏（这幅画真美）的行为，也许就不至于有争论。点明了这种哲学思路再来看言语行为理论，我们会知道，Austin 他们不是冲着语言而来，他们是"把对语言的理解当成解决基本哲学问题的必要准备"（利科），他们认为"只有对于语言的说明才能获得对于思想的全面说明"（达梅特），他们是在对人的思想进行说明。

第二例：Grice（1957：377～388）于 1957 年在 Philosophical Review（《哲学评论》）上撰文一篇，名为"Meaning"。

从语言形式开始，他首先摆开的架式，是让读者注意下面三个句子。其中之一是：Those spots mean (meant) measles.（这些斑点意为出了麻疹）。然后又详细地指出：(1) 我们不能说 "Those spots meant measles, but he hadn't got measles."（这些斑点意为出麻疹，但他没有染上此病），也就是说，X（话语）meant（或 means）that P 蕴含 P；(2) 不能用被动语态 "What was meant by those spots was that he had measles."（这些麻疹所意指的是他染上了此病）；（3）不能从"Those spots meant measles."得出结论说"somebody or other meant by those spots mean"；（4）"mean"后不能跟带引号的句子或短语。如不能说"Those spots meant 'measles'."；（5）我们可以在这类话语前冠以"The fact that..."，其意义不变，例如"The fact that he had those spots meant that he had measles."。

这样的行文架式，如果语用学家在引进时，看不透这些语言形式分析后面的真谛，就很容易"误导"自己也误导了读者，以为他是在做一个语言学家的工作，进行语言学家的语义分析。问题刚好是，他不像其他语义学家那样利用逻辑语义概念去分析语义，而是试图通过分析语言交际过程中的交际意图去揭示语义。他的首要目的是要发现一个话语必须满足哪些条件才算有意义。最终，他提出了他的非自然意义理论。这一理论是说，如果不存在施动者（agent），话语的意义只是"自然地"被理解。因为不涉及施动者的意图（intention, to intend），那么话语就仅仅表达自然意义（natural meaning）；反之，如果有施动者，他"意欲"把某种信息传达给听话人，或者引起他思考进而得出某种结论等，那么他的话语就表达（或者说他利用话语所表达的是）"非自然意义"（nonnatural meaning）。即是说，说话人A必须试图使话语X在听话人身上产生某种效果；同时，听话人必须领会到说话人的这一意图。

国内语用学一般的介绍文章就到此为止（除开少数专门撰文介绍语言性转向的有关文章），下面的东西往往被略去。

原文中还有这样的叙述："我用了诸如'意图''领会'这样一些词，可能会出现若干问题。我必须否认有把一切日常话语都附会上一大套复杂的心理过程的任何意图。我并非希望解开关于意图的哲学之谜（philosophical puzzles），但敝人确想简要地证明，我使用与意义相涉的'意图'一词不会引起什么特别的麻烦。"他确实是想揭示这个心理过程，也明明白白地想通过此路解开这个哲学之谜，不然他就不是语言哲学派了，就不是日常语言学派了。可是，有趣就有趣在这里，他做的工作是哲学工作，他却偏偏此地无银三百两，把自己的这层意思包裹起来。他之所以闪烁其词（"必须否认""并非希望"），显然是不想听到这样的责备：哪一个说话人会在自己的日常话语（all our talking life）里花这么多心思让哲学家来分析呢，这不是哲学家自作搜幽洞隐之状，自找麻烦吗？但是，在事关重大的理论问题上，他却不敢耍滑头，直言："言词的意义与'意图'相关（the word 'intention' in connection with meaning，直译为'与意义相关联的意图一词'），使用这个词（指'意图'）不会引起什么麻烦。"

"哲学的奥妙，哲学思维的秘诀就在于，一切都从人出发。"可是，**思维不能直接看到，通过言语看思维，是日常语言分析学派的思路**，所以，格氏这里所做工作的思路，完全是一种哲学思路。Levinson（1983：112～113）指出："纯粹用规约或规则来分析自然语言的使用永远也不会是完整的；可以交际的事情总是超过语言及其使用规则所提供的交际能力。因此，从根本上来说，我们仍然需要某种不依赖于规约意义的交际理论或概念，例如格氏在其非自然意义理论中所勾画的那种理论。"可见，格氏的非自然意义理论对于语用学这门学科具有重要的意义。这些当然都是对的。可是——问题就出在这个"可是"上——我国的语用学学者借用或介绍"非自然意义"理论时，没有兴趣去点明原本是哲学家工作的哲学性质，也几乎是"不知不觉"地抹去了至少是淡化了原本的哲学轨道或者哲学目的。

第三例：脍炙人口的、言及语用学必被称的格氏另一论文 Logic and Conversation（Grice，1975：41～58）也遭到同样的"淘洗处理"。

有的引进语用学的书（何自然，1988：77），在"格赖斯的'会话含义'学说"的题目之下，开头一句说，"美国语言哲学家格赖斯于1967年在哈佛大学做了三次演讲。在演讲中格赖斯提出，为了保证会话的顺利进行，谈话双方必须共同遵守……'合作原则'"。仅仅道出他的哲学家头衔，没有将本来就有的具体的哲学目的交代出来，就给人一个印象，好像格氏本意是为了提出"合作原则"才于1967年在哈佛大学搞这个讲座的。是这样吗？

现在我们来看看 Logic and Conversation 开头四个自然段是怎么一回事。格氏首先列出一套形式符号（the formal devices）～，∧，∨，⊃，……（共7个），以及它们在自然语言中的对应词"not""and""or""if""all""some"（or "at least one"）"the"（也是7个），然后指出他们在意义上的分歧点。

格氏认为，承认这两套系统在意义上有分歧的人，大致上归依为两类，一类为形式主义者，一类为非形式主义者。形式主义者的立场如下：就阐明最一般的有效推理模式的逻辑学家看来，形式符号比它们的自然语言对应词具有决定性的优越性。……（列举了一些理由之后）鉴于这些理由，自然语言中的一些表达法不可认为是最后能被接受的，也并非是完全可理解的。有必要酝酿并开始建构一套包括形式符号的理想语言（an ideal language），理想语言的句子必定是清楚的，其真值是确定的，确实是摆脱了形而上学[1]的含义（metaphysical implications）的；既然在这个理想语言之中科学家的表述是可以表达出来的（当然不一定准确表达出来了），科学的基础现在便在哲学上变得可靠了（philosophically secure）。

格氏继续论述道：对此，非形式主义者可能以下面这种方式回答，即建立一套理想语言的哲学前提（philosophical demand）植根于某些不可能被承认的假定之上。……（列举了一些理由之后）情形仍然是，许多以自然语言表达的、而不是以逻辑符号表达的推理与论证，被认为同样是有效的。所以，这里必定保留有形式符号的自然语言对应词的某种未经简化的（从而或多或少不系统的）逻辑的地位；这个逻辑可能得到形式符号的简化逻辑的帮助与指导，但不可能被形式符号的简化逻辑所代替。真的，这两套逻辑不仅有所区别，而且有时相互冲突；支撑形式符号的规则可能不支撑形式符号的自然语言对应词。

格氏亮完了双方的观点之后，紧接着亮出了自己的观点，他自己写此文的本意："现在，本人在此文中无意对改造自然语言的哲学地位的一般问题发表什么看法。敝人仅对本文开头所提之有关两派的分歧的争论提出看法，却无意代表任何一方参加争辩。窃以为，争论双方所赞成'分歧确实存在'的共同设定的前提，宽泛地说，是一个共同的错误；并以为，这个错误发生于对管辖会话的诸条件（the conditions governing conversation）的性质与重要性注意不够。由此，我将撇开争论本身，径对以某种方式用之于会话的总体条件作一探究。"余下的会话隐含以及例子，为语用学界家喻户晓，恕不在此重提，以免耗磨时间。

现在，我们看看，正文前头的这四个自然段，是不是有很浓烈的哲学色彩？语用学家引进会话的合作原则时，该不该省掉？

首先，比较形式符号与它们的自然语言对应词之间的分歧，就是逻辑的，因而是哲学的。后来谈到形式主义派别提出"酝酿并开始建构一套理想语言"时，更是哲学上的理由——如"它包括形式符号""句子必定是清

---

[1] 这里的"形而上学"不是指与"辩证法"相对立的那个形而上学，而是指西方哲学中惯常的意义，即指非经验的沉思冥想，以对世界的本质作出判断，相当于中国人说的"玄想"。

楚的，其真值是确定的，确实是摆脱了形而上学的含义的"，叙述应该"在哲学上变得可靠"，如此等等。后来谈到非形式主义派所反对的，也是从哲学角度来说话的，如"许多以自然语言表达的、而不是以逻辑符号表达的推理与论证被认为同样是有效可行的""建立一套理想语言的哲学前提植根于某些不可能被承认的假定之上"；只能是两种逻辑并存，即"形式符号的自然语言对应词的某种未经简化的逻辑"与"形式符号的简化逻辑"的并存，不可能一个代替一个，如此等等。我们可以发现，攻守两派都是从哲学上着眼。如主张理想语言的哲学家认为，通过语言精确明晰地表达思想，观察理性，确定真值，避免混乱，以求在哲学上变得可靠，这正是他们这个学派所追求的目标。又如不主张构建理想语言的哲学家们回答，自然语言同样可以有效地推理与论证，即明晰准确地表达思想与概念，建立理想语言的哲学前提不可能被承认。这些当然都是哲学性质的论述。

而且还需补充出格氏文章来不及交代的非常重要的一点是，在是否构建理想语言这个分歧上，就埋有深刻的哲学交锋，那便是：分析哲学家们在对待如何清除语言混乱以求清除哲学混乱的问题上分成两派。以弗雷格、罗素为首的分析哲学家认为，既然日常语言的含义是模糊不清的，我们就应该改造或抛弃这种语言，重构一种严密精确的人工语言，其词语对应于数理逻辑中的符号，均有一个确切的含义。于是，哲学的任务就是对自然语言进行逻辑分析，这一派哲学家通常被称为人工语言学派，就是格氏在此文中提及"形式主义派别提出'酝酿并开始建构一套包括形式符号的理想语言'"的原委。即是说，"他们大力主张用逻辑的手段分析和改造日常语言，因为日常语言表面的语法形式常常遮蔽和歪曲语言本质性的逻辑形式，造成一系列哲学难题。在数学化、形式化的理想语言中，这些麻烦就消除了。日常语言学派的人坚决反对这种看法。他们认为日常语言本无错，是人们'哲学式地'使用导致谬误"（徐友渔，1995，1997）。这另一派，是受维特根斯坦后期哲学思想影响的日常语言学派，亦即牛津学派。维氏在其后期的代表作《哲学研究》(*Philosophical Investigations*，1953）中，一改前期的哲学观点，看到了日常语言具有逻辑语言无法表达的丰富性和复杂性，主张从日常语言的实际应用中，从语言的不同功能中研究语言。他认为不需要构建人工语言。这就是格氏此文中说"只能是两种逻辑并存，即'形式符号的自然语言对应词的某种未经简化的逻辑'与'形式符号的简化逻辑'的并存，不可能一个代替一个"的背景。

上面我补充出来的语言哲学的争论，尤其是原文开始的四个自然段，这些东西是不能丢失的。没有哲学之魂的语言研究已经不得要领了，还要把语言哲学研究中本有的哲学叙述抹掉，就抹掉了语言理论的底蕴，抹掉了推动力，也抹掉了哲学的本意。

以上仅是三个例子中的亏损。如果我们按语用学的分析单元和课题一个一个地查，还会有多少类似的折损呢？语言学的其他分支的引进是不是也丢掉了原文的哲学色彩，我不敢断言。但我建议好好地由此及彼地查一查，将是一个既有趣又有意义的工作。

我之所以认为这些东西丢不得，是因为，它们揭示的东西太重要了。这些东西是：

——"我们这个时代最突出的一个特点是，许多哲学家把对语言的理解当成解决基本哲学问题的必要准备。"（利科）这就是说，首先得对语言进行澄清，随后哲学问题也就明朗化了。从语言里看出存在。

——"只有对于语言的说明才能获得对于思想的全面说明。"（达梅特）语言是思想的公开化、直接化。语言表达式才具有公共性、客观性和直接性。

——"根本的'语言性转向'应该是指号学—语用学的转向。"（达梅特）语用学是揭示符号与解释人的关系。怎样使用符号、解释符号，可以看出人的思想活动。哲学从这里切入。

——"研究人的思维活动和认识能力应让位于探究语言表达式的意义，因为后者才有公共性、客观性和直接性。"（英美分析哲学家观点）参见上面对达梅特的解释。

——"有多少种哲学，就有多少种关于语言的主张。语言与哲学是一种形至影随的关系。"（德法哲学家观点）因为从语言可以看到"存在"。"存在"又是哲学研究的中心课题。

——"语言是哲学思考的中心问题，它在本世纪哲学中处于中心地位。……世界本身体现在语言中，能被理解的存在就是语言。"（伽达默尔）注意，"能被理解的存在就是语言"几乎是西方语言哲学派的一个基本命题。

——"胡塞尔仅仅把语言问题当作探索认识之谜的一个突破口，目标在于揭示先于语言和语言背后的意义之根源。"

——只有意义和指称（流）的配合分析，才能确定地知道并锁定世界

某一研究对象（object）的存在状态，从而哲学家才讲出关于宇宙与世界的某一存在的道理。（钱冠连）

上面这些带根本性质的东西都是体现在语言哲学之中的，我们在引进时，怎么能够只留其语言部分，舍其哲学含义的叙述呢？

如果我们将语用学引进中的哲学亏损都还原出来，如果我们也同意达梅特所说"根本的'语言性转向'应该是指号学—语用学的转向"，如果我们仔细玩味语用学专著撰写人 Levinson（1983：36）所说的那一段至关重要的话——"在寻找阐释乔姆斯基理论的方法的时候，普通语义学家那时都被引向哲学思想的本体（a considerable body of philosophical thought），这个本体向语言本质的理解显示了语言使用的重要性（尤其是奥斯汀、斯特劳森、格赖斯和塞尔的工作是如此）。时至今日，**大多数语用学的重要概念直接取自语言哲学**。这个美国语言学家主流的宽阔领域一旦建立起来，语用学很快就为自己注入了生命力，因为，这里提出的问题是有趣而堪称重要的。"——我们就可以得出下面无甚大错的结论：**语用学几乎可以当成哲学的一个分支**。

当我们考虑正是美国哲学家皮尔斯（C. Peirce）首先提出符号学理论，另一位美国哲学家莫里斯（C. Morris，1939：77～138）对皮氏的符号学理论作出解释并提出了符号学三分说（句法、语义学、语用学）之后"语用学"这一术语才为哲学家、语言学家所采用这一情况时，对上述结论的疑虑更是可以冰释。

显然，语用学的许多重要分析单元都是哲学的直接产品。这些直接产品几乎占了语用学的半壁江山。

或许有一种意见认为，不能苛求语言学家盯住语言的同时还要顾哲学目的。对此，不同的看法是：

第一，只顾事情的过程与结果，不顾目的，可能完全歪曲事情的本相；

第二，既然研究语言，就不应该忽视执掌语言的人的思想与理性。语言学家的人文责任之一就是关心人、研究人。而且，研究语言就是研究人自身。研究人自身的人，怎么能不管说话人的理性与哲思呢？撇开语言学家的专业不谈，仅以人而论，"人不一定应当是宗教的，但是他一定应当是哲学的。"（冯友兰，1996：5）

第三，问题还在于，**淡化哲学目的，就要丢掉许多深刻的东西**。因为你淡化的东西，很可能是给普通语言学奠基的东西。比如说，上面提到的这两个哲学派别（理想语言学派与日常语言学派）的争论，作为独立的学术派别，已不复存在，但他们之间的争论，为一些学术领域如语言学、逻辑学和科学方法论输送了相关的成果，尤其对语言学，提供了直接的成果。语言哲学家对自然语言的逻辑分析，对意义问题的探讨，对言语行为的理论的研究，直接创立并发展了语言学的三大分支——句法、语义学、语用学。应该强调的东西在于，**学派和学派的争论本身已不复存在，可是争论的结果却还存在——转化成了对其他学科的奠基性的理论贡献**。你能把这样的哲学背景丢掉吗？丢掉了这样的哲学背景能说不是一个缺损吗？

第四节　研究对象与研究方法

一、研究对象

　　语用学的研究对象是日常话语。日常话语可以是两人以上的言语活动，可以是单人的言语活动，也可以是书面的实用语篇（和"文学语篇"相区别）。两人以上的言语活动，如：一对一的对话，多对一的法律审问，一对多的回答（如面试中一人应对多人的考问），多人的无序会话（聚会、相骂、吵架、争辩），单人的言语活动，一对多的演讲，上课等。书面的实用语篇，如：日记、留条、新闻语篇、告示、信件等一切为了实际上用来交际的语篇。

　　语料采集的理想方式是录音与实地记录。允许的方式是从档案、新闻、采访、报告、回忆录等真实记载里摘取。语言工作者对母语的语感，包括凭语感所记忆的话语，一般来说也是可靠的。

　　文学作品中的对话与叙述，都不适合做本学科的研究对象。

　　本书用以立论与论证的语料是汉语，即中国人的言语。理由已在第一节交代，这里不再赘述。

　　为了反映"语言是人的存在方式"这一命题，本书的语料引用与操作采用三个新的方式：

1. 话语引用不从文学作品中来，只以真人的真实话语为依据

它们来自：（1）本书作者所制作的录音（最理想的材料，可惜太少）；（2）通过文字记载和电视传播的新闻、特写、采访、报导、传记、历史档案中的人物对话或语篇。上述人物对话和语篇与文学中的人物对话和语篇固然有紧密的联系，但后者毕竟不是话语原型，那已是"二道贩子"的话——它是经过作家头脑深思熟虑的加工成品，已成为审美对象了。这样的话语已经与日常生活话语有了相当的差别。日常话语中有相当多的失误与不妥，听得出明显的自我修正痕迹。而文学作品中的话语却是反复修改与提炼的，几乎无错误。它对于文艺美学的研究具有完全满意的价值，对于语言研究却有一个致命的问题——失真。以那样理想化的语料为例子，得不到符合语言真相的语用原理与策略。话又说回来，即使我们这样使用新闻媒介中的话语与语篇，也不十分理想，因为话语记录人即作者仍然在美化（理想化）这些话语，总想将他们笔下的人物的话弄得通顺一点、有文采一点，这样就使话语在不同程度上失真。本书作者虽然意识到这一点，也不得不用之。因为没有条件（那么多的器材与那么多的时间）全部采用实况录音。尽管如此，用这样的材料还是比用文学作品中的语言更适合于语言学论著。国外语言学著作中已经看不到文学作品的引用，想必是有一定道理的。拙著《美学语言学》的语料也是生活言语的实录，到目前为止尚未听到对此的公开批评。

为了节省篇幅，除了有可能引起争议的话语以外，就不提供材料发表的刊物了。那么，这样能不能保证可信度呢？可以。因为任何一个使用了国语几十年的人（比如本书所引用的材料写作者），他具有判断国语的运用能否被人接受的一般条件。赵元任先生说过，因为他在北京住过相当长的时间，所以他有资格在他的《口语语法》中凭语感写下这些句子。一般的写作人的语感，其丰富与准确，虽比不上赵先生这样的语言大师，但也不至于差到十万八千里去。在英语的语言学著作中，例句注明出于某书某页的作法基本绝迹了。并非他们人人都是语言大师级的人物，有赵元任式的资格。但是，一般发表了作品的写作人具有判断母语的能力这一点是不该受到怀疑的。又问，这样的材料有没有权威性呢？无须权威。上至学者，下至文盲，都有说话的权利，说错了就说错了，说错了的话也有研究价值。当然，上述不提供发表刊物的情况不适合于论点、观点的引用。

2. 最后的一点新尝试包括两个方面

第一方面,争取做到(1)话语的引用与(2)说话人的面相身势与(3)说话人的声、气、息三者标注同时出现。这样做的语言学目的是什么呢?简单地说就是,人在说话时,他的生命意识——可见的面相身势与可闻的声、气、息——总是同时出现的。这三者同时出现是生理与心理的规律,三个方面少掉一个方面都不是事实。面部符号、身势符号是附着符号束的一部分。这个问题将有专章阐明(见第三章第四节)。作者深以为憾的是,由于太多的客观原因,作者不能做到全部的话语资料都带上面相身势与声、气、息的注明。

另一方面,是在话语出现之前,提供简短的语境说明。句法里面引用的句子可以不要语境注明,因为它只管符号与符号之间的关系,不管符号与使用人之间的关系,可以不顾语境,所以这些句子都是"零语境句"(见第二章第五节)。语用学里的句子都是"语境句"(见第二章第五节),不注明语境,就不可能反映实际存在的语境干涉,就无法反映伴随的物理符号与意外符号,就不是言语的真实景象了。

这样,一个完整的话语引用形式如下。

语境:言语行为发生的时间、地点、事件……

××(某种面容):……(某种身势动作)……(可能的声、气、息)

实例如下:

> 语境:钱钟书朋友送来两支高级毛笔。
> 钱钟书 (欣赏地,开心地笑):你没注意到吗?最近我给你的信用钢笔写了。……(伸着手指)大拇指不好。你送的笔就像给一位秃顶的人送生发油。[1]

请看,这里有话语(推出含义与意图)、人的面相身势(附着符号束之一)、声、气、息(生命气象)、语境交代,这就是一种大致的人的存在方式的描写了,不是吗?这种记录话语的方式,作者认为,才能够全面真实地反映三带一理论(见上节:一个"含义"被三个"干涉"带出)其中的两个干涉:附着符号束的干涉和语境干涉(智力干涉看不见)。当然,这种

---

[1] 本书第二版作者标注:本段选自刘存孝 1994 年 6 月创作的作品。但因年代久远,且原书遗失,故作品名与出处不详。——编辑按

做法能不能反映言语运用的规律，还需要在实践中接受检验。

这里还交代本书对术语使用的两个基本态度。首先，有必要创造新的术语，因为术语是学术思想的结晶，是对思考的沉积与物化，排斥必要的术语创造是不能想象的。但是，动不动就来一个新的术语，也是一种不健康的学术心态，是本书作者所不赞成的。因之作者打算在国外的新术语与汉语研究中已有的相应或相等的术语这两者之间，选择后者。其次，适当引进确有必要的国外的术语，这样对我们的研究总有方便之处。

二、研究方法

语用学应该是描写性质的，它必须从语言（汉语）事实出发，对汉语与附着符号束、语境与智力干涉相结合的种种有效用法和正确理解加以描写。描写语用学（descriptive pragmatics）即是揭示人们为达到某一特定交际目的的语用能力的。于是，研究方法主要是归纳，由一系列的事实概括出一般原理。

比如，本书作者在寻找语用原理与策略的过程中，从大量成功的会话案例中发现许多看来乱糟糟的事实，其中有几例，说话全然不讲礼貌策略，却非常合他（她）的身份与角色或地位，交际当然也是很成功的。这就要在礼貌策略之外概括出一条运用权威策略。（见第五章第二节）这个情景下，你不能说他不遵守礼貌策略，因为他表达了说话意图，达到了交际目的，尤其有意义的是并没有得罪听话人，所以有资格立为一条策略。

发现许多不说真话说假话的交际成功的事实，是否应该归纳出一条"假信息策略"呢？（见第五章第四节）

发现各种不按需要的量提供信息而大量提供多余信息且交际又成功的事实，是否应该归纳出一条"适当冗余信息策略"呢？（见第五章第五节）

发现了听话人察觉对方犯了语用错误但能容忍其失误使交际成功的大量事实，是否应该也归纳出一条"容忍语用失误策略"呢？（见第五章第六节）

语用学的研究方法（主要是归纳）和言语运用的程序是反过来的。如果有人拿了这些原则去运用语言，去指导实践，则是演绎过程，即由一般原理推出关于特殊情况下的策略。他可以别出心裁地即席发明策略。

第五节 国外语用学发展概况

一、语用学尚在幼年时代

文学、算学的出现，可以千年计。欧洲上千年的大学有3个，可以证明（胡适，《信心与反省》）。其实，上了千年的学科还有哲学和修辞学。但是，语用学作为独立的学科被承认，才仅仅几十年的时间，其标志是《语用学杂志》(Journal of Pragmatics)于1977年在荷兰创刊。国际语用学会（IPrA）于1986年才宣告成立。比较起来，语用学还真是处在一个婴儿时代。后来，在比利时的国际语用学会研究中心又创办了《语用学》(PRAGMATICS)杂志。国际语用学会声称自己追求的宗旨是，第一，寻求一个普遍的有机的框架，来讨论和比较各个学科对语言使用或语言功能各个方面的基础研究的成果；第二，促进各个应用领域（诸如语言教学、跨文化和跨国度交际问题研究、言语错乱病人治疗以及电脑通信系统发展）的研究；第三，传播语言的语用知识，传播的对象不仅是各种名目的语用学家和语言专业学生，也包括从深刻认识语言使用中获益的人们。

下面，将对最有影响的某些人物和最有影响的某些学说与理论加以简略介绍。介绍的原则是，已经讨论得很多了的，本书给的篇幅就少一点；评论研究得不够的，篇幅就多一点。

二、哲人的探索

20世纪30年代后期，美国哲学家皮尔斯（C. Peirce）提出符号学。他的同胞、哲学家查尔斯·莫里斯（C. Morris）深入地研究并发展了符号学理论，在《符号学理论基础》(1938)一书中，提出了符号三分说，后来人们视之为经典定义：研究"符号与符号之间的形式关系"者为句法学，研究"符号与符号所指对象的关系"者为语义学，研究"符号与符号解释者的关系"则为语用学。"语用学"（pragmatics）这一术语由此而生。他后来对语用学的定义有一个修正："符号学的一部分，它在伴随符号出现的行为活动中考察符号的起源、用法和功能。"（Morris, 1946）逻辑实证论哲学家鲁道夫·卡纳普（R. Carnap）进一步明确了语用学的研究对象，他指出：如果一项研究明确涉及说话人或用一般的术语来涉及语言使用者，我们就把它归入语用学领域。卡纳普的学生巴希莱尔（Bar-Hillel）提出指示语作为研究对象，这已是20世纪50年代的事了。以上属于语用学的初期探索阶段。

三、奥斯汀与言语行为理论

英国哲学家奥斯汀（J. Austin），在其系列讲座 How to Do Things with Words 中，提出了言语行为理论（speech acts）。这个理论的主要内容是，人说话就是用语言做某件事，完成一定的行为，例如，可以用说话来完成陈述、请求、提问、命令、许诺、恐吓、宣告、感谢、道歉、祝贺、断言等。说出的语句有两种意义，一是命题意义，二是施为意义，它产生了施为作用（illocutionary force）。一个学生对另一个伙伴说："我铅笔头断了。"这里，他执行了"陈述"与"请求"行为，听话的那个伙伴便递出一个削笔刀。这就是说，说话人是在用一句话来执行一个或若干个上面列举的行为，这些行为使听话人做了某些事情以作为反应，这便是施为作用产生的后果。直接进行的言语行为叫直接言语行为。"我铅笔头断了"的直接言语行为是"陈述"（铅笔的状态），间接言语行为是"请求"帮助（借铅笔刀）。进而，奥斯汀把一个完整的言语行为一分为三：言内行为、言外行为和言后行为。这是语用学的基本理论。（王宗炎，1988）

四、赛尔与言语行为分类

美国哲学家赛尔（J. R. Searle，1969）最有影响的贡献是完善和发展了言语行为理论，将言语行为分为五大类：第一，承担性的，指说话表示将要干什么，如许诺、恐吓等（"明天还你钱"是许诺）；第二，宣告性的，指能改变世界上某种事态的言语行为，如教师面对一个小学生，眼睛却扫着全班高声说："从现在起，你就是班长了"；第三，指示性的，指具有使对方做某事的功能的言语行为，如建议、请求、命令等；第四，表情性的，在这种言语行为中，说话人表达自己对某事的情感和态度，如道歉、抱怨等；第五，描述性的，指描述世界上的状况或事件的言语行为，如断言、主张、报告等（"昨天大盘下挫""沪股下跌"）。（王宗炎，1988）

五、格赖斯与"会话含义"

美国哲学家格赖斯（H. P. Grice，1975）提出的合作原则（cooperative principle）以及运用会话准则来产生的会话蕴涵（含义）（conversational implicature）是语言学界脍炙人口的语用学理论之一。合作原则是人们为了实现谈话目标双方都要遵守的，互相配合的一些准则。它的内容有四条。量准则：应包含当前交谈所需要的信息量，不能少，也不能多；质准则：

努力使你说的话是真实的——不要说自知是虚假的话，不要说缺乏足够证据的话；关系准则：要切题，与前面的话相关；方式准则：要清楚明白，避免晦涩，避免歧义，要简练，要有条理。这一原则为言外行为提供了理论依据，具有极大的解释力。它的最大价值不是遵守它，而是利用它——从反面利用它。这便产生了会话蕴涵（含义）。

本书对于它在会话中能不能作为原则的质疑"目的—意图原则：兼论合作不必是原则"将在第五章第一节进行。

奥斯汀、塞尔和格赖斯的研究是语用学发展的第二阶段，取得了实质性的重大进展。

六、列文森与描写语用学

从 20 世纪 70 年代起，语言学家参与到语用学研究的行列中来了。1983 年出版的列文森（Levinson）的《语用学》标志着语用学的系统化、具体化和相对的独立性。本书归纳了描写语用学的五个主要研究对象：指示语、会话含义、预设、言语行为和会话结构。[1]

七、利奇与《语用学原则》

也是在 1983 年首次出版印刷的利奇（G. Leech）的《语用学原则》，成为我国语言学研究生学习语用学的必读书目之一，它阐述了语用学的理论和方法，归纳了一系列的语用原则与策略。其中"礼貌原则"影响最大。此书将合作原则单列，得体准则算第二，再下是人际关系修辞法：礼貌准则、礼貌的元语言方面、讽刺与玩笑（irony and banter）准则、夸张与意重语轻准则（hyperbole and litotes）。（什么是意重语轻准则，请参见第五章第一节）这些原则与策略将在第五章第一节重新提及。

20 世纪 80 年代起，语用学迎来了它的纷繁局面。

八、威尔逊和斯波伯的关联理论

威氏与斯氏（Wilson and Sperber）在 1986 年出版了《关联：交际与认

---

[1] 要了解这本书的大致内容，读者可参考何自然编写的《语用学概论》。此书"几乎囊括了 Levinson《语用学》一书的各个部分，也增加了一些其他内容和汉语例子。"（沈家煊，1996）

知》(*Relevance: Communication and Cognition*) 与另一本书《关联理论概貌》(*An Outline of Relevance Theory*),提出了一套把认知与交际结合起来的理论,标志认知语用学的诞生。关联理论 (the Relevance Theory) 把语用学当作认知科学的一部分。语境在关联理论中,起着至关重要的作用,语境在这一理论中换成了另一个术语——"认知环境"。关联原则是关联理论的核心。这个原则是:任何话语解释(交际中的推理行为)都必须确保其最佳关联性。关联性是什么呢? 说话人提供的信息与听话人都有某种关联,与听话人的现有世界的知识与假设发生某种相互作用。新的信息与语境之间用三种关联方式来产生语境效果:新信息与语境融合;新信息加强已有假设;新信息与已有假设相矛盾或排斥。关联性的定义就可以表述如下(Sperber & Wilson,1986):(1)在同等条件下,语境效果越大,关联性越强;(2)在同等条件下,处理费力越小,关联性越强。那么,最佳关联性就是,一方面,话语产生了足够的语境效果,另一方面,处理时又费力最小。(张亚非,1992;曲卫国,1993)如父亲对儿子说:"你真行呀!"怎么解释这话的意思? 因为它既可以理解成"你真有能耐"(夸奖行为)也可以理解成"你真没能耐"(责怪行为)。采取哪一种解释,关联原则认为,关键在处理费力程度和语境效果之间的消长关系。如果语境是儿子拿了一个竞赛的大奖回来,那么,执行夸奖行为的"你真有能耐"与语境具有相关性,产生了针对性的语境效果。换言之,夸奖行为的解释才符合关联原则。反之,执行责怪行为的解释不能以最不费力的处理获得足够的语境效果,于是被排除。当然,解释的途径还有另外两种:第一,按面相身势与话语和谐一致的原则(钱冠连,1989a),说话人的面部表情可以透露真情;第二,语调也可以帮助区分是夸奖还是责怪。语调也是具有意义的符号。这后两种就是附着符号束的干涉(参见第三章)。

  一般认为,关联理论(又有人称"相关论")是针对格赖斯理论的缺陷的。后者的问题在于,太多地依赖"共有知识"(shared knowledge),因而其模式是(语言)符号性质的,而语言交际实际上还包括意图的推理与其他伴随符号现象,而推理是在语境上操作的,不在符号层次上操作,有的交际不要语言就能成功,也就是说,语言进入交际后就是超语言符号性质的。于是,相关论强调示意(ostensiveness)。示意是相关的保证,推理的基础。相关只和示意发生关系,与语言符号无涉。话面信息不相关没大问题,只要表达的含义相关就行了。对这个问题的讨论,还要在第五章第一节(目的—意图原则:兼论合作不必是原则)更详细地提及,此处不再赘述。

九、维索尔伦与语言适应理论（以及综观论）

20世纪80年代，维氏（Jef Verschueren）对语用学构建的整体理论提出了新的思路，这便是他的新著《语用学：语言适应论》（*Pragmatics as a Theory of Linguistic Adaptation*，1987）。1989年12月底，他应邀在中国首届语用学研讨会（广州）上作了题为"语用学和它的发展"的报告，再一次阐述他的适应论观点。长期以来，语用学被认为是和语音学、形态学、句法及语义学相并行的学科，但维氏不以为然。他提出，语用学应定义为对语言（任何一个方面）的功能性综观 [a functional perspective on (any aspect of) language]。其主要观点如下。

（1）语言具备适应性：语言这个工具与其他工具不同，从它"制造"成功之日起，它就不是一种与旁无涉的、固定不变的"东西"。它需要不断地适应不同的使用目的和环境。他问，语言对人类的生存贡献了什么？是怎样做出这些贡献的？适应性理论是回答这个问题的关键性概念。它使语用学超出自身的界限去直接面向世界，伸展到生物科学之中去。

（2）说话或使用语言即语言选择：说话，或者一般地使用语言以表达情感（或）交流信息，是一种经常不断的、自觉或不自觉的、被语言原因或非语言原因所左右的语言选择。简言之，说话即语言选择。这样的选择发生在语言结构的每一个可能的层面上——语音的、形态的、句法的、词汇的、语义的等；同时它也可能出现于语言的内部变异上，呈现为地域的、社会的、功能性的变异形式。持这个观点，语用学就能够也应该看成是用来研究：①语言选择背后的机制和动机，②这个机制和动机所具有的和企图获得的后果与影响。

（3）语用学新定义：语用学的英美传统和（欧洲）大陆传统都不能解决界定模糊、范围太宽的问题。语用学综观论认为，语用学应该能够将语言学的特征（语言结构的任何一个层次上，而不是仅仅在意义这个语义层次上）和话语环境诸现象联系起来处理其协同性、变异性和适应性问题。换句话说，语用学应定义为对于语言（任何方面）的功能性综观。但是，语用学理论如何才能尽可能地履行这些职责呢？关键问题是抛弃"语用学与语音、语义、句法、形态四学科平行观"。

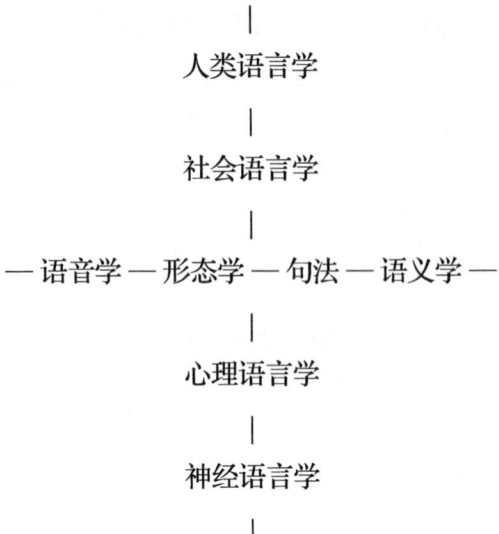

如上图，语用学既不属于横向上的组成部分，也不属于纵向上的组成部分，而定义为一种综观。凡是语音学家、形态学家、句法学家、语义学家、心理语言学家等所能涉及的都在语用学的观照扫射之内。他们之中，谁采纳了这个综观，谁就是在从事语用学研究。语音学拿音位做基本分析单元，形态学以词素，句法则以句子，语义学以命题。与此相比，语用学可以说根本就没有什么基本分析单元。建立这样的基本单元很被动，弄不好还会走入歧途。纵向学科有具体的超语言的现实领域作为相关的研究对象——人类语言学研究文化，社会语言学研究社会，心理语言学研究心智过程，神经语言学研究神经生理机制，而语用学却没有类似的领域作研究对象。

（4）什么是语言适应：适应性、协同性、变异性是理解使用中的语言的一把钥匙。在回答语用学的根本问题——语言对人类生存做出了什么贡献——时，"适应"将是回答的中心概念。维氏的用意是把语言看成人类与其"生活环境"之间相互作用的一系列适应现象之一。什么是语言适应？**语言适应是指语言适应环境，或者环境适应语言，或者两者同时相互适应。**即是说，"语言适应"这个说法不是指单向性或单方面的适应。为了说明语言适应环境，维氏在广州会议上讲了一个他亲身经历过的言语事件。一次，他在匈牙利首都布达佩斯听音乐会，幕间休息时，他同妻子用荷兰语交谈。邻座是一对中年夫妇，其中女士转过头来，打着手势问："Pause...pause"，然后指着手表问："How long?"（"多长时间？"完整的英语并不这么说。）维氏当即做了三个判断：问话女人是匈牙利人，她以为维氏夫妇是外国人，这位女士英语不怎么样。于是他用同样的方式回答道："ten minutes"，并反复念"ten"，举起双手，伸开十个指头。她看来十分满意，便回过头去和她的丈夫用英语聊起来。从他们的交谈听得出来是地道的德克萨斯口音。显然，那位女士在企图打听时间时，误以为维氏夫妇是说匈牙利语的，便打消了用标准英语的念头，另选了几个简单的词。这件趣事表明，只要有适当的环境，人们也会把自己运用裕如的语言抛在一边。很清楚，这就是一种适应。

语言适应的五个方面：

（1）适应的对象。总的来说，语言须适应的对象是环境和目的。环境和目的反过来又接受适应过程的影响。分细一点，语言适应的对象有自然界、社会、说话人、听话人、说听之间的社会关系等。19世纪报纸标题新闻逐渐扩大就是为了适应人们乘公共汽车时看报的需要，适应新的习惯。

（2）语言适应的层次。适应过程可以在任何语言结构层次上发生和施行。这些层次是：符号系统—渠道—代码—风格—言语活动—语篇类型—言语行为—命题内容—句子和词组—词—语音。

（3）语言适应的阶段。适应过程表现为时间因素。① 一定的客观环境出现**之后**，适应特征才能起作用；② 使适应特征起作用可能**创造**出一定的环境；③ 直到**后来**的一定条件发挥作用，适应特征才能起作用，才能有效。第三种可能性的例子是：I hereby bequeath all my possessions to my wife.（我要将我的全部财产留给我妻）。注意，说话人死去之后，遗嘱才生效。

（4）语言适应的程度。所谓适应程度不是指适应成功的程度，而是指**听取程度**，或者听话人**意识到的**程度。适应过程可能呈现三种状态即三种程度：意识到，半意识到，未意识到。换句话说，正在交谈的话对语言使用人来说，存在着不同状态的领悟程度。例如，有人说"I am sorry that you were sick yesterday."（你昨天病啦？真是……）这句话的预设——听话人昨天病了——是明明白白的，即这句话对预设的适应的领悟程度很高。

（5）语言适应的功能。最后一个问题是适应过程如何得到利用，或者如何在言语交际过程中在策略上得到利用。这便是**适应策略**。

本书作者对适应论的讨论

首先是，适应、选择、综观之间的关系是怎样的？人为了生存和发展，必须让自己的语言去和环境与使用目的相适应，必须经常问自己：这样使用符合不符合外界条件和目的？为了符合（即适应），就必须拾起什么（以迎合环境和目的）或丢掉什么（以避免不利后果），这就是语言选择。这种选择经常不断地进行，不管使用人愿意或不愿意，即选择是为了适应。以这两者之间的关系为出发点，下面几个命题最重要："说话即语言选择""语言需要不断地适应不同的使用目的和环境"，这两者联系起来的关键是"使用目的和环境"。于是形成了这样的回环反应：

人要生存和发展 ——（必须）——→ 适应环境和目的 ——（通过）——→ 语言选择 ——（达到）——→ 适应环境和目的 ——（最终是）——→ 人要生存和发展

这个回环反应式中，"语言选择"是手段，"适应环境和目的"是最近目的，"人要生存和发展"是最终目的，也是基本出发点。

那么，综观论如何与之发生联系呢？"综观"是什么意思？

"语用学包括所有适应特征的研究。"详细一点说，"语用学要研究语言选择背后的机制与动机以及这个机制与动机所具有的和企图获得的后果与影响"。这个适应过程发生在语言结构的任何一个层次上。与此同时，几乎与适应形影不离的是选择。选择也发生在语言结构的每一个可能的层面上：从符号到语音。因此，"综观"的涵义可以说是：（1）语用学包括所有适应特征的研究；（2）适应过程又是发生在语言结构的任何一个层次上；（3）语用学不是与语音学等平行的学科，语言学的分门学科统统在语用学的观照扫射之内（参看本节上面的纵横学科图）。

如此，"综观""适应"和"选择"的关系是：**综观是在语言结构的所有层次上对适应与选择的观察。综观是学科（语用学）的性质，而适应和选择是言语活动的性质。**

其次是，新论与传统语用学的关系。新理论不是抛弃传统语用学，而是将它包容进来。一切可以贴上语用学标签的东西和按宽泛定义（指莫里斯定义）可以包括的东西都能在这个新构建的框架之内得到描写。（钱冠连，1991a）

最后，综观论是否克服了传统语用学的缺陷？

莫里斯的定义是从"符号与符号解释者之间的关系"出发的，它的问题之一是界定模糊。问题之二是范围太宽，大大超过它应承受的那一份负担。

初看综观论，它在取消了传统的几个基本分析单元的同时却扩充了多得多的课题，声称"语音学家、形态学家、句法学家、语义学家、心理语言学家、社会语言学家都能从事语用学研究"，似乎无边无际了。

其实，它的研究对象是确定的，只涉及使用语言所做的选择。这样的研究对象，与"符号与符号解释者之间的关系"所要处理的对象（符号学的生命方面：出现在符号功能中的心理学的、生物学的、社会学的诸种现象）相比，具有如下特点：专门与具体，但扫射面积大。

扫射面积大到涉及语言现象、性质、结构或过程的各个层面，但研究的对象却专注、具体：各个层次中与选择机制和动机有关的才是语用学应涉及的，与选择机制和动机无关的，就不涉及。有一个社会现象权作比喻：国家安全部门对所有人在所有地点所有时间所做的所有事情都有可能审视，但并不是都去管理与干涉，真正够得上管理与干涉的只能是违反国家安全的那一项。综观论"观"到语言结构的各个层面和各种言语活动，但只"管"到语言选择（与语言适应同时发生）这一项。总而言之，语用学综观论是**观察范围宽，管的对象却具体**。

但是要考虑的问题很多，最容易引起怀疑的是这个定义已经不是原来意义上的语用学，人们有理由问：你这门学科是另外的东西，或许可以叫作"语言适应学"什么的，有必要同语用学搅和吗？需要考虑的问题之二是，他的新论模仿自然选择—适应学说，完全不忌讳语言学超出自身界限，对不对？维氏承认，对于"语言对人类的生存做出了什么贡献"这一问题的成功回答，必然使语用学超出语言学自身的界限，会使语言学引入生物科学。语言好像升格为一个自然物种或者一个独立的生命体。达尔文的自然选择理论中，生物适应性是中心课题。维氏以语言选择、语言适应为中心搭起了语用学的整个框架。两者相似。他认为，语言选择是理解使用中的语言的一把钥匙。如果这把钥匙找对了，似乎就难说他的语言适应论整个框架不对。如果理论真实地反映了言语活动的规律，就很难说他模仿达尔文的自然选择论有什么不对。这使我们想起了类似的模仿。格赖斯的会话合作原则的提出，也是模仿康德认知的四个范畴（量、质、关系、方式）的提法。

现在，试借他的适应论来检验别的理论，看能否将其装进适应论的框架？例如检验语言交际的协同性（negotiation）。协同性的意思是"两个对话者为了达成语言交际而所做的一切。如果要对话顺利进行，双方互相理解，就要做到下面几点：（1）理解就说理解，不理解就说不理解，并且表示愿意继续对话；（2）对方有话说不出时，帮助他说出来；（3）在必要时，指出自己所说的内容不对或表达方式不对"（王宗炎，1988）。这不就是说话双方的适应吗？再来检验一下 conversational maxims（会话合作诸准则），也正是说话人双向适应的行为。其他的汉语例子不难找到。低声加上微微发抖说出"是"，大概是为了适应对方的威严。捕匪的战士为了深入匪窝将其一网打尽，在闯过恶棍流氓的盘查时，绝不会用好人对好人的礼貌言语，相反会用恶声恶气的话语，那是为什么？也不正是一种以恶对恶，以适应对方吗？某女孩先称某教师为"X 老师"，后与其子谈恋爱，遂称其为"伯伯"，以便暗示与其子确定了未婚夫妻关系，后来两人结婚，称呼又升级为"爸爸"。你可以说这是女孩使用了得体或礼貌等语用策略，你也可以说这是她为了适应与男孩家的关系而调整自己的言语。这一切都说明，传统语用学研究的问题可以纳入适应论的框架之内。

十、新格赖斯语用机制

新格氏机制（the neoGricean pragmatic apparatus, Huang, 1991b：108）大致上是指如下改进和企图取代格氏合作原则的过程中出现的一些理论：卡谢尔（Kasher, 1976）的理性原则；斯波伯和威尔逊（Sperber & Wilson, 1986）的相关原理；荷恩（Horn, 1972）与盖茨达（Gazdar, 1979）的级差语用规则；阿特拉斯与列文森（Atlas & Levinson, 1981）的会话推论新原则；荷恩（Horn, 1984, 1988）的量原则和关系原则（语用劳动分工原则）；列文森（Levinson, 1987, 1991）的量原则、信息原则和方式原则。

其中影响最大的还是荷恩级差与列文森三原则。我们在这里只介绍荷恩级差，而把列文森三原则放到第四章第二节（语用推理模式）中做一个较为细致的介绍。

荷恩级差指同类词语但不等的语义强度或信息量所组成的序列，在相邻的两个词项中，前者为强项 s, 后者为弱项 w, 如：all, almost, many, some; and, or; himself, him; 爱，喜欢；知道，猜想；经常，有时等。形成荷恩级差的条件是：（1）强项与弱项有相同的词汇性质；（2）强项与弱项有相同的语义关系，或来自同一语义场；(3) 前面的强项必须蕴含后面的弱项。它的语用推理性质是鲜明的，说话人说出任何一个弱项时，他隐含的意思是否认强项。如"来了一些学生"，隐含"并非全部学生"。当一个男人被女人逼着说出是否爱她时，他说"我喜欢你"，这便暗示用弱项"喜欢"否认了强项"爱"。同理，如有人说"我猜想他是来了的"，便是暗示用弱项"猜想"否认了强项"知道"，意即此人并不确知到底他来了没有。我们会从第四章第二节里知道，荷恩级差是列文森三原则里量原则的核心。

第六节 我国的语用学研究

一、刘勰的语用观[1]

1. 《文心雕龙》(以下简称《文心》) 不仅是文学创作的评论，也是语言运用的案例实录与分析

很可能首先就会有如下的诘问，把宋齐梁时代的刘勰的《文心》(写定于齐代末年) 当成语言评论，拉来和语用学钩联，是不是穿凿附会？

诚然，此书的重头戏在创作论与文学评论，在这两个方面，人们言必称《文心》。可是，事实上我们可以拿出相当多的事实来证明，它也大量地讨论了言语活动即语言实际应用和语言的功用，也记录了口语活动。更难得的是，它也记载了这样的语言运用的实例，它们非常接近现代语言学意义上的案例 (个案) 分析 (如曹植用蝴蝶、昆虫比帝王，张汤、虞松起草奏章屡受指责，等等)，因而说它名副其实地表明了刘勰的语用观，应该不是偏颇之见的。

第一方面：体裁的检索

"宗经第三"："论、说、辞、序，则《易》统其首；诏、策、章、奏，则《书》发其源；赋、颂、歌、赞，则《诗》立其本；铭、诔、箴、祝，则《礼》总其端；纪、传、盟、檄，则《春秋》为根……"现代人把它们叫作体裁之分，我们拣其中几项来说一说。论者，伦也。伦理无爽。伦是有条

---

[1] 这一节的主要参考书为范文澜著《文心雕龙注》(人民文学出版社，1958 年初版)、周振甫著《文心雕龙今译》(中华书局，1986 年初版)。

理，无爽是无差错。适辨一理为论。这，不是文学而是言语活动吧？最容易和文学有瓜葛的是赋，但这里的赋，不是现代意义上的与诗类似的东西，而是"赋比兴"的赋，一种铺叙手法。先秦时的赋，不是歌而是诵，朗诵，朗诵的东西也不一定是诗一类的文学体裁。赞，是说明，辅助，歌唱前说明的话语，也是言语活动。铭，刻在器物上的记事录，或防止缺点、引起警戒，或记功表德。诔，列举死者德行的哀悼文，"累其德行，旌之不朽也。"箴，警戒文字，用以批评抵制过失。祝，向神祷告的话。仅以此荦荦大端，我们就知道，适辨性的、铺叙性的、说明性的、评论性的、请求性的言语活动——这都不是文学评论——就占了大多数。这是从体裁上检索得到的结论。

第二方面：口语记录

"颂赞第九"："……夫民各有心，勿壅惟口。鲁民之刺……直言不咏，短辞以讽……"刘勰所评论的赞，有三种，一是赞美，二是说明或总结，三是辅助或补充。"颂赞第九"里指出：每个老百姓都有自己的想法，不要禁止他们口说。鲁国百姓讽刺……直率地说出，不是歌唱，用简短的话来讽刺……。刘勰这里不就是在评论口语活动么？读者若以为这仍不足为凭，那还有证明。"诸子第十七"："篇述者，盖上古遗语，而战代所记者也。至鬻熊知道，而文王咨询，余文遗事，录为《鬻子》。"这些篇章著作，是上古传下来的话，到战国时代的人才记录下来的。后来到了鬻熊，此人懂得道，周文王向其请教，记录的文字事件传下来，最后才录成《鬻熊》。可见，这确是口语记录！同一篇接下来，"孟轲膺儒以磬折，……青史曲缀以街谈。"孟子信奉的是儒家演说，……青史子将街谈巷语加以琐繁编缀。街谈巷语，该是口语了。同一篇又说，"迄至魏晋，作者间出，谰言兼存，璅语必录，……"直至魏晋年代，作者迭出，真话假话并存，琐碎的话照录不误……。末尾一语，明白无误指出是口语记录。文后又有言如："故能越世高谈，……声其销乎！"诸子眼光能跳出当世，高谈阔论，……他们的声音岂会消逝？这也说的是记录口语。"论说第十八"："昔仲尼微言，门人追记，……称为《论语》。"从前孔子说得很精彩的话，门徒在事后追记下来，称为《论语》。由此我们说《论语》是中国最早的古代口语记录之一，绝不为过。接着，"……陈政，则与议说合契；……故议者宜言，说者说语，……"讲政治的，则与议和说一致；……议是话说得适当，说是话说得动听（"说语"，悦语）……。这里说的是议论政治一类的言语活动。下面,"一人之辩,重于九鼎之宝,三寸之舌,强于百万之师。"瞧,一个辩士的话居然超过九鼎宝物的分量,他的三寸不烂之舌,压倒百万战士。这无疑是在夸说口辩之才,却也透露了刘勰对口语活动的相当注意。又,"夫说……不专缓颊,亦在刀笔。"劝说……并非专靠口舌(缓颊,慢慢说),也用笔墨。这里固然提醒人不忘笔墨,却也指出,既然劝说,那就得主要靠口舌。《文心》也评说了"说"这种人类最主要的言语活动。刘氏不仅评说了口语,而且还注意了对话!请看"封禅第二十一":"陈思《魏德》,假论客主,问答迂缓,且已千言……"陈思王(指曹植)的《魏德论》,借用主客对话的形式来发表议论,问答进行得不紧凑……。这也是一个案例分析。从而看出,刘勰对此处曹植记录对话的文笔光彩不够,颇有微词。由此可见,刘勰注意了对话——语用学中最重要的研究对象。再看"章表第二十二":"天子垂珠以听,诸侯鸣玉以朝。敷奏以言,明试以功。……并陈辞帝庭,匪假书翰。"皇帝戴皇冠(因而"垂珠")听朝臣报告,诸侯挂玉(因而玉碰而鸣)上朝,他们口头陈述各种意见,皇帝明白考虑它的功效。……他们都是在朝廷上口头讲,不借用书面上奏。"奏启第二十三"开章便说:"昔唐虞之臣,敷奏以言。"唐虞之臣进去口头陈述意见。"议对第二十四":"又对策者,应诏而陈政也;……杜钦之对,略而指事……"对策,是对答诏书所提问题陈述政见;……杜钦的对策,对答简略,指出重要事实……。这又是在讨论对话这一形式,而且是一个极简单的案例分析。"书记第二十五":"大舜云:'书用识哉!'所以记时事也。盖圣贤言辞,总为之书,……"大舜说:"书写是用来记录的啊。"用来记录时事的。大概圣贤的言语文辞,总是有人替他记录下来的。又说:"行人挈词,多被翰墨矣。"外交官(行人)所带本朝皇帝的辞令,多数是被记录了的。这又是在说记录口语活动的事。对于言与笔的关系,刘勰在"总术第四十四"里指出得干净利落:"予以为,发口为'言',属翰曰笔。"说出来的是言,用笔写出来(属翰)是书面形式(笔)。如此种种说明,《文心》绝不仅仅是文学评论,完全有资格当成语言研究的传世之作。

第三方面:语言的功用

"原道第一":"《易》曰:'鼓天下之动者存乎辞。'"刘勰赞成易经的说法,文辞能鼓动天下。这是指出人的语言能影响客观世界。"徵圣第二":"政化贵文……褒美子产,则云'言以足志,文以足言'。"政治教化看重文章。……孔子赞美子产,便说:"言语可以充分表达思想,文采用来充分修饰言语。"前面说的是语言活动可以帮助统治阶级推行政治教化,后面指的是现代人说得滚瓜烂熟的一个命题:语言是表达思想的工具。"宗经第三":"夫文以行立,行以文传,四教所先,符采相济。"文辞凭德行来建立,德行凭文章来传播,孔子用来教育人的四个方面:文辞、德行、忠诚、信义,其中,以文辞为先,文辞跟其他三者相互配合。这就特别强调了语言的教化作用、传播作用。刘勰的头脑里,语言的实际运用与功能占有很大的分量。下面的材料可以进一步证明这一点。"颂赞第九":"发源虽远,而致用盖寡,……"他指出赞这一体裁产生虽早,但实用不多,足见他很看重语言的实际应用。下面有一大段话说的是语言的功用即现代人讲的言语活动。"祝盟第十":"及周之太祝,掌六祝之辞。是以'庶物咸生',陈于天地之郊;'旁作穆穆',唱于迎日之拜;'夙兴夜处',言于祔庙之祝;'多福无疆',布于少牢之馈;宜社类祃,莫不有文……"祝辞用来干什么呢?敬神求保佑。具体的举办人与活动是:由周朝的太祝主管,发出六种祝告的话。祭天时祷告词是"万物都生长";迎接太阳时拜神的祝词是"宇宙肃穆";在祖庙祭祀的祝词是"早起晚眠";用猪羊到祖庙里祭祀的祝词是"多福无边";出征时祭社神,祭上帝,祭出征地,无不用祝词的。还有"张老成室,致美于歌哭之祷;蒯聩临战,获佑于筋骨之请。"筑成了新屋,表示新屋的美好,要歌唱哭泣一番;有人亲临战阵,请祖先保佑不伤筋骨,也要祷告一番。这众多的言语事件,显示了语言的功能。

以上,我们从三个方面——体裁的检索、口语记录和语言的功用,看出刘勰对语言作了多方面的观察与评论。关于这个方面,我们有如下几个认识:

(1)《文心》不仅是文学理论的伟大之作,也是语言研究的伟大之作。它对口语活动、言语事件做了多方描写,为我国现代语言学界提供了宝贵的古代的言语活动资料。写到此处,觉得有些文章仅从声律方面下笔论证《文心》也是语言研究之作,是捡了芝麻丢了西瓜,甚为可惜。这些文章接触到它的语言的一面,但多是从文学语言的角度,较少从语言学的角度。所谓语言学的角度,是指从**符号的、言语的、言语事件的、言语活动的、言语行为(说话本身就是一种行为)**的角度。如果我们今天从这些角度看刘勰的贡献,就会发现下面这个外国人的结论就有问题了:中国没有真正的语言学,只有语文研究。20世纪80年代初期,某国际语言学大会,只让我国派旁听代表（20世纪80年代湖北省第一届语言学会，学会主席严学宭如是说），就是基于这一武断的结论。我们自己曾经也认为，我们的传统语言学领域里只有训诂工作可干。现在我们面对实际地看看刘勰的这些出色的工作，就会发现，刘勰不愧发语言学研究之滥觞，当然尚未完成现代意义上的语言学著作。但是，外国人有语言学专著的历史也不长！

（2）我们承认了第一点，那么，刘勰的《文心》有没有资格当成语言著作来看的问题，讨论刘勰的语用观是不是牵强附会的问题，就明明白白了。这里我们要提起一代国学大师黄侃，章太炎的两个弟子之一（所谓北吴南黄）。他是很明确地将《文心》看成语言研究的少数人当中的一位。他曾强调搞语言的人要学八部书才能打下扎实的基础，其中一本就是《文心》。后来曾有一副对联记趣，上联说的是陈独秀，下联说的是黄侃，说黄侃的那一联写道："八部书外皆狗屁。"这证明黄侃先生是何等看重这八部书！也证明他是毫不含糊地把《文心》看成语言研究之作的。

2. 刘勰的语用观

现在让我们正式讨论刘勰的语用观。刘勰的语用观分为语用隐意（语用含义）、语用原则、语用策略和篇章联结。

第一方面：语用曲隐或隐意

什么是隐意？刘勰的说法是"遁辞以隐意，谲譬以指事也"（"谐隐第十五"）。以躲躲闪闪的话来隐藏其含义，绕弯子打比方来暗指事理。接着，他说："义欲婉而正，辞欲隐而显。"这是使用隐意的原则：意义曲折但须正确，文辞隐蔽但须浅露。讲话写文章若用隐含，须卡住两头：婉而正，隐而显。婉、隐可以说是手段，正、显可以说是目的。刘勰并非一味主张隐意，在写檄文时，"不可使义隐；必事昭而理辨"（"檄移第二十"）。一定要使事情明白，道理确切。也就是说，语用隐意不是语用策略的一切。"四象精义以曲隐，五例微辞以婉晦，此隐义以藏用也。"（"徵圣第二"）《易经》里用卦来表示事物的四种现象，其意义精微而曲折隐晦，《春秋》记事的五个条例，文辞婉转，含蓄不露，这是用含蓄的意义来暗含文章的作用。当然，这里说的不是口语活动。《易经》里的卦也不是语言文辞因而与语用学无关，但《春秋》却是篇章，在篇章里谈隐含是语用学的正题。接着，他又说，"虽精义曲隐，无伤其正言；微辞婉晦，不害其体要。体要与微辞偕通，正言共精义并用"。纵然精妙的意义写得曲折深隐，但不妨碍正确的论述；文辞含蓄婉转也可，但不损其体察要义。总体上的重要信息与言词含蓄相安相通，正确的论点与精妙的意义并存并用。这几乎是一个语用原则。

在评述隐与秀的关系时，刘勰说："隐也者，文外之重旨者也；秀也者，篇中之独拔者。隐以复意为工，秀以卓绝为巧，……"（"隐秀第四十"）隐是文外所含的言外之意；秀是篇中最有见解的话。隐以文外含有另一层意思为工巧，秀以卓绝为巧妙。注意，"隐者文外之重旨"和"隐以复意为工"和现代语用学里的 implicature 的含义几乎如出一辙！

情在词外曰隐，含不尽之意见于言外。"刘桢云：'文之体势实有强弱，使其辞已尽而势有余，……'"（"定势第三十"）辞已尽而势在，即不尽之意在文外。刘勰是肯定这一点的。

还有大量的关于隐含的叙述，我们将放到第六章"语用与文学的体现关系"这一小节里再去研究。

概而言之，刘勰讲的隐，一是指写文章（说话）的人自己不说明白，靠读者去推测的（《易经》），一是指"文外之重旨也"（"隐秀"）。前者隐事，后者隐话语意义。我所说的刘勰的语用观，当然指后者了。

第二方面：语用原则

语用原则，是指说话如不遵守它们便引起交际失败的一套规则。它和语用策略是有区别的。语用策略，是指说话遵守了它们便使交际更顺畅、更好地达到目的的一套措施。它们的区别是：语用原则管辖交际如何不失败，语用策略管辖交际如何更有效。（详见第五章导言）

刘勰的语用原则大致归纳如下：

（1）对语用曲隐的原则是："虽精义曲隐，无伤其正言；微辞婉晦，不害其体要。体要与微辞偕通，正言共精义并用。"（"澂圣第二"）"义欲婉而正，辞欲隐而显。"（"谐隐第十五"）

（2）语言运用的质的要求：忠与信。"凡说之枢要，……自非谲敌，则唯忠与信。……此说之本也。"（"论说第十八"）只要不是骗敌人，劝说必须讲忠与信，这是劝说之根本。这里的"说"不完全是现代意义上的"说话"，是指"劝说"，虽不完全等同于"说话"，却是"说话"的下义词，也是一种"说话"。因此，这一条可以当成刘勰对说话质的总的要求。"体有六义：……四则义贞而不回。"（"宗经第三"）意义正确而不歪曲。"然失言之道盖阙，……"（"铭箴第十一"）刘勰在此批评缺少说直话的风气，那就是说，他主张直言，即说真话。刘勰在评论汉光武帝在泰山刻碑（是语言实际运用，文章出自张纯手笔）时指出此文是"华不足而实有余矣"（"封禅第二十一"），文采不够，但事实过得硬。刘勰此处是赞赏的口吻。又有一处强调真实："夫奏之为笔，固以明允笃诚为本，辨析疏通为首。"（"奏启第二十三"）向朝廷进言（也是言语活动）这件事，应以明白信实忠诚为本。"明允笃诚为本"与"唯忠与信，此说之本"是完全一致的。"使夸而有节，饰而不诬，亦可谓之懿也。"（"夸饰第三十七"）夸张得有节制，修饰不至虚假，才能算是美好的。接着，他又强调，"旷而不溢，奢而无玷"，意广而不许过分，夸张而不得污损。

（3）语言运用的量的要求"辞剪荑稗"（"诠赋第八"），即文字需要剪裁浮辞。"养气第四十二"里说："言贵于敷奏；……并适分胸臆，非牵课才外也。"进奏时着重语言；话还从心里说出，分量恰当，不要勉强扯到话语才智以外去。请读者注意"适分"，说话写文章分量要适当，不要多也不要少。这同现代语用学量原则如出一辙。不少也不多的主张，在另外一处，得到了重申："少既无以相接，多亦不知所删，乃多少之并惑，何妍蚩之能制乎？"（"总术第四十四"）写少了不知怎样补充，写多了也不知怎么删除，多了少了都让人困惑，何以能控制写作的好坏？多了少了都能使人困惑，这就是误导了谈话与交际。"物色第四十六"里说得更妙："略语则阙，详说则繁。"用语简略则不完备，说得详尽便繁琐。"才略第四十七"中，刘勰评论一系列作者篇章的时候，可以看出他对有关语用的主张：能"制繁"，"以识检乱"即制止文思散乱，"疏通""循规""有条理"。除了"制繁"以外，这后面的几条，我们将把它们并入语言运用的方式里。

（4）语言运用方式的原则："辨洁为能，明核为美。"这是运用语言的方式的纲领性意见。"明白头讫。"（"史传第十六"）叙述明白，有头有尾的次序。在"铭箴第十一"里，刘勰批评李尤的铭文意义浅薄，文辞烦碎——"辞碎"。接下来刘勰批评魏王朗模仿周武王的铭文，谈到水火井灶时，"繁辞不已，志有偏也"。在作总结时，他提出"文约为美"——文辞简练——的主张。"诸子第十七"中，他看出"意显而语质"，意思显露，语言质朴。"封禅第二十一"中，他批评扬雄《剧秦美新》的写作"诡言遁辞"，即言词怪异躲闪。这在现代语用学（如列文森的新格氏语用机制三原则）那里，叫作使用"有标记的话语"。"议对第二十四"指出,"文以辨洁为能,不以繁缛为巧;事以明核为美,不以环隐为奇:此纲领之大要也。"文辞明辨简洁为确当,不以繁多花哨为巧妙;叙事以明白核实为美,曲折隐晦不可取,这是纲领大要。

（5）语言运用的美学原则。这一原则,几乎在刘勰的每一段论述里,都贯彻始终。采、文采、华（华实相胜）、声律、和谐、律调、中律、节奏（缓急应节）、美辞,等等。有人以为,这不是语用学。本文作者认为,语言运用的美学原则只是在强调语言运用的符号形式上应该带上美的标记,它与话语的含义本身当然是两码事儿,但与这符号本身和说话人发生的关系并不抵牾。这就是说,在窄式语用学定义之下,话语是否具有多于话面意义的含义,与话语本身带或不带美的形式无关;在宽式语用学定义之下,带上美的标记的话语与语境、附着符号束和智力三者的干涉更不会发生抵触。又有一种意见认为,语言运用里讲美学原则,这不就搞到文学语言那里去了? 如果以此为非,那么,在下的《美学语言学》（深圳海天出版社,1993年）整本书就是为日常生活语言的美学法则辩护的。日常生活语言的美学法则是能成立的,那么,语用学原则的美学原则也是可以成立的。

第三方面：语用策略

语用策略是说话人使用了它们便使交际更顺畅、更好地达到目的的一套措施。它们管辖交际如何更有效。刘勰提出的语用策略有下面几个方面：

（1）宜言（话说得适当）、允（得体而恰当）、允集、有度、不要择言（过头）、体浮。"陈郭二文,词无择言;周胡众碑,莫非清允。"（"诔碑第十二"）蔡邕的陈（非人名,碑文第一字）郭（碑文第一字）两篇碑文（语言应用文）,措辞没有失当的（择言:失败的话,过头的话）;其他的碑文,没有不写得清明恰当的。可见他主张无过头话（无择言）和恰当（允）。同一篇他说"文采允集",又强调恰当。"哀吊第十三"（悼词属语言应用文）:"隐心而结文则事惬,观文而属心则体奢。"痛心而写悼词必情辞贴切,为了言辞而表示痛心,必然文体浮夸。反观之,他主张适切（事惬）,反对言词过头（体奢）。"论说第十八"里主张"故议者宜言,说者说语"。议是话说得适当（宜言）,说是话说得动听（说语即悦语）。同一个意思,在"议对第二十四"里又得到强调:"议之言宜,审事宜也。"议是说得合宜,考察事情合宜。作为论据,他在"定势第三十"里举出这样一个事实:"《孝经》

垂典，丧言不文；故知君子常言，未尝质也。"《孝经》传下的教训是，服丧阶段说话不需要文采；可见士大夫平常说话不是质朴的。得体就是时间、空间和对象的合适性。在什么场合说什么话，在什么时间说什么话。古训认为，服丧期间不说有文采的话，这也是一种得体。他在"论说"里指出：顺着情势说话，能切合时机（顺情入机，动言中务）。这是从时间上来说的得体。"熔裁第三十二"说"谓繁与略，随分所好"。详言还是略言，要看不同的听话对象的修养、个性与爱好，这也是一种得体与恰当。同一篇说，关于篇章适度的剪裁，他打了一个比方来解释："夫美锦制衣，修短有度，虽玩其采，不倍领袖……"用美丽的锦绣来制衣裳，长短得有一定的度，纵使喜欢其华彩，也不能随意将领子与袖口的尺寸加长一倍。这还是在讲适当的度。刘勰嘲笑言无度的情况，好比是"微言美事，置于闲散，是缀金翠于足胫，靓粉黛于胸臆也"（"事类第三十八"），岂不可笑！精妙的言论、美好的事例放得不是正当的地方，那就好比金翠戴在脚脖子上，粉黛抹在胸脯上，讨不到美，反遭耻笑，岂不冤天枉地？这个例子是对得体的最形象说明。要得体，就必须"度"与"择"："山木为良匠所度，经书为文士所择。"下面就是两个案例分析了。刘勰在"指瑕第四十一"里批评曹植，质问他用轻飞的蝴蝶、蛰伏的昆虫比喻尊贵的帝王（这就是一种语用失误），"岂其当乎？"这里还有一个故事（"附会第四十三"）：张汤起草奏章（这也是语言的实际运用），一再被退回，虞松起草章表屡次受到指责，都由于事理没有说明白，文理没有安排好。当倪宽替张汤另行起草，钟会替虞松换了几个字，情形就不同了，分别受汉武帝夸奖，晋景帝称赞。此无他，不过是说理得当，叙事明白，"心敏而辞当也"。可见"辞当"多么重要。如果"会词切理"（同一篇）那会如何呢？刘勰紧接着回答："如引辔以挥鞭。"得心应手得好比引辔挥鞭，何其潇洒！

（2）说话的文采与内容须配合。在"才略第四十七"，刘勰提出"华实相扶"，即语言运用的华彩与内容应互相配合。"熔裁第三十二"称，"立本有体，意或偏长；趋时无方，辞或繁杂。"根据作品内容看语言运用是否恰当，看辞有没有繁杂，看意有没有偏激或多余。语言的形式要服从内容的需要的论述，几乎贯彻《文心》的始终。此处不再赘言。

（3）语言运用的策略要乘一总万、通变追新。"总术第四十四"的总结里指出："乘一总万，举要治繁。"根据原则总结出多种多样的变化。为什么？"思无定契，理有恒存。"语言运用没有一定之规，但宏观道理却有一定。在"通变第二十九"里刘勰批评许多人相沿一种方法("五家如一"),"莫不相循",指出应该"参伍因革,通变之数也"。即必须错综变化,有继承也有革新,才是通变的正路。在"明诗第六"里,他指出"辞必穷力而追新……"需要指出的是,他这里谈的不是日常语言运用,谈的是诗。但这一条可以和上一条"参伍因革"里的"革"合观。"通变第二十九"总结中指出:"变则可久,通则不乏。"善于变化才能持久,善于会通才不会贫乏。

第四方面:篇章连接

篇章连接中,意思连贯(coherence)是西方语言文化语用学的一个课题。刘勰对这个问题的论述非常完整而丰富、精到。从谋篇之大端,到谋篇准则、篇章结构、各部分之间的关系以及虚词在篇章中的作用,都有精辟的论述。

谋篇之大端是:"陶钧文思,贵在虚静,疏瀹五藏,澡雪精神。"("神思第二十六")酝酿篇章时,重在虚心和宁静,清除心里的成见,使精神纯净。

谋篇的三个准则,即"草创鸿笔,先标三准:履端于始,则设情以位体;举正于中,则酌事以取类;归余于终,则撮辞以举要。"("熔裁第三十三")第一步,根据情理来决定全局;第二步,根据内容选择事例;第三步,选择文辞来突出主要意义。如果说这三个准则是为了"草创鸿笔",重全体的话,那么,下面的"六观"是为了什么呢?"知音第四十八"中,刘勰提出,"是以将阅文情,先标六观:一观位体,二观置辞,三观通变,四观奇正,五观事义,六观宫商。斯术既形,则优劣见矣。"一是宏观结构安排,二是文辞处置,三是通变不死守定规,四是或奇或正的表现手法,五是事类运用,六是声律讲究。这个方法实行了,文章的优劣就看出来了。原来,这六个观察角度是为了观察篇章的"文情",即情思。这个六观就显示了刘勰的两个独特创造。第一,国外讲语篇,从来只讲结构,不讲情感方面的东西。第二,国外讲语篇,从来没有人提出过声律要求,上面在语用原则的部分,我们曾归纳出他语用原则的美学原则,正好与此处的篇章六观的声律一条相辅相成。看来,研究刘勰的语用观,不仅用不着担心有没有货色,而且,这货色还非常之好,非常之有特色。

关于篇章的结构,他比喻为窗户,左右配合。"熔裁":"篇章户牖,左右相瞰。"请注意:刘勰用的原词就是"篇章"。

关于篇章各部分之间的关系是:"章,明也;句者,局也。……夫人之立言，因字而生句，积句而成章，积章而成篇。篇之彪炳，章无疵也；章之明靡，句无玷也；句之清英，字不妄也；……"（"章句第三十四"）章是明白的意思，句是分界的意思。下面是从字到句，从句到章，从章到篇，其间的关系清楚，无须更多解释了。同一篇继续谈篇章内部的连贯："离章合句，调有缓急；随变适会，莫见定准。句司数字，待相接以为用；章总一义，须意穷而成体。其控引情理，送迎际会，……"章句或分或合，声调有缓有急；要按内容变化加以调配，无一定之规。一句缀字多少，需要连接起来才发挥作用；一章里有一个意思，需要把意思说完整了才构成一个段落。掌握所要表达的情理，有时放开，有时接住，要切合命意。值得我们留意的主题词是"相接""控引"与"送迎"，它们都是语篇黏合的手段。紧接着，他指出："原始要终，体必鳞次。启行之辞，逆萌中篇之意，绝笔之言，追媵前句之旨；……首尾一体。……是以搜句忌于颠倒，裁章贵于顺序，……文笔之同致也。"从开头到结尾，必像鳞片那样紧密连接。开头的话已经含有文中的萌芽；结尾的话，必响应前面的部分；……首尾成一体。……因此造句切忌颠倒，分章着重于顺序，……无论是韵文或散文都是这个要求。刘勰所谓的散文，其中事实上是包括了语言实用的文体。关于首尾一体的观点，在"熔裁第三十二"里，他再一次强调说："首尾圆合，条贯统序。"关于首尾圆合的章法，钱钟书有惊人的类似叙述："起结呼应衔接，如圆之周而复始。……首尾钩连……近人论小说、散文之善于谋篇者，线索皆近圆形（a circle or ellipse）。……或以端末钩接，类蛇之自衔其尾，名之曰'蟠蛇章法'。"（《管锥编》，"四九 昭公五年"）可谓大家所见略同。回到刘勰的语用观。他引用扬雄的《连珠》（这又是一个简单的个案分析），描绘篇章的特点是："义明而词净，事圆而音泽，磊磊自转，可称珠耳。"（"杂文第十四"）"自转"就是整个篇章运转流通，整体有机。"附会第四十三"中，他就如何保证篇章不散漫自问自答："何谓'附会'？谓总文理，统首尾，定与夺，合涯际，弥纶一篇，使杂而不越者也。"统率文章命意，首尾相连，决定去与取，组合章节，包举全篇，于是就能使篇章丰富而不离谱。他认为把握谋篇经略的辩证眼光是，"诎寸以信尺，枉尺以直寻，弃偏善之巧，学具美之绩：此命篇之经略也。"（"附会"）保证一尺的正确，不必拘泥于一寸，保证一丈的效果，不必死抠一尺，宁可放弃局部的好东西，争取全局的完美。这是何等聪颖的有关宏观与微观的辩证眼光！他紧接着提醒"通制"——通盘考虑，提醒"义脉不流，则偏枯文体"——脉络不贯通的话，篇章就会得半边瘫痪症。同一篇的总结指出："原始要终，疏条布叶。道味相附，悬绪自接。如乐之和，心声克协。"从始至终，要分条布叶，疏密不乱。只要道理和情趣结合，章节中的头绪自然衔接。其结果，如和谐的音乐，篇章反映的心声便协调起来。这里的关键词是"自接"，即篇章的贯通。

特别值得一说的是，他指出（"章句第三十四"）了汉语中特有的语助词在篇章中的联接作用："至于夫惟盖故者，发端之首唱；之而于以者，乃劄句之旧体；乎哉矣也，亦送末之常科。据事似闲，在用实切。巧者回运，弥缝文体，将令数句之外，得一字之助矣。"列举了大量的语助词之后，他分别说了它们的作用：有的能"发端"，有的可缀句，有的能"送末"。可以观察到，汉语虚词对语篇的黏合恰到好处地体现了汉语文化的传统，它们是将篇章联接得更加严密无缝的黏合手段，而西文却无类似的发端送末之语助词来参与篇章的巧弥妙缝，因而是地地道道的中国语用特色。虚词不虚，运用实切，"弥缝文体"，何其小叩而大鸣矣！

刘勰的语用观，绝不是牵强附会之说，其论述既丰富又精彩，其方法接近了现代语言学意义上的案例分析（个案分析），是地地道道的汉语文化语用观。对于国外语用学理论来说，**刘勰的语用观尤具独特的两点是，语用原则中有一个美学原则，篇章连接中有语助词的连贯作用**，这两点是国外语用学所绝无而我们汉语文化所仅有的。抱一个应引以为荣的态度，应该不是故作惊诧之举。国内语言学界学习引进人家的这个原则、那个模式，积习已久，自家人如刘勰这样的大家的原则，反而不屑一顾，这个心态不除，恐怕一千年以后，还是这个局面：跟着洋人走。一方面，无心创造自己的，也不愿意承认自家人创造的；另一方面，占据了国外资料，就算把国外的东西学好了消化了，就垄断了对国外理论的解释权。既如此，何谈语言学要独立于世界民族之林矣！

二、作为独立学科的语用学研究起步的十年

率先向国内读者全面介绍语用学的，先有许国璋（见第一章第七节），后有胡壮麟。胡壮麟在《国外语言学》1980年第三期，以"语用学"为题，从语用学的对象和方法、各个语言学派对语用学的评论、语用学和其他学科的关系、语用学规则这四个方面介绍了这个学科，涉及各家各派，较为全面。提到的语用学大家有莫里斯等五人，提到的语言学各个学派代表人

物对这个学科的评论和反应有乔姆斯基等十一人。还提及了许多边缘学科。这么全面的介绍,使后来的学习有一个大致可寻的门径,极为难能可贵。语用学给我国的语言学界送来了一股新鲜空气。此后的翻译、评论、综述、介绍纷至沓来,语用学引进的万紫千红局面终于打开。

下面摘录一些评述和介绍的标题,让我们从中窥见一斑。

《国外有关语用学的探索介绍》(倪波)

《柯德哈德〈话语分析导论〉评述》(黄宏煦)

《格赖斯的"会话含义"与有关的讨论》(程雨民)

《几种语篇分析的理论介绍》(刘保山)

《话语分析综述》(何兆熊)

《语义学与语用学的探索介绍》(廖秋忠)

《语用学的原则》(廖秋忠)

《言语行为模式分析》(花永年)

《话语的各个方面评述》(陈平)

《话语的三种描写方式简析》(彭兴中)

《语义前提和语用前提》(杨性义)

《伯明翰学派的课堂对话描写体系》(邓旭东)

《舍尔的言语行为理论》(段开成)

《语用学说略》(戚雨村)

还有陈融、刘润清、黄衍、何兆熊、施旭、王得杏、顾曰国等人分别在《外语教学与研究》《外国语》《广东外语外贸大学学报》《国外语言学》等刊物发表了一些评述。这些题目今天的读者已耳熟能详,但是,当初对于大家来说,都是很新鲜的东西。

下面是一部分发表过的翻译作品标题。

《语用学和外语教学》(何自然)

《语用学概观》(沈家煊)

《语用学论题》(沈家煊)

《儿童语言中的否定句:语用学的研究》(王志)

《言语行为理论的流派和倾向》（常宝儒）

《跨文化言语交际中的语用学》（袁义）

《"旧"语用学与"新"语用学：对一场革命的反思》（赵斌）

《范·戴依克的话语宏观结构论》（钱敏汝）

《语法、语义学和语用学的关系》（庄和诚）

……

语用学实际运用的研究，有下列一些成果。

《语用学和语用错误分析》（黄次栋）

《语用学在外语教学上的意义》（何自然）

《模糊限制语与言语交际》（何自然）

《中国学生在英语交际中的失误》（何自然，阎庄）

《从合作原则看英语幽默的产生》（刘福长）

《一语多说的选择》（钱冠连）

……

这些文章和作品使人看到了语用学发展的前景，起到了理论与实际结合的示范作用。

语用学理论上的创造与砥砺。从总体上看，语用学理论创造上，也许我们还没有取得值得乐观的成就。本文作者认为，在这个问题上，我们是两个"没有"。一是没有自己的理论构建，二是没有自己的流派。当然，也许情有可原：目前我们还忙于引进。引进也很必要。值得欣慰的是，中国语用学学者们在评述国外理论时也有精到的理论批评与阐发，也有国外理论与中国文化结合与碰撞的火花。

戚雨村的《语用学说略》指出：转移话题有两种情况，一是自然转移，二是有意识的转移，那是表示你的话题不合适。我国史书中常有"王顾左右而言他"的记载，就表示了这样一种会话寓意。王宗炎的《评柯尔萨德的〈话语分析导论〉》更显示了这种理论批评。他指出：用这套方法来分析课堂上的话语结构，能做到准确、周到而明了吗？用这套方法来分析课堂之外的话语，能行得通吗？把 acts 这样分类（对话转移、对话、占有话轮）好不好呢？我觉得这一方面太琐碎，一方面又不够细密。接着，王指出了三个方面的缺点：柯尔萨德没有考虑一个语句能有多种功能；有些语句连他自己也不知道该归于哪一类；有些语句，在课堂上常用，可是他没有注意到，因此没有收进表里。程雨民的《英语使用中的表面不连贯》指出，语段变化无穷，在没有严格结构时，要从表面的不连贯中，看出内在的连贯，就必须去芜存菁，发挥语用优势，提示内含。钱冠连从1986年起，针对格赖斯合作原则连续发表了四篇不同看法的文章：针对量准则，指出语言对冗余信息有一个容忍度，可以接受多余的话（《语言冗余信息的容忍度》）；指出利奇的礼貌原则不能拯救合作原则，而提出了假信息论（《言语假信息》），说假话的事实大量存在；在《不合作现象》一文中，他逐一对合作原则各条准则加以分析，发现存在着既不遵守四准则，又不产生会话含义的合作系统；在第四篇文章中，他建议增加一条准则：身势面相必须与话语和谐一致。1988年湖南教育出版社出版了何自然编著的《语用学概论》，全书根据Levinson的 *Pragmatics* 的基本框架，介绍了指示语、语用含义、前提关系、言语行为、话语结构，还探讨了语用学的应用，对在我国普及这门学科起到一定的作用。

  从许国璋、胡壮麟开始引进（1980年）到国内第一次语用学研讨会（1989年11月27日至30日），这中间有了十年的积累。国内第一次研讨会在广州外国语学院举行，有胡壮麟、王宗炎、程雨民、汪耀南、何自然等三十多位国内学者以及国际语用学会秘书长Jef Verschueren先生参加。事后，我写了一个报告，以"Pragmatics in China"为题，在国际语用学会刊物 *PRAGMATICS*（1991年6月号）上发表。对这十年的评价，大致可用这样的话来概括：引进成果可贵，自己的创造尚无。

  我们的热切期望是汉语界同仁也积极参加这项研究。但是，在头十年里，他们对此的兴趣还来不及表现出来。本书作者查找了十五年之内的《中国语文》，在1990年以前的一期中，有幸发现范开泰的一篇文章《语用分析说略》（1985年第6期）。他说，语用分析是语法分析的一个组成部分，语用分析大致包括以下几个方面：话语结构分析，心理结构分析，信息结构分析，语气情态分析和言外之意分析。他的这个观点，和新格氏语用机制提倡者们的观点有异曲同工之妙。列文森提出，要在语法中分拨出某些本来属于语用的东西来，这不过是分担语法的重负而已。该刊1989年第5期上发有编辑部文章《汉语研究四十年》，可惜没有发现提及语用学研究。说到此处，我们记得，全国第一届语用学研讨会以后，在国内发表的报告

《语用学在中国的起步与发展》（钱冠连，1990a）中有一段话是这样说的：

> 在对将来的展望中，我们也不会忘记以汉语做语料的语用学研究。这个问题被一些学者提出来是有道理的。在一套符号系统里可以生存、发展的语用学，在另一套（语言）符号系统里就没有解释能力了，这说得过去吗？一些研究的事实也已表明，语用学对汉语系统的解释能力同样是存在着的。发现的新问题，不但不是语用学的局限性，反而是语用学解释能力强的新证据。这可以不可以是我们今后研究的一个新领域呢？

这一段话，作为备忘录，提醒我们两点。第一，如果汉语界的学者们此后研究语用学有了一个大的景观出现，这绝不会令人感到奇怪。第二，如果此后有人想试写一部以汉语文化为背景的语用学著作，无论如何，都不能说是心血来潮之举，如在下写这本专著纵有自不量力之嫌，必将得到理解与支持。

三、1990 年以后的状况

1. 汉语界语用学研究的兴起

果然，20 世纪 90 年代开始，汉语界的有关成果终于出现。施关淦（1991）在《关于语法研究的三个平面》中指出：语用是语法研究的三个平面之一。但是，他有一段话非常明确地断言，这里所说的"语用"不是指语用学："胡裕树、张斌等先生讲的三个平面中的'语用'，不是指语用学，不是指所有的语用因素，而是指跟句法有关的语用因素；'语义'不是指语义学，也不是指所有的语义因素，而是指跟句法有关的语义因素。跟句法有关的语用因素与语义因素，才属于语法研究的范围。跟句法无关的语用因素和语义因素，应由语用学和语义学去研究，不能把它们也吸收到语法学中来。"如果我体会得不错的话，那么，语法研究中的语用平面是语用学在句法中的体现关系，是语用对句法的切入。如果不是我们强加，那他的这段话还意味着，语法与语用学脱不了关系。在《篇章与语用和句法研究》一文中，廖秋忠（1991）也有特别申明："该文所谈的语用研究或语用学不是符号学里的语用学，只指语言的语用学。"但紧接着指出："由于篇章分析是研究实际运用中的语言，因而语用学在语言研究中的地位有必要重新估计。"这里就有一个问题了。为什么这两位都十分小心地将语法研究中的"语用平面"和篇章分析中的"语用"与"语用学"区别开来？他们是不是在提醒人们注意两点，即，第一，如不区别，语法学将变成一个大杂烩；第二，在以句法为语言研究中心的语言学里，句法的研究一般不涉及句子的运用（研究的句子大多数是孤立存在的）？这样两点提醒，显然是有意义的。廖文论及语用学与篇章分析的关系时说，"篇章分析是研究实际运用中的语言，因此，研究语用学不能不研究篇章，而篇章研究包含了语用学的大部分内容，如果不是所有内容的话。"从这两个论述中，可以看出，在他看来，符号学里的语用学与语言的语用学是不同的两个东西，至少可以说，符号语用学尚未进入语言。还有一点值得注意，他对"语用学"这个术语当初是否译得妥当，表示了怀疑。他在论及篇章分析与语用学的关系之前，说道："总而言之，不管如何给语用学下定义，也不管'语用学'这个术语当初是否译得妥当，它必然要涉及语言运用的实际，或者说实际运用中的语言。"

《中国语文》1993年第5期发表了沈家煊《"语用否定"考察》一文，文章说，"语用否定"是相对"语义否定"而言的。"语义否定"是否定句子的真值条件，"语用否定"是否定语句表达的"适宜条件"。该文考察了五类语用否定。

汉语界研究语用学的兴起，有一个不无含义的动作，那便是中国社会科学院语言研究所写的一部书——《语用研究论集》（1994），封面上标明的作者是"汉语运用的语用原则"课题组。我们从这种意味深长的强调里受到了鼓舞。此书"侧重研究语言学家提出的语言结构和语言单元在实际语言运用中的一些制约条件和因素"（卫志强，编后记）。该书收录论文十六篇。涉及的内容是语用学的理论问题及其跟相关学科的关系（廖秋忠、杨成凯、沈家煊、陈平）；汉语里人称代词、反身代词和称呼的语用条件和制约因素（赵世开、Xu Dan、徐赳赳、卫志强）；汉语某些语词的语用和语义特点（沈家煊、钱敏汝、徐丹、王秀丽）；句子结构的语用或篇章结构特征、性别差异对语言运用的影响（林书武、徐赳赳、赵世开、卫志强）等。

收入这个论集中杨成凯的《语用学理论基础研究》，提出了一些有意义的建议："要想对语用学的本质有深刻的认识，……，就必须从分析符号学和语言学的本体结构开始，尽可能形式化地描述以往句法学和语义学中的研究课题和研究方法，看看它们的研究内容和方法遗留下什么问题尚未讨论。只有在此基础上……进而研究它们可能形成的核心所在和发展方向。这就是说，要想真正理解语用学其物，就需建立一个理论框架和一套尽可能的形式化的分析方法，用以观察和描述符号本体，符号学和语言学本体，以及以往的研究课题和研究方法本体。必须说明，这样的理论和方法本身不是提供描写符号和语言的具体模式，而是提供描写现有的那些研究课题和研究方法的模式。"杨文本身就是这样做的（尽可能形式化地描述句法学和语义学中的研究课题和研究方法）。此后他说，语用学可以有下界，凡是句法学和语义学未讲到的符号形式和意义的内容都可以作为它继续走下去的起点。语用学的上界却很难确定，它至少有三条路可走，人为地做出什么规定限制语用学的范围是可以的，但不能指望别人会完全赞同。

这个论集有相当的理论深度和实用价值，可以说是汉语界语用研究成果的一次展览，令人兴奋。

2. 外语界语用学研究的现状

1990 年以后外语界的研究状况如何呢？可用两句话来说明：第一，自己的理论探索不让理论引进独美。第二，即使以引进而言，其深入程度也大大提高。这不啻为一线希望的曙光。

现以 1990 年至 1995 年的《现代外语》为例，来说明自己的理论创造至少可与引进并驾齐驱，甚至前者的研究篇幅大大超过后者。这五个年头里，国外理论介绍有《论格赖斯的非自然意义理论》（李绍山，1990），《关联原则及其话语解释作用》（张亚非，1992），《G. Green 的〈语用学与自然语言的理解〉》（何自然，1995）。国内的理论探索有：《一语多用初探》（周光亚，1990），《语用研究中的几个问题》（余力，1991），《言语的生命意识》（钱冠连，1990），《语言能力与语用能力的联系》（高一弘，1992），《论语用等同》（张绍杰、杨忠，1993），《语用分析如何介入语言理解》（程雨民，1993），《试论指示词语的先用现象》（张权，1994），《论构建语用推理模式的出发点》（钱冠连，1994），《认知论域与照应释义》（吕公礼，1995），《选择、重构、阐发、应用》（徐盛桓，1995），《方式原则与粤—英语语码转换》（黄国文，1995），《三种信息的统一体与语境》（刘彦峰，1995），《空指代的控制与"自己"的释义》（胡建华，1995）。其中，《语用研究中的几个问题》《语用分析如何介入语言理解》《认知论域与照应释义》《选择、重构、阐发、应用》《空指代的控制与"自己"的释义》有相当的理论深度与独特见解。余力认为，语用学要将语言作为三层次的信号系统来研究，要研究语言交际在场的各方（重点说了第三者），在方法论中重点说明了等级原理与不完备原理（《语用研究中的几个问题》）。程雨民认为，列文森等人的推理，确定优先解读的做法，既没有语言系统上的根据，也没有理解上的依据，显然是不必要的。所以要这样做，是为了程序性地确定一个优先解读，以便可以说：虽然语法上说来有歧义，虽然从语用角度也有歧解，但我们到底在所有的地方都能确定一个优先解读，以表明语言系统的明晰性。可见出发点正是不允许语言系统存在不明晰之处。形式分析论者所企求的正是从这种不精确的语言实践中，找出一套精确无误的规律系统来，所以弄得很复杂而终难达到目的（《语用分析如何介入语言理解》）。应该说，这样的认识是非常深刻的。语言系统的不明晰，语言实践的不精确，正是语言的本来面貌。**可以说，正是语言系统的不明晰，语言实践的不精确，语用学才应运而生，才应招而来**。正因为如此，才需要附着符号束、语境和智力的干涉，才能化解言语交际中万紫千红的意义世界！

据不完全统计，这五个年头中的《外语教学与研究》，国内的理论阐述与引进理论的比例也很接近。前者如《跨文化交际的语用问题》（王得杏，1990），《谈话里的协调》（王得杏，1993）等（可能还有一些尚未发现）；后者如《语用学新论：语言适应论》（钱冠连，1991），《话语分析二十年》（徐赳赳，1995），《会话隐涵理论的新发展》（张绍杰，1995），《H. P. Grice 意向意义理论述评》（王传经，1995）等。

据不完全的手头资料统计，《外国语》发表的文章，自己的理论探索也比引进要多一点。前者如，《浅论语用含糊》（何自然，1990），《语用研究与口误》（张宁，1990），《篇章：情景的组合》（徐盛桓，1990），《论话语生成的组合限制》（林纪诚，1990），《话语语用结构对比刍议》（许余龙，1991），《论级阶数量含义的语用功能》（易仲良，1994），《从信息质量看语用认知模型》（熊学亮，1994），《语用的最高原则——得体》（李瑞华，1994），《论语用提问的文化功能》（何刚，1995）等；后者如，《论维索尔伦的元语用选择》（钱冠连，1990），《相关理论中语用推理》（孙玉，1993），《前指照应的认知语用互动分析》（吕公理，1995）。与语用学相关的研究也在深入。如跨文化交际，胡文仲首先做了系统的理论介绍。洪岗、王得杏做了跨文化交际语用能力调查。范文芳介绍了《跨文化语用学：人类交往语义学》（《国外语言学》1995 年第 3 期）。高一虹的《我国英语教师的文化依附的矛盾》很有意义。她提示了一个明于心尚不明于口的现象：我国英语教师本身有中国文化根,而在中国环境中教中国学生学英语,当然也得教与英美文化匹配的交际方式,但认真交际起来,还是中对中,这就面临两种文化中依附哪一个的问题,与英美教师教中国学生的一种文化选择相比,中国英语教师真是陷入了重重矛盾。这是跨文化交际的一个特殊品类。

徐盛桓对新格氏语用机制的评述与研究是一次深入的专题引进。在引进中有自己的理论探索。从1992年起,他在全国各大学外语学报上相继发表了《会话含意理论的新发展》《新格赖斯会话含意的理论和语用推理》《上指预测的语用因素》《论"一般含意"》《格赖斯的准则和列文森的原则》《论"常规关系"》《论意向含意》《会话含意的分类》《论"荷恩等级关系"》《再论意向含意》十篇论文,对该理论进行了框架介绍、选择和重构、阐发和创造,使我国读者对这一新的理论有了一个全面的认识。可以说,这样的引进,其工作量之大,跟踪兴趣之专,理论探讨之深,在我国都可算是第一流的。

四、对我国语用学研究的基本估计与展望

沈家煊(1996)对我国的语用学研究的现状作了三个方面的描述:面向外语教学;面向汉语语法和语用法;语用学理论研究。对今后的语用学研究,他有一个看法值得我们在这里强调。

要把外语研究和汉语研究结合起来,外语界和汉语界要携起手来。他深有用意地介绍了两位先生的忧虑:一是吕叔湘先生一直认为,"我国外语界和汉语界不相往来,是两张皮";二是许国璋先生认为,"中文系学人以音韵、训诂、方言、汉语语法的研究为主;外文系学人以介绍、解释国外诸语言学派的论点为主。两者未见汇合。"接着,他指出,有成就的老一辈语言学家赵、王、吕无一不是自觉地借鉴和运用国外先进的理论和方法来对自己的母语汉语作踏踏实实的深入研究,从而也从汉语的角度对一般语言理论作出了贡献。国外有影响的语言理论也大多是提出者在研究自己有切身感受的母语的基础上形成的。我国的语用学研究也只有使外语界和汉语界的研究汇合起来才能有所进步,外文系学人才会超越以介绍和解释为主的阶段。近年来有不少外语界学人认识到研究汉语的重要性,有的干脆把研究对象从以外语为主转向以汉语为主,这是很可喜的。在国家的科研对策上,应该鼓励外文系从事语言学专业的人(包括研究生)在研究一般语言理论时以汉语为研究对象。目前有些外语院校的研究生论文只能以外

语为主不能以汉语为主,这是一种很失策的做法。

我深以沈的看法为然。作为对中国语用学研究的估计,我以为:

(1) 外语界学人引进、解释建立在西方语言基础上的语用学理论的作用是不可低估的。但是,不超越这一个阶段,肯定是没有出息的。那么,超越了这个阶段之后应该做些什么呢?那就是如下第二、三两个问题。

(2) 在语用学理论上,我们要形成自己的流派。现状是我们没有很多自己的创造,这是一个必须填补的欠缺。另一个更大的、需要几代人努力才能填补的欠缺是,我们没有自己的流派。这是国内外语言学界都知道的事实。不承认,或者承认了不努力,也是没有出息的。

写到这里,作者不禁想起 1989 年全国第一次语用学研讨会过后写成的备忘录中的一段文字:

> 我们自己的理论创造还不够。我们不能跟在国外学者的后面踏别人的步子。我们在语用学理论上的新的原则、新的范畴、新的论题的发现尚不太多。如果我们在语用学的理论上不来一个突破——有所发现和创造的话,赶上这一学科的国际水平,恐怕只是一句空话。
>
> (钱冠连,1990a)

六个年头过去了,情况怎么样了呢?汉语界、外语界同仁的努力,其深度、其视野、其理论积累与勇气,比六年以前,大不一样了。而且,令人们惊喜的是,在国内外工作的一批博士迅速成长起来,从他们的成果看来,学术视野开阔(新领域、新课题、新观点不断出现),研究方式创新(调查案例、定量分析、写作工具,都不可同日而语)。这是一支非常有前途的队伍。整个语用学界正在经历一个厚积而"厚发"的过程。我们朝那样一个大目标迈出了实质性的步子。浪漫一点儿说,我们是在朝希望的光环走去。

(3) 外语界与汉语界必须汇合成一张皮。这个问题,是一篇大文章,难写的文章。首先,不必讳言的是,两方面的语言学者的知识结构——中文系学人的外语水平与外文系学人的汉语水平,是"两者未见汇合"的直接原因;而国家封闭的历史渊源和开办大学语言系的方针与政策(招生、开课、研究生)的失误,则是深层的根源。但是,无论如何,有一点是可以肯定的:语用学的研究如无汉语界和外语界的联合努力,绝不会有辉煌的前景。

第七节 国内外语用学选题对比研究[1]

沈家煊（1996）指出，我国从事语用学引进工作的几乎都是外语系特别是英语系学人。对语用学的引进无论在速度和数量上都要优于西方其他语言理论的引进。**语用学理论的研究比较薄弱，基本上是对西方现有的语用学理论加以评论、修正和补充**。钱冠连（1990a）认为，我们自己的理论创造（指出自中国人之手的、能揭示语言共性的语用学理论，不是仅仅适合汉语的语用理论，下同）还不够。老一代学者和中青年学者合作，促进有理论深度、有新意的成果早出和快出。在此基础上，**形成我们自己的理论流派，在世界语用学发展的历史上找到中国的位置**。文旭（1999）明确地希望"立足汉语的研究，创造自己的理论。"George Lakoff（参见叶蜚声整理的资料[2]，1982）认为，"中国的学者要了解各种理论及其局限，**发展自己的理论**。"Charles J. Fillmore（参见叶蜚声整理的资料[3]，1982）也认为，"种种路子可以参考，**然后根据汉语的特点和语义描写的目标创造你们自己的最适合汉语的路子**。"以上几位所做的判断，现在看来又如何？所提希望有无实现的迹象？这是本文所企图回答的问题。

最近，在《PRAGMATICS 九年首文研究》（钱冠连，2000）一文中，作者认为，集中九年间（创刊的1991年~1999年）的 PRAGMATICS（国际语用学会会刊）每一期的首篇文章进行研究（以下简称"首文研究"）的意义有五点。与本对比研究相关的意义是：对初学者来说，首文集合具有最佳选题的启示；它们反映了某个学科的国际学术主流（由于 PRAGMATICS 为国际语用学会的会刊，就不能说它是某一个区域某一个学派的主流），作者们的学术最佳兴趣点；它们概括了作者群体的学术原创性、学术视野和研究方法。但是，限于篇幅，上文对选题启示没有充分展开。本节充分展开选题对比调查，企图观察：我国的语用学选题离国际主流有多远？即观察：在国际语用学的研究中，我国的位置在哪里？

---

1 这一节是在此书第一版出世以后的2001年写成，故行文中提到了《汉语文化语用学》。王宗炎先生审阅了本文，他着重指出："介绍国外理论对创造自己的理论有益无害，重要的是要谈自己的见解，而不限于翻译外国的评论。对来自同胞的理论创造多加扶持，这一点非常重要。"徐盛桓先生阅读拙文后，特别强调了中国学者如何才能形成理论意识。对此，作者表示深切的谢意。

2 叶蜚声. 1982. 雷柯夫、菲尔摩教授谈美国语言学问题 [J]. 国外语言学，第2期.

3 叶蜚声. 1982. 雷柯夫、菲尔摩教授谈美国语言学问题 [J]. 国外语言学，第3期.

本节分四个部分：(1) 报告我国语用学者的选题状况（利用两索引与五刊共七种文献来源）；(2) 报告国际语用学者的选题状况（重点调查 PRAGMATICS 九年首文，共 36 期）；(3) 两点结论；(4) 讨论：我国语用学如何向前发展？

一、报告我国语用学者的选题状况

重点调查的文献共七种：

《外国语言研究论文索引》[1] 第一卷（1949～1989）（简《索引一》），《外国语言研究论文索引》[2] 第二卷（1990～1994）（简《索引二》），《国外语言学》《外语教学与研究》《外国语》《现代外语》《外语与外语教学》五种学报 1995 年～1999 年的各期。这样，后五种学报的起始期 1995 年刚好接上《索引二》的终止期 1994 年，于是时间跨度就形成了 1949 到 1999 连续体。这样时间跨度下的两种索引与五种期刊代表中国语用学研究的大体状况，也就说得过去了。

1. 1949 年～1989 年选题状况

（1）关于分期。为什么这一段要止于 1989 年呢？回答这个问题对将来撰写我国的语用学历史有好处。从开国到 1989 年为第一段，这样划分考虑到了三个情况。第一，1989 年在我国召开了首届中国语用学研讨会；第二，大会主题报告《语用学在中国的起步与发展》刚好将中国的语用学研究总结到 1989 年为止，而这个报告当初被《现代外语》（1990 年第 2 期）最初发表之后又被下列两个权威机构采用，一是它以"Pragmatics in China"[3]为题在国际语用学会的会刊 PRAGMATICS 上发表（Qian, 1991），二是被国家语言文字工作委员会向上级报告近十年来我国语言学研究现状和对未来展望的语用学分支报告所引用；最近又被《语用学论文精选》（《外国语》策划，上海外语教育出版社出版）收录；第三，《索引一》刚好是截止在

---

[1] 路式成，魏杰. 1992. 外国语言研究论文索引（1949～1989）[M]. 上海：上海外语教育出版社.

[2] 路式成，魏杰. 1996. 外国语言研究论文索引（1990～1994）[M]. 上海：上海外语教育出版社.

[3] Qian, G. L. 1991. Pragmatics in China. PRAGMATICS 2.

1989年。鉴于上面三个情况，认为从开国到1989年是我国语用学的起步期还是有道理的，得到各方面支持的。

（2）关于两个《索引》。高等学校外语学刊研究会所编的《索引一》，编委会由五个高等学校（当时的上海外语学院、广州外语学院、大连外语学院、黑龙江大学、解放军外语学院等）外语学刊的主编组成，许国璋先生写序。由此，应该说它是我国比较权威的语言学资料之一。因此，它所提供的语用学论文索引是基本可靠的、值得信赖的。遗憾的是，《索引一》虽然标明从1949年起始，可是它只是收录了外语院校学报的文章，而此外的宝贵资料它不会收录（《索引二》也有这方面的问题）。例如，王宗炎（1990）先生后来指出："有的人可能没有注意，在胡（壮麟）先生的文章还没有发表的时候，已经有人把语用学的一部分要点介绍给中国读者了。这些要点见于许国璋教授选译的Austin《言有所为》，1979年收入《语言学译丛》。我们不妨说，许先生静悄悄地、水鸟式地为我们引进了语用学。许、胡二位合写的《语用学》条，载于《中国大百科全书·语言文字卷》（1988），那是一篇短小精悍的佳作。"相信除了五种学报之外的各种学刊一定会发表许多语用学方面的作品甚至佳作，限于篇幅，这里只好忍痛割爱，另有机会再用。

（3）调查情况如下：《索引一》语用学部分内共收录论文题目95个。从这95篇论文的情况来看，特点有如下两点：

第一，势头强劲地、比较全面系统地介绍、引进、评述。这种情况是完全正常的、积极的。以后的事实表明，正是这些引进、介绍，为我国语用学研究的兴起与发展，奠定了良好的基础。从1989年以后的情况看来，下面这些论文选题在我国语用学发展的起步阶段，起了较大的作用。

《语用学》（胡壮麟），《评斯金纳著〈言语行为〉》（上、中、下）[王宗炎译（共3篇）]，《格赖斯的"会话含义"与有关的讨论》（程雨民），"Principles of pragmatics"（孙建荣），《格赖斯的会话含义学说》（陈融），《语用学——一门新兴的学科分支》（张春隆），《语用学论题之一（预设）》《之二（会话含义）》《之三（言语行为）》《之四（会话结构）》《之五（指示现象）》[沈家煊（共5篇）]，《中国学生在英语交际中的语用失误——汉英语用差异调查》（何自然、阎庄），《〈语用学的原则〉介绍》（廖秋忠），《语用学说略》（戚雨村）《奥斯汀的言语行为理论：诠释与批判》（顾曰国）《言语假信息：兼论合作原则的拯救》《语言冗余信息的容忍度》《不合作现象》[钱冠连（共3篇）]。

何自然编写的《语用学概论》出版在这一时期（1988年），"内容几乎囊括了Levinson《语用学》一书的各个部分，也增加了一些其他内容和汉语例子。"（沈家煊，1996）此书对我国普及语用学起到了积极作用。

其他重要的选题还有：语用学及其方法论，语境，模糊限制语，言语行为模式，语法、语义学和语用学三者的关系，语用学与外语教学，句法与语用学，非言语交际，等等。

第二，理论创造的蓄势期。上面所述几乎是清一色的引进与介绍，理论产出的沉闷，还不能认为是中国语用学家的选题处在困扰焦灼之中。改革开放之始的大好时期，面对国外理论新风劲吹的局面，如不引进，就将错过时机。对国外理论的消化、吸收需要时间，时间表现为一个过程，深思与酝酿是理所当然的状态。这一个阶段可称之为理论创造的蓄势期。

在国家语言文字工作委员会向上级报告近十年来我国语言学研究现状和对未来的展望时，请有关专家就语言学的各个分支写出了相应的报告。后来这些报告汇编成书[1]，语用学分支报告（沈家煊，1996）中分析了我国语用学研究的三个方面的情况：面向外语教学的语用学研究，面向汉语语法的语用学研究，语用学理论的研究。在"语用学理论的研究"中，作者指出："这一类研究（更加注重一般语用规律的探讨）在国内也比较薄弱，基本上是对西方现有的语用学理论加以评论、修正和补充，大致集中在以下几个方面。"他指出了四个方面，涉及1989年之前和之后。现在将1989年之后的情况放在下面说，涉及1989年之前的情况，唯一的一句话是，"对格赖斯的合作原则和下属的各条会话准则提出不同的看法"，提到了钱冠连的两篇文章《语言冗余信息的容忍度》与《不合作现象》。总而言之，这一估计与本文作者所谓之"蓄势期"云云，是一个意思。

2. 1989年～1994年选题状况

（1）调查情况如下。《索引二》（1990～1994）语用学部分收录文章题目共143个。与1990年以前相比，发展出来的新题目是：

《交际策略探讨》（陈思清）《论格赖斯的非自然意义理论》（李绍山）《"一语多用"初探》（周亚光），《语篇语用学札记》（胡壮麟）《语用学和语

---

[1] 许嘉璐，王福祥，刘润清. 1996. 中国语言学现状与展望 [M]. 北京：外语教学与研究出版社.

义学的分界》(沈家煊)，《对于预设与推涵的思考》(李锡胤)《跨文化交际的语用问题》(王得杏)《John Searle：从言语行为论到心智哲学》《John Searle 的言语行为理论：借鉴与批判》[顾曰国（共 2 篇)]《论维索尔伦的元语用选择》《语用学：语言适应论——维氏语用学新论评述》《语言符号的局限性与语用学》《论构建语用推理模式的出发点——新格赖斯理论评述》[钱冠连（共 4 篇)]，《自我认识与跨文化交际》(王宗炎)，《也评"关联理论"》(曲卫国)。除此以外，还有各种句法、语言用法中的语用功能分析。徐盛桓系列论文见后。

（2）对调查的概括。第一，对国外的发展盯得更紧，几乎是亦步亦趋。第二，开始出现中国学者自己的独立的理论形态与理论意识。如徐盛桓的新格氏会话含义理论研究系列论文开始出现:《语用推理》《"预设"新论》《新格赖斯会话含义理论和语用推理》《会话含义理论的新发展》《论"一般含义"》《格赖斯的准则和列文森的原则》《论常规关系》《论意向含义》《上指预测的语用因素》。对这种判断（"开始出现中国学者自己的独立的理论形态与理论意识"）的一个支持是沈家煊的《语用学分支报告》。报告中涉及到理论研究部分时指出，"新格赖斯会话含义理论"出现后也有人（徐盛桓，1993，1994 等）对这种语用推导机制加以修正和补充，进而提出自己的会话含义理论框架。

3. 1995 年～1999 年的选题状况

（1）调查情况如下。《国外语言学》这五年期间发表的语用学方面的文章共 5 篇：

《〈跨文化语用学：人类交往语义学〉评介》(范文芳)，《什么是语际语用学》(何自然)，《英语会话中的沉默研究》(左岩)，《〈语用学导论〉介绍》(徐海铭)，《〈言语交际中的语义：语用学导论〉评介》(俞东明)。

《外语教学与研究》发表语用学方面的文章共 16 篇。较新的选题有：

《话语分析二十年》《话语分析在中国》[徐赳赳（共 2 篇)]，《会话隐含理论的新发展》(张绍杰)，《H. P. Grice 的意向意义理论述评（上、下）》(王传经)，《我国的语用学研究》(沈家煊)，《含意本体论研究》《疑问句的语用性嬗变》[徐盛桓（共 2 篇)]，《含义分类标准评析》(熊学亮)，《评〈相互作用中的意义：语用学导论〉》(洪岗)。

《外国语》这五年所发表的语用学方面的文章共 43 篇。较新的选题有：

《论荷恩的等级关系——新格赖斯会话含意理论系统研究之十》（徐盛桓），《新格赖斯语用机制新在哪里》（钱冠连），《语用的体现关系》（程琪龙），《会话中的障碍修正结构分析》（李悦娥），《从 H 语法和语用学的基本方法论看两者的互补可能》（熊学亮），《话语含意化过程——含意本体论系列研究之四》《含意研究的逻辑学思考》[徐盛桓（共 2 篇）]，《话语相关与认知语境》（刘家荣），《语用方式——语用的语法化》（何刚），《试论话语分析的三个标准》（黄振定），《胡塞尔、格赖斯和塞尔意向理论比较》（徐海铭），《调整语话语初探》（戴炜栋、李明），《亲疏尊轻的理论框架与人称指示的语用对比分析——汉外对比语用学的尝试》（余维），《发展语用学关于儿童话语能力的研究》（丁建新），《90 年代看语用》（何兆熊），《语境的动态研究》（何兆熊、蒋艳梅）。

《现代外语》这五年发表的语用学方面的文章共 15 篇。新面孔的选题有：

《认知论域与照应释义》（吕公礼），《选择、重构、阐发、应用》《信息状态研究》[徐盛桓（共 2 篇）]，《语用学的方法论与解释力》（易仲良），《单向语境推导初探》（熊学亮），《两个语用原则与英、法、汉反身代词长距离照应特性》（李燕玉）。

《外语与外语教学》这五年所发表的语用学方面的文章共 25 篇。新的选题有：

《语用——语言研究的一个视角》（何兆熊），《含意本体论与句法语用学》《常规关系和文化教学》《含意本体论论纲》《含意的两种形态》《含意运用与常规关系意识》[徐盛桓（共 5 篇）]，《语用·认知·言外义》（沈家煊），《知识、策略和编码》（彭宣维），《语言形式与实体辨析的当代语言学意义》（熊学亮），《言语审美的语用意义探析》（南佐民），《有关语用隐喻的若干问题》（胡壮麟），《语用学的哲学渊源》（钱冠连），《关于英汉对比语用学的几点思考》（陈治安、文旭）。

（2）对 1995 年~1999 年我国语用学选题的概括。第一，一个明显的可喜变化是，我国语用学者的独立理论意识增长起来。支持这一个判断的事实有，少部分学者对国外语用学理论已由单纯的引进与介绍转向了选择、重构、阐发、应用、批评的状态。徐盛桓的工作（两个系列研究）可以成为这个方面的一个代表。以他对新格赖斯理论的研究为例，对格氏理论上的扬弃的过程,首先要经历一个理论上的选择阶段。对列文森原来论述的阐发和作出必要的修正,是研究的深化的要求。他认为,对国外语言学理论要学习、要吸收,但现在似乎还可以提出:不要过多地依傍,也就是说,应该在研究国外语言学理论中创造一点自己的东西(徐盛桓,1995b)。还有一些学者的论文,可以看出明显独立理论探索色彩:《对于预设与推涵的思考》(李锡胤),《单向语境推导初探》(熊学亮),《语言符号的局限性与语用学》(钱冠连),《会话中的障碍修正结构分析》(李悦娥),《亲疏尊轻的理论框架与人称指示的语用对比分析——汉外对比语用学的尝试》(余维),等等。《关于英汉对比语用学的几点思考》(陈治安、文旭),意图在建立我国自己的语用理论的基础上(但须强调增加对共性与普遍性的支持,才是有意义的——本书作者注),进行英汉对比,显然还是主张中国学者的理论研究意识。还有,在介绍国外理论时,也没有一味盲从,不忘理论的修正。如《奥斯汀的言语行为理论:诠释与批判》《John Searle 的言语行为理论:借鉴与批判》(顾曰国),等等。对《汉语文化语用学》的出版,王宗炎先生从提携后进出发,曾专门分析过作者的"理论建设最后在哪里表现出来"的问题。实事求是地说,这部专著的出版,只是表明了我国语用学者确立独立的理论意识的开始。对于这个问题,我们还不能更多地说些令我们自己高兴的话。第二,在源源不断地理论输入的同时,理论创造却尚未形成力量。大面积的语用学者的研究仍然处于对外国理论的亦步亦趋的引进、介绍、评述、阐发的状态。这种状态的好处是,毕竟可以跟踪国外理论的发展,给国内以源源不断的理论注入。可是,我国的语用学研究已经二十多年了,自己的理论形态的缺乏,肯定是一个严重的问题。这个问题下面还要提到。

二、报告国际语用学者的选题状况

调查的重点对象是 *PRAGMATICS*。从它九年(1991~1999),共 36 期首文选题研究之中,我们可以辨认出以下几个方面是国际语用学研究的主流。

1. 鲜明的学术原创性,注重理论上的创造

PRAGMATICS 发表的语用学论文,经过一番对前期理论的回顾与检索(review 或综合 theoretical precedents)之后,总是能**导引出超过前人的新理论来**。一般论文如此,更不消说首篇论文了。九年的事实说明,论文价值

的唯一标准是：originality。当然 PRAGMATICS 上也有介绍的文章（不叫论文），一般以书评或者报告的面目放在杂志后半部。这类东西数目少，没有形成"主流"。这个方面与我们两相迥异了：他们是走自己的路，我们是绝大多数的学者长时间地走在人家的大道上。

他们不仅重视应用研究，也重视纯基础理论研究。仅举两例加以说明。"Learning to think for speaking: native language, cognition, and rhetorical style"（Dan I. Slobin，1991—1，本节以下的外国人名加上年号与期号皆指 PRAGMATICS，不再说明）认为，我们仅能彼此交谈和理解的是一种具体的语言。我们在孩提时代学会的某种语言或某些种语言不是客观现实的不偏不倚的符号系统。每一种语言都是对人们经验世界的主观取向，这一取向影响了人们说话时的思考方式。"Language ideology: issues and approaches"（Kathryn A. Woolard，1992—3）指出，语言意识形态是社会结构与谈话形式的中间协调环节。作为如此关键的环节，语言意识形态比以往更为值得（在协调性与分析性上）注意。这两例是对语用学的哲学思考。又如，对现有理论进行讨论与修正的例子 "Register and the redemption of relevance theory: the case of metaphor"（Andrew Goatly，1994—2）一文的新见在于，指出格赖斯理论，尤其是指出很有潜力的、从格赖斯理论发展而来的关联理论，也有缺陷。它不能处理文化与社会语境；但是，企图将语言语用学与语言使用的更为有社会意识的模式（诸如语域、风格理论）相联系，却能产生有趣的杂交，并对两者（格赖斯理论与关联理论）都受益。Katsuya Kinjo（1996—4）在 "An indecent call from a man: narrative as revelation of framework" 一文中认为："人以话语来做事不一定局限于 Searle 所认识到的行为。"这也是基础理论的研究。

与此相比，我们在"纵看"部分已陈述过，我们虽不乏个别的理论创造，但从全局上看，**我们没有产生出理论体系与重大的学说，我们的理论创造尚未形成力量，远未形成气候。**

2. 作者群体宽阔的学术视野和多样的研究方法

"Indirectness and interpretation in African American women's discourse"（Marcyliena H. Morgan，1991—4）研究的是非（洲）裔美（国）籍人语言社团。S. C. Levinson（1992—1） 在 "Primer for the field investigation of spatial description and conception" 中所用的方法是田野调查。语用分析与政治挂

钩的是 Susan Gal and K. A. Woolard（1995—2）的 "Constructing languages and publics: authority and representation" 论文。将语用学深入到语法领域、词汇领域的是 Todd Squires（1994—1）等人。Michael Meeuwis and Srikant Sarangi（1994—3）进行跨文化交际的研究。S. Gunthner and H. Knoblauch（1995—1）研究交际风格。Maria R. Baroni and C. Nicolini（1995—4）、H. Jucker and S. W. Smith（1996—1）、E. Ford and J. Wagner（1996—3）研究会话分析。Bruce Fraser（1996—2）讨论语用学标记。Eddy Roulet（1997—2）讨论语篇结构。Dell Hymes（1998—4）寻找的是口头叙述有一个几乎可在处处都能发现的模式层次。

我们呢？因为在选题上基本上是对国外的理论处于亦步亦趋的状态，所谓学术视野也就是跟着别人的视野。在研究方法上，我国甚少出现过田野调查，也几乎无人问津资源非常丰富的语言社团。一步被动，步步被动。

3. 在选题上，非常普遍、深入地将语用视角射向一切现实生活领域、职业领域

通过选题就可以看出，语用学家贴近生活，表现出充沛的学术活力与敏感。"'If he speaks Italian, it's better': metapragmatics in court"（Marco Jacquemet，1992—2）从法庭找到了案例。"Self-presentation in a speech of newt Gingrich"（Pamela S. Morgan，1997—3）另辟蹊径，从一个真实人的真实演讲中发现了"自我陈述型结构"。"Introduction: from the ideal, the ordinary, and the orderly to conflict and violence in pragmatic research"（L. Briggs，1997—4）所介绍的几篇论文牵涉美国总统克林顿发救济款与屠婴暴力。Greg Matoesian（1998—1）拿民事诉讼与刑事诉讼的案例做文章。M. Grossen and A. S. Orvig（1998—2）把诊疗接谈当成一种特殊的言语交际进行语用分析。S. G. Obeng（1999—2）探讨 Akan（阿坎人，居住在加纳、科特迪瓦等西非地区）当地法庭上司法语篇状况。

我们呢？因为不愿用汉语作语料，也就非常可惜地放弃了与自己血肉相连的汉语文化环境中的现实生活领域与职业领域中人类行为的话语个案。好在这种状态有了一点儿改变。

4. 从人类行为模式中寻找相应的语言运用模式的研究非常普遍

Keith Sawyer（1993—3）在 "The pragmatics of play: interactional strategies during children's pretend play"一文中独具慧眼,从"孩子扎堆玩耍"中看出社会行为又看出"社会话剧游戏"规则。行为模式不同(请从孩子扎堆玩耍推广开去),言语运用模式就不同。而行为模式是无穷尽的,所以言语运用模式就无穷尽。E. Ford and J. Wagner(1996—3)的论文"Interaction-based studies of language: introduction"旨在解释,Schegloff 称为原始(primordial)语境的语言,即交互作用中的谈话(talk-in-interaction)。对于那些将解释人类行为视为己任的语言学家、人类学者、社会学家和心理学家来说,越来越明显的是,没有对语言如何适应基本的交互作用功能的密切而仔细的注意,就不可能完全地理解语言。

我国语用学家尚未见开辟出人类行为的话语模式分析。

5. 以语料而言,非常重视拿小语种与稀有语种作语用学的研究原料

如"The samoan *Cia* suffix as an indicator of agent defocusing"(Kenneth William Cook,1991—2)对萨摩亚语中的 *Cia*(一个表被动的后缀)的语用功能研究(从构词法中寻找语用功能)。"On preposing and word order rigidity"(Asha Tickoo,1992—4)对克什米尔语中的前移在功能上不同于英语中主题化与焦点移动进行了研究。"Speech levels: the case of Sundanese"(Edmund A. Anderson,1993—2)以巽他语(印度尼西亚西爪哇岛人之语)为语料。"Collaboration and contestation in a dispute about space in an Indo-Guyanese village"(Jack Sidnell,1998—3)使用语料的发生地是印度—圭亚那人的一个村子。"Grammatical pragmatics: power in Akan judicial discourse"(S. G. Obeng,1999—2)探讨 Akan 当地法庭上司法语篇的语用状态。"On the polite use of *Vamos* in peninsular Spanish"(M. Chodorowska-Pilch,1999—3)一文考察了西班牙语话语中 *Vamos*(要求缓冲语气)的使用情况。

使用小语种有两种情况。第一,在我们眼中的小语种,却是作者的母语。作者不以"小"为耻,不去舍小取大(英),不去舍母语趋英语。第二,该语种并非作者的母语,他采用"小",纯属学术眼光,这就更值得注意了。经查,我国极少人拿小语种与稀有语种作语用学的研究语料。我们许多情形下是拿国外经典著作里已使用过多少次的英语例子作语料。

6. 重视语用学发展史的研究

我们可以用"pragmatically historiographic concern"来概括对语用学学

科史的关注。Jon F. Pressman（1994—4）认为20世纪晚期的语用学研究陷入了撰史法的危机，警告了语言学的宗派的偏见给语用学的撰史法带来损害。Kerbrat-Orecchioni（1997—1）追溯了talk-in-interaction作为学术问题的研究历史。

我国语用学选题还比较重视语用学研究一段时期内的（10年、20年）综述。但尚未见语用学史的撰写。

三、两点结论

经过上面纵看（两索引与五刊）与横看（《PRAGMATICS九年首文研究》）的比较，我们可以发现两个明显的事实是：

第一，因为在深层次上我们没有产生出理论体系与重大的学说，我们的理论创造尚未形成力量，也远未形成气候，更没有形成主流（不要说加入国际语用学的主流，只说在国内理论创造与引介介绍相比，前者比例大于后者比例就行了），所以我国语用学学者的大多数学术活动长时间地依傍国外。简言之，理论依傍国外。

第二，在鲜明的学术原创性上，在作者群体宽广的学术视野和多样化的研究方法上，在选题非常普遍、深入地将语用视角射向一切现实生活领域与职业领域上，在语料的利用上，在撰写语用学发展史五个方面，我们与国际学术主流之间还有很大差距，不入国际主流。

如果以上两点结论不错，就可以说，我国语用学研究的主流仍然处于幼儿没有断奶的时代。没有断奶就是靠别人喂奶。

《中国语言学年鉴·1992》说，"总的来说是过多地依傍国外的学说，缺乏一种理论上的创新意识和开疆拓域的勇气。"可见上面说"目前仍然靠别人喂奶"的说法还不算过火。可能会有人指出，对1992年之前的判断怎么可以代表现在呢？请注意：本对比研究的取材是到1999年为止的。

四、我国语用学如何向前发展

相信任何一位读者都可以看出，本文的目的不在作出上面两点结论，说我国语用学者的研究与国际主流相距甚远，我们的目的还在讨论：我国语用学如何向前发展？

我们的前途还是光明的。本文作者有如下四个方面的建议。

（1）我们明白了引进与创造的关系，就可以将力量正确分配。首先有一点要肯定的是：问题不在引进与介绍太多而把引进的步伐放慢，而在理论创造跟不上。**因为大量的引进与介绍不是引起理论创造缺乏的直接原因，甚至连间接原因都不是。介绍国外理论对创造自己的理论有益无害。自己理论的贫穷并非是引进国外理论时必然要付出的代价。引进介绍根本不需要牺牲自己的理论创造。**一个国家的一部分人引进、介绍国外的理论是正常的，全部学者都去搞引进介绍而忘了创造自己的理论，肯定是不正常的——强调人数的分配。一个学者一生中的一段时期用来引进介绍国外理论是正常的，一生全部用来搞引进介绍肯定是可惜的——强调时间分配。有兴趣搞引进的，尽可以继续；但要紧的是鼓励理论创造。我认为在《*PRAGMATICS* 九年首文研究》中的如下观点是值得考虑的。借鉴国外选题时，有两点原则：一是借其形式（如案例），而不抄袭其结论与理论形态。这种情形可比喻为"借窝下蛋"，窝是人家的，蛋是自己下的。二是借鉴思路，自引事实，自下结论，建立自己的理论形态。这种情形可比喻为"自筑窝自下蛋"，从形式到内容都有原创性。

（2）弄清缺乏理论原创性的原因是前进的开始。缺乏理论原创性，原因之一是我们长期将实用研究与基础理论研究对立起来，轻视非功利理论、超验理论与"空头"理论（这种情形与实用研究如外语教学的大量研究形成鲜明对比），殊不知，最终的结果必是将实用研究的源头也掐断。

第二个原因，可能是与理论指向不太明确有关。语用学理论目标具有解释性（解释语言交际何以成为可能）而不是指导性（"教"人如何使用礼貌语言、如何推理等。指导语言交际有另外的学科，如伦理学、公关学、交际语言学之类）。语用学的一些原则与假设同当代语言学其他理论一样，是针对语言运作的普遍机理提出的。而研究某一语言的个性（如用汉语为语料），是为了更全面更深刻揭示共性，使语言理论（包括语用学理论）更严谨、更概括。有了这样的理论目标，研究者的理论意识就会增强。理论意识增强，创造性的研究才会多起来。

缺乏理论原创性的原因之三，恐怕是与我们的文化心理传统、外语学者的素质有关。下面的现象多次被人指出过：**同是理论创造，对来自国外的，我们众多的人长时间地依傍不舍，对来自同胞的，却吝施扶持。两者形成鲜明对照。**这恐怕还是得从文化心理与学者的素质上找原因。比如说，对同胞的理论创造，互相吹捧不好，互相冷漠以待就好了吗？更不好。对同胞的理论，不要说像对洋理论那样众星捧月似地引用与介绍，正常的评论与推介，都还未形成。对同胞中的理论创造，我们最好多给些注意。举一个例子以说明。李锡胤在《转向：在别人还没注意时，先看出问题》一文中[1]对言语行为理论有创造性的见解。他指出："人类的活动（或行为）有三个方面：①肢体活动；②心智活动；③言语活动。**心智活动一般可以从言语活动加以观察和研究。这样就增加了言语行为的价值。**哲学家对言语行为感兴趣，多半是为了听其嘴而观其脑；用他们的术语拐个弯子说，即为了研究'意义'。言语行为是嘴巴的行为，它执行三种功能，一用嘴巴发出的物理动作……。二用嘴巴表达的交际行为，目的是陈述、询问、表露……。三用嘴巴实施约定俗成的仪式或手续，……。言语行为也同样，我们无法用现在的嘴吹出昨天或明天的口哨，或者喊出昨天或明天的口令。所以，所谓 performative 句式只有第一人称现在时。至于用嘴巴表达交际行为时，一般都省去'我现在说''我现在问''我现在惊叹'等帽子，直接叙事或发问，所以不受此限制。**我以为没有必要提出 implicit performatives**（隐含施为句，即去掉'我宣誓''我宣告''我命令''我打赌'等帽子以后的施为句——本书作者注）**这一概念，否则全部命令式句子都揽进去了，甚至陈述句也剩不下。**总而言之，我认为从语言学角度说，只要把 performative 句式中出现的动词罗列出来，一一加以分类研究就可以了。其他问题就拜托哲学家费心吧！"这种对言语行为的深刻见解，对言语行为价值的认识角度，对哲学家为什么提出言语行为的中肯观察，对"隐含施为句"概念的否定，都很有参考价值。不要说理论勇气是值得效法的，就是理论本身的智慧，也是不让外国同行的。在上面提到的徐盛桓、熊学亮等人，提问题的角度、批判的勇气、利用材料的新鲜，都值得我们充分注意。又比如，对我国语用学有开先河作用的许国璋、王宗炎、胡壮麟、何自然、沈家煊、廖秋忠几位的贡献，我们在发现、利用、开发上都还不够。他们在那儿"静悄悄地、水鸟式地为我们引进了语用学"（王宗炎，1990），作为同胞，我们不能使他们的功劳埋没。有一件事深深地触动了我：1997年，听说我们中国在酝酿成立语用学会，马上就传来了日本准备抢先成立的消息。日本人的学术团队精神，该不该使我们脸红与深思？上面说"缺

---

[1] 李锡胤. 2000. 转向：在别人还没注意时，先看出问题 [J]. 外语与外语教学，第 1 期.

乏理论原创性的原因之三恐怕是与我们的文化心理传统、外语学者的素质有关",窃以为,我们真该要一点学术团队精神与中国意识。不知同胞们以为如何?

（3）硕士与博士如果能善于利用自己在理论与方法论上的势头,在母语学习上分出一点时间,敢于使用自己的资源去证明语言的共性（也不忽视汉语的特殊性）,面向现实生活与职业领域,必然会给中国语用学界带来新鲜的活力。

（4）理论酝酿是要花时间的,但问题是要把酝酿的时间与精力花在①理论意识的建立;②学术视野的扩大;③方法论上的多样化;④语种选择的多样化上。丰富的理论引进毕竟是好事。语用学在世界范围内确立时间不算长,在中国的引进期也更短。有了丰富的引进垫底,等待一个时期也不算大问题。

选题意味着什么?选题可以说是研究中的 The Pearly Gates——通向天国之门,研究的重中之重。窃以为,国内外选题对比研究对我国语用学研究的发展有一定的借鉴意义。

第二章 语境干涉

第一节 什么是语境干涉

语境，作为语用学的本体，不消说是论述的重点。我要提醒读者诸君注意的是，这一章还有另一个理论目标：语境中的社会人文语境对话语的干涉与限制，使语用学可以看成是人文网络言语学。

一、何谓语境

语境是指言语行为赖以表现的物质和社会环境。

本书认为，这个环境由语言上下文（linguistic context）和非语言性环境（extralinguistic context）两个大的部分组成。其一是语言符号内的因素。即上下语（可听的）或上下文（可见的）。其二是语言符号外因素。它可以是外在于人的、显性的、可见的现场，如地点、对象、场合、自在物体、意外出现的人或物（意外符号）、自然环境等。也可以是隐性的、不可见的背景，如社会文化、风俗习惯、行为准则、价值观念与历史事件等。

于是，语境系统就应该是这个样子：

语境系统 { 语言符号内 { 上下文 / 上下语 } ; 语言符号外 { 显性：地点、对象、场合、自在物、意外物、意外人、自然环境…… ; 隐性：社会的政治、经济、文化、风俗习惯、行为准则、价值观念、历史事件…… } }

本书不采用某些语用学家的观点，诸如交际双方的目的、对彼此的认识与假设也算作是语境。交际目的与对彼此的认识和假设，尤其是前者，是话语活动的本体部分，不是环境与背景。也有人提出"认知语境"，但本书也不采用。对于"认知语境"，熊学亮（1996）发文阐述道，"J. L. Mey 指出相关论缺乏对与推理有关的社会因素的分析。我所做过的暗室实验至少部分地证明了类似提法有所偏激。[1] 假定把人关在黑暗的房间里，没有任何社会因素可言，只有他的心理因素在起作用，此时他听到一个声音说：'晚上去看电影吗？'另一个声音马上回答：'明天我要考试'，他便可以判断这是一则对话，而即便此时所听到的声音是平静的、无标记的，暗室中的人仍然可以进一步判断第二句话是否相关，而这种判断的依据就是他的知识状态或认知（心理或抽象）语境。"这里，"语言不能单独完成交际任务"（钱冠连，1991c）是否成立不作讨论，我们只说，认为知识状态或认知是一种语境的观点，本书不采纳。本书只是把它归属于智力干涉，归于推理，是话语活动过程的本身。它不是一种背景。

两大部分语境都可以对言语行为进行干涉。

稍微要强调一下的是第二部分（语言之外的因素）中的**意外符号**：一切可以当话题或者可以被话题借用的突然因素、意外出现的人或物，都可算作意外符号。

意外符号必须具备两个特点才能具有语用意义：第一，能介入说话过程；第二，突然闯进语境。

意外出现的人或物可以当成符号使用。在会话的原来场景中，并没有

---

[1] 指"语言不能单独完成交际任务"——碰巧在下有一文持此观点，见《语言符号的局限和语用学》，《外语研究》，1991 年第 4 期。

某物，在谈话进行过程当中，某物不期而至地闯进语境。这个事物就有可能被说话人灵机一动用作符号，参与谈话。这个事物就具有了意外符号的意义。如某屋内，正有一女人与另一外面来的人斗气吵嘴，这时，闯进一只狗来，女人可能就会骂狗："谁要你进门来的？滚！"多于话语的含义很明显，这里不说。只说这只突然闯进的狗，是在这样一个象征性的意义上被女人当符号的——耍赖、时而奉迎讨好时而势利欺生，于是被当作不受欢迎的人。同样的场合，还可以用扫帚往外扫地这个符号化行为，以赶走不受欢迎的人。又如，天上飞过的一排大雁，亦可以在一定的条件下（象征急切赶回自己故乡的人）当成符号参与言语活动，帮助生成超出符号的含义。意外符号还要在第四章第二节"语用推理为何不能走纯粹形式化的道路"提到。

语境的实质是什么？钱钟书在《管锥编》中论及祸从口出时说，"文网语阱深密乃尔"。文字与言语本身织成了一张密的网，也形成了一口深深的井，人陷其中，横竖不能自拔。他说的是语言对于社会组织政治制度的作用，简明却透彻。这论点其实可以原封不动地用在语境上，就是语境的隐性部分！"语言乃存在的家园，人则居住在其深处。"（海德格尔）这不是说人深陷语阱中么？卡西尔指出："人从自身的存在中编织出语言，又将自己置于语言的陷阱之中。"他们都说了人受语言制约的一面。人们只顾一窝蜂地批评沃尔夫—萨丕尔的"语言决定论"（语言决定人的思维方式），却很少注意到其合理的一面：人确实有受制于语言的一面。"你以为自己在说话，其实是话在说你。"（福柯）"话在说你"就描写了话在"治你"的情形。它有这样的三层意思：一是话控制你，既然文网语阱与社会政治制度是一体的，语言交际便带有意识形态的性质，那么说话就要受某一个社会政治制度的制约；二是话表白了你，这个是常规意思；三是你必须在语境中说话，这就涉及说话中的推理要在语境中操作。同样的意思，维特根斯坦是这样表示的："语言是一座遍布歧路的迷宫。"这说的是语言既十分不精密（模糊性），也不十分确定（有歧义）。哈贝马斯有"语言交流方式受到权力的扭曲，便构成了意识形态网络"之言。

对语境实质的认识，直接关系到下面这一命题：语用学实质上就是人文网络言语学。

二、何谓语境干涉

所谓语境干涉，有两个方面的含义：非语言语境对语言符号的干涉和语言语境对语言符号的干涉。

1. 非语言语境对语言符号的干涉

非语言语境对语言符号的干涉，实际上就是社会文化、风俗习惯、行为准则、价值观念、历史事件等对人使用语言符号上的干涉。

简单地说，就是社会人文网络干涉你的话语。

有这样的事吗？稍微上了年纪的人都知道，这是一个比铁还铁的事实。"我想怎么说就怎么说"，我们常常听到这样的言语。如果说这是在强调头脑对舌头的指挥地位，那是正确的。可是，事实上，**当我们以为自己是在"想怎么说就怎么说"的时候，我们自己是在做语言环境的奴隶，不折不扣的奴隶**。我们是在受非语言环境的左右，也在受语言性语境（上下文）的左右。社会关系、文化传统、道德标准、行为规范、物质环境与自然力量组成了一个无形的网，人不过是自以为自由的网中之鸟而已。这无形的网，就是社会人文网络。网络里的各种体系（村落体系、城镇体系、交通体系、市场体系、政治体系、思想体系等）、各种制度（土地制度、经济制度、法律制度、教育制度等）和各种关系（国际关系、民族关系、氏族关系、供求关系、人际关系、敌我关系等），在每一个瞬间都对我们的话语强加了极为复杂的世界感受。

这个社会人文网络每每在你说话的时候"说话"并且"算数"。

任何一个稍有社会经历的人都知道，人不能想说什么就说什么，不能想怎么说就怎么说，不能想在什么时候说就在什么时候说，不能想在什么地方说就在什么地方说，不能想对什么人说就对什么人说。五个不能。毫不含糊。

所以，我以为，从非语言语境对语言符号的干涉中，我们看语用学，**它简直就不是符号体系上的事，而是与人有关的**语境体系上的事（即社会人文网络上的事）。从这个角度上看问题，**语用学不就是社会人文网络言语学吗**？只有这样看语用学才不至于隔靴搔痒。（这一命题的详情请见第五章第二节："语用策略：得体及其他"、第五章第七节"从功能不完备原理到语用学的实质"以及第八章"语用学：人文网络言语学"。）

2. 语言语境对语言符号的干涉

语言语境对语言符号的干涉，是指上下文、上下语对语言符号使用（说与写）上的限制与制约（但并没有什么消极后果），理解（听与读）上的帮助与推动。

语言语境干涉大致体现在下面几个方面：

（1）语境对语言符号的使用（说与写）有强制、制约作用（下见本节内两个方面的叙述）；

（2）语境对语言符号的理解（听与读）有帮助、推动的作用，语用推理就是在语境上展开的（见第三节"在语境上操作的语用推理"）；

（3）语言符号的信息量和意义（语面的或隐含的）就是在语境中得以澄清的（见第四节"语境使符号信息量膨胀"、第五节"零语境句与语境句"）；

（4）语境对说话人有特殊要求与限制（见本节之 3."语境对说话人的干涉"）。

我们看到，上面这些干涉，有限制的作用，也有推动的作用。

我们也许能发现自己受非语言环境的左右，可是却不一定能发现自己也受别人的甚至自己的上下文、上下语的限制与左右。

因此，下面描述的情况，都是有关说话人受别人甚或自己的上下文、上下语的影响与限制的。受非语言环境的限制的情形，比比皆是，无须在此提供。

第一方面：语言语境对语音方面的限制与制约

拙著《美学语言学》第五章"小引"（第 302 页）中曾剖析过一个现象：音节强迫对等规律。拿出的例子之一是：广播电台的一段发语词（亦中间穿插语）。广东人民广播电台音乐台每晚十一点是"夜空浪漫"节目。我们可以听到这样的发语词：

你，有匆匆的行程，我在你归家的路上**等**你，

你，有纷繁的思绪，我在你壁灯的光下**唤**你。

广播员是在轻轻细语，并非念诗。他每说完"路上"便接着将"等"你的"等"这个音节放慢了速度，下半句，在时间相等的地方，说完"光下"便又以同样放慢的节拍念出"唤你"的"唤"这个音节，使人觉得上句中

的"等"与下句中的"唤"真正地做了两番动作——等与唤——才耽误了时间。如果说上句放慢速度念出"等你"是广播人主动使用某种策略（创造音响效果）的话，下句说到"唤你"却是**不得不慢下来**，否则上句与下句的节奏明显失调，听着浑身不是滋味，像是丢失了什么。前半句"等你"的念法是人在控制语速，后半句"唤你"的念法好像是**语速在控制人**。这种现象便是言语求美律在起作用。现在我们从语言性语境对语音的限制角度看，下半句的"语速控制人"的现象正是受了说话人自己上半句的制约，下半句他不得不那样说。

生活中的实例就更多了。两个陌生人搭上话，其中一人先开口，讲了一句什么方言，假如另一人是老乡，那老乡绝对是惊喜地用同一方言回话。第二个讲方言的便是受了语境的制约与推动。

1994年，作者所在单位有一个俄罗斯人。我们交谈过几次。非常有趣的是，我俩常常互相牵制——我在说俄语时忘记了什么，便立即用英语填上，他发现我说英语，便立即改口说英语；他说英语碰上了什么障碍，便立即用俄语抵挡，我一听他说俄语我也自然立即改口相随。这便是语言性语境在语音方面对说话人的影响与限制。

第二方面：语言语境对句式的限制与制约

这里，认真琢磨吕叔湘（1990）下面一段话是有用处的：

> 我说的动态研究指的是句子内部各种成分之间的相互制约；一个句子可以怎样不变内容（或基本不变）而改变形式；某一句式适用于哪种环境（上下文及其他），环境有某种变动的时候，句式要不要随之变化，如此等等。静态的研究当然重要，这是基础，可是语言毕竟只在使用中存在，……

我们将其简化成三点：第一，一个句子内部成分之间有制约；第二，一个句子命题内容可以和多个句子形式对应；第三，句式要随语境变。第一点不涉及语篇，第二、三点涉及语篇。语篇才能形成足够的语言性语境，即吕叔湘说的"环境（上下文及其他）"。它们对句式的变换施加影响。以下各例都是语篇对句式的影响。

有一个揭露公款吃喝的顺口溜：

喝得机关没经费，
喝得伤肝又伤胃，
喝得老婆分开睡，
喝得告到纪委会，
纪委说能喝不喝也不对。

既然是"顺口溜"，就必须"顺"，必须"溜"。为了"顺"起来，"溜"起来，就必须押韵，必须合拍。开头一句"喝得机关没经费"因为得了[ei]韵为脚，且是四拍，所以，对下文的制约是，（1）以下所有的韵脚必须是[ei]，果然，"费""胃""睡""会""对"是押了同一个韵；（2）以下各句最好是四小节（四拍），每一小节两个字合成一拍（×为半个强拍，0为半个弱拍），最后一拍让一个字占去。为了共占时相等，最后那一个字（一拍）的时间要拖够。即如：

×0　|××|　××|　×—|
喝得　机关　没经　费
喝得　伤肝　又伤　胃
喝得　老婆　分开　睡
喝得　告到　纪委　会

果然，以下各句都是四小节共四拍，虽然最后一句（纪委|说|能喝|不喝|也不|对|）六小节共六拍，因为是偶数拍，听起来还是觉得流畅与和谐。

又一例：

马辉之：你会整炖鸡吗？
老　任：整猪羊我都会炖。[1]

上文问话"你会整炖鸡吗？"对下文答话有什么限制呢？马的注意焦点显然在"整炖鸡"的"整××"上，必须是"整"，拿上桌面才好看。老任听懂了这个意图，所以，老任的答句必须相关，即首先以"整××"做话题，放在句首，然后再加以陈述。现在的答话正是将"整××"放在句首做话题的，于是才有了"整猪羊我都会炖"这样的主谓谓语句。全句主语

---

[1] 本书第二版作者标注：本段选自赵清学于1994年创作的《公仆与导师》一文。但因年代久远，且原书遗失，故收录此文的书名和页码不详。——编辑按

（大主语）是受事"整猪羊"，作谓语的主谓词组中的主语（小主语）是施事"我"。全句语义关系是：受事‖施事—动作。

上下文不仅影响句式，还影响语篇格式的形成。例如：《美学语言学》第五章（第 305 页）讨论求美律时，记录了一个实例。毛泽东领着部队转战陕北时，有天夜里住进田次湾，房东大嫂不安地一再说："这窑洞太小了，地方太小了，对不住首长了。"毛泽东依着大嫂的节律喃喃着："我们队伍太多了，人马太多了，对不住大嫂了。"说得大嫂和战士们哈哈大笑起来。作者写道："我们感兴趣的是，什么东西使毛泽东依着大嫂说话的节律发话？答案是，言语求美律驱动。"

这里，我们换个角度，从语境对句式和语篇的限制和影响看问题，就会发现，是大嫂发话的语篇样式引发（不是强迫）或者说影响了毛泽东说话的语篇样式。

引发语篇：这……太小了，……太小了，对不住……了。

跟进语篇：我们……太多了，……太多了，对不住……了。

跟进语篇的人，或为了审美的目的（如本例），或受语用目的（针对发话人的问题或注意中心或说话焦点）牵制，有时使自己的语篇模式与引发语篇大致一样起来。不管目的或原因有什么不同，后面语篇受前面语篇影响的结果却是一样的。

语言性语境影响语篇又一例：

语境：谢军卫冕战（挑战者苏姗）中，有一次下完棋，回到房间里。

江川：怎么不吃象跟她交换呢？

谢军：那变化太复杂啦，我怎么也看不清楚。我担心接下来对冲边兵，H 兵会比她慢。

江川：变化是复杂，但是对冲兵，你就有机会了，她的兵没你的快。

（《羊城晚报》，1996 年 2 月 15 日）

谢军的语篇，以"那变化太复杂啦"为开始。江川明白，谢军担心的就是这一点，于是自己的语篇也以"变化是复杂"领头来反驳她。也就是说，是谢军的语篇格式牵制了江川的语篇格式。

这里讲语境对语言符号使用（说与写）的限制，表现在语音、句式和语篇格式的限制与影响上。我们会发现，这样的限制与影响在日常生活中是非常普遍的。不能说这种限制与影响是消极的。无所谓消极与积极。因为谁也没有感受到这种限制与影响的不便，更谈不上有什么消极后果。

3. 语境对说话人的干涉

这是换了一个角度。上面说的是语境对语言符号的干涉，当然事实上也是对说话人的干涉。下面从说话人的角度看问题，语境对说话人提出什么要求呢？

语境对说话人有着特殊的要求。这些要求如不被说话人满足，就要犯语用错误，这等于是语境对说话人的干涉。

（1）如要隐略某些话语成分，说话人必须提供前提即语境。比如，某说话人在说出"第三阶段应是知识"之前，必须提供上文，否则，听话人无法猜出"知识"后面省略了什么。上文是："未来学家托夫勒预言人类的三阶段，第一个阶段是暴力统治世界，第二阶段是财富统治世界。"从这个前提语境里，我们知道说话人在"知识"之后省略了"统治世界"。

（2）语境要求说话人根据对象决定自己的言语行为或语用策略。用雅词问少儿，用儿语问老人，都是一种"傻冒"的言语行为——不得体。这样的例子举不胜举。

（3）语境要求注意对话的场合。在科学会堂里出口就是一串俏皮话儿，怎么样？在课堂上教学生学习夫妻之间互敬互爱的话语，如何？

（4）语境要求注意对话的语调与语气。说出赞同的命题把声音拉长，叙述紧迫的过程用阴阳怪气的语调，回答师长的问题使出漫不经心的腔调，都是导致交际失败的重要因素。语调是发出意向含义的重要手段（参见第三章第五节）。语调与语气都是生命的迹象，生命意识，本书作者曾在拙著《美学语言学》的第62页指出，从言语的生命意识看两个动态平衡结构的吻合，此处不再赘述。

第二节 语言符号的局限邀请语境介入

在讨论语境干涉话语之前，我们早就有一个问题要问：语言符号何以要求语境介入呢？

一、语言符号是有局限的

《语言符号的局限与语用学》一文（钱冠连，1991c）曾指出，语言符号使人类从狭隘的直接感知的圈子里解放出来。人类使用它时觉得得心应手，应付裕如。"看到"事实上看不到的风光，"听到"事实上听不到的声响。不知道原子分裂的人，用心地研读了相关著作或听了学术报告之后，也或多或少地了解了原子分裂的原理与过程。于是，在听过活灵活现的讲述和读过鞭辟入里的描写之后，我们就产生了误解：语言符号的认知和表达功能是无边无垠的。

事实上，语言符号的作用是有限的。认真地一想，几乎人人都能发现它的脆弱与无能。从感觉上来说，证明这一点的实际例子不难找到。收听广播员的海浪报告，不看电视屏幕上的卫星云图，恐怕找不准海面安全区。学生听教师有关月亮表面的长篇讲解，还得辅之以高倍望远镜观察实际的月面。向问路人讲解城市街巷路线的人，没有不用手势比划来比划去的。这一切说明了什么？要是没有卫星云图、实际的月面和手势这三种非语言符号参与语言活动，发生交际误差或认知不全，是无疑的。可见，语言符号的表达和认知功能不是万能的、无限的，而是有缺陷、有限度的。

上述三例中，卫星云图、实际月面和比划的手势，前两者是语境显现部分的符号的介入，说得准确些，是交际活动邀请它介入。后者（手的比划）是附着于人的符号，这个问题留到第三章去讨论。

1. 从理论上，我们可以"数落"一下语言的缺陷

第一，客观世界进入语言世界时，都被打了折扣。客观世界的存在是共时的、多维的。可是一进入语言世界，即被语言描写时，却只能以历时的、单维的面貌出现。如人民大会堂，在一个瞬间之内，它的前后左右上下内外是同时存在的，而且它是三维，即立体的。可是，一旦被人说出来，由于语言的线性，一个音节只能跟着另外一个音节依次说出，先说它的前面,再说它的后面,再说……直到最后一面,反正不能一个瞬间说出它的全部。如果一个事件(比如唐山大地震)要被人说出来,其疏漏更是难以估计了。这是语言状物、叙事的无能。

第二,**语言符号有限,不可能与极为丰富多彩的世界一一对应**。简单地说,语言符号不够用。在这种情况下,中国人常说"词不达意""千言万语也表不尽""只可意会,不可言传""难以用言辞表达""这样说也是挂一漏万"等口头禅,就是语言局限的元语言证据。特别是"挂一漏万"之说恰到好处地"暴露"了语言内部的疏漏与空白,说出来的是"一","漏"掉的是"万"。这是不是某一个人的语言能力有限呢?不是,或者说大多数情况不是由于说话人的语言能力问题。语言本身就不够用!语用学就在这儿找到了一个切入口。

第三,**语言总是落后于现实**。新的事物几乎每时每刻都在出现,语言中的新的与之相应的表达却不可能立即跟上。

第四,**人类情感世界进入语言世界时,受到更多的亏损**。以爱而言,真是一封情书一个样,一首情诗一个样,道不清,说不明。恨呢,那是把五脏六腑搜寻翻倒一个遍,也是不能说它一个万一的。真可谓"意翻空而易奇,言征实而难巧"(刘勰)。这便是语言传情、说理的无能。

2. 刘勰等人(《文心雕龙》)对于语言局限的描述

"神思第二十六":"是以意授于思,言授于意,密则无际,疏则千里。或理在方寸而求之域表,或义在咫尺而思隔山河。"心里想的化为文思,文思化为语言,贴切时天衣无缝,疏漏时便相差千里。自己心里的道理却到国外去搜寻,意思看来就像在眼前,却又像远在山河之外。这说的是言不逮意。"至于思表纤旨,文外曲致,言所不追,笔固知止。"文思以外的细微意旨,文辞以外的曲折情趣,语言是难以说明的,笔墨也难以表达。这说的是言不逮意。"暨乎篇成,半折心始。"写成文章的东西实际上打了个对折。可见言只及半,距离大得很。"夸饰第三十七":"神道难摹,精言不能追其极。"神奇的道理难以描摹(抽象的道理),精美的语言也不能写出它的极妙之处。这还是说的言不逮意。"序志第五十":"但言不尽意,圣人所难。"语言不能把用意完全表达尽净,圣人也难以做到这一步。很清楚,这说的是言不尽意。

钱钟书对语言与思想之间的距离，有精彩的描述（《钱钟书论学文选》，第三卷第十六篇）。"作者每病其（语言文字）传情、说理、状物、述事，未能无欠无余，恰如人意中之所欲出。务致密则苦其粗疏，钩深赜又嫌其浮泛；怪其粘着欠灵活者有之，恶其暧昧不清明者有之。……语文之于心志，为之役而亦为之累焉。"这一段说语言文字的"粗疏"和"浮泛"，既不能"致密"又不能"钩深赜"，中外古今哲人学者对其无可奈何之状以至如斯："不能不用语言文字，而复不愿用、不敢用抑且不屑用，或更张焉，或摈弃焉，初非一家之私忧过计，无庸少见多怪也。……哲学家湛明如黑格尔，矫激如尼采之流，或病语文宣示心蕴**既过又不及**，或鄙语文乃为可落言诠之凡庸事物而设，故'开口便俗'，亦其舍旃。既较能践实平心者，亦每鉴于语文之**惑乱心目**，告诫谆谆……词章之士以语文为专门本分，托命安身，而叹恨其**不足以宣心写妙者**，又比比焉。"（黑体为引者所设）还有好多大学者"求全责善，啧有烦言"责备语文的例子，这里暂且略去，不过钱先生说："以见责备语文，实繁有徒。"钱先生本人对语言文字的效用有多大的问题，从下面这段话看，还是作出了明白的回答："巧构形似，广设譬喻，有如司空图以还撰《诗品》者之所为，纵极描摹刻画之功，仅收影响模糊之效，终不获使他人闻见亲切。是以或云诗文品藻只是绕不可言传者而盘旋，亦差同'不知其名'，而'强为之名'矣！"把诗文品藻比之于笨拙的鸟儿，老是围绕着"不可言传"的事物鸣叫盘旋，这至少是肯定了有"不可言传者"。这不正是说了语言符号的局限吗？

《管锥编：五四雨无正》："韵语既困羁绊而难纵放，苦绳检而乏回旋，命笔时每恨意溢于句，字出乎韵，即非同狱囚之银铛，亦类旅人收拾行滕，物多箧小，安纳孔艰。无已，'上字而抑下，中词而出外'（《文心雕龙：定势》）譬诸置履加冠，削足适履。曲尚容衬字，……诗、词无此方便，必于窘迫中矫揉料理。故歇后、倒装，科以'文字之本'，不通欠顺，而在诗词中熟见习闻，安焉若素。此无他，笔、舌、韵、散之'语法程度'，各自不同，韵文视散文得以宽限减等尔。"这里，我们撇开韵与散的区别不论，仅看笔与舌的区别。笔，就是书面语；舌，就是口语。口语是即时生成，时有错误发生（也可以即时修正），当然就更容易发现语言的局限性了。

3. 语言应付不了禅宗的传承手段

禅宗不靠语言与文字立（宗）与传（宗）。这种情况一方面是说，言语应付不了禅宗的传承手段;另一方面是说,禅宗的性质不须在(或者说主要不须在)言语与文字上立与传。

先说"不立文字"。实际上是主要不依靠文字与言语。

再说"教外别传"。"别传"就是特别的传承手段。如棒打。有一个禅僧问首山省念禅师说:"临济喝,德山棒,究竟代表什么意思?"首山说:"你试试看。"于是,那名禅僧就一喝。首山骂:"瞎子。"禅僧再一喝,首山说道:"你混瞎子,成何体统!"那位禅僧听了,立刻向首山礼拜。首山就打了一个正着。最后是打解决问题。打使禅僧省悟。

三说"直指人心"。既然禅门对话中,言语起不了很大的作用,便大规模地邀请语境对说话人干涉。罗汉桂琛禅师看见一个和尚走来,便竖起拂尘(掸除灰尘的东西)。和尚一见,作礼赞叹:"谢谢和尚指示。"和尚根据什么东西判断就谢谢桂琛?拂尘与竖起拂尘。前者是语境中的自在物,后者(竖起拂尘)却是一种象征性的符号:扫除心中乌云。又如,崔相国走入大殿,看见一只小鸟在佛像头上拉屎,于是问如会禅师:"一切众生都有佛性,为什么这只鸟在佛头上拉屎?"如会答:"你放心,它再怎么也不会到鹞子头上拉屎。"崔相国是根据"一只小鸟在佛像头上拉屎"这一语境提出挑战的。如会根据这一语境说的那番话暗示:小鸟在佛头上拉屎,是习性使然,也是小鸟的佛性显现。小鸟不会到鹞子头上拉屎,是怕其杀害,也是佛性具体而微的表现。佛前挂着的一个破竹帘、在风中飘动的幡,都可以作为语境中的自在物干涉禅师之间的谈话。

4.《庄子》关于语言局限性的看法

先秦文学中的瑰丽之作《庄子》,没有对语言局限问题作过直接的论述,但其间的故事却接触到了这一点。

桓公读书于堂上,轮扁斫轮[削木制轮]于堂下,释椎凿而上,问桓公曰:"敢问,公之所读者何言邪?"公曰:"圣人之言也。"曰:"圣人在乎?"公曰:"已死矣。"曰:"然则君之所读者,古人之糟粕已夫!"桓公曰:"寡人读书,轮人[制轮的工匠]安得议乎!有说[能作出解释]则可,无说则死[处死]。"轮扁曰:"臣也以臣之事观之。斫轮,徐则甘而不坚[榫头造得宽就松滑而不坚固],疾则苦而不入[造得太紧就涩滞怎么装也装不上去]。不徐不疾,得之于手而应于心,口不能言,有数存焉于其间[分寸心中有数]。臣不能以喻臣之子，臣之子亦不能受之于臣，是以[正因为如此我才不得不]行年七十而老斫轮。古之人与其不可传[不能以言传的精华]也死矣，然则君之所读者，古人之糟粕已夫！"（《天道》）

这故事实际上有两个不可传。一是口不应心，以言不能传人（"得之于手而应于心，口不能言"，"臣不能以喻臣之子，臣之子亦不能受之于臣"），二是文字不能全面、准确记录传达出"得之于手而应于心"的经验与感受。庄子在这两个问题上并未分开。很明显，我们不能同意这一看法。因为科学史已经证实了：古代的经验的精华是可以记录并传承下来的。否则，世界科学技术到不了今天这个样子。但是，若断言庄子说得全错，也是过分了。我们能接受的只是：**言传也罢，文录也罢，都能而不万能、万全矣。**

二、语言符号的这种局限性从何而来

"语言符号在表达认知内容时，具有粒散性的特点，如果我们要用语言来勾画一个未知事物，只能得到一个疏略的框架，这个框架的颗粒是很大的。单凭语言，我们永远不会知道颗粒以下的细部。"（韩宝育，1987）这是正确的。需要解释的是"颗粒""粒散性"和"颗粒以下"的含义。

"颗粒"是对语言细部的假想。以照片为例，颗粒大的照片模糊，颗粒小的照片清晰。语言有类似的特点。我们说语言颗粒很大，是指纯语言符号提供给我们的世界和意义是很模糊的。世界上任何事物都是由"颗粒"构成的，因而都有一个颗粒大小的问题。本来，纯语言所能提供的图像虽然模糊、粗疏（清晰度以下），但我们感受却很具体、很清晰，如上面所说的海浪形势、月亮表面和城市街道路线就是如此。那是因为我们通过其他符号系统（卫星云图、高倍望远镜和比划的手势）感受到了语言符号所漏掉的内容。"颗粒以下"就是指清晰度以下语言符号所漏掉的内容。语言类似颗粒结构，线性排列中的各个语义点之间，在其前后左右，都有空白，这就是所谓粒散。简言之，**粒散性就是语义点的前后左右的空白关系。**

更需要指出的是，语言符号的线条性也使语言的表达、认知和储存作用局限在一定范围之内。如上述第一点。这样看来，语言符号的局限性不仅是由语言的粒散性造成的，也是由线条性等其他种种因素造成的。

语用学在这种背景下诞生就适得其所了：语言的作用只能限制在一定范围之内，只好用同时发生的非语言符号去补其短。

作为动态语言学的语用学,研究语言符号系统之外的各种符号如何参与言语活动,如何帮助使用人表达自己的认知与思想并理解对方的意图,这是一个方面。另一方面,语用学还研究语言符号在某个语言情景之中获得了什么意义。语用学反映了克服语言符号种种局限的努力。某些语用学原则、准则、策略和课题可以解释为是针对语言符号的局限而建立和展开的。我觉得,这样的判断使我们较清楚地看到语言符号的局限和语用学的关系。

三、语境介入又如何

用语言来勾画一个事物时,只能得到一个疏略的框架、不周全的框架,框架里留下空白太多,疏漏区域太大,据此不能了解一个未知事物的细微部分。语言还有另一方面的缺陷:线性带来的歧义。语境介入又会如何呢?这些缺陷是否会克服呢?

1. 语境填补粗疏

> 语境:夫妻俩在家里忙,一个在厨房忙烹调,一个在客厅里给电视机接天线。过了许久。
> 男(大声,肯定语调):行了,出来了。

什么行了?什么出来了?这话的确太简单,空白太多。旁人不知道的语境是:丈夫接天线忙碌了半天,为的是让电视图像出来。不需要旁人知道,他们夫妻知道,这就行了。

2. 语境补充指示语的含义

指示语是一些不能单用语义学的真假条件衡量的词语。它们的意义或然性太多,留下的空白太多,不细致、不周全,但语境却能使它们的或然性变成定然。国外语用学界有人将指示语纳入语用学的课题之一,就是为了弥补人称、时间、地点、话语、社交五类指示语的或然性太多这一缺陷的。

> 语境:一位医生指着宋朝王惟一发明的针灸经络铜人像对实习的年轻医生讲解经络的运行路线。

医生：……大肠经从这里起，……（手指头画线）经过这里，……再到这里，……走这条，……然后终止于那里。

学生不愁听不懂医生话里的"这里""这条"与"那里"，因为他们可清晰地看到另外的符号系统（经络铜人的经络线路也是一种符号）来旁证：大肠经脉循行线从食指端侧面的商阳穴开始，经过合谷，然后沿着前臂、上臂的外侧上肩，再经过颈部到面颊，止于对侧鼻的外侧迎香穴。

3. 语境创造了话语的前提

前提有一点最重要的性质，是它的共知性（mutual knowledge）。人们对前提往往是只字不提的，话语留下的空白自有共知去填补。下面各例中甲的话都异常简单，用中国老百姓的话说就是"无头无脑"，但听话人乙却照听不误，准确地抓住并说出了甲的言外之意。甲对乙的理解力也全无怀疑。

语境：（共知的前提）久雨，衣服长霉了。
甲：出太阳了。
乙：对，可以晒衣服了。

语境：（共知的前提）两个朋友认为雨天游西湖最有情趣，并从气象预报中得知次日是雨天，遂打算去西湖。可是，次日晨却出了太阳。
甲：出太阳了。
乙：你也担心计划吹了。

语境：（共知的前提）广州有两人得知科氏在长江三峡上走钢丝，但在预定的前一天下雨，他们为此担心。第二天却阳光明媚。
甲（雀跃）：出太阳了。
乙：你以为没问题了？三峡那边不一定是晴天。

请看始发语是何等粗略！甲对前提一字不吭，乙应答却总是贴切，说出了甲意中有嘴上无的话。原因在于共知的前提（语境）参与了谈话，是双方已知的信息。我们知道，国外将前提也当成一个课题来研究，自有一定道理。现在,我们看到了,前提能弥补语言的粗略。单凭语言符号不能解释为什么粗疏的引发语却能引起相关程度极高的应答语,考虑了前提的补偿作用,解释就不难了。

> 语境:冉有问子贡,孔子是否赞赏卫君的为人。子贡去当面向孔子请教此事。
> 冉有曰:夫子为 [赞成] 卫君乎?
> 子贡曰:诺;吾将问之。
> 入,曰:伯夷、叔齐何人也?
> 曰:古之贤人也。
> 曰:怨 [怨悔] 乎?
> 曰:求仁而得仁,又何怨?
> 出,曰:夫子不为 [不赞成卫君] 也。
>
> (杨伯峻译注,1980:70)

对话中,第一个大的断裂点是"怨乎?"这一问,问得不接前言。为什么而怨悔?伯夷、叔齐两人互相推让,都不肯做孤竹国的国君,结果都跑到国外,子贡问的是他们后悔不后悔。第二个大的断裂点是结论"夫子不为(卫君)也"。怎么一下子从伯夷、叔齐那里跳到赞成不赞成卫君呢?卫君,指卫国的出公辄。辄是卫灵公之孙,也是太子蒯聩之子。太子蒯聩得罪了卫灵公的夫人南子,逃往晋国。灵公死,朝廷越过了在外的太子蒯聩,立在国内的孙子辄为君。晋国的赵简子又把蒯聩送回,藉以侵略卫国。卫国抵抗晋兵,自然也拒绝了蒯聩的回国。从蒯聩和辄是父子关系看来,似乎是父子争夺卫君的位置,和伯夷、叔齐兄弟的互相推让君位形成对照。孔子赞美伯夷、叔齐,自然就是不赞成出公辄了。

现代人读不懂这两处,原因是得不到当时的社会语境的帮助。可以推断的是,当时的听话人却能及时得到当时的社会语境的帮助。这说明当时的社会语境对当时话语理解的制约并不具有消极意义。

4. 语境解释了隐性行事性语句(施为句)

什么是行事性语句(又可称施为句,performative,是英国奥斯汀的言语行为理论的术语)?有些语句具有行事能力。就是用说话来实施警告、宣告、发誓、许诺、邀请、命令等行为。行事语句同陈述性语句的区别在于,后者只是断言某事物是什么或者不是什么，如"这是一条狗"，判断什么是什么；"这里有一条狗"，陈述什么地方有什么。有些句子，如"我答应……""我命令……""我邀请……""我提醒你，这里有狗"包含着明显的行事性动词，即"答应""提醒"等，这是外显性行事语句。"这里有狗！"句中并没有明显的行事性动词，但是，它说出来就是实施提醒或警告行为。这样的句子可以叫作隐性行事性语句。"我要扣你奖金"是威胁，"我下午三点到"是许诺，"你团必须于明晨三时赶到 330 高地"是命令，虽然这些语句里并没有外显的"（我）威胁""（我）答应"和"（我）命令"这样的行事性动词。

问题是，有些隐性的行事性语句，在没有说出行事性动词的情况下，并不那么容易区分。这个时候，语境就出来帮忙了。"我要到场"是个粗略的不周全的陈述，是个陈述句。可是这当真是在陈述吗？还是要施行什么别的行为呢？如果是后者，那么它实施了什么行为呢？这得有赖语境决定。若说话人面带微笑，抬起手腕看表（附着于人的符号），再考虑当时发生的事件与说话人的态度（如为某工程剪彩。剪彩在说话时只能算作隐性语境，看不见），听话人即可断定这个陈述句实际上施行了一个"许诺"行为，相当于行事性语句："我答应，我要到场。"如果说话人面色严峻，手指恶狠狠点着对方的鼻子（附着符号），再考虑当时情况，说话人如不去监督，听话人就会采取不良行为（如考试作弊。考试作弊在说话时也只能算作隐性语境），那句话实际上施行了一个"警告"行为，相当于行事性语句："我警告你们，我要到场。"我们已经看到，帮助解释这个隐性施为句的真正行为的是笑脸与恶脸、抬手腕看表与手指鼻子这些附着符号束和隐性语境。这些符号是使非常粗略的"我要到场"丰满起来的语外符号，即"一种模式、一种语言的言语、一种有意义形式的内容的现实化"（参看 R. 巴特，《符号学美学》）。语境就这样帮助破解了隐性行事性语句。

于是我们发现，某些语用学专家之所以将言语行为当作语用学研究的课题之一，正好是针对了语言的局限性：单凭话语本身不能准确地从"言之所述"判断出"言之所为"或"言后之果"。

5. 会话含义也在语境上推导出来

说话中的疏漏、话不对题、前后矛盾，有了语境，也可以容易地得到补偿与澄清。

《中国青年报》（1990 年某日）上一篇报道有这样一句话："世界上最长

寿的人是中国湖北沙市 35 岁的李亚飞。"怎么会有这样的怪事呢？要知道 35 岁与长寿是不相容的。两项（长寿与 35 岁）中总有一项是荒谬的。那么解开这个结子靠语境。下文是这样展开的："这个李亚飞……从水中救了 30 个人的生命，俗云，救人一命，延年益寿，30 条生命的延续，你说李亚飞的寿命有多长呢？"这可算作是语用学研究的典型案例，本书各处多有讨论，此处不必再详。

四、语境克服线性造成的语言局限

上面已经说过，人们说话时，一个瞬间能且仅能吐出一个音节，而说出的一句话（一串音），能且仅能按时间的先后一个音节接一个音节（一个词接一个词）地发出并进入听觉系统，不可能一个瞬间立体式地吐出两个音节来。线性的两个最重要的特征，一是它的连续性，二是它的快速消失。问题就这样出来了：这样说出来的话有时候就会有歧义，线性歧义。线性歧义当然有它积极的方面，如获得多彩的修辞效果。可是引起的交际误解又不容忽视。

第一，上下文、上下语排除歧义，许多语法书都讲过，故例略。

第二，借助非语言符号系统如逻辑、常理等校正歧义，如"一壶酒喝了一桌子人"，说汉语的中国人，谁也不会把"一壶酒"当成施事，把"一桌子人"当成受事。因为这样就会产生与常理相违的陈述——"一壶酒喝下了一桌子人"。虽然按线性的排列施事"一壶酒"在前，受事"一桌子人"在最后，理解起来却不会颠倒。但类似的陈述如不进入语境（如不由零语境句变为语境句，下见本章第五节），就很难说是语用学问题。这样的例子在语法中多有涉及，此处不再赘述。

第三，语境无法消除的歧义。对于这个问题，语用学有一个看来无可奈何实则正确的回答：有些说法的歧义无法消除，这正是制造者的目的。

如算命先生制造的"父在母先亡"，就是这样滑稽的"全有理"。不管谁先亡，他总是说得对。深层结构之一是：父在世，母先亡。深层结构之二是：父在母之先亡。第二个深层结构的树形图如下：

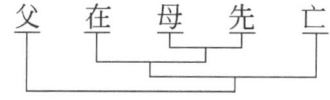

五、小结

虽然某些语用学原则、准则、范畴和课题是针对语言符号的局限而建立和展开的,但人们不能由此推断:所有的语用学原理、准则、范畴和课题都有这种针对性。事实正是这样。比如,所谓合作原则里有一条准则——要简练,并非针对语言的冗余性而提出。理由很简单:(1)冗余性并非一定是语言的缺陷,无须补救;(2)语用学的研究并不能将语言符号的局限问题全部化解掉,另一方面,语用学有更广阔的包容性,有它自己独特的研究对象,不一定处处要和语言局限问题纠缠。

关于语言符号局限性邀请语境介入的问题,我们可以有这样几点认识:

1. 如何从克服语言局限的努力中看到语用学的动态性质

语言符号只有在使用中才能获得伴生的非语言符号系统和语言情景,才能借以克服语言符号的局限。这是语用学动态性质的根据之一。也就是说,**语言符号不处在使用中就不会获得这些伴生的非语言的符号和话语情景**。只有在说话中,才能产生与话语和谐一致的附着符号(面相、手势、姿态、距离和眼神)。话语说出来才和面相等产生相关效果。常识、逻辑、语境(话前行为和话语情景)虽是客观存在,但并非客观存在就和语言符号具有随时随地的相关性。客观存在的广阔的社会背景本身并不是话语情景,只是在它面前有语言符号"流动"(使用起来)时,它才能变成话语情景。没有语符流动经过它面前,它只能是一般意义的社会背景。这就好比,当某人或某物进入蓝色幕布的范围之前,幕布就不能算作某人或某物的背景。

2. 语言符号出自具体的人之口才获得那个人的意图、那个人的言语行为,孤立的、没有被某个人使用的语符,永远也不会获得个人意图和言语行为,这是语用学动态性的依据之二

在某时某地某景,甲说:"我是不抽烟的。"他的听话人在各种非语言符号的参照下,对甲的这句话可作如下的含义推测:

"这个烟头根本不是我丢下的。"

"我怎么知道这个牌子俏不俏?"

"请你别对我宣传抽烟之害。"

"我正是你要找的好丈夫。"

"我怎么知道你一个月的抽烟花销多大？"

……

如果不是从某人的口中讲出来，"我是不抽烟的"可能拥有的五彩缤纷的会话含义荡然无存，它只是"我是不抽烟的"话面意义。

这里留下一个并非题外的疑问：接受、储存某个认知内容时，若通过非语言符号——如通过舌头感知的臭腐乳的味道，通过皮肤神经感知的触电感觉——传递这些内容给别人（口说与书写）时，须将它转换成语言符号，这个转换过程中，有许多或者大部分的味道和感觉会丢失，觉得它们"只可意会，不可言传"。作者姑且称之为"**换码亏损**"（本书还要在第五章第七节再次提及）。这个"换码亏损"说到底就是语言符号局限的问题。

第二节 在语境上操作的语用推理

一、上下语作为语境对话语干涉的几个例子

在语境上操作的推理，仅是语境干涉话语的形式之一。

> 语境：某日，哲人老康[即祝振华，美国哥太大学指导教授、《读者文摘》特约翻译家]在一条小路上遇到三名高中女学生，请她们让路，说："小朋友，请借光。"女学生齐声说："不小了！"老康回程又遇见她们仍在小路上聊天。
> 老康：老朋友，请借光！
> 学生（齐声）：还没有老！（佯装不满的腔调）
> （摘自老康致本书作者的信，1995）

老康由"小朋友"改口为"老朋友"，是考虑到前一回的"失误"（其实只是女学生佯装不容忍）。这就是上语在起作用。在上语中，老康用对幼儿的称呼来称呼高中生是暗示自己对年轻人的喜爱与好意，这一点暗示，女学生是明白的。口头上齐呼"不小了"，并非不容忍，而是一种好意的调侃。后一回对话中，女学生也正是考虑到前一回对话中老康用了"小"碰了壁，这次才改口为"老"，并非真正因为她们年龄到了老的程度，所以才调皮地以佯怒的腔调"提出抗议"。这也是上语发生了影响，即发生了干涉。

语境：(在后面交代，问题就出在这里)
信件中所附题词：

云溪沙龙

谈天说地

讲古论今

学贯中西

云溪人雅属

老康敬赠
乙亥，初冬

　　信件题词是写给本书作者的，而小可居然一点也不明白，何来"云溪"？谁"谈天说地、讲古论今、学贯中西"？"云溪人"是谁？是鄙人吗？不敢。是老康自称吗？不会。因为明明是应"云溪人"之属而写的。理应是指敝姓的。但鄙人从来没有以"云溪人"自称过。敝姓既不敢独美自赏，便立即去信请教。直到题词人将一讲座的海报（在下虽听过演讲却没有看见过海报）复印件寄回，才全盘皆通。海报上写"广东外语外贸大学语言研究所、团委、云溪沙龙联合推出哲人老康演讲会"。现在，有了作为上文的海报"云溪沙龙"干涉，全部题词意思方一览无余，问题才迎刃而解。云溪人既不是老康自称，也不是指鄙人一人矣。有了"广东外语外贸大学"干涉，"学贯中西"的"西"影射的什么，才活突而出。此前看不懂，是因为我没看过这张海报，就是说，缺少了上文干涉。

　　显性的，可见的现场，如地点、对象、场合、自在物体、意外出现的人或物、自然环境作为语境对话语的干涉，是怎样的情形呢？

语境：赵清学在解放战争时期某一日，拿来一袋馒头干，给
　　　上司马辉之充饥。
马：我不需要，给学兵连送去。
赵：就这么一袋。
马：我晓得！
赵：这可是在最困难关头。
马：越是在困难的关头，越是要想到战士，想到他人。[1]

1　本书第二版作者标注：本段选自赵清学于1994年创作的作品。但因年代久远，且原书遗失，故作品名与出处不详。——编辑按

其会话含义，从"就这么一袋"起按顺序是："不能送"——"应该送"——"更不能送"——"更应该送"。问题是，他们的谈话中，自始至终未提及"馒头"两字，未提及不需要什么、送走什么，但双方心里都有数。这里有现场的"一袋馒头干"作为自在之物对语境发生了干涉作用。

现在我们举出禅门公案中可见的现场对话语的干涉。

六祖慧能见二僧辩论是风在动还是幡在风中动，便说："既非风动，亦非幡动，是你们的心动。"六祖是暗示：风动任他风动，幡动任他幡动，我心自不动，否则就被外境所转了。这里的语境是可见的现场：幡在风中动。

又例如，有一位僧人问慧忠国师："本身的卢遮那（法身）佛是什么？"慧忠说："你把那边的水缸拿过来。"僧人把水缸拿了过来。慧忠又对那位僧人说："放回原来的地方去。"僧人照办之后问同样的问题："本身的卢遮那佛是什么？"慧忠答："古佛过去矣。"这里的语境是自在物体——水缸。其实水缸是随手拈来，慧忠是要僧人在取、放过程中来感受那个接受指挥的东西就是法身。

上二例中，幡在风中动，水缸搬来挪去，都是可见的语境，由于有了它们的帮助，话语的意思才是可解的。

隐性的、不可见的背景，如社会文化、风俗习惯、行为准则、价值观念、历史事件作为语境对话语的干涉。

> 语境：1995年10月20日之前的几天，广州股市下跌。
> 报纸题目：**又值连江雨　一褐拥秋寒**
> ——深圳股市日评
> （《羊城晚报》，1995年10月20日）

不在广州股票市场打滚的人，就不会知晓相关的历史情况、历史事件——虽则过去了，但历史事件（比如股市下跌）会帮助读者看懂题目，否则，面对这两句话会木然。

二、推理可以在语境上操作

由于信息推导实际上是受话人对语境的自觉或不自觉的搜索或寻找过程，假如我们认定任何话语都是相关的话，对语言所载信息的超载部分的推导实际上应是一种受话者的语境搜索过程。推理并非全部都会集中在语境上操作，但符号（话语或文字）和信息处理确实应该分开：符号是规约体系，供信息处理使用，推理却在语境上操作。

如果不要语境，看广州日报的标题（1995年10月25日）"这是哥伦比亚队？"你无法理解这是真疑问，还是怀疑或者是否定的间接行为。语境是历史事件：1994年第15届世界杯足球外围赛，哥伦比亚队以5:0狂胜阿根廷队，在世界足坛中排名第13位。何以1995年10月24日广东宏远队能以1:0胜哥伦比亚队？观察在前后几天的赛事中哥伦比亚队的表现，说明哥伦比亚队没有踢出本来的水平，否定了从前的自己。明白这一历史事件的读者，其推理过程是在语境上进行的；推不出这个结论的读者，也必是对这段足球赛史不知道，就无法在语境上操作了。

会话中说话人与听话人一般是处在同一时空（除非打电话），互为对象的双方都能看见。语境中的显性部分——对象，成为推理操作可以借鉴的重要手段之一。这时，对象就变为可供推理的语境了。

  语境：1962年，陶铸和胡乔木到中山大学去看望陈寅恪。陈
     正为一论著得不到出版而一筹莫展。
  陈：……盖棺有期，出版无日。

（葛兆光，1993）

陈寅恪（为一方）与陶铸和胡乔木（为另一方）互为对象。推理过程中的双方：首先是陈，在这样的对象——拥有解决出版问题的地位与权力的对象——面前谈"出版无日"，这就是在暗示请求陶与胡援手。如果在别的对象面前谈此类问题，是纯粹的空发牢骚。然后是陶与胡，他们也会悟出，陈这样的人，学高八斗，"曾得到两党政府要人的殷勤探望和多方亲顾"，不会轻易叫苦，现在却在他们面前如此说道，一定是困厄于论著无人敢出，求告无门，道出了一种死期有日，出版无期的悲哀。陶与胡明白，陈所说，意在向他们请求帮助出版著作。在这个会话过程中，双方都在看对象而推理。

听话人与说话人不在同一空间，即通信交际。听话人更需要在隐性语境（如双方的历史遭遇、共同经历、脾性、关系）上推理了。

  语境：1970年，红学专家俞平伯在河南干校给其子俞润民写
     信。俞平伯的历史遭遇，其子是清楚的。信件有云：

第二章 语境干涉

"……1970年9月25日,上午连部领导人前来看我,态度还好……1970年11月1日,有宣传队某同志和连部领导人王保生来看我们。宣传队态度很和气……1970年11月20日,宣传队的同志和连部王保生又来访谈,态度和蔼,仍未谈到我的问题,只对我们生活表示关切。"[1]

其子俞润民要推出这三个"态度……"的含义,即读出多于话语字面的含义,就必须靠对其父遭遇的了解,即在隐性语境上的推理操作。

可是,推理不仅靠语境,有时还要有其他因素参与。比如下例中,问话人(陈毅)信息量不足(违反量准则),措辞不明(违反方式准则),王淦昌是根据什么回答出了相关的话语的?

> 语境:中国第一颗原子弹爆炸之前的某年某日,陈毅和王淦昌在广东从化温泉相遇。
> 陈毅(紧握拳头):你那个东西什么时候响呀?
> 王淦昌(笑):再过一年。[2]

"那个东西"信息量不足,没有直接点明是什么东西,但答话人推理准确,靠的是什么?第一个因素是语境。一个是外交部部长,一个是领导原子弹工程的专家,谁干什么,谁关心什么,大家心中有数。这是语境中的历史事件。陈毅有感于外交必须靠强大的国防支持,很有可能在面见原子弹专家时问及原子弹。这仅仅是"可能"而已。而且,向王淦昌问话的人不能老是问原子弹如何如何,陈毅也不能永远只是对外交力量是否强大感兴趣。这时,单靠语境不能解释话语的意图。那么,就要靠其他的因素了。这时,问话人"紧握拳头",这是附着符号束(面相身势)的参与,紧握拳头具有了符号意义,象征"强大力量"。再加上语言语境中有"响"这个词汇手段,它的语用含义是"爆炸"。在两个层次上推理,王淦昌的回答才与话题相关。关于附着符号束的参与,请参考第三章。

有时,语境还要和智力干涉相结合,才能有效地推理。这在第四章讨论。

---

1 本书第二版作者标注:本段选自孙玉容1994年创作的作品。但因年代久远,且原书遗失,故作品名与出处不详。——编辑按
2 本书第二版作者标注:本段选自苏宁1994年创作的《中国原子科学的群体的灵魂》。但因年代久远,且原书遗失,故页码不详。——编辑按

第四节　语境使符号信息量膨胀

一个词语、一个句子和一个语篇都可能在语境中膨胀其意义。

一个词或句子或语篇，在使用中，往往滋生出超过基本意义（指称意义）之外的意义。用惯了的人们并没发觉意义的增加，但确实是增加了。对此，语言学家往往有些过头的论断。弗斯说的"意义取决于搭配"，连基本的词义也取消了。不过确实应该重视语境对一个词语价值的影响。索绪尔说："任何一个词的价值，都决定于它周围的环境，如果不首先考察它的环境，甚至连这个词的价值也不能确定。"这种情形不仅仅发生在词的身上，也发生在句子和语篇那里。

一、一个词所产生的附加信息量

一个词，除指称意义以外，还可能在语境中产生附加信息量。现在我们看看产生附加信息量的一些例子。

"有文凭"：中国改革开放之初，有两个情况推动了考大学、上大学的热潮：一是又重新重视知识分子，将其算为工人阶级一部分；二是干部知识化，到处选有大学文凭的人进入各级领导班子。如果议论某某"有文凭"或者"没有文凭"，就是指某某"有或没有大学文凭，而不是中小学文凭"。注意，现阶段硕士、博士很多，可是议论他们好像不是用"有（没有）文凭"，而是用"拿了（没拿）学位"这样的新的意义膨胀。也就是说，一说谁"拿了学位"，别人就会自动往"拿到硕士或博士学位"这个方向膨胀。这说明，词汇意义扩张是有严格的特定的时代联系，不能按一般的词汇搭配规律去泛化词汇意义的膨胀。

"吃糖"：在一般情况下，"吃糖"就是指进食糖类食品。可是，1949年以后的一段时期，如果有亲朋带笑问某某青年人："什么时候请我们吃糖啊？"就是问什么时候结婚。这和语境有密切关系。那个时代，大陆从南到北，从东到西，除了少数民族以外，办结婚之喜以简朴为德为尚，向亲朋抛几颗水果糖就满可以对付过去了。于是，"吃糖"靠中国文化语境膨胀了它的意义。

"光荣"：中国自解放战争起，解放军战士在一起往往有"要是我光荣了，如何如何"的交代。甚至开玩笑也这样说。它的膨胀意义为"在战场上牺牲"。军人之间或军人对其家属可以说"等我光荣之后……"即"等我在战场上牺牲之后"。非军人没听见这样用过。这说明，词义的膨胀是在一定的语言社团中发生的。

"……中关村"：北京的中关村以高科技出名。其他城市也有类似的一条街，那么，传媒就可能有"某某路是武汉的中关村""某某街是广州的中关村"之类的说法。这里，"中关村"已经膨胀为"科技开发、科技产品相对集中的中心地带"。它的语境是中国改革开放的前一个阶段。

"梅派"：这里的"梅"已不是梅花之意，它扩展为"以梅兰芳为代表的京剧艺术的一个派别"，与"程派""海派"相区别。它的语境是中国文化。

"武大郎"：在中国改革开放之初，特别需要各方面的人才，但是，有些单位的领导，怕别人超过自己，为了保住自己对一个小单位的垄断地位，便不让比自己"高"（有本领）的人进来，并把本单位比自己本领高强的人排挤出去。这样的现象被称为武大郎开店，这样的人称为武大郎。它的意思比原来《水浒传》中武大郎有了新的含义。

"8888.8"：它还有各种变体，多一个8，少一个8，都可以。它利用谐音将意思发展为"发财大吉"。电话号码尽量沾上8。广东有一家企业给"教育百万行"捐款数为88888.88元。它可算修辞手段之一。但只有在特定的语境里产生并使用。

"主席"：这个词曾在中国共产党中央委员们的口中特指为"毛泽东主席"。这也是另一种类型的词义膨胀。同理，一个时期之内，中央委员和中央政府工作人员之中，叫"总理"者必指"周恩来总理"。后来有一段时期发展到老百姓都这样称呼毛泽东了，1977年之后相当长的时期老百姓说"主席都去世多少年了"，绝不是指另外的一个什么团体或协会或会议的主席。又如，在某企业内部之间的人讲话中提及"总经理"（有的干脆称"老总"），一定是指他们自己企业里的某某总经理。

"亲自来……"：亲自来干什么，未进入语境之前，它就是指谁自己而不要别人代替地干了什么事。进入语境之后，意义膨胀为干什么事的人降低了自己的身份，以示礼贤下士，对下级的特别关怀。说这样话的人的真正意图是以此来恭维干什么事的人。所以，在场的第三者听了多有不以为然的感觉。

"百忙之中，……"：进入语境之后，此话多出来的意义也是恭维干什么事情的人地位高、身份显，暗示得到关照的对象要特别记住这一点。

而可能的情况却是，这个干了什么事情的人事实上一点也不忙，甚至无所事事。

"经理"（或者"校长"等）：这种说法可能不是指真正的经理或校长，它们可能是指"副经理"或者"副校长"等。这是中国文化背景中特有的膨胀方法：说的时候先缩短（丢掉"副"字），听的时候再膨胀（加进"副"字）。这样先丢后加，玩的是恭维策略。于是有了麻烦：分不出真正的正副职务了。

还可以举出许多这样的用语，如"熊市""牛市"等。

对这些膨胀了意义的词语，有以下几点讨论：

第一，这些用法是不是省略？这些说法形式上是省略了一部分词语，但看它是不是借省略手法形成新词，取决于它是否等同于原来完整的形式。比如说，"有文凭"看起来是"有大学文凭"的省略，但是，人们为什么不怕这样的省略会造成歧义呢？那一段时期，一谈起某某进了领导班子是因为他有文凭，绝不会指硕士或博士文凭。为什么？那个历史时期（语境），还来不及培养出这些人才。可见这个用法在一开始的时候就并非省略。"吃糖"就更不是省略了。不了解中国文化，或脱离了中国文化这一语境，就永远也无法理解"吃糖"的意义是如何扩张起来的。"光荣"看起来也像是完整形式"光荣牺牲"的省略，但是你不能根据这样的理解去问非军人圈子里的人。说出"焦裕禄光荣于某某年"就太别扭了。我们从没听见把"学生会主席某某来了"简略为"主席来了"，如果有人这样说，那一般是在开玩笑。

第二，这些用法是不是修辞手法？有些确实可以用修辞手法去解释。可以说"武大郎"这类词是比喻手法。"熊市""牛市"也可以说是比喻。但是，这也要在特定的语境中才能这样比喻，而特定语境中的比喻又形成词义的膨胀。"光荣"扩张成"在战场上牺牲"这也许可以说是避讳的说法。不错，这说法在军人之中是避讳。但是，你不能断定这个说法就是避讳词。问题就在于，它只能在军人圈子之中流行，不能在所有的阶层、所有的语言集团、所有的职业层之中需要避讳的时候都用这一个"光荣"。在老人之中，"死"的避讳词是"老了"；在高级干部当中，是"见马克思"。考虑说话人的阶层、语言集团的归属、职业，这就是在考虑语境。这就是说，它的膨胀有严格的语境限定，可见是语境使词语膨胀了它的意义。

第三，这些膨胀是不是转义？"吃糖"是否转义成"结婚"，就看是否能在"结婚"之处代替之。我们不能说"吃糖礼服""吃糖典礼""吃糖仪式开始""我的儿子计划于某某年吃糖"(最多也只能说"我的儿子计划于某某年请人吃糖",这也不得体)。更不能说"光荣"转义成为"牺牲"了。没听见过"有奋斗就会有光荣""光荣这点时间没关系的"。我们更不能说"主席"转义成为"毛泽东主席"。以"武大郎"比喻"一切排挤比自己本领高强的人的单位领导干部"可以,但是,不能到处以前者代替后者。可以单独用"发财大吉"当面恭喜别人,但不好单独用"8888888……"来当面恭喜别人,这说明888888并非已转义成"发财大吉"。用这些东西,必须是在一个特定的环境之内。

第四,这个在使用中产生的附加信息量,是语义学问题,还是语用学问题呢?本书作者认为,凡是在语境的干涉、附着符号束的参与、智力推理参与之下产生的附加信息理应算在语用学里。下面四例中(2)(3)(4)例的"爷",**仅论其符号与所指之间的关系**的话,"爷"绝对没有"大款""善于调侃"和"惯于无耻吹捧"的意义,这些意义的获得只能是在语境的启发之下才能完成。而且可以听出说话人特有的意图。这些问题应该放到语用学里去研究。

(1)这可是一位爷。

(2)这可是位爷,钱多得发愁。

(3)这可是位爷,侃出好几个又长又臭的电视剧,让观众恶心。

(4)这可是位爷,专门在报纸上炮制吹捧文章,制造出"明星"来。

(1)句没下文,"爷"意不明,甚至整句话都成问题。"爷"分别在(2)(3)(4)句里扩展为"款爷""侃爷"和"捧爷"。我们可以发现,语境不充分,就不能使某个词义膨胀。而(2)(3)(4)句才有了语言下文,于是便看出"爷"的膨胀意思来。换句话说,这几个"爷"都超载了,正是语用学发挥作用的场合。上面讨论过的"有文凭""吃糖""梅派""中关村""主席"等都应作如是观。

有没有说话人的意图,往往是辨别是否归属于语用学的重要依据。上至中共中央委员下到全国人民称周恩来为"总理",是有明显的意图的,那便是尊敬。"88888……""光荣""吃糖""梅派""有文凭""中关村"等都有说话人的特殊所指、暗示、愿望，一句话，都有超出语义的个人意图。

第五，这些膨胀了的固定说法不能泛化。如，不能按"有文凭"膨胀为"大学本科毕业生的文凭"的模式，泛化成"一切级别毕业的人的文凭"。

第六，这些膨胀了的固定说法不能超出一定的语言集团。如，"光荣"不能在一切语言集团里代替"牺牲"使用。

二、句子在语境中产生的意义膨胀

> 语境：两个关系不错的女人闲聊。
> 甲：听说你先生给你买了漂亮裙子？
> 乙（嘻地一声笑，不以为然）：太阳从西边出来了。

"太阳从西边出来了"已经不是描写太阳从西边出来了这一事实，而是否认甲的信息真实性，且附带暗示了她丈夫从来没给她买过衣物。语义膨胀了。这是典型的窄式语用学问题。

> 语境：两人闲聊。
> 甲：儿子转业的事弄好了吧？
> 乙：八字还没一撇呢！

乙的回话显然不是指汉字的写法。这是说他该做的事还没真正开始，离完成还远着哩。句子在语境中意义的膨胀，是语用学的正题——"多于话面的含义"。此处不再赘述。

三、语篇在语境中的意义膨胀

有这样一个近几年十分流行的顺口溜或者说是民谣：

> 一类人是公仆，高高在上享清福。二类人作官倒，投机倒把有人保。三类人搞承包，吃喝嫖赌全报销。四类人来租赁，坐在家里拿利润。五类人大盖帽，吃完原告吃被告。六类人手术刀，腰里揣满红纸包。七类人当演员，扭扭屁股就赚钱。八类人搞宣传，隔三差五解个馋。九类人为教员，山珍海味认不全。十类人主人翁，老老实实学雷锋。

（吴迪，1996）

这是一个语篇，它的意义膨胀十分丰富而复杂。因为民谣中表达的感觉与情绪，"就像河边的雾霭，林中的鸟鸣，飘忽游荡，无法捕捉，又无所不在"。这个语篇有各种各样的附加解释，其中之一是，或者说至少是，揭露了一种现实，即最正派的人得不到相应的物质利益（得到最少的物质利益），他们只有"老老实实学习雷锋"的命了。还有其他的解释：分配不公；社会风气不好；腐败严重。它的积极要求是，在发展市场经济的同时，切实理顺整个社会的价值观念，使分配与贡献形成正挂钩（顺口溜里唱的是负挂钩）。这样的语篇附加信息的研究正是窄式语用学的任务，请参见窄式定义的"多于话面（字面）的含义"。

语境使词、句子和语篇的意义膨胀的事实，说明了窄式语用学定义的科学性。

第五节 零语境句与语境句

一、零语境句与语境句的对立

语用学中必须明确零语境句与语境句的对立。

零语境句就是任何一个语法句（sentence），即进入语境之前的或者说是脱离了具体情景的句子。

语境句就是进入了语境的句子，也可以叫它为话语（utterance）。

明确这样两个术语的对立的好处是：(1)迅速抓住语法和语用学的区别；(2)几乎就抓住了语用学的主要内容。

使一个语法句子产生如此变化的基本原因是，场合本身就有信息量，语境本身就有信息量。语境信息量好像一个磁场，使进入其中的一切句子增加了许多附加信息。正是在这个意义上我们说："抓住了零语境句与语境句的对立就几乎抓住了语用学的主要内容。"

"场合信息量"这个术语在杨成凯的《语用学理论基础研究》里就提出来了。借用此，我们可以得到语境信息量的概念。在语境信息量的影响下，只有一个语面或字面意思的零语境句，变成语境句之后，像得了魔法似的，意思多了许多，换一个语境便有一个新的意思。例如：

零语境句"还是有一定希望的",它的意思是什么事情有希望做好或朝理想的方向发展,什么人有希望成为理想状态的人。

语境句"还是有一定希望的"在不同的前言即"变换了的语境"中(左栏)有多种"意思变换"(右栏)的列举:

变换了的语境(前言)	"还是有一定希望的"意思变换
问:"我能得到批准吗?"	你有可能得到批准。
问:"这件事能完成吗?"	有可能完成。
某人对自己的病能否治好没信心。	有可能治好。
某人说自己的病断无希望治好。	(安慰言语行为,答话人是好朋友。)
某人吹牛在先,但事实上事业已失败。	(调侃言语行为,答话人带讽刺语调。)
某运动员说:"我这个人没指望了。"	你能够成为好运动员,只是自信心不足。(答话人是教练,态度真诚。)
……	……

与这个问题形成对比的是,一个无标记的句子与声、气、息的配合可能产生许多迥异的言语行为和话语。在拙著《美学语言学》(第67页)中,以"你这死鬼"为例,描写了它配上不同的声、气、息以后,获得了多种不同的意思与言语行为:斥责言语行为;痛骂;亲昵;打情骂俏或假骂真爱;示意对方采取一个动作("你还不快走!"或者"你把这水壶提开!");被迫同意对方提议。在那里,是为了论证言语美的生成机制。这里,是为了论证零语境句与语境句的对立。

变换语境可以使话语得到不同的说话人意思,那么,**在一个语境中,就只有一个话语含义的选择**。这便是语境干涉的积极后果。

零语境句:"你真是一个好朋友。"我们知道,这句话有着两个截然相反的含义:真是一个好朋友;根本就不是一个好朋友。现在我们只好等待语境来加以澄清。语境:听话人在说话人出国期间,曾对说话人的妻子有不轨之图谋。那么,澄清的结果是,只能选择后一种含义:你根本就不是一个好朋友。

二、从语境句激起的反应看语境句的功能

既然语境使语境句产生了不同的功能,听话人就会对同一结构的话语作出迥然不同的反应。这说明,语言结构的功能规则,归根结底还是受语境制约的。这就是语境的干涉。

> 语境:两人都是司机,一人查看油箱。
> 甲:车子灌了油没有?(功能:纯粹的求知)
> 乙:没有。(反应:报告结果)
>
> 语境:甲是乙的领导,发现车子无油。
> 甲(愠怒不悦):车子灌了油没有?(功能:责怪)
> 乙(不悦):你没事先打招呼。(反应:反责怪)
>
> 语境:甲是车队领导。车子马上要出发。
> 甲(正色):车子灌了油没有?(功能:命令)
> 乙:……(反应:照办,可以无话)

三、一种特殊的语境句——跨时空语境句

有这样一些零语境句,既不是谚语,亦非成语,居然能跨越时间与空间被人们使用,成为一种特殊的语境句。历时,少说也从有白话文的清代起(白话话本小说为证),横空,则可以从中国的南讲到北。如"现在的姑娘了不得""你真坏""你这死鬼""你坐着说话不怕腰疼""太阳从西边出来了""你算老几"等。它们在不同的时间与空间获得不同的功能,表达不同的意思。姑且称之为跨时空语境句。这种句子的特点不在于它有多功能、多意思(一般语境句也能这样),而在于跨时空的奇妙。

现以"现在的姑娘了不得"为例。零语境句的意思是某时期之内姑娘的行为出了格,褒义与贬义兼指。语境句"现在的姑娘了不得"的功能与意思就多了:1948年老解放区颁布了婚姻法,姑娘可以自由恋爱、自己找婆家了,看不惯的人们来这么一句,功能是谴责,意思是:"女孩居然可以自己找婆家,坏了老规矩!"拥护的人来这么一句,功能是赞扬,意思是:"现在的孩儿命真好。"1949年在作者的家乡湖北省仙桃市沙湖镇,姑娘上街扭秧歌,大多数人来这么一句("现在的姑娘不得了",注意:不是"了不得"),功能是赞扬,意思是:"现在的姑娘可以玩大市面没人敢指责了。"

少数看不惯的人来这样一句,功能是讥讽,意思是:"如今的姑娘这样抛头露面也不知羞耻。"1956 年,作者在荆州中学念高中时,曾欣赏国家体操队表演,当时国人很少能欣赏到体操表演,又加上男女队员正当青春,表演极为成功,有人说这么一句话,功能是羡慕,意思是:"男人能办到的,女孩子也能办到。"1958 年这一阶段,作者在武汉念大学,听到武汉的老太婆批评行为不轨的女孩子说"现在的女伢们不得了",功能是批评,意思是:"好嘞(调皮),还能翻墙爬院。"20 世纪 90 年代,作者在广州,曾注意到有人从电视上看到女宇航员时,说了同样的一句话,功能是赞叹,意思是:"科技突飞猛进,女子也能上天。"

语境句"你真坏"。有趣的是,女人说的次数比男人更多。特别是夫妻或相恋的男女之间,常听到这一句话。电影、电视、小说上这一句话都被用滥了。也难怪,夫妻俩在二人世界里调情时,还找不出比这三个字更简单的话来代替。三个字!那骂的声音、那姿态、那眼神、那含义,你说有一千种就有一千种,说有一万种就有一万种。只有他们才能弄清楚那细微的含义,到底是好,还是坏。只有他们才能弄清楚那功能,到底是痛恨还是疼爱,是谴责还是欣赏,是热火万丈还是冷水千寻。

语境句"太阳从西边出来",随着语境变换,可以有"没有这样的事""绝对不可能""真是稀奇古怪事"等这类似的意思。

语境句"你坐着说话不怕腰疼",随着语境变换,相当于"你不了解我的难处和情况""你怎么不从别人的角度考虑考虑?""事不关你,所以你可以买个便宜"等。

语境句"你算老几?",语境变化之后可能发挥的功能与相当的话语有:真正的询问——"你在兄弟中排行第几?"(配以和蔼的面色),由于不信任而质问——"你说话算数不算数?"(配以不悦的眼光),蔑视——"这里没你说话的份儿!"(配以敌视的目光),命令——"这里没你的事,滚!"(配以愤怒的目光)。

有些俗语的功能与跨时空语境句相似。如"饱汉不知饿汉饥"等,它们也可以用作语境句,有着各种各样的功能与意思,但这类句式太固定了,还是算作俗语或谚语更好。

第二章 附着（于人的）符号束的参与

第一节 什么是附着符号束

附着符号是指语言符号以外，一切伴随着人、附着于人的符号，如声、气、息、面部符号、身势符号、伴随的物理符号（物体）。多方面的附着符号，形成了一个与话语同步的符号集合，于是成为符号束。

本书为什么把声、气、息、面部表情、身势姿态、伴随于人的物件，都算成是符号？有什么根据做出这种概括？

在语言学里，词和句子被认为是所代表的事物的符号，例如"牛"（niú）代表现实世界的一种动物。"符号学有两个意思：（1）指关于符号的一般理论，它把语言的、心理的、社会的、哲学的等等因素放在一起来研究；（2）指对以交际为目的的符号系统的分析。最重要的符号系统是人类语言。但此外还有其他系统，如莫尔斯电码、聋哑人手语等。这种符号学研究偏重人类感知能力的某一方面，如视觉、听觉等。"（王宗炎，1988）

如果把上面的符号描写加以归纳，便是：（1）符号代表事物；（2）符号系统参加交际；（3）它本身有视或听的形象，因此能用于视听感知。

符号学美学的创始人巴特（法国）对符号有更广阔的解释。他把符号学的情景罗列为（1）语言、言语和社会科学；（2）衣着系统；（3）食物系统；（4）汽车系统、家具系统；（5）综合系统。他认为符号必须有被表示成分（所指）和表示成分（能指），这和索绪尔看法一致。

衣着是符号吗？巴特认为，"例如时装，它明显地具有经济学和社会学的性质，但是，符号学既不探讨它的经济学性质，也不探讨它的社会学性质：研究者将仅仅说明，在时装的语义系统层次上，经济学和社会学获得了符号学的现实意义。例如，在衣服的符号层次上，或者在含义的话语层次上，都是这样。"

衣服能成为符号吗？我以为毫无疑义。例如，一个女人在她心爱的男人面前说话，穿上那男人喜欢的衣服，这衣着就代表了一种心迹，参加了交际，获得了符号学的现实意义。

我以为，声、气、息、面部表情、身势姿态和伴随于人的等等物件，都可以：（1）代表或协助语言代表事物的某一方面；（2）参加交际；（3）它本身有视或听的形象，因此能用于视听感知。所以，它们都获得了符号学的现实意义，因而便具有了符号性质。

把上述这些东西算作符号，便于描写与叙述，便于操作。

声、气、息是人的生命意识，**是将意向含义渗透到话语里去的极重要的手段**。

面部表情、身势姿态，都能"说话"，有时甚至比说话传递的意义还丰富。这是每一个能说话的人都认同的。

随身携带的物件，在被说话人运用时，同样能获得符号学的现实意义。

莫里斯对于符号的看法可以说是支持上述观点的。他对自己的符号学三分定义中的语用学，后来又有一个修正定义："符号学的一部分，**它在伴随符号出现的行为活动中**考察符号的起源、用法和功能。"请注意"在伴随符号出现的行为活动中"，这里的"符号"指的是话语，"行为活动"是指什么呢？是人在说话的同时所采取的行动，这可以是身势与动作，也可以是言语行为，如承担性的、宣告性的、指示性的、表情性的和描述性的行为。这样，本书把面部表情、身势姿态与其他动作都算进了符号，是因为任何面相、身势与动作，在一定条件下（如在约定俗成之下，又如把它们抽象成象征意义的时候），都具有符号意义。如点头、摆手、食指与中指伸出形成V形、斜眼瞧人，经过约定俗成，它们在汉语文化中分别成为象征同意、否定、欢呼胜利与鄙视某人的符号了。如此等等，还可以举出很多很多。

附着的符号束（声、气、息、面部符号、身势符号、伴随的物理符号）是与话语同步的，本书把它们作为语用学定义的一个不可或缺的部分，是有着实践意义和理论渊源的。

如果要举例说明，那例子多得举不胜举。本章将有三节分别对作为符号的伴随物、作为符号的面相身势以及作为符号的声、气、息加以阐述。

第二节 附着符号束参与言语活动的前提

语言作为符号有它先天的局限，这便是附着符号束参与言语活动的前提。

我们已经在第二章第二节"语言符号的局限邀请语境介入"中，讨论过语言符号的先天局限，这里只是做一个简单的回顾。

认知事物时人类需要如卫星云图、月面实象和比划的手势（前两者是语境显现部分的符号，后者是附着于人的符号）之类的符号的帮助；

《文心雕龙》的作者刘勰对语言局限性的论述；

钱钟书对语言和思想之间的距离做了详尽的描述；

局限从何而来；

语境介入之后又如何。

结论是：语言不可能单独完成交际任务，总是伴随着其他符号才能完成一个交际进程。

这就是说，附着符号束的参与能帮助克服语言的局限，帮助会话双方推测出多于话面的含义，当然也能帮助推测出会话的一般含义。

这样短的几行文字也许不该单独安排一节来说明。但是，这个问题的重要性与独立性使任何一节都不能吃掉它、吞并它。

下面，我们分别论证伴随物、面相身势、声、气、息作为符号时，是如何积极影响言语交际的。

 伴随物的参与

伴随物在被说话人运用时,代表某个事物(象征意义),参加交际,具有视觉形象,从而能获得符号学的现实意义。

伴随物的条件是物体必须是说话人蓄意准备的、随身或就近的,否则就不是伴随物,而是大环境里的自在物体,那是语境干涉里讨论的问题。自在物虽然是语境的一部分,但毕竟不是伴随物。

第一类的伴随物与语音有参照关系。

语境:彭德怀特意挑选了一个大大的梨,亲手把皮削得干干净净,切成两大半,放在一个盘子里,顺手推到浦安修跟前。

彭:……如果你有丁点怀疑我彭德怀是个"反字号人物",请痛痛快快地吃掉属于你的那半梨,从此我们一刀两断。……

(少华、大立,2015)

伴随物是梨。梨与切梨和吃梨,都成了有话语意义的符号,与话语互相参照,它获得的符号的现实意义是:分离。这是一个干涉言语交际的过程。虽然不说穿不点破,在场的三方都可推知其含义。切梨之所以能具有超越自身的意义,重要原因之一是,它与语音有参照关系。语音"分梨"谐音"分离"。

属于这一类的,还有结婚时撒布在新房里的红枣与花生。它们已不再是红枣和花生自身了。说吉利话的人,必须指着物体(红枣与花生)对新娘说:"吃红枣!"其弦外之音是"早(枣)生"贵子。或者指着花生说:"吃花生!"其弦外之音是"花着生"(一男一女地生谓之"花生")。说话人如不指着东西说,那就不是附着物了。

第二类的伴随物与语音没有参照关系,但它们具备如下基本品性:象征事物、参加交际、有视觉或听觉形象。

语境:《围城》剧组来看望钱钟书,临别时他看出了大家的心思,便每人送一本《写在人生边上》并一一在扉页上题字,他把一本写着"雄飞我兄存览"的书送给《围城》

的年青编剧。

钱（诙谐地）：我这样写是为了区别他们，是和你的关系亲密的表示。[1]

上面一例中，《写在人生边上》已不是原来意义上的书，只是作为友好的象征了。

与语音没有参照关系的伴随物，也大量地出现在禅门公案中。参禅时使用的极端手段——"棒喝"之棒，也是这一类。禅家宗匠接人（点化人）的方法，或用棒，或用大喝。如有如下一则公案：临济有一天问黄檗："如何是祖师西来意？"（什么是达摩祖师西来真正的含义呢？）黄檗拿棒便打。如是三问三度被打。拿棒打人不是目的，棒打有教化的言外之意。

又如，玄机访问雪峰禅师。

> 雪峰：你是从什么地方来的？
> 玄机：大日山。
> 雪峰：太阳出来了没有？
> 玄机：倘若出来的话会把雪峰给融化掉了。
> 雪峰：你叫什么名字？
> 玄机：玄机。
> 雪峰：一天能织多少布呢？
> 玄机：寸丝不挂。（礼拜而退）
> 雪峰：（等玄机走两三步，不疾不徐地）你的袈裟拖地了。
> （玄机一听，不自觉地回头看了一下衣角。）
> 雪峰：好一个寸丝不挂！

（林新居，1994）

玄机自称"寸丝不挂"，可是又回头看自己的袈裟，这就露出了破绽：明明还有牵挂，而且牵挂得厉害呢。（林新居：《一味禅 月之卷》）这是意射负担牵挂就会不守本分。这里作伴随物的是袈裟。袈裟是附着符号，干涉了话语。

伴随物作为符号使用时，若想赋予言外之意（超载）还需要规约，即

---

[1] 本书第二版作者标注：本段选自刘存孝 1994 年 6 月创作的作品。但因年代久远，且原书遗失，故作品名与出处不详。——编辑按

社会公认。

作者童年时代，不管是在私塾，还是在官学，先生都兴打学生，教师打人的东西是竹板子。竹板子一拿，就无异说："我要打人了。"先生对你伸出竹板，你就得伸出手心或屁股，最好是乖乖地，别调皮，越是调皮，打得越多。小伙伴之间平日开玩笑会说："你吃了竹笋炒肉吧？""竹笋炒肉"代表"竹板打手心"。这就是社会公认。竹板子（打手心）符号化、规约化了。但竹板子对不是学生的人，没有这样的符号意义。

乡村走街串巷的劁猪人的牛角号，吹起来就等于说：我来劁猪了。不仅有视觉形象，还有声音形象，具备了符号的双重条件。这在湘鄂黔交界地区是一种社会公约。牛角与牛角声对非本地人没有这样的符号意义，因为它与他们之间不存在这种公约。

数学教师手里拿的数学工具，只代表这仪器本身，学生在它们身上看不出多于本身的意义来，这算不算符号呢？还不算符号。这和另外一事是一样性质：胡萝卜。菜贩子手上的胡萝卜与前些年漫画中的西方人物手中与大棒同在的胡萝卜是不同的。菜贩子手里的胡萝卜（胡萝卜菜）没有超越本身的意义，而与大棒同在的胡萝卜却有多于本身的意义：给予好处（援助）、优惠或笼络，而大棒代表侵略。但不能说只代表本身的物体（如胡萝卜菜）永远没有参加语言交际的功能。当某物用于交际被人赋予象征意义时（漫画中西方人手中与大棒同在的胡萝卜），它便成了符号。对这个问题似乎可以这样处理：**有超载意义的伴随物，是语用学研究的对象。没有超载意义的伴随物，是一般语言交际的研究对象。**

第四节 面相身势的参与

人的交谈总是伴随脸面表情、身姿与体位变化的。可以做一个比喻：面相身势与话语相伴正如影子与人相随。有了这个认识作基础，面相身势是言语生命意识的可见表现（可听表现是声、气、息，详见下节）才便于理解。但是，一般情况下，它们作为一种符号参与交际，并未被说话人自己意识到。

一、面相身势与话语内容和谐

面相指的是说话人面部表情，如眼、眉、耳、鼻、嘴、面庞肌肉的动象与颜色，眼睛放光的程度，面色和耳色的变化等。身势指的是说话人的身体各部位变动与姿势、肢体动作（特别是手势）以及说话人与听话人的相对距离变化等。

面相身势有毋庸置疑的表情达意作用。它们是说话人心理情绪、情感的直接观照，也可以看成是说话时的态度。这是它必须与话语和谐配合的基础。它们在密切配合着话语，向听话人一方传递着某种信息。如果一个中国人与欧洲人对话，光使用对方的语言还不理想。最理想的对话是同时用欧洲人的眼神与欧洲人对话。这里有一个活生生的例子：龙应台（1996）用德语朗读自己的作品后，一个中年的德国妇女对她说："你说话的时候，我总觉得您的眼神那么熟悉，就好像我们欧洲人的眼神……"龙回忆说："我分辨得出他们眼波里流动的是揶揄还是欣赏，是幽默还是嘲笑。当他们彼此会心地对望一眼时，我感觉得出那一眼是轻视还是喜爱，是狐疑还是肯定。……如果眼神是一种语言，是的，那么我显然在不自觉中就用欧洲人的眼神在和他们对话。"这一段说的是眼神和谐地配合了话语的对话是最理想的对话。如果说语言是表达和交换信息的符号系统，那么，面相身势则是表达和交换信息的**图像**符号系统。因为它们有可见的形象。这就是它们在言语的参照下可以发挥作用的原因。

> 语境：白穆存心让程之多锻炼演戏，故意说自己"脚上来了湿气，走不得"，便要程之代他演出。有一天，程发现白走得挺好。
> 程之：白穆老师，你的脚好走了？
> 白穆（大笑一阵，慈爱的眼光注视着他）……[1]

白穆只有面部表情，并未言语，听话人程之却什么都明白了。

如果甲对乙说："我向你道歉。"但说着说着迈开大步，重重地踏地，弄出很大的声响，脸上怒气冲冲，这样的身势（与面相），与其说是在执行道歉行为，不如说是在加重挑战的局面与对立的气氛。

---

[1] 本书第二版作者标注：本段选自谢荣、丁黎1994年7月创作的作品。但因年代久远，且原书遗失，故作品名与出处不详。——编辑按

值得注意的是，国内外对面相身势与话语协调和谐，尚不见论及。

在正常人的交谈中，面相身势与话语的分裂是不可能的，除非有特殊原因才可。

面相身势是人体活动的结果：肌肉、骨骼、血液内脏的活动，腺体和内分泌腺的变化，植物性神经的反应，大脑皮层中枢神经的指挥，使话语与面相身势成为统一、协调的活动。这一事实正是它们与话语和谐一致成为会话的一条原则的生理学基础。

> 侯宝林：我的遗嘱已经写好了，只有三句话，我念给你们听：
> 尊敬的听众观众，我一生是为你们的笑而活着，你们是我的衣食父母，我一生都是你们供养的。（老泪纵横）
>
> （纪觅功，1993）

话语很动情，面相便是老泪纵横，这就是和谐一致。

> 语境：叶盛兰和马富禄两位名角，在后台看18岁的武丑张春华顶替叶盛章（叶盛兰的三哥，也是武丑）压场。
> 马：你三哥什么时候收的这个徒弟呀？
> 叶：（两眼只盯着台上，纳闷）没听说三哥收这么个张春华呀！
> 马：（连声赞）像！真像！比你三哥在富连成教的学生都像他！[1]

请注意，叶的话语是"没听说收徒弟"，因此，与其话语配合的面部表情是两眼直直地硬盯着台上，纳闷的面色与脸相。这不是和谐吗？

对于这样的和谐，有两点解释：

第一，**面相身势是情绪、情感的表现形式，同时也是说话的综合信息之一部分**。情感是内隐的，态度是外显的。情感和态度二者基本一致，也有不一致的时候。不一致的发生是由于内心对某人十分讨厌，但某种理由迫使表面上却装得十分亲近（如果有话语，话语也装得亲近）；内心想向某人提供真实情况，由于某种原因，表面上却显出迟疑、保留（如果有话语，话语也显得吞吞吐吐）。态度与情感分裂的情况很常见。但是，在正常

---

[1] 本书第二版作者标注：本段选自刘连群1994年9月创作的作品。但因年代久远，且原书遗失，故作品名与出处不详。——编辑按

情况下，话语和态度总是一致的。因为态度是外显的，话语也是外显的（可听可闻，即表层的）。如果连外在的东西都显出分裂，说话人即会被认为（1）神经不正常，或（2）大有言外之意。因此，一旦说出假话（假值判断句），那么假话与假态度（面相身势造成的虚假作态）也应该是一致的（不然就不能迷惑听话人一方），然而假话与内心情感、情绪却是分裂的。因此，要实现会话意图，在说判断句（性质判断、关系判断、模态判断、规范判断）的时候就得取真值。一旦取假值，就破坏了谈话本身，就没有基础进入"面相身势与话语和谐一致"这个原则层次的讨论了。因此，本文的讨论不涉及说假话与假态度一致配合的情形，这一原则中提到的"话语"界定到真值判断句（性质、关系、模态、规范），疑问句，祈使句，感叹句。

第二，所谓"和谐"是指话语内容与相应的面相身势在相关的情绪与情感之中的和谐。因为它们与话语必然出自一个共同的心理基础。这种和谐的例子随手可拈：当内心的情感是爱或恨，相应的外显是友好或敌视，话语即体现友好或敌视。同理推知：内心情感是欲求或放弃，相应的外显为急迫或平淡，相应的话语内容则体现为急迫或平淡等。

二、两者的和谐一致对成功的交际具有普遍意义吗

回答这个问题，要看三条。

第一，它是否得到生理学、心理学的支持？在上面我们已经指出了这一原则的生理属性和心理属性。需要补充的是，身势是行为，说话也是一种行为，在某种原因作用下，可能产生一系列的违心行为，但既然认同了一种心理前提，就不能产生一系列相互矛盾的行为，只能产生一系列相互统一的行为。

这两者统一的行为是非常普遍的现象。

> 语境：李宗仁试探与中共和谈，拟派刘仲容当秘密代表。
> 白崇禧（笑呵呵）：与德公斟酌许久，北上之行，以兄最为合适，你是毛泽东的朋友，总得会给你一点面子吧？
> 刘仲容：但愿如此。（随即又摇摇头）中共一向讲究原则，在原则问题上，即使当着我这个朋友，恐怕也是不会让步的。

> 白崇禧：我们也有原则……划江而治的原则，必须坚持。（变得认真起来）
>
> 刘仲容：要是中共方面不答应呢？（面呈难色）
>
> 白崇禧（武断）：不管他们答应不答应，你必须坚持，寸步不让。[1]

白与刘关在屋里，无话不说，两人完全可以推心置腹，认定了一种心理前提，必有话语与面相身势的一系列统一行为。白的笑呵呵，与"是朋友就得给面子"的一席话，是一致的；刘"摇摇头"表示无信心与估计中共不会让步的话完全合拍；白的"必须坚持划江而治"的话语与"变得认真起来"的脸色，是正向的配合；至于刘的"面呈难色"与喃喃问语，便都是出于同一个心理前提（毫无希望）了。

第二，两者和谐使会话双方的目的得以满足是不是普遍事实？

确实恨对方的英、美人嘴上说"I hate you."（我恨你。）时，脸面显愠怒之色，更有甚者，还咬牙切齿。提醒对方不要讥笑自己时说"You can laugh if you like, but I know what I am talking about."（你要笑，随你便，我可是认真的。）脸色严肃，不卑不亢。中国人口里说"这屋里闹鬼"时必配上阴气满目。对方听了之后就会有相应情绪与相应表现的回答和反馈。这样的会话使双方的目的得以满足。

下面是一个旁证，非语言学的旁证。**文学做了语言学应该做的事**。抽样调查表明，小说中存在着大量的话语与面相身势和谐一致的描写。记录表明：（1）带面相身势标记的话轮与总的话轮相比，大致在 50% 上下波动；（2）两者有一处不和谐，因而产生了会话含义。

不带面相身势标记，丝毫不意味着事实上没有面相身势去配合话语。有两个原因使作家省去了这些标记：

（1）读者可以根据话语本身所提供的心理情绪和语境，再调动自己的生活经验，准确悟出话语的面相与身势。

（2）省去标记是为了某种目的，比如增加直截了当、节奏明快、争论热烈等效果。

---

[1] 本书第二版作者标注：本段选自《名人传记》1994 年第 7 期《神秘客刘仲容》一文。但因作品年代久远，且原刊遗失，故页码不详。——编辑按

作品与作家	话语与面相身势标记			
	对话场景（处）	话轮（个）	带标记话轮（个）	无标记话轮（个）
（短）*Snob*：M. Challagham	6	23	15	8
（中）《祝福》：鲁迅		57	27	30
（长）《战争与和平》俄文版：托尔斯泰（第534页~623页）	76	216	108	108

第三，一旦违反了两者和谐是否使会话走入了歧途？回答为：是。

现在，让我们假想两者不和谐造成的情景。一个确实恨对方的英、美人口说 "I hate you."，脸上的表情却是含情脉脉，那么听的人以为对方不过是在说假话，实际上是爱他的。这样，听的效果与说的原意岂不是南辕而北辙？！口里说："You can laugh if you like, but I know what I am talking about." 眉眼里却嬉皮笑脸，那听的人就会继续嘲笑下去。若是有一位中国人嘴上说"这屋里闹鬼"，配上的面相却是嘴角盈笑，且眯眼歪鼻，那听的人准以为这屋里并不真闹鬼，而是有什么另外的有趣故事，如桃色新闻。由此可见，没有内外的原因而出现两者的分裂，会话走入歧途是无疑的。

如果说话人神经正常，听话人也认为说话者神经正常，说话人的话语内容与面相身势的的确确不和谐，作何解释呢？那是说话人暗示他话中有话。这在最后一个问题里会有交代。

三、所谓会话合作不只有一个层次

本书并不认为会话是在遵守所谓的合作原则。即令有所谓合作，四个准则也没有穷尽会话合作关系的描写。假如四准则是在知性层次上进行，那么，面相身势与话语和谐一致这一原则可认为是在心理层次上进行的。本来，每个人除了有耳朵听取别人的话语以外，还有眼睛观察别人的面相与身势，这是心理上的摄取。前者依赖认识与知性，后者依赖心理评估。这样两个层次的区分，可以解释一个有趣的现象：盲人之间，因其眼睛无法摄取对方的面相与身势，他们的交谈合作只能是在四准则即知性层次上实现，而聋哑人，虽听不见声音但因其眼睛可以摄像，他们的交谈合作是在手势符号与面相的和谐即心理层次上实现的。有语言能力的明眼人的交谈合作在知性与心理两个层次上同时实现或者随意选择地进行。虽然上述三类人（特别是聋哑人）的会话情形实际上复杂得多，但大致上看出，合作不只有一个层次，有两个层次——知性的与心理的。这或许是积极的猜想。

这个猜想得到了《相关——讯递与认知》（Relevance—Communication and Cognition）的作者 Sperber 和 Wilson 的有力支持。他们指出："格赖斯为确立讯递的推理模式，提出了著名的合作原则及一系列会话准则，但是，又产生了新的问题：合作原则的理论基础是什么？除了格赖斯提出的会话准则外，还有没有其他准则？这些准则是可以任意增加或减少的。"他们两位用了如此明确的语言指出"这些准则是可以任意增加或减少的"，也就是说，这些准则具有开放性。然后他们接着问道："人们又是如何运用这些准则进行推理的？"作者认为这种推理过程的说明应该符合人类认知心理。列举的例子是这样的：玛丽和彼得一起坐在公园的长椅上，彼得把身子向后一靠，他向她展示了某些现象。作者用这个例子本意是为了说明相关概念。但是，"彼得把身子往后一靠"，这不正是本文要讨论的身势现象吗？他们只是没有把这个文章放到这个名义下去做。作者把彼得的行为称作"示意行为"。即是说，面相身势是示意行为，也可以传递说话意图，听话人也可以根据说话人的示意行为推断其意图。例如彼得问玛丽："今天你感觉如何？"玛丽从皮包里拿出一瓶阿斯匹林给他看。彼得据此推出玛丽的意图。假设玛丽在拿出药瓶的同时说："我感冒了。"这不正是面相身势与话语的和谐配合吗？因此，会话双方的合作配合中，话语传递意图，固然实现了合作；示意行为（我所谓的"面相身势"）也可以产生合作效果，只是所处的层次是在心理上。当话语与示意行为和谐地配合并一齐参加会话活动时，这个所谓合作配合不仅是在话语层次上进行的，而且是在心理层次上进行的。格氏的所谓合作原则里是没有心理层次的。

四、面相身势与话语和谐对成功的交际有何功能

概括地说，这一原则可以补充信息量的不足，鉴别信息的真假，调理话不对题，澄清模糊不清的方式，甚至可以代替话语在谈话的一切层次上发挥作用。这是因为，一个民族的文化特征在面相身势（非语言代码体系）中最顽固地被保留了下来。面相身势是语言的延伸，是表达人思维的另一种代码。汉族人手势少是因为语言丰富发达，印度的一些民族手势多则是因为语言不够发达或者一度不曾发达，他们需要用手势来补充语言的不足。

语境：甲向乙打听接车的时间。
甲：几点接车？
乙：上午……（大拇指和小指伸出，并摇了几下）

乙说了"上午"，信息量显然不足，但打出的手势，中国人知道是六（点），补充了准确的接车时间。

语境：有人向孔子请教如何行天子之礼。
子曰："不知也；知其说者之于天下也（知道的人治理天下），其如示诸斯乎（会好像把东西摆在这里一样容易吧)！"指其掌。

(杨伯峻译注，1980：27)

孔子反对鲁国行那样的天子之礼，不好明白地说，只好如此闪烁其词。口里一面说，一面用手指掌，以补充话语"知其说者之于天下也，其如示诸斯乎"信息量的不足。

语境：女朋友明知来的信是怎么一回事，可是故意问。
女1：又是那一位来的信？
女2：不是。不是。（脸庞上现出两片惹眼的红云）

女2脸庞上出现的两片打眼的红云出卖了自己，说"不是"是提供了假信息。面相身势在这里帮助听话人鉴别了信息的真假。

身势也可以把风马牛不相及的前言和后语接起来。

语境：两朋友在火车上聊天。乙在大吃东西。
甲：你在听我说话吗？
乙：在听，在听。（手指和眼望的方向同时朝着车架上的水果袋，又用手指指自己的嘴）苹果。

乙的话"在听，在听"与"苹果"是前言不对后语，但是手指与眼望的方向以及手指嘴的姿势，却使意思明确起来：我在边吃边听。

日常生活中常有这样的情形，把眼光从第一听话人转到第二听话人、第三听话人脸上，就可以转移受话人，调理话不对题。面相身势澄清话语模糊不清的例子就更多了。

语境：子路等四人陪孔子坐着，孔子问他们各人志向。

子路率尔（不假思索）而对曰：千乘之国，摄乎（局促地处于）大国之间，加之以师旅（外面有军队侵犯它），因之以饥馑；由（自己称自己）也为之（我去治理），比及（只需到）三年，可使有勇，且知方也（而且知道大道理）。

夫子哂之。

（杨伯峻译注，1980：119）

孔子不答，却为之解颐。为何发笑？他是不欣赏子路的发言的。又不好打击子路的兴奋情绪，只好"哂之"。这里，面相代替了说话，克服了不便。

面相身势代替话语的现象在禅门公案中非常普遍。如黄龙禅师问岩头："祖师西来意旨如何？"岩头要他去"解救糯团"，黄龙如落五里云雾，满头雾水，转而问玄泉禅师，后者拿起身旁的皂角示意，黄龙仍不明，玄泉再拿起皂角作洗衣姿势，仍不言语，黄龙这才省悟。解糯团与皂角洗衣都是为人解除黏滞，解除束缚，洗除黏垢。这也便是祖师西来之意。这里用皂角洗衣的姿势便是身势符号，用来代替言语。

第五节 声、气、息的参与

声、气、息的基本功能是传达意向含义。它们所透露出来的含义，毕竟不同于词汇手段，传达出来的只能是一种意向，于是有了"意向含义"一说。这种含义是一种暗示。说话人在声、气、息里使用了技巧，把自己不可言传的、微妙的意向传达给了听者。

一、声、气、息是人的生命迹象，亦即言语的生命意识

声、气、息是什么东西？它们是言语的生命意识与现象。言语的生命意识是和语言的物理、生理属性紧密相关而又有区别的一种生命现象。

言语的生命意识可以从听和视两个方面感受出来或表现出来。言语生命意识的可听表现是指超出简单的、机械的发音之外的与生命律动和情感变化对应或同步的声、气、息，它表现为单个说话人的某种特殊的状态、生命现象。某种生命状态之下才能发出某一类声、气、息，也只有这类声、

气、息才能表现这类生命状态。现在的语音学只对语调进行了描写，对声、气、息尚未描写过。

言语的生命意识的可见表现是指与话语和谐配合着的说话人的面相与身势。（这一部分我们已在上一节交代过了）

声、气、息参与言辞活动，刘勰在《文心雕龙》里是这样讲的。"体性第二十七"："气以实志，志以定言，吐纳英华，莫非情性。"气质充实情志，情志确定言语，发言精彩者，莫不同性情有关。这一段话里的"气"，我们可作"气质"解释，但从后面的措词"吐纳"来看，作气息来理解也不错。"夸饰第三十七"里的论述却非常明确地说到了声、气、息的作用："谈欢则字与笑并，论戚则声共泣偕。"谈到欢乐，则文字里面带着欢笑，讲到悲哀，声音里面带着哭泣。这里说的是文字，但这文字描写了言语真相——笑并、声共、泣偕。偕的是什么？言语。

言语生命意识的可听表现，人人都有之，也见别人有之。赵忠祥为"动物世界"节目的解说中，频频使用吟诵调、气声、虚声，且音高偏低，音色偏暗。他的意图在哪儿呢？为了传达动物中的亲情与趣味。动物的追逐、嬉戏、对话、求偶、筑巢、成家、分裂、死亡，如同人类那样的温柔与缠绵。赵用那样的口气——对人的模拟来描绘动物，是向观众进行类比的暗示："它们在玩人间游戏。"可惜的是，在表现动物的厮杀与搏斗、危机四伏、惊心动魄时，他却没有进行及时的语调调整：减少气息、加大嗓音的分量及加快语速和节奏，那是血淋淋的动作、瞬间决定生死的气氛和赤裸裸的目的所需要的。

有人亲耳听过王朝闻谈创作，然后又读了王根据这次讲话写成的文章，两相对照，不禁怅然若失。"失"了什么东西呢？韩石山（《中华读书报》，1995年10月4日）写道："当初对此老讲的印象太深了。那眉飞色舞（这个词早被用滥了，只有亲眼见了王先生讲话的神态，你才会明白"色"是怎样"舞"的）的模样，那干梆儿脆的四川腔，都让人难忘。十多年了，仍恍若昨日。……王先生过后还曾将这番谈话扩充成一篇不短的文章……然而通读全文，不禁怅然若失，觉得此老还是不太会写文章。不仅当初讲话的声口全被抹去，就是当初讲话的一些基本论点，也还是改动了。"看来，王的文章失去了面相——眉飞色舞，那不能怪他，写成文章就要丢失面相身势，令读者可惜的是失去了"声口"：那干梆儿脆的四川腔。声口就是本书所讨论的声、气、息。韩有一个极好的主张："若能将平日说话的声口，适量地纳入文章之中，至少可以让笔下多些灵动之气。而这，对一篇文章的成功来说，几乎是不可少的。"韩说的"多些灵动之气"，在我看来，就是多些生命气息。

韩所主张的在文章中加进适量的"平日说话的声口"，是个好主张。不消说，诗词散文写作要这样，那么，写论文要不要这样？要。现在的论文只看见"理"闻不到丝毫的"气"。据说这样的理由是：科学不要浪漫，理论不要浪漫。这样的看法，本文作者认为，不免失之偏颇。让听话人闻到你的声口，与浪漫不浪漫是两回事。文章中能发现写作人的声口，就表明写作者是一个活生生的人，就像一个活生生的人站在讲台上被众多活生生的人听取发言一样，这有什么不好？郭沫若说过类似的话：科学也需要浪漫。科学需要浪漫的事实，是不难在科学写作里找到的。当今世界上继爱因斯坦之后最杰出的理论物理学家史蒂芬·霍金的《时间简史》(1988)，被称为里程碑式的佳作，应该算科学之作了吧？可是在这样的科学巨著里不仅看不到一个公式（他知道一般读者喜用言语表达甚于方程式），而且作者的声口也如闻如聆，惊诧外泄，疑问毕露。鲁迅的论文里，看得见他的嘲笑，听得见他的唏嘘。情感无须躲藏，露出你的声、气、息吧，那本是你生命的权利。

1995年10月，广州的灯光夜市生意趋淡，西湖灯光夜市摊主们发愁。一位摊主说："唉，这些人'游'过来，又'游'过去了。"摊主用明显的气息表现了他的失望。

拙著《美学语言学》的第62页～72页对言语的生命气息进行了详细的论述，有兴趣的读者可以参考。这里只是简要地将几个大的与本书有关的纲目作一交代。言语的生命意识的可听表现：语速、停顿、节奏、句调、丹田音、吞声忍气、泣声、娇声娇气、滞音、怨声怨气、哽咽、屏声屏气、平声静气、柔声细气、小声小气、低声下气、粗声粗气、恶声恶气、高声大气、大声吼气、冷声冷气、阴阳怪气、唉声叹气、嗲声嗲气……上述声、气、息的共同特点是生命活动主动控制发音器官，使简单的音之中加进了生命律动的气息。

声、气、息的五个特征中，与语用学有关的特征是：(1)无标记的句子配上不同的声、气、息，就会有多种迥然不同的暗含意义；(2)言语的生命意识的两种表现与话语形成不可分割的三项配合。

那么，研究声、气、息对语用学有什么意义呢？

二、某些无标记的句子（语用学里的"零语境句"）配上不同的声、气、息，就会有不同的隐含意义

现以零语境句"你真坏"为例（第二章第四节曾提到它）。它进入语境成为语境句以后，就会有不同的声、气、息与之配合。女友用轻声轻息或屏住声息对男友说出，便是同意对方的亲昵举动，或者是等于说"你真好"；争论中动气的人用沙哑的声、气、息说出，表示斥责与厌恶的言语行为；女人用娇声娇气对自己的男人说出，几乎是打情骂俏的同义语或者表示假骂真爱的言语行为；女人用叹声叹息说出，则可能表示被迫同意对方的什么要求。只要能设想出不同的语境，还可以有更多的配合。

三、违反三项配合对语用含义的影响

言语生命意识的两种表现与话语形成了不可分割的配合。这三项配合是同步开始，同步进行，而且有不可分裂性。所谓"不可分裂"，是指三项配合和谐一致，不会产生如下的怪事：口里说"这儿有蛇"，面相却是嬉皮笑脸，说话的速度是慢吞吞，用嗲声嗲气，充满柔情蜜意。说它怪，就怪在内容与声、气、息及面相分裂了。这个语境句的正常三项配合是：口说"这里有蛇"，脸色是严峻的，眼色是冷森森的，声调略带惊慌，气息较重。如果生活中真的出现了三项分裂，会是什么意思呢？那就是有了隐含之义：说话人在开玩笑，捉弄人。于是，听话人的推论是：这儿根本无蛇。如此推论的根据何在？话语与面相及声、气、息分裂了。

三项配合的旁证：旁证之一，句法里没办到的事，文学里办到了。迄今为止，句法里描写的句子既无面相身势标记，又无声、气、息标记，但文学作品却在努力补充这种标记。本书本章已在第四节提供过话语与面相身势两项配合的证据。旁证之二，话剧本子里或电影剧本里，对话印在纸上，但多数看不到生命标记，有生命标记的只是一小部分，正是在演出时，才使剧本"活"了起来。原因在哪里？演员念台词时灌注了自己生命的声、气、息。

四、语调的意向含义

语调与声、气、息相比，前者包括了后者，语调除了声、气、息以外，还有上升与下降的调子以及音长、音高与音强。这些东西用来处理语境句时，便使话语有了可以传情达意的千变万化。所以，语调自然有了与声、气、息相同的功能：传达某种意向。

1. 关于心理重音的隐含之义

心理重音包括赵元任说的对比重音(即逻辑重音)和情感重音。"前者(对比重音)表现为音长加长,音高的域加大,而音强增加不多,或者无增加。后者(情感重音)表现为音强增加,常常是突然增加,有时伴以音高的升高,但是音长和音高的域没有什么扩大。"逻辑重音(即对比重音)的运用,是人们首选的语用手段。这个方面有许多大家熟悉的例子来说明,同一句话,放置不同的重音便影射不同的隐含之意。如语境句"陈村开导王朔"(一篇文章的标题,《中华读书报》,1995),写话人的心目中,如果隐含了"是陈村,不是张承志,也不是另外的一个人开导王朔",那他就会将对比重音放在"陈村"之上;如果他心理上强调的是"我知道王朔是不爱让他人开导的。但他不爱,人们就不开导他了吗?真是和尚摸得,我摸不得?",他就会将心理重音放在"王朔"那里,隐含着这样的意思:"陈村开导的不是张三,不是李四,偏偏就是他王朔。"你看,隐含意义就是这般地被心理重音把玩于掌,奇妙无穷。

听者、读者在听、读词语时,往住都在心里给词语打上逻辑的重音。写话人也有在心里打上重音的态势。比如报纸上有这样的话:"过去都说军民鱼水情,现在是雨水情。"报纸接着解释道:现在解放军经常抢险、救灾,哪里有了大雨成灾的局面,哪里就会出现解放军。有趣的是,不仅写文章的人写到"雨水情"这里时,一定会心理上在"雨"这个地方默默地打上一个重音,读报人也会在同样的音节上这样做,为的是与"鱼水情"的"鱼"进行暗中对比。同样的例子,人们在念"市场经济条件下人们的官念变了",念到这个"官"字时,没有人不在音强上强调一下以便与"观念"的"观"形成对比的。

2. 心理重音是说话人强调的重点

对赵元任概括的对比重音和情感重音,范开泰(1985)做了补充:"带有心理重音的词语,与前面词语之间的间歇可以长一些,有时甚至形成一个小小的停顿;心理重音在音长、音高、音强等方面变化的幅度都比语法重音大得多。一句话里有了心理重音以后,语法重音就不明显了,甚至可以说被'掩盖'了。心理重音表示交际上的兴趣中心,语用上称为'焦点'(focus)"这里说的"兴趣中心"就是本书说的意向含义。

3. 意向含义的获得，还可以用特殊的发音来实现

以娇滴滴的气声来献爱，这是常见的吧？以恶狠狠的气声表示憎恨、厌恶，是常见的吧？纯用气声表示凄凉与哀婉，也是常见的吧？可以这样说，凡是在言语生命意识的可听表现里列举的那些声、气、息类型，都可以成为传达意向含义的特殊手段。零语境句"你真坏"配上不同的声、气、息便获得迥异的语用含义的例子，就很能说明问题，这里不再赘述。

4. 语调的功能

有人（诸通允，1991）认为，有三个，一是切分，二是联系，三是表达语意关系。实现这些功能的手段是音调、音强、音长。句子语调不属于句法层或音位层，它作为一个独立的语言层次，是话语构造的三种手段之一。可是，音调、音强、音长是人们贯彻意图的一种手段，这就涉及语用领域了。

以音调模式而论，在对话中，该要使用降调以表示陈述、肯定的地方，用了一个疑问，这表明说者不相信这一陈述，这便实现了他的意图。最普遍、最简单的例子是：儿子兴高采烈地回家向爸爸报告得了奖，爸爸用疑惑的面色加上用升调："你得奖？"就表露了不相信的意思。如果有人报告某人暴死，而这个人昨天还和听话人谈笑过，听话人往往会用升调说出"他死了？"以表示自己的不相信与惊讶。从音强的变化来表示意图的途径是音的强或弱的变化、重音的放置。

请看零语境句：

(1) "你今天来得正是时候。"
(2) "我真佩服你，老弟。"
(3) "狗东西！"

现在我们让这三句话成为语境句。在意图与语面一致的时候，它的音强应该分别是：(1) 句的"正是"音强最大，且用降调，配之以平静或略为高涨的情绪；(2) 句"真"的音强最大，且配合上诚恳的面色；(3) 句几乎整个用强音，"西"字稍轻，"狗"一般情况下还得用喷射吐气法，略带沙哑音，配之以厌恶的脸色。当意图与语面不一致且刚好相反的时候，如 (1) 句表示"你来得真不是时候"；(2) 句表示"我真瞧不起你"；(3) 句表示亲密的

招呼用语；就得分别改变相应的音强变化与面相姿态：(1) 句可能处理为"你、今、天、来、的"一字一顿，且音强几乎无变化，到了"正是"两个音节却突然变弱，且配上诡谲与莫明其妙的脸色；(2) 句"我真佩服你"变成一连串的弱音，"你"字过后音拖得很长"你呀……"，且配上讥讽的笑声；(3)"狗东西"三字转用轻声，且配上亲热的脸色。

音强的变化就这样妙趣横生地、微发细收地传达了意图。从这个角度看问题，机器人的语言将永远不会是真正的语言。因为无法想象机器人如何通过它死板的、毫无变化的音调、音强、音长来实现它的意图，如果它有意图的话。

以音长而论，一是句子自身的长度，二是停顿的长度。在答话中，增加停顿的次数与延长每一次停顿的时间，那往往是意味深长的：或者不愿意和对方讲话了，或者表示比对方地位高出一等。或者本来是口若悬河的人，一下子却反复使用停顿，要不就是理短词穷，要不就是故意怠慢对方。

5. 口气是什么？

常常听见人们说，"你好大的口气""用商量的口气"。还有，这是批评的口气，那是表扬的口气，还有，挖苦的、讽刺的、关心的、冷淡的种种口气。那么，口气是个什么东西？人们为什么能听出上述那种种口气呢？

例1 语境：胡适离开大陆前，梁方仲和罗尔纲商量，决定由罗去请求胡适保护吴晗，胡正一肚子闷气，听了罗的话，立刻爆火。

胡适：你不看见**吗**！石头（石原皋的绰号）家人把我缠死**了**！今天还同营救罗隆基、冯友兰的时候那样**吗**！赶快叫他走，有事我是没有办法**的**！

（罗尔纲，1943）

例2 语境：张扬告诉李锐，湖南很多人欢迎李，但也有一些人讨厌他，前些年传闻李可能回湖南任省委第一书记，某些人非常紧张……

李锐：**让**他们放心**吧**，我都68岁**了**。[1]

例3 语境：1956年，林一山和李锐当毛泽东的面展开"御前"辩论，三峡该不该上马。这场议论使毛泽东对李锐有了深刻印象。
毛泽东（指着李锐对大家）：你当我的秘书**吧**。我们要有这样的秀才。[2]

例4 语境：20世纪30年代，陈延年在郑超麟带领下来到上海闸北中央秘书处见父亲陈独秀。
延年：独秀同志，党中央迁址，也应当给我们秘密打个招呼，不能让儿子与母亲失去联系。
独秀（抱歉地）：是临时决定的，还没来得及告知有关同志，请延年同志原谅。

（吴晓，1994）

例1是埋怨口气，例2是宽慰别人与暗中讥笑某些有当官包袱与历史恩怨负担的人的口气，例3是赞扬口气，例4中，儿子延年是批评口气，父亲独秀是道歉口气。

研究这些口气是从哪里来的，也许是一件非常有趣的事。

第一，口气得有词语因素。词语负载了评价与情感的实质内容，从表面上宣布了说话意图。例4中，凭儿子称老子为"同志"，老子奉还儿子一个"同志"且用了礼貌的"请原谅"字样，两人如此生分，一派公事公办的味道，就可知道一个是批评者用了批评的口气，一个是挨批评的道歉者用了道歉的口气。但是，如果单凭词语，人们马上就会上当。口气还可以和词语评价相去甚远，甚至完全相反。零语境句"你干得好"配上谴责的面相、语调、声、气、息，便是"你干得坏"。可见词语不是口气的决定因素。

第二，口气得有合适的语调和声、气、息体现，记录时可用诸如"的、

---

[1] 本书第二版作者标注：本段选自《同舟共进》1995年第12期张扬创作的《李锐与＜庐山会议实录＞》一文。但因作品年代久远，且原刊遗失，故页码不详。——编辑按

[2] 同1。

了、吗、呢、吧、啊、罢了"这样一类句末语气词表示。可惜上面引述没有语调描写，但是读者仍然可以从自己的可靠的语感中听到那样的语调与声、气、息。例1胡适一段话中，有"吗……了……吗……的"，例2中的"让……吧……了"，例3中的"吧"，这都是声、气、息的透露。

第三，口气得有隐含意义。隐含意义比明示意义更有文章、更有嚼头、更有回味的余地！例2中，按李锐的意思，有当官包袱与个人恩怨的人怕他回湖南，这意义是藏着的，是听话人听出来的、推敲出来的。如果意图抓得不对，那是另一个问题，那是交际不成功。

第四，口气也是一种言语行为。如某甲说："老王昨天酒宴上出了丑。"乙说："老王昨天酒宴上是出了丑。"乙在执行什么言语行为？乙用了一个重读的"是"重复上面信息并加以确认。确认什么信息与事实，也是一个以言语作出的行为。

说话人可以执行(1)埋怨行为、(2)劝慰与讽刺行为、(3)肯定与表情(忧虑)行为、(4)赞扬与批评行为、(5)忧虑行为、(6)命令与赞扬行为、(7)批评与道歉行为。这些行为中，有的是直接的，有的是间接的，大部分是间接的。一般而论，商量口气是商量行为，讹诈口气是讹诈行为，……从这里受到一个重要的启发，即是，听出了某种口气就是推测出了某种言语行为。常言道"听他那口气是在批评我"就是推测出某人在对某人执行批评行为。

第五，口气更是一种情绪、态度与评价。如在上面例子中，埋怨、讽刺、忧虑是情绪，肯定、赞扬、批评是态度与评价。这些东西都是声、气、息、语调所擅长表达的。所以在记录口气明显的话语时，往往要用许多语气词。

于是，我们可以归结出：口气是话语靠声、气、息、语调或明显或隐含地贯彻出来的说话意图、言语行为或某种情绪、态度与评价。

口气之所以放在声、气、息里讨论，是因为它主要是靠声、气、息和语调调理出来的。

第四章 智力干涉

第一节 智力干涉：合适感觉的选择

鉴于语言的复杂，维特根斯坦感叹："语言是一座遍布歧路的迷宫。"且不说有时"语言交流方式受到权力的扭曲，便构成了意识形态网络"。（哈贝马斯）

正常的交际定义为"示意—推理行为"：说话人示意，听话人推理。说话人的示意行为（明示与暗含）虽然在某种程度上已经表明了一定的信息，但他表达的效果总是有限的。当解读话语不需超出语面含义时，理解就相对简单。如果需要超出语面去寻求理解，智力就活动起来：话语背后有含义吗？是什么含义？如果有多种含义，哪一种是说话人真正的含义呢？这就需要听话人判断：是这一个含义而不是那一个。总之，得到一个结论是经过了一系列的推理活动的。

示意是说话人的事，推理是听话人的事。

智力干涉就是听话人运用最基本的事理逻辑、对世界的知识与记忆及人际关系，推测出说话人词语里的隐含之义的推理过程。

这个过程还要借助语境干涉、附着符号束，但这不是智力推理本身。

这个过程包括了听话人（为主方）、说话人（信息来源方）、推理过程以及结果（推测出对方话语中多于话面的含义）。

既然有语用推理，就会有推理模式或公式。从公式或模式起，就开始有意见分歧了：模式是走纯粹形式化道路，还是走非纯粹形式化道路？

国内有学者，如程雨民（1993），在批评列文森等人的语用推理模式时指出，"听说双方对语言的运用不仅要遵守'人云亦云'的原则，而且还允许带进自己的创造性。在我看来，这种需要'就事论事'的情况不是语言学家应该用复杂形式分析来排除的，相反是应该通过解释听话人的智力活动来说明的。"

解读话语时，当话面意义不像是正确解读（实质上是语法解释途径受阻以后）时，听话人通常是首先借助语境，不行，则借助附着于人的符号，还不行，则调动自己的智力来参与。当然，借助语境和附着符号也需要智力，我们这里所说的智力干涉，专指与逻辑推理既有联系又有区别的语用推理。

熊学亮（1996）的单向语境推导模式，看来也并非纯粹形式化的：

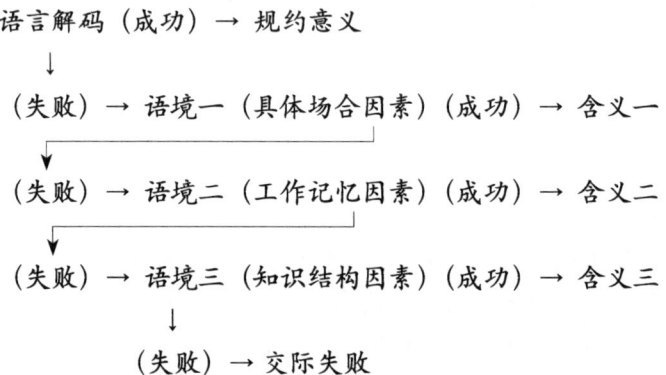

这个模式是清楚的。语言解码成功的话，得到规约意义；失败的话，寻求语境一，成功了则得到含义一；具体场合因素若帮不了忙，则再往下寻求语境二，成功了则得含义二；工作记忆因素若是帮不了忙，则再往下寻求语境三，成功了则得含义三；知识结构因素若帮不了忙，交际归于失败。熊学亮把这三个语境都当成认知语境。选用语境时，有一个优选的问题，熊戏称其为"前仆后继"，这个不行了那个上，倒也贴切。

在本书看来，语境二和三，即工作记忆因素和知识结构因素才进入了智力干涉范围。这两个因素都是内在于人的。具体场合因素是另外一个大的范畴，是一种外在于人的因素，即语境干涉。

本书作者认为，**语用推理走纯粹形式化的途径是走不通的。**

本书认为，智力干涉语用推理的过程是这样非形式化的过程：

如果说存在着一个语用推理的模式，那么这个模式也许就是**听话人不断寻找并抓住合适感觉的过程。这也就是我所指的**智力干涉。

听话人不断寻找并抓住合适感觉的过程（不断尝试推理过程）要借助下面四个基本因素：

（1）从一个最基本的事理逻辑——和严整的逻辑推理不一样——出发；

（2）凭借已有的知识结构或图式（也许是和说话人共享，也许并不共享）；

（3）参考语境；

（4）参考附着于说话人的符号束。

这四项在推理过程中的出场，不分先后，也无所谓重要与次要，以听话人的合适感觉为准，哪一项合适就要哪一项加入，如果失败，合适感觉就会挑选另一项加入推理，直到找准合适的隐含之意为止。这个过程，可以叫作"合适感觉"的选择。

"合适感觉"的选择过程，是如此的自然和快速，以致听话人自己都不知道自己曾发生过合适感觉的选择过程。说出的话是线性的，可是大脑里的思考是立体的、多维的，不然，绝不会选择得如此之快。这个猜想（思考是立体的、多维的，所以合适感觉的选择过程就非常快）得到了层次语言学的支持。层次语言学认为，"在内，语言关系网络分成若干层次；对外，语言网络系统和其他智能系统相连接。"（参见程琪龙，《层次语言学》，未出版）语言网络系统和其他智能系统相连接，就是智力进行干涉成为可能的生理基础。层次语言学还认为，"语言关系网络系统既是表示语言知识、语言能力的结构，又是语言交际认知操作的系统。这个认知操作系统既有串行（串联？）能力，又有并行（并联？）能力。它操作结果既是离散的，又是模糊的。"请注意"认知操作系统既有串行能力又有并行能力"这个结论。或许它就是大脑思考能够立体地、多维地进行的原因，于是"合适选择"才能够那样自然和快速。

每个听话人都有这种"合适感觉"的能力。模糊思维能力这个时候就会出来支持"合适感觉"去选择一个合适的言外之意。

这里有两个例子说明听话人依据上面这些因素选择合适感觉。

例1 子曰：予欲无言。

子贡曰：子如不言，则小子何述（传述）焉？

子曰：天何言哉？四时行焉，百物生焉，天何言哉？

（杨伯峻译注，1980：188）

听话人子贡，对孔子的话进行推理（搜寻"合适感觉"）的过程中，就要借助：

（1）最基本的事理逻辑——天也没有说话，可是四季照样运行，百物照样生长；

（2）凭借已有的知识结构或图式——天不说话，四季与万物同样生发。不需要参考语境和说话人的其他符号，听话人就能得出说话人的隐含意义：我不说话别人也能活下去。这个结论就是"合适感觉"的选择的结果。

例2 语境：张艺谋与巩俐合作拍农村文化题材片是成功的，张巩分手以后，张开始拍城市片。对此，许多人对他拍城市片的能力有疑问。

记者：张艺谋，你能行吗？

张：其实我在农村就待了三年。

（《羊城晚报》，1996年6月18日）

张说话时的推理途径，我们就不讨论了。现在站在听话人的立场上，看听话人的智力干涉是怎么让自己听懂——找到合适感觉的：既然张艺谋在农村只待了三年就能拍好农村文化片，在城市生活时间更长的张艺谋拍好城市片的可能性就更大了。

关于听话人的合适感觉，我们可以从刘勰那里发现类似的论述。他说，少数的优秀作品和篇章中的突出警句，是情思和文辞的结合，自然造成，不是苦心经营所能达到的。（"并思合而自缝，非研虑之所课也。"——《文心雕龙》："隐秀第四十"）他说的不是听话中的推理，是篇章写作，但组织一个篇章，同样需要推理。这种"并思合而自缝，非研虑之所课"的情形和听话推理中情形酷似。他在"原道第一"中说：思想产生之后，语言确立，有了语言，文章（辞）才明白，这是一个自然的过程。（"心生而言立，言立而文明，自然之道也。"）心灵与言语关系很清楚了。他说的"心"和我们这里所说的智力推理是一回事。从心灵到言语是个"自然的过程"，这和本书多次强调的语用推理必须自然、简单，是一致的。（见本章第二节第三个问题"语用推理模式的出发点之一"）

合适感觉并不要求每次挑选都成功，它允许失败，允许改正错误。合适感觉的功劳在于在正常状态下最后找到的话语隐含是合适的。

如果交际失败，一定是说话人有意无意地让自己的话语超出了听话人最基本的事理逻辑、已有的知识结构和当前的语境，或者故意给出错误的附着于自己的符号，让听话人推理失败。这样的例子太多了。大人之间谈话为了不让小孩听到，往往采用古怪的说话方式（即有标记的形式）；生意人为了不泄密，大量地使用商业行话；普通居民听不懂原子弹专家的学术报告；说话人的话语内容与面部表情故意不和谐；说话的题目（如细菌的结构）与当前语境（说话的场合无法找到图形或照片）无论如何也挂钩不上等。

不断尝试推理过程中的"一个最基本的事理逻辑"是什么意思？

它是逻辑推理，但是，又没有逻辑推理那样的严整。逻辑推理有一套严密的归纳与演绎、综合与分析程序，是一种静态的理性思维活动，只涉及客体事件，不考虑主体（人）。而语用推理，即在真正的谈话中所使用的推理，却不会是这样。它没有一套严密的程序，理性思维与感情判断兼而有之，有时感情判断更重要，是一种动态的思辨，既要考虑客体事件，又要考虑主体（人）的意图，甚至主体意图有时更重要。

之所以提出"最基本的事理逻辑"就是要把不同水平的所有听话人都包括进去。如将几岁的小孩、文化水平不高的人包括进去。他们只须靠最基本的事理和生活经验都可以进行正常的语用推理。

但是，我们还是要先研究形式化的路子，才知道为什么走不通。

第二节 语用推理为何不能走纯粹形式化的道路

从本书提出的语用推理模式中,我们好像看到了上帝对人的谅解与宽容,不要让人类谈话搞成那样复杂的过程,以便让各种智力类型的人都可以在一起交谈:学者与普通人对话,小儿与大人交流。或许有一种意见认为,这好像不是在讨论科学,而是在拿上帝为自己缺乏一个严整的推理模式作辩护。我不这样认为。**在实践中站得住脚的理论,往往是简单的,简单到让人不敢相信的地步。上帝厌恶复杂。**

这涉及语用推理模式的出发点问题了。

一、推理模式的势头缘何而起

最近一些年来,语用学家们一是想干出自己的特色,走出被揶揄的困境——君不见,语用学被称之为"垃圾箱""灰姑娘"和"帮闲学科"?二是针对合作原则的不足之处(如未构建会话含义的推导机制),企图直接推导规约性的含义,并提出一些原则,便于操作。因为要走上操作之路,种种语用模式便出现了。

荷恩(Horn,1984)提出的量原则和关系原则,是两条功能对立的语用原则。为了说透这两者既对立又补充的关系,他又提出了语用劳动分工论(the pragmatic division of labour)。

阿特拉斯和列文森(Atlas and Levison,1981)共同提出了信息充量原则(principle of informativeness),后来列文森(Levison,1987)在此基础上,结合荷恩的量原则和关系原则形成了列文森三原则。

列文森三原则包括量原则、信息原则和方式原则。

量原则(以合作原则的第一条量准则为基础)

说话人准则:不要让你的话语在信息上弱于你的认识所允许的程度,除非较强的话语违反了信息原则。

听话人推论:相信说话人提供的已是他所知的最强的信息,因此,(1)如果说话人说出荷恩级差里的弱项,那么推论是说话人知道其强项不成立;(2)如果说话人说出弱项,弱项内未蕴含内嵌句(相当于汉语里主谓结构充当宾语),而强项却蕴含了内嵌句(从句),且强项与弱项构成了对比,那么推论是说话人不知道内嵌句是否可以成立(内嵌句指及物动词后的宾语从句）。如：〈断言，推测〉是一个荷恩级差，且构成了对比，当有人说出"我推测她有了男朋友"，推论是：说话人既然不选强项"断言"而选了弱项"推测"便表明他不知道那个充当宾语的主谓结构"她有了男朋友"是否可以成立。

信息原则（以合作原则的第二条量准则为基础）

说话人准则：最小极限化（也可以叫作降量准则）。说得尽量少，即提供最低限度的语言信息，达到交际目的即可。

听话人推论：增量准则。通过找出更加具体的解释来增大说话人话语的信息内容，直至达到对说话人交际意图的认定。具体的推导过程是：（1）假定句中所谈的对象和事件之间存在着常规关系，除非这与确认的情况不符或者说话人违反最小极限化准则，用了冗长的表达形式；（2）如果与通常确认的事实相符，就假定那就是句子实际上要说的话语；（3）假定所指的范围过分节省（用词太惜），就应避免对所指范围的实体产生多重解释，具体来说，就应优先将简约的名词短语（代词或零形式）按同指关系来解释。

方式原则（同荷恩的语用劳动分工相似）

说话人准则：不要无故用冗长的、隐晦的或有标记的表达形式。

听话人推论：说话人用了冗长的、有标记的表达形式，他的意思就同他本来可以用无标记的形式所表示的意思不一样，尤其是在他要尽力避免常规联想或用信息原则推导出无标记形式的含义时。

这三条原则有如下的优先顺序：量原则＞方式原则＞信息原则。

下面将我自己理解与记忆这些原则的一孔之见介绍于后。

理解量原则的基本思路是，**以弱否定强或者说弱听不出强**。

　　语境：文艺节目刚演出完毕。
　　甲：今天晚上演出如何？
　　乙：有一些还过得去。

乙是想用语义强度或信息强度较弱的"一些"来否定较强的"全部"（注意荷恩级差〈全部，大多数，多数，一些〉），因为听话人相信对方所说的（"一些"）已经就是说话人到了顶的强度了，于是，听话人就有理由认为对方在否定没有说出口的强项（即"全部，大多数，多数"），于是听话人推导出并非全部节目都过得去［见量原则之（1）］。

又如，已知荷恩级差〈断言，推测〉，当有人说"我推测她有了男朋友"，听话人的推论是说话人不知道作宾语的那个主谓结构"她有了男朋友"是否可以成立［见量原则之（2）］。

又如，甲说："我估计他已飞到广州。"听话人就推导出甲是在用弱项"估计"否定强项"确信"，即甲不敢肯定某人确已飞到了广州，如果听话人知道这个荷恩级差〈确信，估计〉的话。

理解信息原则的基本思路是，**说少听多**。

听者心里明白，说话人是在尽量少说，听话人要还原成原意，就得扩大。你减量，我就增量，这是个社会默契。这样的契约是允许语言不完备的重要背景，也是允许说话人尽量少说的基础。如：

> 语境：张学良给大陆一位当年东北故旧的孩子题词。
> 题词：鹤有还巢梦，云无出岫心[1]

听话人或读此题词的人却听出了更多的内容：鹤如此，云如彼，何况人，人都有怀旧之情，我张学良也有，我张某人想回大陆看看。

又如："他操起笔，写信了。"听话人却可以补充更多的内容：他操起了笔，然后写信。或者：他操起笔，是为了写信。还可以有更多的增量句子。

听话人为什么能这样增量呢？信息原则的具体推导中第一个重要的步骤是，"假定句中所谈及的对象和事件所形成的关系是常规关系"。因为是常规，就是社会所接受的，于是，你就可以尽量少说，因为听话人可以自动在心里补上空缺。

> 语境：洛桑接来了他的父母，在酒楼为他们接风，他喝了很多酒。
> 洛桑：我不想长大。哥哥有了儿子，我不结婚也罢。[2]

---

1 本书第二版作者标注：本段选自晓兮 1994 年创作的作品。但因年代久远，且原书遗失，故作品名与出处不详。——编辑按

2 本书第二版作者标注：本段选自李春 1995 年创作的作品。但因年代久远，且原书遗失，故作品名与出处不详。——编辑按

说这话的人也利用了常规关系才可以这样少说的,因为他相信听话人可以在心里增量成常规的样子。如果他不利用常规关系,就得这样说:"结婚最重要的目的之一是为了繁衍后代,我们家两个儿子之中,哥哥有了儿子,既然如此,延后的问题已经解决,所以我可以不结婚。"这话在酒宴上当着父母亲朋的面讲出来,就显得滑稽可笑,这既像在论证家庭与种族延伸的学术问题,又像是酒劲来了讲废话。

第二条信息原则说,"如果与通常确认的事实相符,就假定那就是句子要说的话",如果不符合事实,那句子就要说少听多了。

徐洪刚在广播里(1994年2月19日)说:"我这点小小的成绩……"听话人知道徐洪刚在大大缩小事实(事实是他一人与四个歹徒搏斗,肠子流了出来还追了50米),于是听话人便在心里大大增量,把"小小成绩"增加为"英雄壮举"。注意,这里还综合了量原则。说话人由于谦虚,利用量原则,想用弱项(小小成绩)来否定强项(英雄壮举)。但听话人利用信息原则,来了一个扩充或增量,即说小听大,由"小小成绩"听出了"英雄壮举"。各有各的推导原则,煞是有趣!

理解方式原则的基本思路是,**怪异必有其故**。

作者家乡湖北省仙桃市沙湖镇居民有一种特殊的说话方式,非常怪异,这里姑且定名为"三射四"格。比如,两个小青年见面,身旁还有其他的人,说话不方便,要喝酒不用简单明白的说法"喝酒",而是说成啰嗦冗长的"喝点六七八",听话人就知道是射"九"(酒)。说话人就是要让你知道,他的意思"就同他本来可以用无标记的形式所表示的意思不一样"。用怪异的形式是为了暗示对方,不要让在场的其他人摸清他们的动向。

> 语境:1949年12月6日,毛泽东去莫斯科为斯大林庆祝70寿辰,另想得到一点援助。
> 斯大林:你这次远道来,不能空手回去,咱们要不要搞个什么东西?
> 毛泽东:恐怕是要搞个什么东西,这个东西应当是既好看,又好吃。
>
> (凌云,1994)

这里要指出,两人都不说简单明白的"签订一个条约"而说"搞个什么东西"这种不明白的形式,尤其是毛泽东,不说"这个条约应当是形式上震动世界，内容上有实质性的互助同盟性质"，而取了一个非常难解的形式"好看又好吃"。表面上看，这五个字，简单多了，可是事实上，斯大林摸不着头脑，只好又让翻译师哲解释一大串："好看，就是形式好看，要做给世界上的人看，冠冕堂皇；好吃，就是有内容、有味道、实实在在。"这等于是加上了后面的话才使听话人明白的。我们记得"怪异必有故"，处在当时的毛泽东的客人位置，要人家援助，但不好自己说，让苏方主动说，既让对方显示大方，又避免了自己讨东西的难堪。

  甲：他本科毕业了吧？
  乙：算是弄到一张毕业证。

"弄到一张毕业证"是有标记表达形式（"本科毕业"才是无标记形式），甲从这样的怪异形式里悟出乙的意思是认为某人不够毕业资格。

  新的推理模式（新格赖斯语用机制）有什么积极意义呢？

  新说的特点之一是阐述话语的一般含义，而不像合作原则那样要依赖具体的语境找出特殊含义。（钱冠连，1995a）

  合作原则不参与语法解释，它的特点就是能说明语法不能说明的东西，新机制却可以介入语法。约束理论与约束条件是乔姆斯基生成语法里的内容。管约论（GB Theory）有七个子理论，约束理论是其中第二个课题。列文森等人就从这里切入语用推理，做了一篇大文章。

  合作原则只单方面讲了说话人如何如何，却没有描写听话人如何如何，而新机制却描写了双方，这是描写方法上的一个大改进。

  改进描写方法会促进新领域的发现。

  语用学渗透到语法过程，引起对语法的再考察。此前，语用学的旗帜上几乎写上了"语用学管了语法管不到的问题"几个大字，这作为语用学的长处，我们不应该怀疑。现在，新机制深入到了语法，当然不是语用学的倒退。它的启发在于，我们不妨问一问：现在的语法规则里面究竟有多少本来是语言的运用而不该是句法的规定（或描写）项目呢？要不要深入地来一番清理？

  语法规则的形成可能有这样一些情况：第一，那些不涉及现实使用人的符号形式，如英/俄语词形变化、句型结构、语法范畴，只要是客观描写，对规范地使用语言极有好处，于是或规定或描写，成为语法项目；第二，涉及语言运用者与语言之间的关系的语用现象，由于那样用的人多了，又由于情况不明，也把它纳入或规定或描写的范围内去了。把它当规则使用久了，现在人们重新用语用学的观点来考察它，反而引起了人们的反感，说语用学是灰姑娘（Levinson，1991），说它是帮闲学科，说它是垃圾箱……

问题是这些推理模式出现了一些困扰。

二、这些语用模式的问题

下面以两个推导模式（列文森三原则与徐盛桓模式）的分析来说明问题。（钱冠连，1994a）

1. 列文森三原则对照应的部分语用推导，有成功之处，也有行不通之处

问题是这样来的：A 始方案是以管约条件的 A 条件为基础的方案。A 条件是，照应词（反身代词，相互代词）在最小管辖范围内受限制，即与所属小句的主语同指。因为反身代词语义较强，在能用它之处用了语义较弱的代词，而（himself, him）[自己，他（宾格）] 形成荷恩级差，就可以根据量原则的基本思路"说弱听不出强"推出同指已被否定，如 John（i）likes him（ii）与"张三（i）喜欢他（ii）"中代词是异指的。这种情况换一句话说就是"代词在最小管辖范围内自由（不同指）"，这原本就是管约条件的 B 条件了。至此，汉语与英语句子都没有发生问题。

往下，在解释另外一些句子的时候，根据列文森三原则推导出来的结论是不同指，而根据语言系统得出的结论却是同指。到底是哪一个对？（程雨民，1993；钱冠连，1994a）遇到下面的汉语句子就更困难了（程雨民，1993）：

(1) 他$_1$说他$_{1/2}$缺乏能力。
(2) 他$_1$说自己$_1$缺乏能力。

按照量原则推理（说弱听不出强），"自己"语义较强，"他"语义较弱，而（自己，他）是荷恩级差，在两者都能用的位置上用弱项"他"的（1）句，只能是"他$_2$"（与主句里的"他"异指）。可是，汉语的事实是，"他$_1$"也常见，即同指也常见。怎么办呢？

列文森对此又有一个说法，便是，量原则所区分的不一定是指称的对立，也可能是显示"言语传递角度"的有与无。汉语的反身代词可以长距离地使用，此时量原则所启示的含义就是在言语传递角度之内，即如（2）句内，从言语内的角色"他"出发，用"自己"来同指；（1）句内则从说话人或写话人的角色出发，用"他$_1$"来同指。

引入言语传递角度就能逃出困境吗？未必。

"首先，语内角色的角度和说话人的角度是不相干的两个角度，不能说语内角色的角度蕴含说话人的角度"（程雨民，1993），但是按照荷恩级差的要求，强项必须蕴含弱项，既不能蕴含，怎么能形成荷恩级差？其次，我们说从"一些"中可以推出"不是全部"，那就是说，用"全部"或"一些"，真值条件各不相同。但是，无论用语内角度或非语内角度都并未影响真值条件。

而且，还有其他麻烦不能解决。

本来，用规则来概括语言运用的多样性是很不容易的。会话含义是个或然的东西，随时可以取消，通过语用规则得出的也只能是几个照应的优先解读，最终还得在语篇中寻得解释，在实际交际中还可以证明这个语篇解释也是错误的。

这样看来，复杂的语用推理过程并没有更确切地描述照应关系。吃了十分的力，并没有讨十分的好。

2. 徐盛桓语用推理模式

徐盛桓（1993a）给出的语用推理模式大致陈述如下：

（一）推导过程……（二）实施规则分方式原则的实施规则……，量原则的实施规则……（有六道推导公式），信息原则的实施规则……

这个模式的特点是理解深入细致，有不少精彩的说明，如量原则的推导的实施规则有六个公式，可谓细致。又如，三原则的推导过程的图式说明很精彩：

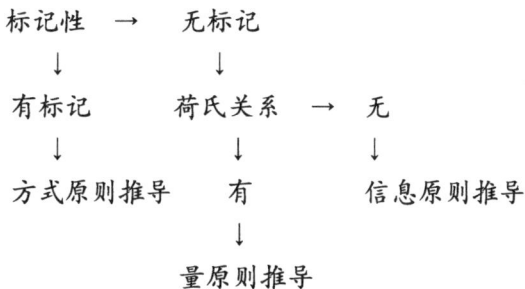

这样，列氏三原则的纵横关系弄得清清楚楚了。现在，我稍加改造，变成：

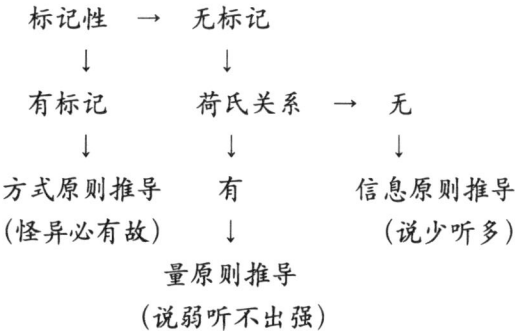

加上这样的说明，既保留了原来三原则之间清楚的关系，又反映了说与听的实质关系，便于记忆。

另外，徐推导中的常规关系中共轭关系的说明，许多中文例子，都有参考价值。

但是，可以说，徐模式有道理，但徐模式不能实施。这是一个悖论。帮助理解列氏三原则可以，推出会话含义还缺少许多许多的东西。而这些东西是无法在形式化模式里反映出来的。

3. 上述语用公式的麻烦

麻烦的问题之一，会话在事实上是不是服从成文规则的管束？从来没有人靠会话规则来与人进行言语交往。会话无固有结构，也没有相关理论管住它；会话并不服从成文规则的管束。任何人的会话都不能照规则办事。规则也不能产生相应的话语行为。行为也不会因为有规则而去迎合它。会话分析学家们所制定出来的所谓规则，任何人都不曾遵守，也不会被遵守。说"会话无结构"，有点过火，但他的第二个观点，却诚然如此。

问题在于，语境干涉是千变万化的，智力干涉是瞬息万变的，附着符号束的参与也是森罗万象的。成文的规则概括不了如此这般的两个干涉与一个参与。

麻烦的问题之二，语用公式是不是越细致越好？国外有人批评列氏三原则太繁琐，认为一定有一个原则将量原则与信息原则统一在一起。

在语用领域，人们总是自觉或不自觉地遵守吉卜夫的"最小人为用力"或者"费力最少"的普遍原则（Zipf，the Zipfian universal principle of least human effort）。威尔逊与斯波伯也想只用一个归一的原则，那便是相关准则。所谓的 SWR（Sperber，Wilson，Relevance）推导，即说话人总是努力表达出与听话人最相关的命题。这表明语用学家们的一种信念与感觉：言语交际应该是简单的。

最重要的问题在于，是不是公式越细致就越反映了智力干涉会话推理的过程？恰好在这个最要命的问题上，是一个否定的答复：**大脑的模糊推理与细致是不相容的**。有一个误解是，模糊推理就是不精确，就是不好，就是缺陷，就是人的无能。殊不知，大脑的**模糊推理本身就是一种科学的推理**，该用模糊推理的时候搞精确推理，不仅速度慢，最致命的是不能解决问题。例如，通缉令上说某逃犯相貌特征如何，口音如何，衣着如何，然后指出"身高约一米七"。身高只会给出一个大概数目，绝不会给出一个确数，比如 1.753 米。如果真的这样给了，那就是一个误导，那就是下决心不让人抓到逃犯。因为在抓他之前，你必须搞清他的身高数字是不是 1.753，而人的眼睛与大脑不能够在远离怀疑人的地方确定这个小数点后面的三位数，只好近身去量，这就等于放跑逃犯。只有科学的模糊思维才能根据逃犯的各种因素在极短的时间之内归纳出某人是或不是的结论。

问题还在于，公式细致是不是总与语境干涉协调一致？有时候，一看语境就明白说话的真正含义是什么，根本就不要什么公式，更不要说什么细致的公式了。

麻烦的问题之三，人们说话只是在使用唯一的一种符号——语言符号吗？

上述推理公式的共同出发点是：人们讲话是在使用唯一的一种符号，

即语言符号。本文作者认为，这是一个根本的误会。

难道人们讲话使用了一种以上的符号吗？诚然如此。本书第三章已经回答了这个问题，下面还要稍微提及。

麻烦的问题之四，语言是很完美的、万能的符号吗？上述两个公式的另一个共同出发点是语言系统明晰而又完善，相信这样一套系统可以解决百分之百的问题，所以就在语言系统里推来推去，企图推出一个结果来。

程雨民（1993）指出，语言系统是抽象、笼统、需在人的智力配合下工作的系统。于语言系统不明晰处，才需要语用推理。这无疑是正确的。走纯粹形式化的途径，走不通。威克斯（Y. Wilks）说，形式化途径只是置说话人意图与听话人知识于不顾的一种以乔姆斯基能力论为基础的抽象而无定向的模式。

语言不是万能的，语符在传达最初由非语符感受（如舌头感受臭腐乳，皮肤感知触电）的认知内容时，一定要产生"换码亏损"（参见第二章第二节）。在换码亏损时进行语用推理，那是正好了。

三、语用推导模式应该有什么样的出发点

1. 简单、自然

真理本身是简单而明白的，公式的形成应是自然的。如果有可行的模式，那模式一定是简单的。一定有一个非常简单实用的会话结构，人人能习得，人人能领会，人人能应用。

宇宙只允许合理的、简单的实体存在。宇宙的本象就是简单的、自然的。

自然语言的表达不会允许复杂的推导，因为语言是人用的，人体本身的结构就是非常合理而对称的，所以它不接受不合理的东西。"道法自然"。**人体要将一切工具，包括用来交际的语言，改造得得心应手。**所有的语用推理都必须得心应手（请参见《美学语言学》第二章第三节：人和语言形式美的同构对应）。

真理就是自自然然发展的。不自然的东西就不可能是真理。自自然然和简简单单会扫荡一切别别扭扭的东西。

要尊重直觉。谁在交谈的时候用理念推衍？用理念推衍的符号是存在

的，如数学公式。言语是即时生成的，伴随着大量的错误和对错误的纠正。纯粹的语用推导公式有认识价值，却无使用价值。

人善于在理智思维中尽可能地放松自己，尽可能使理智思维与直觉的关系契机相合，使理智思考不要与直觉相去太远，使二者相依相顺，和谐自然。如果人为地使逻辑思维固执化、生硬化，使其和潜意识中的直觉相抵触、相背离，那必然在实际上行不通。

2. 与话语同步地释放出的所有信息符号——混成符号束——都应进入语用推理中

上面两个推导公式的共同缺点是从语言到语言。它们的根本出发点是：人们的交际仅仅是在使用单一的语言符号。

其实，言语交际的三相应该是：言语交际＝混成符号束＋语境干涉＋智力干涉。

什么是"混成符号束"？

李锡胤（1994）先生指出："人们交际时发出和接受的不是单一的语词符号，而是混成的符号束，说书艺术家往往充分使用语词外的伴随符号，评论抽象的哲学问题时脸部表情和身躯动作往往帮不上忙。"这段文字说出了混成符号束的几项：语词符号、脸部表情、身躯动作。

本书（第三章）已多次指出，参加交际的有：话语，生命意识的可听表现（即语速、停顿、节奏、句调再加上声、气、息），生命意识的可见表现（即面相与身势）。这两者都是附着于人的符号。

因此，混成符号束＝词语＋附着于人的符号束＋意外符号。

其中，附着于人的符号包括（1）声、气、息，（2）面相身势符号，（3）伴随的物理符号（可以帮助说话的工具，如小棒、笔、各种小物件等）。

在实际情形中，词语和附着符号有相对独立的重要性，意外符号（可以帮助说话的、不期而闯进语境中的人、动物与物体如鸟、云、车、突然下雨、飘来的音乐、救命呼叫等）却被语境吸收了，因为它是属于语境中的非语言部分，我们已经在第二章"语境干涉"的导言中交代过了。

于是我们得到：

言语交际＝混成符号束＋语境干涉＋智力干涉
　　　　　↓
　　　　词语
　　　　附着（于人的）符号束
　　　　意外符号

请看，形式化的语用推理只是在大网络的"词语"这一个环节上进行，真可以说是挂一漏万，这能不能反映出全貌，是很清楚的事情了。这个公式在第六章第四节中被称为"言语交际三相论"，可互为参考。

那么，语用推理能不能跳过其他的符号和语境干涉、智力干涉这些巨大的关口呢？不能。几乎本书的整个纲目都在回答这一个问题。

3. **语境总是干涉语用推理**

第二章就是专门讨论这个问题的，此处不再重复论述。

4. **说话人的智力必须进入语用推理模式之中**

总而言之，要得到话语的特殊含义或一般含义，可以用逻辑的、直觉的、认知的、语言的（句法的）、非语言的（其他符号的），诸般综合手段，允许犯错误，允许改正错误，参照语境，通过智力干涉，找出真实的话语含义，这就是语用推理的基本出发点。

语用推理模式只能大——把握几项基本的出发点，不能小——毋须细致的纯粹的形式化手段。

这几个大的出发点是简单自然，混成符号束同时工作，语境干涉推理，智力干涉推理。

第三节　智力必须进入语用推理模式

一、为什么智力必须进入语用推理模式之中

回答是：语言的诸种性质决定的。

语言的模糊性，使某些语义界限不明确，便要人的智力去梳理清楚。

语言的冗余性，使话语累赘，便要人的智力去删除冗余，留下有价值的信息。

语言的线性，使话语产生歧义，便要人的智力去排除歧义。

语言的离散性，使语言勾画一个事物时，只能得到一个疏略的框架、不周全的框架。它留下的空白太多，疏漏区域太大，据此不能了解一个事物的细微部分。于是要听话人的智力去补充、想象与弥补这样的空白与缺漏。

梳理模糊、删除冗余、排除歧义、填补空白、最终得到准确的话语含义，这便是智力干涉进入语用推理的作用。

可是，人脑是个黑箱，它的工作机理尚未揭开。黑箱弄清楚之前想完成语用推理的形式化描写，几乎是无望的。且不说还有什么混成符号束、语境干涉，分别都是一个巨大的子系统了。

我们的结论是，要得到正确的语用推导模式，必须把混成符号束、语境干涉和智力干涉考虑进去。但是，谁都知道，把所有的因素都考虑进去的公式是永远也找不到的。

找不到就不找。事实上并不真正需要找到这样的公式。我们人类不需要在这个方面向自己的智力挑战。顺手拈来的例子是四岁的小孩也可以和他的父母吵架，他们用言语执行索讨（糖果）行为时从来不需要遵守什么模式。也许我们可以悟出，语用推理本来就不须走纯粹形式化的途径。

德国人文哲学家海德格尔说得好："语言乃是存在的家园。"就是说，语言的本质不在于逻辑，语言并不是逻辑的家园，而是存在——生存形式——的家园。

二、禅门对话中智力干涉（语用推理）的特殊性

我们可以用禅门公案的大量例子来补充现代言语事件。但是，我们要提醒对禅宗不那么感兴趣或不那么熟悉的读者的是，禅门对话与现代言语活动的规律迥然不同，它使用了特殊的语用策略，如喝、棒（打）、拂、杖、烧、翻字诀，又如重复印证（循环印证）、反戈一击、引入歧途、答非所问等机巧策略，因而听话人（也是禅师或和尚或门徒）的智力干涉（语用推理）的机制也会与一般的语用推理机制不同。但是，尽管如此，**既然禅师之间能够交流起来，那他们的智力干涉也仍然会得到符合那种交流规律的"合**

第四章 智力干涉

适感觉"。

对于上述非语言交流的交流，就要有特殊的智力推理去适应。宁有权认为，禅宗的"以心传心""直指人心"，重要的不是语言，而是一种叫"意念力""信息"或"感应"的东西。念佛号、参禅、持咒（不断念诵咒音——钱注）达到光音合一，进入光明大定。佛家有"四禅八定"，随着修行的深入，会出现五眼六通，六通里有他心通，有些人能读别人心里所想。在我们日常言语里也有些表达非语言交流的词语，如"会意""会意地一笑""心领神会""眉目传情"，就证明了非语言交流的存在。因此，他认为，就文学、艺术而言，能"通神"，进入境界的是大家。创作出的作品能"传神"，是艺术，作者是艺术家。修辞里似有"通感"一说。所谓大彻大悟乃完全的天人合一之境界，是智慧具足，能量具足，神通具足，光明具足。无论是渐悟还是顿悟，都有一个聚集能量的过程，开悟（在禅门对话中是识破机锋，即推理成功，明白对方言语含义——钱注）即是大放光明，明心见性。棒喝，断指之类，可能有两个作用：（1）师傅给功，输入能量，即灌顶，加持之意；（2）出乎意外的刺激，即所谓"激灵"，进入"三昧"（梵文 samadhi，心神平静，杂念止息）境界。

念咒（持咒）是什么样的言语行为？在佛门里，词语的意义在思维里起什么作用？南云认为，道家的咒语大多由汉字组成，有明白通晓的意义，比如净心神咒："太上台心，应变无停，驱邪缚魅，保命护身，智慧明净，心神安宁，三魂永久，魄无丧倾。"而佛家的咒语大多是梵音，比如六字大明咒"嗡嘛呢叭咪吽"，在古梵文里的意思是"敬礼莲花宝"。只是在翻译到汉地时，译经师译经不译咒。从这一点看来，译经师已真正彻悟了咒音的真正密意，因为真正的念咒并不在于思维咒音的意义，而是要有口无心，心死神活，是要借咒音直入光明境界。那么从义谛的角度讲净土宗的阿弥陀佛与禅宗的"参话头"是不是也就是持咒呢？

按上述的意思看，佛门（不是道家）里念咒，不在思考其义，而在借咒音（音频）激发心频，以心频带动光频继而光明的一种修持语音方法。就是要让音转化为光，就是要内明发光，进而进入到光明大定中去。咒音不是为召神请鬼而设，这是一种光音的修持。那就是说，念咒是为了要语音，而不是语音里的意思。这是一种自我交流、自我灌输的特殊言语行为。

禅宗公案推理的特殊性就在于，不像一般言语行为那样，只要听话人利用四个基本因素（从一个最基本的事理逻辑出发；凭借已有的知识结构或图式；参考语境；参考附着于说话人的符号束）的能力，就能推出说话人的含义，但禅师的推理却要：(1)对方的特殊刺激（棒喝、拳打脚踢、呵佛骂祖等特殊手段），意外刺激（所谓"激发灵光"）；(2)用自己的特殊灌入方法，如念佛、参禅、持咒、四禅八定、五眼六通、聚集能量、借音频激发心频等，才能进行智力干涉，如果成功的话，最后开悟。如悟性不高者，往往要一二十年才能有所得，有的甚至一生无着。

了解了禅宗对话的智力干涉的特殊性，再看几例（林新居，1994），也许我们能对其推理之奥妙探知一二。

有位和尚从南方来拜访赵州从谂禅师，并讲述雪峰义存禅师和他的学生之间的一段对话。

学生：古涧寒泉时如何？
雪峰：瞪目不见底。（即使你瞪着眼睛看也看不见底。）
学生：饮者如何？（要喝水怎么办？）
雪峰：不从口入。
赵州：（听到这儿，插了一句）不从口入，可从鼻孔入？
和尚：（不服气）古涧寒泉时如何？
赵州：苦。（味苦。）
和尚：饮者如何？
赵州：死。

和尚不容易推测出赵州深刻的禅理。赵是把古涧寒泉比作道的本体，即佛，修道成佛"味道很苦"，而要"喝水"（要成佛）的人怎么办？唯有先"死去"，大悟一番，才能了悟。禅门接人常不说破。让修行的人的心在疑团中苦苦求索，有的僧人因此十年、二十年不悟，一生空等。有的在困惑中挣扎，一旦开悟便深澈自得。

沩山禅师正在侍候百丈禅师。

百丈：你去拨拨炉中，看看是否有火？
沩山：（拨了一下）没有火。
百丈：（深深搜寻，以火箸夹一点小火星）你说这不是火吗？
沩山当下悟入。

这点深藏的火星，也可比之为心中灵火，只要有此灵火在，何愁不见性成佛。这也是需要特殊的智力推断的。所谓"沩山当下悟入",就是智力在进行干涉。

和尚问赵州禅师。

> 和尚：什么是你最重要的一句格言？
> 赵州：我连半句格言也没有。
> 和尚：（惊讶）你不是在这里做方丈吗？
> 赵州：（泰然自若）是呀！那是我，并不是格言。

和尚要听懂赵州禅师的话，必须做如下的智力推理：如有格言，那禅门就会固定化、公式化。禅门没有不变的门路。"做方丈并不是格言"的推理便是如此。

庞蕴在马祖指导下开悟。庞蕴参问马祖。

> 庞："不与万法为侣"者，是什么人？
> 祖：待汝"一口吸尽西江水"，即向汝道。

庞蕴居士顿领玄要。"不与万法为侣"，就是不在万法的变化中，因为自性能生万法，这就是见性成佛。自己做主的人，所以能不与万法为侣。到此境界已是与大道合一，因此能自然涌生"一口吸尽西江水"的大气势。庞蕴所悟者，实际上是经过了一个艰难的智力干涉的过程。

第五章 语用原则与策略

  论述语用原则与策略有两个目标，一是交代这些策略本身，这是语用学本体所必须的；二是通过交代语用策略，说明社会人文网络对人们说话的干涉与影响，从而得到一个理论上的发现：语用学可以看成是人文网络言语学。这是请读者诸君特别注意的一点。

  语用原则和策略，与其说为了交际成功，倒不如说就是接受了社会人文网络（社会文化、风俗习惯、行为准则、价值观念、历史事件等）对人的干涉。

  这里，有必要对"交际成功"下个定义。

  所谓交际成功，是指：（1）信息传输完成；（2）说话人遵守了一定的社会文化规范。两者缺一不可。信息传输完成了并不一定交际成功（交际是双方的事），因为说话人可能违背什么社会文化风俗而引起听话人生气从而导致交际中断。联系本章第六节"语用失误"来考虑交际成功，两者的特点就会更明显。

语用策略是受了人文网络的强迫而采取的应付措施，是不能从文网语阱中自拔的无可奈何的顺应，是各种体系、制度和关系干涉出来的措辞，是"话在说你"式的话语。

因此，下面将要讨论的一切语用策略举例都不是别的，就是社会人文网络干涉的例子。也就是说，得体、谢绝夸奖、虚抑实扬式的恭维、把对方当第三者、把自己当第三者、借第三者的口说出自己的意见、各种言语行为与礼貌策略伴随、运用权威、回避、表面一致而事实否定、以行代言的答复、禅宗公案极端手段等策略以及假信息策略、冗余信息策略、容忍语用失误策略，都不过是社会人文网络逼出来的策略。从积极的意义上说，它们通通都是人们为了求生存而采取的适应策略。所以语用学还可以称之为"人文网络言语学"。以调侃的语气说，它们通通都是"狡猾狡猾的"！

语用原则，是指说话如不遵守它们便引起交际失败的一套规则。

语用策略，就是话语策略，是指说话遵守了它们便使交际更顺畅、使说话人的行为更符合社会规范的一套措施。

语用原则与语用策略的区别是明显的：语用原则管辖交际如何不失败，语用策略管辖交际如何更有效地接近目的。但是，实际上，在讨论语用学问题的过程中，这两个重要术语经常被人混淆。

国外，利奇在 *Principles of Pragmatics*（《语用学原则》）一书中将合作原则单列，得体准则算第二，再下是人际关系修辞法：礼貌准则、礼貌的元语言方面、讽刺与玩笑（irony and banter）准则、夸张与意重语轻准则（hyperbole and litotes）[1]。这样分是有道理的。

人们在说话时，总是自觉或不自觉地采取一定的策略与恰当的对策，这一切都是为了实现交际的总体目标。所以，**语言交际，实际上归结为策略的运用**。

为什么会有这些或那些语用原则与一套套的语用策略总结出来呢？有两个原因。一是许多说话人不约而同地使用同一种对策与措施，这就不可避免地将大家都选择的那一种或那一套筛选出来。二是有一些对策与措施是经过大家一再使用而得到强化与固定了的。然后，是理论解释者，将一

---

[1] 意重语轻准则，也是间接肯定法，例如，不用"我将很高兴"而说"此事结束后我不会难过"，不说"此事很困难"而说"此事不容易"，用"你真不容易呀"代替直接表扬的话"你干得真不赖"，如此等等。

般说话人心中有而书上无的对策与措施，抽象成为原则与策略。

这一过程中，有两个对语言科学非常重要的东西——共同选择与强化作用。这两个现象是我们在语言学各个领域的研究中屡见不鲜的，在解释语用现象中同样非常活跃，反复出现。

第一节 目的—意图原则：兼论合作不必是原则

一、目的—意图原则的定义与由来

语用学对于言语交际的管制，只须两个原则便可实现。一是目的—意图原则，另一个是相关原则。

格赖斯的合作原则可以不必是原则。而且，如果说话人心中有了说话目的的话，在会话中根本毋须考虑合作与不合作。

有了交际的总目的，就会在说话中将目的分解成一个个的说话意图贯彻到话语中去，交际就能顺利进行下去。如果没有交谈的总目的，就不可能在每一个话轮中将目的分解成为意图，于是真正意义上的交际就无法开始或者中途失败。这样就必须把目的—意图驱动过程作为原则来遵守。这便是目的—意图原则。

为了反驳上述定义，最容易找到的证据是闲聊。反驳的人说：闲聊无目的，它照谈不误。其实，闲聊也有目的，闲聊的目的就是闲散、轻松与取乐。所以它的轨道就是无轨道，东一句西一句就是正宗的闲聊形式。于是谈话可以进行下去。但是，不能把松散的说话形式误当成无目的。一言以蔽之，你不能说世界上存在着无目的的交谈。

语言交际是受目的—意图牵引的，要达到目的，你就得采取包括合作态度在内的一切手段，用不着单独强调合作是原则。事实上，不遵守所谓合作原则四个准则的交谈是大量的——如果不是比遵守四准则的交谈更多的话。我曾对《庄子》中的对话进行过穷尽性的调查，也对日常生活话语搜集过大量的资料，发现大量的不合作对话，而交谈照谈无虞。这是什么原因呢？《庄子》是文学作品，它的对话对形成语用原则帮不了什么忙（但它可以作为语用学与文学的体现关系的范例，将在第六章第二节讨论），但日常生活话语中的不合作事实不可不予理睬。

167

深究其原因，在于正常的交谈不受合作与否的影响，只受目的—意图的驱动。

也就是说，交谈中不合作的出现是正常的、合乎规律的事件。

有人反驳，你指的是违反合作原则是为了产生会话含义？不。我指的就是那种不产生会话含义的不合作的话轮照样使交际成功。

这样一来，合作原则就是多余的东西了。诚然。

非常滑稽又非常合逻辑的是，**合作原则摆脱不了不合作**。

目的—意图原则之所以必要，就是因为合作原则有一个至关重要又无可奈何的问题解决不了。这便是：合作原则解释不了不合作现象。

合作原则解释不了不合作现象吗？诚然。说清楚了这个问题，就说清楚了目的—意图原则的产生基础了。

二、合作不必是原则

对于合作原则的疑问，我在 1989 年就产生了。疑问过后却不敢从事实出发来否定合作作为一个原则的必要性，但又摆脱不了大量不合作事实的纠缠，只好下了一个自相矛盾的结论："现象是'不合作'的，实质是合作的。"（钱冠连，1989b）无论如何，当时对不合作事实的解释却是有道理的。

下面是"合作不必是原则"的种种事实。

1. 第一种：量的不必合作（参见本章第五节：适当冗余信息策略或冗余信息论）

说话双方提供的信息不按需要，有时超出、有时不够，却仍然使双方信息畅达。信息量不够却能实现交际过程（成功）的情况有以下三个方面。

（1）期待对方补足。说话人给出了少于需要的信息，有意让听话人去补足。这是一个吸引对方加入同一思考圈的心理。这种心理色彩造成两种谈话效果：和谐与非和谐（乃至对立）。就听话人而言，因信息量不足，他被迫动用想象、猜测来填补少给的部分。在某些场合，这比说话人自己全部给出还要好。这时，听话人的补足与说话人没有说出口的话语之间会形成互补，使思想交流更为丰满活跃；有时会形成差异，但这种差异正是说话人所预计到、所允许的差异。听话人的补足，可能明补，即将补足的话说出来；也可能是默补，即不说出声来。就说话人的话语而言，违反了量准则，少给了信息，但并没有妨碍达到共同的会话目的。因此，这里发出的规约含义是受目的—意图驱使的。

> 语境：1996年2月10日，广东电视台都市台现场直播中英台球比赛，本书作者与其子在电视屏幕下讨论台球规则。
> 父：看来打黑球与蓝球是过渡的，黑与蓝进洞以后还要拿回原处，白球即打子，过渡到了新的位置，好打红球，红球进了才算得分。（说到此时刚好有一方黑球打进了），下面该……（望其子） T1
> 子：该拿回台面。 T2

话轮1中，最后一句话信息不足（违反量原则），并不是想造成会话隐含，它只有常规含义，但并不妨碍交谈成功。证明是，听话人（儿子）自己的补足（是明补，即将补足的话说出来）补得完全正确。

以谈话效果而论，"期待对方补足"的第一类是和谐补足，其特点是谈话气氛和情绪和谐。演讲、大报告、舞台表演（以上说话人与听话人角色相对固定，不容变换）、课堂教学、讨论、谈心、闲聊、劝说、商议、密谋、打电话、咨询、采访等（以上说话人与听话人角色不能固定，不断变换）需要的正是这种和谐气氛，说话人常少说一些话，引起对方的和谐补充，绝非偶然。说话人往往把容易猜出（即补足）的话语扔给对方去猜（如上例）。说话人可能另有他意，也可能只有规约含义。上面的一例，少给的信息，并没有什么隐含意义。从效果看，这是和谐补足。

以谈话效果区分"期待对方补足"的第二类为非和谐补足。其特点是谈话情绪及气氛不和谐，甚至敌对。非友好谈判（如交战国或两个冤家）、审讯、查问、吵嘴、相骂、辩论等这一类不足的信息往往有言外之意。这些言外之意，可能是讹诈，可能是等待、威胁，可能是难倒对方，也可能是说，我没有说出来的某某事，你应该明白，最好是知趣些。这样产生的会话含义，是格氏合作原则最有活力的部分。

（2）求简求省。引起话语信息不足的另一个重要原因是口头交际中有求简求省的天然趋向。这种信息缺漏非常普遍。而且，求简求省的信息短少一般不具有会话隐含，只有规约含义。求简求省必须满足三个或三个之一的条件才具有口头交际畅达的效果。牺牲共同的会话目的的求简求省，要出现交际麻烦。三个条件是：①有证实作用的会话背景（包括非言语行为）做依托，如下例1；②有话前行为做依托，即会话前早就发生或存在着的事件和情形做依托，如下例2；③在同一个会话回合中有先行话语或后行话语做依托，如上面讨论台球规则的对话中，"下面该……"之前有先行话语做了依托。

 语境：20世纪70年代，湖北恩施地区医院中医部。在中医院取药窗口外，等待取药包的顾客与窗里的司药互不见面。本书作者亲见此事。

　　顾客：姓刘的抓了没有？　　　　　　　　　　　T1
　　司药：姓刘的抓了。（递出药包）　　　　　　　T2

话轮1中"姓刘的"信息显然不足，将漏掉的补全起来应是"姓刘的药包"。但语境充分，话轮1的求简求省应该说是成功了，司药的行为反应（递出药包）清楚地证明了这一点。有趣的是，话轮2的会话语境若换成公安局刑警队在紧急行动中，那情形完全是另外一码事了：姓刘的上了手铐。这说明会话背景对求简求省具有重要的证实作用。

例2　语境：某家正谈论着换液化气罐的工人答应三点钟上门来。门铃响。

　　丈夫：来了。
　　（妻子连忙走进厨房。）

什么"来了"？丈夫给出的信息不足，但他求简还是成功了，证明是妻子的行动紧扣丈夫话题。原因是有话前行为（议论某工人应该三点钟搬来液化气罐）做依托。这说明话前行为是求简求省的条件之一。

　　求简求省还有这样一种情形，即使三个条件都符合了，信息传达也算成功，但交际却算失败（请见本章"导言"里"交际成功"的定义），原因在于说话人违背了社会规范，如礼貌。这几年报上不断提出批评的一个语言事件是：储户要存款，收款员问"要死，还是要活？"储户也完全有补充省去的话——两个"期"——的能力，但听着总觉受了侮辱，因为收款员在暗中可能以这样的恶作剧形式求简："你要死，还是要活？"

　　求简求省还必须建立在互相知信的基础之上。只有双方心中有数，话语缺漏才不会妨碍会话进行。这便是通常说的"默契"或"心照不宣"。上面三个例子均表明了这一点。因此,少给信息这种无视合作的正常现象往往发生在关系极亲密的人之间,"心有灵犀一点通"嘛。这再一次证实了合作不必是原则。

(3)客观剥夺。信息量不足的谈话有时是客观因素不允许所造成的。危险威胁、突然事故、生理缺陷(如口吃、耳聋、舌疾)都可能引起信息不给足。或不敢将想说的话说全,或话语被打断,或不能说全。它不具有会话含义,剩下的话语只具有规约含义。

信息在量上的不合作情况,即超出需要的量的传递也能使谈话进行下去的情况,本书将在本章第五节"冗余信息论"中详细提及。这里,先提出如下几点。

第一,信宿(即听话一方)要求冗余。这里所说的信宿不仅指当面的说话人,也指不见面的说话人(现代通信手段的另一端受话人)。信宿要求说话人多给信息的现象叫信宿要求冗余。要求之一是听话过程中的遗漏补偿。听话一方是有生理缺陷的人(如耳聋)、生理状况不佳的人、知识水平低下的人,他们在说话人发话时,总会有什么东西听不全、抓不住。说话人要与这些人交际成功,非违背"信息不要过量"的准则不可,非如此不足以补偿信宿接受过程中的种种遗漏。这没有言外之意。要求之二是着意打听消息的人总希望消息多多益善,这种愿望可称之为"多余消息欲"。问路,打探消息(军情、商情、政情),客人造访,旅途闲聊等,都有这种"多余消息欲"。可以设想以下这样一个言语交际事件。

> 顾客:有瓶胆卖吗?
> 卖主甲:没有。
> 卖主乙:没有。刚脱手。您晚了一步。
> 卖主丙:没有。刚脱手。您晚了一步。南京东路三号有的,您快去。

按量准则(不得超出信息需求量)衡量,卖主甲的答复可以得满分。按顾客"多余消息欲"衡量,卖主丙的答复最佳——而丙却违反了量准则。这样的评论与格氏的量准则刚好相反。最不按合作原则行事的丙却最能符合顾客交际目的。这足以再次证明,合作不必是原则。这样戏剧性的语用结果来自为交际对方着想。

第二，信道损耗补偿。交谈时有信道损耗，因为信道不可能处于封闭状态而受到保护，信源即说话人就得主动补偿。有线或无线电话、对讲机、卫星电话、录音电话、气球通信、月面通信、流星余迹通信、对流层散射通信，以及两人在高处的对喊对唤，都因为各种可能的干扰——磁爆、停电、零件损坏、外来电波冲击、太阳黑子爆炸、极光、猛烈核爆炸——耗掉一部分信息。可以说，有干扰就有信道损耗。信源（即说话一方）补偿的办法是：关键话语重复，使用一定容忍度的冗余信息。此种多余话语也没有会话含义。

第三，功能性过剩。说话人处于特殊的心理动态和情绪之中，他不由自主地多给信息，如因害羞而饶舌，因兴奋而话多，因紧张而不得要领多说话，因奉承而东扯西拉，因缺乏把握而反复诉说等；说话人出于某种目的也可以多给信息，如戏弄逗耍、苦心劝诫、急切说服、拖延时间、斡旋敷衍等。功能性过剩所多说的话没有言外之意或画外之音。

2. 第二种：关系上的不必合作

答非所问或话不对题，按说是违背合作原则的关系准则的，却依然使说话双方能相互配合下去。这分为以下两点叙述。

（1）思路大跳跃。话不对题的原因之一是思路大跳跃，话间环节抽掉太多，对话的上言下语无论在形式上或在内容上暂看不出黏合关系，始发语和应答语在意义的联系上暂时中断，第三者无法用想象来填补鸿沟。但交谈双方的超语言因素和会话背景迅速帮助建立起始发语和应答语之间的联系。应答语无言外之意。上面例中丈夫的话"来了"如让第三者听，那简直成了谜语。话间环节缺漏太大了。此种情况只有规约含义。

（2）回避现象。假装思路不相涉，实则有意回避，造成幽默、推诿或其他的特殊效果，表现为话语不相关。

> 语境：1961 年，华中师范大学学生餐厅，学生向厨工递碗打稀饭的同时必须自报所需分量。但一学生忘了报分量。
> 厨工：（气势汹汹地）怎么不开腔？
> 学生：（反感于厨工的凶恶态度）开枪？开枪把你打死了怎么办？

厨工的思路是要求学生开口报所需几两稀饭，学生明知，但为了向工友的恶劣态度表示不满，便假装思路不相涉：自己利用谐音开辟另一条思路。

3. 第三种：方式上的不必合作

根本原因之一，是人类思维方式中的模糊思维的存在。它与精确思维是同时并存的、科学的、正常的思维。不必以模糊思维为缺陷、为遗憾。这种思维方式反映在言语中，就会有方式上的模糊表达。

根本原因之二是，说话人心态不清楚。明明是不清楚（模糊、冗长、歧义与无序）的言来语去，但交谈双方却可以沟通。这是一种微妙复杂的沟通方式。

说话人处于一种犹豫不决、进退两难的心态中，他的话语方式自然会是模糊、冗长、歧义与无序的。但他的话语并没有什么言外之意。因为说话人大致上有个目标，听话人身处其中，总还能明白云遮雾罩之后的东西是什么。研究这样的对话是耐人寻味的。中国人常常随口邀请对方去自己家里玩玩，听的人常说："好，有时间我一定来。"这话在今日的中国，几乎成了谢绝的同义语。话中的"话眼"很清楚：有时间就来，没有时间当然不来了。在这个意义上说，这个回答是清楚的。难以捉摸的是这样的回答："好，我是一定要去的，不过得看情况。"前面很肯定，后面却是否定，这种两可的许诺只有说话人自己才明白是怎么一回事。

正式交谈场合，人们着意利用模糊、歧义、冗长和无序，那一定是另含它意。非正式交谈，人们与不清楚结下了不解之缘。"人类生活中不能没有模糊语言。不可能处处用精确语言代替模糊语言。模糊观念要比清晰观念更富有表现力。"康德所言不错。甚至我们还可以得出会话人际关系与无序之间的反比关系：会话双方越是亲近，会话越可能无序；会话双方越是疏远，会话越可能有序。

4. 第四种：功能假信息论

说话人说假话，按格氏的说法，是违反了质准则。这不外两种情形：利害假信息与功能假信息（这将在本章第四节"假信息策略"中详细讨论）。

说话者若释放利害假信息，无论施利与施害，听话人暂时不知道，这情形应该归属于格氏所说的"悄悄地不加声张地违反"质准则，但谈话还是可以照常进行下去。

说话人若是释放功能假信息，就会有丰富的言外之意，这是窄式语用学正当研究对象，那反而是最巧妙的合作了。

上述两种说假话并不妨碍交际进行下去的事实说明了什么问题呢？

这只能有一个结论：本来就不必时时处处说真话。说假话有时是必要的。

"合作不必是原则"的总结：上面分四种情形（先后按量、关系、方式和质）讨论了不合作却未能使谈话失败的事实。这事实背后的原因何在呢？

原因就在于有补偿、纠正、证实、澄清手段伴随话语发生。

话语的补偿、纠正、证实、澄清手段是：（1）非语言媒介，如面相、手势、姿态、距离、眼神等；（2）常识、逻辑、常规等；（3）谈话人的话前行为或一贯行为；（4）活生生的语境。正是这些话语的伴随手段对不合作事实进行了调节而得以使交际达到目的。**这些手段，一方面，从总体上使合作原则的一切漏洞得以真正的补偿；另一方面，反倒是彻底证明了合作不必是原则。**

合作不必是原则的最后依据是，谈话本来就是在目的—意图的驱动下实现的，与双方是否持合作态度基本无关。

下面就来正面论证"目的—意图原则"。

三、目的—意图原则

目的是指谈话所要达到的总目标。

意图是由目的分解而来的分配在一个一个话轮之中的局部意向。

如审问囚犯，总的目标是让囚犯供出犯罪事实。于是审问人将这一个总目标化成许多局部的意向分配在一次一次小的话轮之中，很可能要绕许多弯子，使用许多诱导或威胁策略，才能达到总的目标。主考人考一个应考人，也有同样的情形：总目标是评估应考人的才能与综合素质是否胜任某一岗位，于是一次一次的问话中都有一个局部的意向需要贯彻。生意上谈判双方更是如此。

只要是受目的驱动的谈话一旦开始，自然就会让话语与听话人相关。

下面是两个电话对话的实况录音。

例3 语境：1995年11月2日，广东人民广播电台新闻台新闻专线：法律咨询。（记录中的语病，按原样保留）

客：喂！　　　　　　　　　　　　　　　　　　　　　（客1）
主：喂！您好。
客：新闻台吗？　　　　　　　　　　　　　　　　　　（客2）
主：喂，新闻台。
客：我想请教一下钟律师呀。　　　　　　　　　　　　（客3）
主：请问怎么称呼您？
客：我姓廖。　　　　　　　　　　　　　　　　　　　（客4）
主：廖先生，您谈。
客：我有一个朋友，他是在湖南，他就是办了一个牡丹卡，在外他取了钱，买了东西，没有（？）藏起来，就到我们这里来了。我们不知道是办这个事呀，衡阳公安局来抓人的时候，把我这个朋友也抓走了，抓走了以后，另外一个朋友也抓走了。罚我那个朋友罚了一万元钱。我们朋友不知道。他说我们朋友没有举报。他罚了钱写（成是）"赃款"，不写"罚款"，这个事怎么办呢？

　　　　　　　　　　　　　　　　　　　　　　　（客5）　T9

钟：廖先生啊，我刚才，你谈的细节我没有听清楚。你讲的是因为牡丹卡，牡丹卡怎么回事呀？

　　　　　　　　　　　　　　　　　　　　　　　（钟1）　T10

客：我的朋友办了一个牡丹卡，在外边买了东西么，买东西没把钱还给银行么，银行就说他……
钟：那就属于透支啦。　　　　　　　　　　　　　　　（钟2）
客：透支啦。银行说他是骗子。
钟：这一个中间就要掌握这样一个情节。　　　　　　　（钟3）
客：嗯。
钟：看是属于善意透支，还是恶意透支。如果属于恶意透支，如果数额比较大，这就够上违法，甚至犯罪了。

　　　　　　　　　　　　　　　　　　　　　　　　　（钟4）

客：嗯。违法犯罪了。他大概九万元左右。
钟：如果像我刚才谈的，如果数额比较大，就牵扯到这样一种性质了。那么这样一种性质，作为一个执法机关，有权做出处理决定。那么说，按照行政诉讼法的程序，来进行这一方面的工作。　　　　　　　　　　　　　　（钟5）

客：我这个朋友，办卡的人抓进去，我们不怪。……另外一个朋友也抓进去了。

主：那么另外这个朋友有没有参与到这个活动？

客：没有。他在……干活。

钟：如果没有参与到的话，……　　　　　　　　　　（钟6）

客：（插话）他罚了一万元钱。

钟：如果你谈的情况属实，那你向执法机关提出有关的这个情况的证明，对吧？那么反映这种实际情况，相信执法机关会公正地处理这个问题。　　　　　　　　　　（钟7）

客：他打了一个条，用一万元钱买出来，他不是写"罚款"而是写"赃款"。

钟：这个问题呀，就是说，首先要明确这个问题的性质。这个的性质明确了，这个款到底是赃款还是罚款，那么就清楚了。这里首先谈不上是罚款。　　　　（钟8）　T26

主：廖先生，您的问题谈完了吧？

客：谈完了。谢谢您。

主：那么，好，也谢谢您打电话。　　　　　　　　　（完）

这次谈话总的目的，客与钟律师早在心中都抱定了。客是讨个主意以解决法律问题（即客5或话轮9中提出的问题——"他罚了钱写'赃款'不写'罚款'，这个事怎么办呢？"）。律师的总目的是出主意以助人解决法律问题（什么具体问题他并不知道）。客将自己的总目的化为一个个的意图，这就是客1、客2、客3、客4的过渡，直到客5才正式提出那个具体的总目的让律师去解决。钟律师是什么时候才提出自己的总回答（"这里首先谈不上是罚款"）呢？是在钟8或话轮26。为什么这么迟呢？也就是说，钟律师是在过渡了钟1、钟2、钟3、钟4、钟5、钟6和钟7之后，才接近自己的总目的。本来，客5，即话轮9就已经把问题交代得很清楚了。可是钟律师在钟1，即话轮10不针对题目答复，而是重新提出一个新问题："细节没听清楚，……牡丹卡怎么回事？"按所谓合作原则，这就违反了关系准则这一条。其实，律师到此时对谈话目的非常清楚，就是回答"被罚了钱不写'罚款'写'赃款'怎么办？"但是，苦于他不能如此莽撞、如此冒失、一上阵就拿出一个解决方案,这往往是律师的一大失职。所以,他不得不将目的分解成为几个意图在多次的话轮交换之后,他才下了结论——"这里首先谈不上是罚款"。

上面这个分析有三点启示:

第一,只要受目的驱动,尽管在个别话轮中暂时游离上言下语或话题,但或迟或早就会使谈话走入正路并完成交际任务,也就是说,总会是相关的。从这个角度上说,相关原则比所谓合作原则更切合实际。最佳相关的话语是,一方面,产生了足够的语境效果(语境效果越大,话语越相关);另一方面,处理时费力最小(处理时费力越小,话语越相关)。受目的—意图驱动的话语,总体上来讲,是具有足够的语境效果的。

第二,实现全部任务之前,一定是将总的目的分解为一个一个的意图体现在话轮里。

第三,谈话人受目的—意图驱动,自然会有恰当的策略,不必着意考虑自己是不是在与对方合作。**话语是跟着意图走的。语用策略也是跟着意图走的。**策略恰当,则交际成功;策略不当,则交际失败。

为了再一次验证这上面三点启示,我们再分析一个会话实况录音。

例4 语境:与上例同一天,同一个咨询节目时间中。(记录中的语病,按原样保留)

主:喂,怎么称呼您? (主1)
客:唉,我姓杨。 (客1)
主:杨先生是吧?你有什么法律方面的问题可以咨询一下我们的钟律师? (主2)
客:唉,我就是在太和打工差不多一年多了拿不到钱,我们都到,我到法院去,劳动局搞那个仲裁,搞那个仲裁,劳动局啊,我们现在是没有合同。没有那个合同。他停工的时候给我开了一个结账单,结账单,那个劳动局说没用。劳动局(说)没用。我就说……他说要我到法院里去起诉。起诉,法院不受理,我现在很困惑。究竟不知道怎么办? (客2)
钟:杨先生啊…… (钟1)
主:那么,这个问题让钟律师给您出一出主意,看看应该怎么办? (主3)

钟：杨先生啊，你所打工的，这个，是个体户呢，还是，这个，企业呀？　　　　　　　　　　　　　　　　　　　　（钟2）

客：个体户。　　　　　　　　　　　　　　　　　　　　（客3）

钟：个体户？那么，如果是个个体户这种情况，那么你必须先向劳动局申请仲裁，仲裁不服，才可以到人民法院起诉，也只有在这种情况下，人民法院才能受理你的案件。（钟3）

客：那么我们已经去仲裁过了，仲裁部门说，没有合同，他说你只有一个结账单据，没用的。　　　　　　　　（客4）

钟：你只要提出你和个体户存在的这种劳动的雇佣关系，那么就可以了。　　　　　　　　　　　　　　　　　　（钟4）

客：但是，我们，我已经去了啊。已经去搞过了，他说这是搞不了的，那个仲裁委员，仲裁委员，叫我们直接到法院里去起诉。到……　　　　　　　　　　　　　　　　　　（客5）

钟：直接到法院里起诉，这一点是没有法律根据的。那么，就像我刚才谈的，你只要拿出什么呢，证明你和个体户之间存在这样一种劳动关系的证据，那么，劳动部门就应该接受你（提出）的仲裁。　　　　　　　　　　　　　（钟5）

主：嗯，那么，钟律师，您能不能给他举一两个具体例子，什么东西可以证明到他和雇佣者的这种劳动关系？　　（主4）

钟：最常见的就是合同。如果没有合同，你比如说你可以找一些工友或者其他的一些见证人。　　　　　　　　（钟6）

主：就是人证是吧？　　　　　　　　　　　　　　　　（主5）

钟：嗯，嗯，对，对。只要是能够证明你和这个个体户之间有了这种关系的其他材料啊，包括人证物证啊，都是可以的。

　　　　　　　　　　　　　　　　　　　　　　　　　（钟7）

主：嗯，嗯，那么杨先生，在这儿我还想提醒你一下，以后再去工作，或者有这种劳动关系的时候，最好先签订劳动合同，以免事后遇到这种情况给你带来一些困惑。　（主6）

客：哎。　　　　　　　　　　　　　　　　　　　　　（客6）

主：另外，还有一点，就是，像您说的这一类劳动争议是有一定程序的，一定要先通过仲裁，然后才能到法院去。好吗？

　　　　　　　　　　　　　　　　　　　　　　　　　（主7）

客：我到仲裁没结果啊。　　　　　　　　　　　　　　（客7）

主：那么，刚才钟律师也给你讲了要出示和雇佣者的这种劳动

关系的这种证据，比如你和工友，去向劳动部门进行证明
　　以后，劳动部门是会进行劳动裁决的。好吗？　　　　（主8）
客：我去那里搞了，他那里理都不理我们啦。他叫我拿回去，
　　写封信去，我写信……　　　　　　　　　　　　　（客8）
主：这样啊，杨先生，钟律师已经给你讲了，你要出具这种和
　　雇佣者发生劳动关系的证明材料，才可以，因为你当时没
　　签订合同吧？是吧？好吧？那么您找些这样证明材料，然
　　后才去仲裁。好吗？谢谢你打来电话。　　　　　　（主9）

　　客和钟律师各自的目的，很清楚，不再重复。咨询人很快就在客2亮出了自己的具体目的：做工拿不到钱，到法院告状法院不受理，怎么办？但是钟律师和上次一样，必须进行充分的口头调查才能做出符合法律的判断，他将自己的目的分解成一个个意图在几个话轮中体现以后，直到钟5才亮出自己的法律建议：向劳动部门出示和那个个体户的劳动雇佣关系，劳动部门仲裁，然后才是向法院起诉。有戏剧性的是，主持人考虑到咨询人对法律太生疏，便提出一个新的建议——让律师举例说明什么可以做雇佣关系证据。于是钟律师在钟6提出，如果没有合同，还可以找其他人证物证。进一步，主持人在主7暗示这次谈话应该结束了。可是，客人不让结束。他加了一句"我到仲裁没结果啊"（不知什么原因他回避回答他是否向劳动部门出示过雇佣关系证据），想再次提起话头，主持人知道这个话已经没有讲下去的必要了，他看出客人回避了是否出示过雇佣关系证据，再谈下去就会是绕回原地。因此，主持人在主9稍带强制地有礼貌地结束了这次电话咨询。

　　主持人也有他的总目的，那便是帮助咨询人和被咨询人达到各自的目的，因此，他也是受这个目的驱使，左右迂回，一个个的话轮意图分解了总目的，一直到主9才完成最终任务。

　　在这段谈话中，有几次"摩擦"，却没有形成终止谈话的危机。第一次，钟1抢客2的话轮，虽然有点突然，但客人毫不在意，道理很简单：他就是来找钟律师讨主意的呀，钟律师急了一点也是为了客人的好；第二次，主3抢钟1的话轮，那就有点儿唐突了：钟律师是主角儿。但是也没有关系，因为主3的话语抬举了钟律师："请钟律师出主意。"第三次，钟5抢客5的话轮，关系也不大，因为，客5的话语已经基本说完，而且，钟5的话语是纠正客5的不妥：不能直接到法院起诉。第四次，主9抢客8的

话，问题也不大，因为客8自己仍然不谈是否出示了雇佣关系的证据，连广播台的其他听众都觉得客人完全没有法律程序意识，再谈下去必然是回到原处：必须出示雇佣关系证据。这四次"小摩擦"没有中断掉这次谈话，这再一次说明：

第一，目的—意图驱动原则是一个根本的会话原则，只要忠实于它，或迟或早，就会使话语相关。

第二，钟律师经过了四次意图体现以后才说出决定性的建议。主持人的意图体现次数更多。这再次说明目的和意图的关系：意图是由目的分解而来的分配在一个一个话轮之中的局部意向。

第三，策略是为了贯彻目的—意图而采取的措施，它是自然的使用，不必考虑自己是不是在与对方合作。

四、意图在语用学中的分量

如何判断某种研究是否属于语用学范围，利奇曾提出过四条标准：（1）是否涉及说话人与听话人；（2）说话人的意图和听话人的解释；（3）语境；（4）施事行为。他说，如涉及其中之一，就是语用学研究范围，可见意图在他的心目中，具有举足轻重的地位。

可以说，话语是跟着意图走的。语用策略也是跟着意图走的。**有了意图，说出的话才可能产生最佳相关效果。**从这个意义说，威尔逊和斯波伯的相关原则比所谓合作原则更符合言语活动的实际情况。

有了说话人意图，才有隐含意义。

说话人意图分解为话面意图与交际意图。前者是话面上（字面上）为听话人所理解；后者是话面背后（字面背后）的信息与意图。

因此，语用学研究的最低限度范围是：符号进入语境并带上个人意图的研究。

或者说，在这两种情况下研究语言符号，都算进入了语用学研究范围：第一，该符号进入了特定语境；第二，该符号负载了说话人意图。

第二节　语用策略：得体及其他

这一节中，将语用策略分别按得体及其他策略的顺序排列，加以讨论。这样做有两个用意。第一，得体是带全局性的策略；第二，其他策略，都是按汉语文化的实际，有什么策略就罗列什么，以保证语用策略的描写性质。我以为，语用策略的描写性质应该得到强调，从而保证它们的客观性与真实性。语用策略不是某个语用学家头脑中的产物。

这个排列顺序是：得体、谢绝夸奖、虚抑实扬的恭维、把对方当第三者、把自己当第三者、借第三者之口说出自己的意思、多种言语行为与礼貌策略伴随、运用权威、回避、表面一致而事实否定、以行代言的答复、禅宗公案极端手段与机巧策略，共十二种。但是，这远不是最后的十二种。

而且，释放假信息、使用适当冗余信息、容忍语用失误也都是地地道道的语用策略。

一、言语得体策略

言语得体是一个带全局性的语用策略。

在适当的时间、适当的空间（场合）、对适当的人说了适当的话，这便是言语得体。 言语得体不是语法或者修辞上的事，而是语言符号之外的事，即对人、对事、对社会规范、对道德规范、对价值观念而言的事。认清这一点显得特别重要，前者说的是语言体系，而后者说的是与人有关的**语境体系**（当然也包括了社会体系）。要这么看语用学才不是隔靴搔痒。

我们已经说过，语用原则和策略不过是接受了语境体系特别是非语言语境干涉的结果。下面我们就会发现这些干涉的事实。

"此时此地对此人说此事，这样的说法最好；对另外的人，在另外的场合，说的还是这件事，这样的说法就不一定最好，就应用另一种说法。"（吕叔湘，1986）这个结论是对得体的准确描写。

中国古人很讲这一套。"拟（量度一番）之而后言。"（《易：系辞上》）"言前定"，想好了再开口，为什么？为了得体。量度什么？"言前定"什么？就是量度时间、空间与对象。才能得到慎言、忠言。"言谈者，仁之文也。"（《礼记：儒行》）"君子之言也，不下带（腰带）而道存焉。"（《孟子：尽心下》）当然，言不下腰带，未必是得体的，不过这个要求的精神是话语必须配合角色，言语有角色意识。同样的意思，还有"君子君其室，出其言，善则千里之外应也，况其迩者乎？……不善则千里之外违之，况其迩者乎？"(《易：系辞上》)

关于要不要在礼制、名分上用词得当的事，孔子与子路之间有一次辩论。

> 子路曰：卫君待子而为政（治理国家），子将奚先（首先干什么）？
> 子曰：必也正名（纠正名分上的用词不当）乎！
> 子路曰：有是哉（竟到如此地步），子之迂（迂腐）也！奚其正（何必纠正）？
> 子曰：野（鲁莽）哉，由也！……
> （杨伯峻译注，1980：133）

到底是子路鲁莽，还是孔子迂腐？注意，孔子说的"正名"还不是指语法修辞上的用词得当问题，是指礼制、名分上用词得当，这正好是主张说话要接受社会语境的干涉（参见第二章第一节"什么是语境干涉"），便恰好是语用的问题了。公正地说，孔子比子路先一步看到了语境体系对说话人的干涉这一事实。另一层，孔子批评子路鲁莽，其实是批评他上文"有是哉，子之迂也"的说话方式不得体：我是你先生，你怎么这样对我说话？应该说，孔子无论是在宏观上（主张接受社会语境的干涉）还是在微观上（批评子路彼时说话鲁莽）都是对的。

孔子要求别人说话讲策略，自己也身体力行：

> 或问子产。子曰：惠（宽厚慈惠）人也。
> 问子西。曰：彼哉（他呀）！彼哉！
> （杨伯峻译注，1980：148）

问子产是什么样的人，孔老先生立即夸奖为"惠人也"。问子西是什么样的人？老先生却以"彼哉！彼哉！"搪塞，有点像现代人的搪塞之词："别提他！"潜台词是："提起这人我就恼火！还是别提他为好！"孔老先生的"彼哉！彼哉！"正是这样的意思。这评价就等于是说：子西不是惠人。可是他避免正面评价，这便是在使用语用策略。

曾子也有同样的策略主张："出辞气，斯远鄙倍。"即讲究言辞与声调，才能避免鄙陋粗野和错误。

> 曾子有疾,孟敬子问(探问)之。
> 曾子言曰:鸟之将死,其鸣也哀;人之将死,其言也善。君子所贵乎道者三:动(严整)容貌,斯远(避免)暴慢(别人的粗暴与怠慢)矣;正颜色,斯近信(使人相信)矣;出辞气(多考虑言辞和声调),斯远鄙(粗野鄙陋)倍(背,错误)矣。笾豆(竹器与器皿,代表祭祀礼节)之事,则有司(主管此礼的官员)存。
> (杨伯峻译注,1980:79)

1. 对适当的人

看什么样的对象说什么样的话。《论语·雍也》指出:"中人以上,可以语上也,中人以下,不可以语上也。"还有一些说法,如"与君言,言使臣;与大人言,言事君;与老者言,言使弟子;与幼者言,言孝弟(悌)于父兄;与众人言,言忠信慈祥。"上面这些说法实际上成了"对什么对象只能言什么",除此以外是禁区,那当然不可取。但是其基本精神是说话不可不看对象。上面一个例子中,作为学生的子路居然当面对自己的先生孔子说"有是哉,子之迂也",无论怎么说,子路都是冒犯失礼的。

看对象,是看对象的社会角色、文化修养、个性与爱好、知识水平、家庭辈分、在当前事件中是什么角色,说话人才能有合适的话语。如果不管对象会如何呢?比如说,与农民交谈用科学术语,对谨慎的人大谈第三者的不是,对小学生谈"后现代",对一个贪官大谈清廉的高尚,对专家或学者大谈他的专业而不让他插嘴,小辈对老辈说话用了不容分说的口气甚至教训口气,对个体户议论无商不奸(除非就是想骂某奸商),对卖伪劣商品的经理诅咒赚钱无良心不得好死(除开顾客正想骂某经理昧良心赚钱这种情形),对死者的亲属谈死者的缺点,诸如此类,轻则谈话气氛紧张,重则翻脸、绝交。这都是语用失误。

还有另一种看对象。同一个话题,对不同的对象说,用语、言辞、方式、态度就会有妥当与不妥当之分。如种庄稼这个话题,与农民商谈种庄稼和对自己几岁的儿子讲述种庄稼,区别悬殊天壤矣:对前者谈,用语与言辞相当专业且深入,谈话方式清楚、直接,谈话态度礼貌平等者为当为宜;对后者谈,用语与言辞浅显形象,方式与态度居高临下者,亦不失为当。类似例子，可以举一反三。

《论语·雍也》中子夏对孔子的一次谈话，就非常讲究方式，后者大为赞赏。

> 子夏问曰："巧笑倩（面颊俏丽）兮，美目盼兮，素以为绚（洁白的底子上画着花卉）兮。"何谓也？
> 子曰：绘事后素（先有白色底子，然后画花）。
> 子夏曰：礼后乎（这样看来，是不是礼乐的产生也在后呢）？
> 子曰：起（启发）予（我）者商（卜商，即子夏）也！始可与言诗（诗经）已矣。

子夏早已有这样的观点：先有仁义，后有礼乐。碰上孔子说"绘事后素"这样一个机会的引发，便以请教的口吻说了出来，不摆出好为人师的样子，不敢班门弄斧，显然是考虑了对象是孔子这位圣人。这种机巧的启发方式，连孔子也发现了，便大加赞赏，高兴地说，现在可以同他讨论《诗经》了。可见，得当的说话方式可以引起对方积极的、和谐的响应。

2. 在适当的时间

对于同一个说话对象（如中国人）、同一个空间（如在中国），时间不同，有些话就有个适当与不适当的问题了。

在适当的时间，可以从历时的角度，也可以从共时的角度来看。历时的角度我们就不再详细讲解。下面我们重点谈谈共时角度。

所谓共时，也有一个相对性质。如果我们把某一个短暂的历史时期当成一个共时平面，那么，在这个平面之内的一个事件也得分阶段，阶段不同，也是时间不同。在一个事件的不同阶段，同一个话语，就会由恰当变为不恰当，或者反过来也如此。如两人谈恋爱算作一个过程，在初期阶段，尚在试探期，谨慎从事，在我国某些地方，以"您"相称为适当，什么时候，竟不知不觉地互相用上了"你"也算适当，那就是爱情瓜熟蒂落之日了。如果，什么时候又由"你"变回"您"，那轻而言之是吵过架，重则是翻脸了，还是适当。还说谈恋爱，在与对方谈恋爱阶段，称对方的父亲或母亲为"老师""教授""叔叔""伯伯""阿姨""婶婶"皆可，确定了关系（虽然没拿结婚证）就是迈进了一个新阶段，如仍这样称，就显得疏远，最有趣的是老头子或老太婆干脆对未来的儿媳或女婿大大咧咧地纠正:"你怎么不叫我爸爸(或妈妈)呀?"换个话题,在为亲人举丧期间,高声大气地说话,开玩笑,说各种娱乐的话题,那是不禁而止的言语行事。上班的时间,你称某人为"科长""处长""局长"或"书记",下了班,他教你打太极拳,你就称他为"师傅",他也很高兴。再换一个话题,两人在学术讨论会上,满嘴术语,句子严整而规范,是必要的、恰当的,会议结束过后,时间不同了,两人再仍然如此谈话的话,就不恰当也没必要了,因为那就显得生硬、不亲切,相反,使用的句子支离破碎,话题东扯西拉,那反而是适当与必要的了,因为那样显得随便与亲切。批评儿子,在他生日的时候,其言词温和、用语婉转者为宜,其言词严厉、用语直达者为不当;在平常的日子,其言词稍激、用语微直者,却也不错,不失为当。诸如此类,不胜枚举。

3. 在适当的空间(场所)

说话与空间也有一个匹配是否恰当的问题。

在厕所里向人问好,在人家客厅里谈人家墙上的墨宝如何失当、家具如何与环境不配(除非是知心朋友),在科学讲台上发言满口俗词,在饭桌上敞开嘴巴谈大小便,在救火的现场谈音乐,在灵堂里谈任何与安慰家属无关的话语,如此这般,都是不恰当的言谈,属于语用失误。

对说话人自己来说,能够说出得体的话,他或她必须要有常识、修养、道德、观察时空的能力。所谓世事洞明,人情练达,说话就可能得体。"有德者必有言"(《论语:宪问》),"有诸内必形诸外"(《孟子:告天下》)。

4. 刘勰对得体有什么见解

我们曾在第一章第一节详细地探讨了刘勰的语用观,其中,"宜言、允、允集、有度、不要择言(过头)"就是得体。现在我们简略地加以回忆(不再解释):"陈郭二文,词无择言;周胡众碑,莫非清允。"("诔碑第十二")

同一篇他说"文采允集"。

"哀吊第十三"(悼词属语言运用):"隐心而结文则事惬,观文而属心则体奢。"

"论说第十八"里主张:"故议者宜言,说者说语。"

同一个意思，在"议对第二十四"里又得到强调："议之言宜，审事宜也。"作为论据，他在"定势第三十"里举出这样一个事实："《孝经》垂典，丧言不文；故知君子常言，未尝质也。"

他在"论说"里指出："顺情入机，动言中务。"

"熔裁第三十二"说："谓繁与略，随分所好。"在同一篇，关于篇章适度，他打了一个比方来解释："夫美锦制衣，修短有度，虽玩其采，不倍领袖。"

刘勰嘲笑言无度的情况，好比是："微言美事，置于闲散，是缀金翠于足胫，靓粉黛于胸臆也。"（"事类第三十八"）

要得体，就必须"度"与"择"："山木为良匠所度，经书为文士所择。"

分析了一个不得体的案例以后，刘勰（在"指瑕第四十一"）问道："岂其当乎？"分析了另外一个案例（"附会第四十三"）以后指出："心敏而辞当也。"可见"辞当"多么重要。如果"会词切理"（同一篇）那就会如何呢？刘勰紧接着回答："如引辔以挥鞭。"得心应手且潇洒。

二、谢绝夸奖

中国人对夸奖，从传统上说，一般都是谢绝。这一点和西方风格迥异：他们是欣然接受夸奖。中国人谢绝夸奖的目的是什么呢？是表示自己的谦虚？还是把自己降低了让对方心理上平衡？还是把自己的那份光荣让出来与对方共享？或许兼而有之？或者没有什么目的，只是遵从了汉文化或道德的传统？

对夸奖常用的谢绝之词是"哪里哪里"（听说外语界有一个并非恶意的笑话就是根据不通英语的中国人回答"where, where"编成的）与"不"字头句式。

对"久闻大名""久仰久仰""你干得真好""你的儿女好争气呀""你的客厅真气派呀""你混得不赖呀""你发了""你老婆真漂亮""你们是天生的一对呀""你这些年成绩卓著啊""你是我们之中的佼佼者啊"等之类真假夸奖的回答，一般是"哪里哪里"，当然也会有别样的回答。

何谓"不"字头句式？"不"字头句式是随着夸奖词来的。

"你干得真好。"——"不好，不好。"

"你客厅真气派呀！"——"（也）不怎么样。"

"你混得不赖呀!"——"不行,不行。"或者"(也)不怎么样。"

"你老婆真漂亮。"——"不不不,一般一般,过得去吧。"或者"不不不,马马虎虎,总算拿得出手。"

"你这些年成绩卓著呀。"——"不不,你也不错哪。"

"你是我们中的佼佼者呀。"——"不能这么说。"

对涉及的第三者,用了"不……"去谢绝就会使无辜者受损,还会犯忌讳甚至担心引起厄运(迷信)。这种情况下不便用"不"字句,便听到许多灵活处理的巧妙回答。

"你的儿女多争气呀。"——"算是没有给爹娘丢脸吧。"自己谢绝了夸赞,却不损儿女。

"你老婆真漂亮。"——"还算拿得出手吧。"自己谢绝赞美,却也保护了老婆。

"你们是天生的一对呀。"——"还凑合吧。"自己和老婆一起后退一步。

"你发了"——"大家发,大家发。"多聪明:不犯自己的忌讳(谢绝发财岂不自认倒霉?),对方也跟着受益。

中国女人对男性说的"你真漂亮!"的夸奖,经历了一个漫长的饶有趣味的适应过程。1949年以前,一般的老百姓中,没男人敢这样对女人说话的,这样说出口的人,轻则按轻浮重则按流氓看待。"五四运动"前后,在极小的知识分子圈中,敢于学西方追时髦的男人,有这样说的,女人亦能以"谢谢"或干脆以"Thank you"应之。1949年以后,情况更严厉,这样的授受关系即令在知识分子中间也消灭了。敢于以身试法者,无不受到思想改造。直到改革开放前夕,仍维持这个局面。改革开放以后,不仅知识分子,而且知识分子以外的男人,都敢于对女人这样说了,女人们也高兴地领受了。最令人感慨的是,开风气之先的知识分子,这样说的人反而变少了,而后来才学会这个说法的"徒弟"们——个体户、大腕以及天知道用什么办法发财的人们,说得更多。最令人惋惜的是,他们中的少数人,大大咧咧、嘻嘻哈哈地说出了这句本来应该用文明态度说出的话。那样的言语行为与这样的夸赞话本身是多么不协调。不过总算时兴了起来。这显然是接受了西方文化的影响。迟至这个时候,我们的社会(不仅是女人)才接受,主要原因是等待物质生活的好转。温饱的解决,为审美、欣赏美的言语行事提供了一个方面的基础。

三、虚抑实扬的恭维

对听话人提出批评,听话人听了心里还乐滋滋的,有这样的事吗?有。"我可要给你提意见了,你整日操劳,把身体弄坏了,是对革命的不负责任,对我们单位也是一个损失嘛。"其实,说话人是在恭维听话人"整日操劳",对单位贡献大大的。

酒席宴上,有人迟到了,于是马上就有人起哄说:"迟到了,罚酒三杯。"这是对来人的恭维,要不,鬼才罚他。

郁达夫的朋友们这样"罚"郁达夫说:"这里有徐悲鸿作的画,罚你题字。"(1995年11月7日,中央人民广播电台,中午节目,这个节目的史实是可以信赖的,故能引用。)有这样惩罚的吗?给徐悲鸿的画题字,没有才气的人能办到吗?这岂不是换了一个方式夸奖郁达夫吗?

四、把对方当第三者

对张三说话,意中却是让(在场的)李四听。张三只是中转,李四是真正的听话人。这样的策略,肯定是有极微妙的隐含意义。

妻子心里想的是对在场的丈夫说话,由于某种原因不愿或不能面对面说,却对在自己怀抱中的婴儿说:"不哭不哭,爸爸明天要走了,给爸爸说,别忘了给我们写信……要爸爸不忘记我们,说呀……"这话说给谁听,是非常清楚了。这是汉语文化中的妇女常有的那种对丈夫的情结,所谓东方式的含蓄。

对张三说,却是让不在场的李四听。这是另一种情况。电视(或广播电台)两位主持人对话,真正的听众却是不在场的电视观众。电视上的两人对话只是为了便于形成问与答,引起屏幕下的观众注意,让观众的思路顺着他们的对话走。下面是对话中将对方当成第三者的各种情形。

> 语境:张瑞芳、张兄及张嫂讨论去解放区之事。
> 张兄:(对新婚妻子)我去解放区主意已经打定,如你不愿意跟我去,我们现在就离婚。
> 张嫂:(生气)你怎么知道我不愿意去?
> 张瑞芳:(推着哥哥肩膀指责)哪有这样说话的?难怪连周副主席都说你是个愣小子。

(秦菲,1994)

张瑞芳说话的对象是她哥哥吗?否。他为了给嫂子解气,说给嫂子听的。

下面一例,本来是电台节目主持人与打进热线电话的人之间的对话,说着说着,主持人却将话锋一转,对他(她)心目中的第三方——听广播的听众讲起来了。

> 语境:1996年1月4日下午1点,中央人民广播电台"439播音室节目"主持人何雨与一女青年的长篇通话中,有如下这样一小段。
> 女:是我做得不够,来气了。
> 何:我们女性也要通情达理,是不是呀?
> 女:……我只是希望他工作好一点,……奋进,物质上我不在乎。
> 何:你看你刚才的那一段话他听到了应该非常感动,是不是?多好的一个妻子,什么都不需要,就需要他奋进。我希望我们天下的男人都好好听一听女性的希望,这也是我们女性在新的一年里头对男性的希望。

主持人何雨这里使用的策略是:借与一女子交谈的机会对"天下的男人"与"他"——不在场的丈夫进行了劝说。

以上情况都是说话人心中有了特定的第三者。还有一种情况是心中并没有特定的第三者,但可以肯定的是,不是说给对方听的。

> 语境:毛泽东带一行人踏上黄河大坝。有人介绍黄害。
> 毛:(像是对黄河,又像是对身边的李烛尘)我若不把洪水治平,我怎奈天下苍生?
>
> (古野、彭剑秋,1994)

实际上,毛既不是对黄河,也不是只对身边的李烛尘,而是说给周围的一行人听。

五、把自己当第三者

用代名词指称自己,这样做也有各种隐含意义。这种运用非常普遍。

钱钟书《管锥编·太平广记卷三》介绍了一些这样的用法:"……讥卑诡之自称,如'渺渺小学生''何罪生'之类,不知其冥契神仙家法也。"《管锥编：太平广记卷四〇五》："……而'人'又可自指，语气责怨。"如《诗·庸风·柏舟》："母也天只，不谅人只"；《公羊传》昭公三十一年夏父曰："以来！人未足！"；《解诂》："以彼物来置我前，'人'，夏父自谓也"；辛弃疾《眼儿眉·妓》："来朝去也，莫因别个，忘了人咱！"；《玉簪记》第二一折陈妙常久待而恚，潘必正来，陈不睬，潘问："为甚事泪双流？心中暗愁！"陈答："愁什么！把人丢下就是！"；《西游记》第二三回沙僧曰："二哥，你便在他家做个女婿罢！"八戒答："兄弟，不要栽人！"——诸"人"胥自道也。今口语称人有曰"咱们"，与小儿语尤多，称己有曰"人家"，愤慨时更然。

如今，称自己为"人""人家"仍然常见。"你别冤枉人了！""你心目中哪有人家哟！""你就只会欺负人！"隐含着对对方愤恨、责怨的情绪。

1949年以前，自称为"小的"说法很普遍，"小的不敢""小的不敢瞎说"隐含着自轻与自贱。

做妈妈的常这样对婴儿说："宝宝不哭，妈妈不好，宝宝饿坏了，妈妈喂喂宝宝……"工厂的老师傅错怪了自己的徒弟，向徒弟道歉时，常这样说："师傅错怪了你了……"这样做好处是，又向徒弟承认了错误，又不太丢自己的老面子，是一种让双方都过得去的自我揶揄。

在"兄弟领教了"这个说法里，"兄弟"就是指说话人自己。为什么？客气、谦和是一方面，另一方面是为了使事情变得更客观。我不是说的"我"，我说的是另一个"兄弟"。

六、借第三者之口说出自己的意思

这一种策略，语用隐含的意思，较为丰富。说话人的心态之一是：为了表明话语所传信息的客观性。好比说：你瞧，这不仅仅是我（说话人）的意思，也是别人，甚至是群众的意思。事实上可能仅仅是自己的意思。如乙对甲说："大家都说这个人不好惹，难缠。"

说话人心态之二是：在大体上同意第三者的话，但怕有不准确的地方，说话人将来可以逃脱责任。如果第三者的话是消极内容，不好的事，这就埋下了将来不负责任的伏笔，如乙对甲说："据小王说，他有过那种事儿。"如果第三者的话是积极内容，好事儿，即使夸大其好，也是原说话人的责任，不是引用人（当时的说话人）的浮夸，如乙对甲说："他们说这个孩子考上了清华。"

七、多种言语行为与礼貌策略伴随

汉语文化里确有礼貌策略，且有它鲜明的特点，那便是：许多其他的言语行为，如同意、邀请、表扬、赞许、批评、反驳、谩骂、揭露、讽刺、挖苦等，都要由礼貌策略去伴随。有些言语行为，如同意、邀请、表扬、赞许等，天生地与礼貌策略相近或一致时，这两种言语行为显不出矛盾，可是当两种言语行为相去甚远时，那伴随的礼貌策略就显得特别高雅与得体。混合着的两种言语行为相互牵制，使主要言语行为，如批评、反驳、谩骂、揭露、讨价还价等，受到缓冲，于是显得含蓄、婉转。这可能是中国人的中庸哲学起了作用，这是独特的汉语文化心理起了作用。

> 语境：刘仲容作为李宗仁的参加解决西安事变的代表，后来受中共之邀，到延安参观，毛泽东与其会见。
> 刘仲容：（鼓起勇气）很不容易到延安，希望能到各处走走，盼毛先生准允。
> 毛泽东：（不假思索）客人有所求，主人焉有不从之理？[1]

毛泽东表示了间接同意，是一种礼貌表达方式：只说主人对客人的态度应该如何，自己同意则是情理之中的事。这是同意与礼貌伴随，天生地相近。

> 语境：1917年李烛尘在日本教师藤原茂岛家中作客吃晚餐，端上来的菜咸得难以下咽。
> 藤：（笑）你要多吃点，回到你们支那哪有这么多的精盐吃呀！
> 李：先生长在岛国，知不知道中国的海岸是世界上最长的，盐场也是最多的？只是目前生产有待发展，到时，如先生关照，我请先生免费吃三年，盐放得比今天多三倍，如何？（说完站起离开）
>
> （古野、彭剑秋，1994）

李烛尘并没有对日本人痛加斥责，而是既讽刺了日本人的井底之蛙似的无知（"先生长在岛国"），又揭露了小人之举（"盐放得比今天多三倍"），保持住了自己的尊严。批评时也守住了礼貌策略：婉转的批评，论述式的反

---

[1] 本书第二版作者标注：本段选自《名人传记》1994年第7期《神秘客刘仲容》一文。但因作品年代久远，且原刊遗失，故页码不详。——编辑按

驳，显得批评者特别有涵养。这种情况下，是批评与礼貌伴随。

> 语境：1916年秋，李烛尘在日本与田泽恭川讨论《源氏物语》。
> 李：（从容）……像第一回"桐壶"就是我国唐代白居易《长恨歌》的影子。而第四回的"夕颜"，同样出自白居易的《闻夜砧》。类似极多。
> 田：（圆睁怪眼）你以为是抄袭之作？
> 李：哪里，我只是认为樱花兼有梅花香。
>
> （古野、彭剑秋，1994）

揭露别人的短处也不忘记守住礼貌。"樱花兼有梅花香"就比整个儿抄袭后退了一大步，但听得出，那意思还是揭露某人有抄袭行为。这是揭露与礼貌伴随。

> 语境：1957年，周恩来受赫鲁晓夫之邀访问苏联，后者大骂东欧社会主义国家领导人，周恩来批评其不当。
> 赫：（瞪着牛一样的眼睛）你不能这样跟我说话，我出身于工人阶级，而你出身却是资本家。
> 周：（脸色严肃）是的，赫鲁晓夫同志，你出身工人阶级，我出身资本家，但是，你我有共同的地方，我们都背叛了自己的阶级。
>
> （凌云，1994）

周的回答既有礼貌，又揭露了对方是叛徒。这是揭露与礼貌伴随。也是颇为巧妙而严肃的礼貌策略的运用。

> 语境：姜文没有到会领取金鹰奖（最佳男主角），后来有个新闻发布会。
> 记者：你拒绝到会领奖，是否你不在乎这个奖？
> 姜文：这奖是观众给的吧？我在乎。观众太重要、太伟大了。我只是对专家奖无所谓。我演了9部电影，1部电视剧，从没得过专家奖。人家专家水平高，普通观众喜欢、专家也喜欢那就透着不一样了。我很庆幸我没有得专家奖。
>
> （《广东电视周报》，1996年3月6日）

姜文把调侃行为（人家专家水平高……）——如果不是挖苦的话——和礼貌结合起来了。但是，说话人绝不是肯定专家奖，因为后面的"我很庆幸我没有得专家奖"可以作为凭证。

下面是否定与礼貌伴随的例子。

> 记者：在众多女演员中，你为何偏偏选中了宁静作为《阳光灿烂的日子》的女主角？是否"别有用心"？
> 姜文：宁静是百里挑一的。在确定她为"米兰"时，我征求了他们（手指向身边的"小姜文"夏雨和"小小姜文"——11岁的韩冬）的意见（众记者大笑）。他们心目中的女孩就是这样的：丰满而性感、眼睛很迷人。宁静是画画出身的，她的眼神能定得住，不像许多女明星那样发飘。她的歌也唱得挺好，她是我唯一崇拜的歌星。
> （《广东电视周报》，1996年3月6日）

记者说姜文选中宁静是"别有用心"，姜的否定词中没有"不"，他只是陈述了一大段选中她的过程与理由，这就有礼貌地否定了记者的断言。

那么，汉语文化里有没有单独的礼貌策略的运用呢？当然有。例如：黄永玉为金光涛的《锦瑟》（李义山名作）题诗，诗后有段跋语，点出了书家赠送诗轴的主旨，此后，跋语竟然如此结尾——"湘西老刁民黄永玉书壬申"。"老刁民"纯属以自贱来执行谦虚、礼貌的言语行为。

八、运用权威

礼貌是策略，不礼貌未曾不可以为策略。重要的是要符合权势身份、看准了对方比自己在权威或地位方面要低。运用——不一定是"耍"——权威破坏了礼貌策略固然是一个方面，但用足了权威也可以使说话更有效果，达到说话目的。至于这是否符合文明礼貌或者道德规范，还可以和社会学家商量，但语用学者在这里做的事只能是尽描写语言事实之职。而且，运用权威策略不一定非骂人不可，不骂人也可以运权用威。

> 语境：1948年3月宜川瓦子街战役，战斗正酣。
> 彭德怀：（在电话上）……要他们沿宜洛公路往东打！
> 刘懋功：哪个"沿"字？哪个"沿"字？哪个"沿"字？

彭德怀：三点水"沿"。
刘懋功：（仍不懂）……
彭德怀：饭桶，连沿着公路的沿都不懂，长脑壳光是吃饭的？[1]

在战斗中（情势与气氛紧张），在作战的战场上（流血与要命），不容多说，说话人是总指挥，面对如此这般的下级（知识太差），这样的严厉批评（"饭桶、长脑壳光是吃饭的"）是适当地运用权威策略。

读者很可能对此产生的怀疑是："运用权威"也能成为一个语用策略？这是不是策略的泛化？

如果否认运用权威是策略，那就等于否认了下列言语事件的合理性与普遍性：教师批评学生的用语；上级责问下级的口气；经理吩咐职员的用词；军官命令士兵的言辞；老子教训儿子的言语。

只要运用得是时候、是地方、合身份，运用权威的说话过程也可以是得体的言语行为。

下面是运用权威的极端例子。

语境：1928年，张作霖与同僚商量除掉张敬宇（张绍曾）的事。
机要秘书：（推门）大帅，有要事禀报！张公馆内有自备电台。
张作霖：（发火）妈拉巴子，前方弄得老子焦头烂额，这家伙又在背后捣我脊梁骨，我非严办他不可。（骂骂咧咧）
刑世廉：……除掉他怕引起非议。
张作霖：（大怒）妈拉巴子，李守常影响那么大，我已重办了他，天王老子、洋人我都不怕，还怕他个鸟张敬宇不成！[2]

张作霖口吐脏言、发火乃至大怒，未尝不是一种策略：他要他手下的人服从，必以权威相慑，他手下的人也惯于接受这样的威严，这能帮助他达到说话目的。至于说话人办的事情（言后之果）对不对，是否经得起考察，那须事实来鉴定，这已经超出语用学研究的范围了。

---

1 本书第二版作者标注：本段选自刘懋功1994年创作的作品。但因年代久远，且原书遗失，故作品名与出处不详。——编辑按

2 本书第二版作者标注：本段选自《名人传记》1994年第7期《张绍曾之死》一文。但因作品年代久远，且原刊遗失，故页码不详。——编辑按

九、回避策略

为了某种目的和某种原因而答非所问便是回避策略。这里所谓的"某种目的",便是言外信息的传达。"某种原因"是指可能引起痛苦的、引起麻烦与不便的原因。

> 问:您现在已经是新时期文学史上的"大腕"级人物,对自己还有什么要求?有没有想过诺贝尔文学奖?
>
> 张炜:那个大奖举世瞩目。不过那个奖大致还是一个西方奖。东方人想多了,仰望久了,脖子会发酸。西方人很难懂得东方,尤其很难理解汉文学。我不过是个勤勤恳恳耕作的人,像个田园上的劳动者。"大腕"、奖,都是场面上的东西,它们在品质上与劳动的精神是对立的。我已经努力地、全力以赴地写了 20 年。如果再写 20 年,我相信会写得比现在好。
>
> (张炜,1993)

到底"有没有想过诺贝尔文学奖"?没有回答。说"想",得不上怎么办?已经有人举出过诺贝尔奖评审委员会的偏见的种种事实。说"不想",也没有必要,而且自己和别人都很难相信。为了让别人相信"不想"是有道理的,又得费许多口舌,不如不说。最好是回避"想不想"而只谈对这个奖的看法,便化被动为主动了。

回避性应答中,有一种貌合而神离的答非所问,显得非常自然,有助于答话人逃避外交的、人际的、情理的、法律的、事实的、隐私的种种困难、尴尬与不便。有人介绍回避的办法是:以同音代替、多义歧解、取消话语含义、添加话语含义、以点代面曲解话题和套用现成话有意岔题。

以同音字制造的回避。如"您是作家?"——"对,我是'坐家'。"如果答话人是作家,则以此实施谦虚策略或自我调侃策略;如果答话人不是作家,则以此回答蒙混过关,让别人弄不清楚他到底是不是作家,以保一时之虚荣也未曾可知。"您是教授?"——"对,我是'越教越瘦'。"这种答话一多半是承认身份,但加一点自我调侃。"你有何特长?"——"我'头发特长'。"很可能自己没有什么值得一提的特长,答话人用这个办法回避,也是一种办法。

利用多义歧解。"你多大年纪?成家了没有?"——"我成得了什么学者专家？""成家"是可以产生歧义的：成为专家或建立一个家庭（结婚）。曲解成听话人所不愿意接受的那一个意义，便是回避。

取消话语含义。有意不去理会对方的话语含义，就字面意义对答。某人在车上碰撞了某小姐，某小姐斥责："什么毛病？"某人诚恳答："小姐，对不起，我这种病好像叫美尼尔氏综合症，容易发生晕眩，出现站立不稳，举止失控的情况。今天这一犯晕就连累了您，真不好意思。"这一例里，取消原来发话人"毛病"的本身含义，曲解地发挥出"美尼尔氏综合症"。

以点代面，曲解话题。民间广泛流传着这样一个故事。一西方记者问周总理："中国人民银行有多少资金？"周总理答："中国人民银行货币资金共有 18 元 8 角 8 分。"这是指当时银行所有的人民币面额总和。这个回答执行了好多功能：保密、回敬记者的不恭、得体地拒绝与保了记者的面子。

套用现成话，有意岔题。现成话有成语、惯用语、俗语以及各种各样为人们所熟知的流行语，是用来岔题的好素材。

> 甲：三大直辖市，为什么世乒赛要选在天津举办呢？
> 乙："北京人在纽约""上海人在东京"，所以只好由天津人来办了。

十、表面一致而事实否定

无论内心是同意或是反对，肯定或是否定，接受或拒绝，在说话的时候都以与对方一致的姿态出现，先作出与对方保持一致的姿态，再进行事实上的否定。这便是表面一致而事实否定。这也是汉语文化的独特之处，是由中国人的文化心态决定的。当然，也有不与对方保持一致的反对、否定、拒绝言语行为。

> 语境：欧阳山尊曾作为文化人（并非记者），四人一组，访问过朝鲜战场。
> 问：您当时是作为战地记者吗？
> 欧阳山尊：我当时是志愿军嘛。
> （《中国青年报》，1990 年 1 月 5 日）

"我是志愿军"的言外之意是否定了记者身份。这样否定显然是首先和对方保持一致然后再用事实否定的策略。

> 语境：孔子与子贡讨论如何为人。
> 子贡曰：贫而无谄（巴结奉承），富而无骄，何如？
> 子曰：可也；未若贫而乐，富而好礼者也。
>
> （杨伯峻译注，1980：9）

瞧，孔子来的也就是这一套："可也；未若……"这个模式想必就是现代汉语言语活动中的"好是好，不过……"的"祖宗"？

对方提出一个什么建议，不能接受时，往往这样说："好是好，不过……。""不过"之后是事实上的不一致。或者这样回答也是相同的策略："你这个建议出发点是好的，就是有一个问题……"其后也是跟着事实上的不一致。"你这么说，用心是好的，可是……"下面是反对意见。这样的谈话方式在中国人的日常生活中屡见不鲜。

这一策略与"多种言语行为与礼貌策略伴随"的策略有相通之处。不同之处是，这个策略的落脚点是事实上否定或反对，所以可称为"曲线否定"。

十一、以行代言的答复

不以言语答复，以行代言，也是一个辅助的语用策略。在某种情形下，有声回答反而是不自然的、多余的、堵塞情感交流的，置对方于不利地位的。

> 语境：车间如同一个大蒸笼，工人在里面如同洗桑拿浴。
> 吴景春：（对一个年轻工人）热不热？
> 被问的年轻工人，脸上横的竖的净是黑道道，朝吴笑了笑。
>
> （王天一，1994）

可以代言的行为太多太多，中国人通常见的是，摇头代替否定，点头代替同意，摆手、摇手、招手、愤怒、皱眉、张开嘴巴、转过脸去、抬脚就走、拍拍口袋、摸摸脑瓜子、挠耳朵、眨巴眼睛、耸耸肩膀如此等等，都可以代表相应的言语行为，不必一一列举了。

十二、禅宗公案极端手段与机巧策略

禅门对话中采取的一些极端手段与机巧策略，前者已不为现代人所用，后者在一些高层次的对话里仍不时可以听到。但考虑到语用策略应是描写性质，我们应该描写它。作为一个文化形态，也应该记录下来。

这些现代常人已不用的手段，在禅宗接人（向人传道）时，多少年来，都是流行的、常用的。用禅门的话便叫"种种方便作略"（林新居，1994）。这就是说，它们是为了顺畅地达到谈话目的所采取的一系列措施，因而理所当然地应该被视为语用策略。禅宗里生出这样一些极端手段，是由它的目的与性质所决定的。禅门认为，如想"见性成佛"——成佛与否不在修炼的形式上，而在本心、内心的体验上——三个少不得的条件是："不立文字"（不在文字上立而在本性上立）、"教外别传"（除了教说之外所传授的特别传承法）与"直指人心"（直接深入心灵上启悟）。与这三个条件相适应，那些特别手段便应运而生了。上面说的棒、喝、拂、杖、翻字诀等方便作略，都是为了扫除文字障碍，是流自内证的正觉心源。

第一个方面，这些极端手段是：喝、棒（打）、拂、杖、烧（焚）、翻字诀等。

喝，是禅家宗匠接人的方法之一，不正面回答，却大喝一声或几声，用它来打破学人的黑漆桶。如"临济四喝"，是有名的临济义玄禅师指导修行者的手段。

棒，也是接人方法之一，棒打也。

临济有一天问黄檗："如何是祖师西来意？"黄檗便打。如是三问三度被打。临济去问大愚禅师，才悟出黄檗用意，回到黄檗处，再问黄檗，黄檗欲打，现在临济有了敏捷的机锋，便以大喝一声对答之。如此棒喝交弛，使很多学人立生顿悟。

还有一些特殊手段的例子，将在第六章第四节里提到。

第二个方面，机巧策略。

重复印证或循环论证。在正常的逻辑推理中，是不允许重复印证的。禅宗却认其为"家法"。一个和尚问禅师："柏树子有没有佛性？"禅师答："有。"问："要多久才能成佛？"答："等天掉下来以后。"问："天什么时候掉下来？"答："柏树子成佛时。"

　　比丘：什么是我自己？
　　大隋：就是我自己呀。

> 比丘：什么是和尚您自己呢？
> 大隋：就是你自己。

大隋用了重复印证策略是想告诉比丘，问别人不如自问。正在问话的那个、能够问话的那个就是……呀。我自己和你自己，无二无别。

　　反戈一击。坦山和尚与一个年轻和尚赶路，碰见一位漂亮女子过不了河，坦山就抱她过河。小和尚看在眼里，认为坦山邪气。女子走后半天，小和尚终于憋不住质问坦山："出家人不近女色，你为何抱那女子？"坦山以"抱女子"为戈就地出击道："我早已放下了她，你还抱着吗？"我觉得这反戈一击的妙义在于，坦山是说，我在外表上抱她是假抱，而你在心里牢牢地抱，才是真抱。这就道出了成佛底里：成佛与否不在外表像不像，而在本心与本性是否得佛，即所谓"见性成佛"也。又有一例，在某次法会上，唐肃宗问了慧忠禅师很多问题，但慧忠禅师却不看他一眼，肃宗很生气，说："朕是大唐天子，你居然看都不看我一眼？！"慧忠不慌不忙地反问："君王还看到虚空么？"肃宗答："看到。"慧忠说："虚空可曾对你眨过眼吗？"这话一出，肃宗顿时无言以对。慧忠辩论得胜，用的就是反戈一击策略，以"虚空对你不曾眨眼"为戈击肃宗，而这个戈是唐肃宗给的。第三例，有一天，遵布衲禅师在清洗佛像，药山惟俨禅师问道："'这个'被你这么清洗，能洗出'那个'来么？"遵布衲从容答道："你把'那个'拿来让我瞧。"药山惟俨用的是设置陷阱策略（见下），遵布衲用的是反戈一击策略。"这个"是指佛像，"那个"是指佛性。这是一个吊诡的问题，不知道"那个"的人，一定答不出；知道"那个"的人，也未必能作答，故是陷阱。遵布衲不落陷阱，所以能反戈一击，用的戈是"那个"即佛性。因为佛性不用洗，也无出无入，药山惟俨当然拿不出来，遵布衲辩胜，语用策略成功。

　　引入歧途（或曰：设陷阱）。上例中，"这个"是指佛像，"那个"是指佛性。如上面指出"这是一个吊诡的问题"：不知道"那个"的人，一定答不出；知道"那个"的人，也未必能作答，故是陷阱。又有一例，隐峰禅师到南泉普愿禅师那儿拜访，正好碰到众人参禅。南泉指着一只净瓶，对众人说："铜瓶是镜，瓶中有水。谁能不动境，而把水给老僧拿过来。"这时，隐峰一声不响，走到瓶子那儿，把瓶子拿起来，并在南泉的面前把水倒出来。南泉不发一语。其实，南泉的话是在唬人，如被唬住，障道的是自己。隐峰取瓶，不受吓唬，自是不动境。（林新居，1994）本文作者认为，南泉话语的机巧在于，"谁能不动境"很像是说"不准动镜（铜瓶）"就能拿水。

这不是等于设了一个陷阱让人去钻吗？而实际上，是在考问：谁能心境不为所动，不被唬住，就拿过水来？说到此处，不免提及西方语言文化语用学里所谓合作原则的无力：禅师话语深藏机谋，不是不合作，而是在搞智力竞赛，是所谓"斗机锋"，正是高水平的合作。

答非所问。禅门公案里答非所问多如家常便饭。原因大致有三。一是以此特殊策略阻断对方从常识出发考虑问题的思路。二是有些禅师就是以此策略故弄玄虚，增加禅宗的神秘色彩。三是禅门认为，没有一物不是佛法，就地取材就是佛法，哪怕答非所问。如有人问赵州禅师："万法归一，一归何处？"赵州顾左右而言他地回答："我在青州做了一件青布衫，重有七斤。"

十三、小结

第一，语用策略是一个开放的系统，永远也不可能概括穷尽。当然，有些基本策略具有相对稳定性。此外，其他的策略都是可以变化的，随着时代与世事的变迁，可兴可灭。原因呢？这和语言的功能不完备有关。这一点将在所有的语用策略和原则讨论完毕以后，专辟一节即本章第七节加以交代。

第二，采取语用策略是一个语言问题还是一个社会行为问题？要回答好这个问题，就要从反面问：不使用语用策略会怎么样？回答是，既会得罪交谈对方，又要导致交际失败。那么，"得罪对方"是什么意思？就是在人面前不好做人。如此说，**语用得体策略就是为了做人得体**，而并非真正**为了语言本身得体**。这样看来，采取语用策略不是一个语言问题，而是一个社会行为问题。所以，我们将要引出的结论是：语用学实质上是社会人文网络言语学。

第三，禅门公案里的特殊手段与机巧策略是一种特殊的语用策略，现在不能说已经绝用，机巧策略仍然在现代高层次的会话与讨论中被用到，成为开启智慧之门的钥匙。

第三节 面相身势与话语和谐原则

作为附着于人的符号束，面相身势参与了话语活动。这已经在本书的第三章第四节讨论过。现在，我们将面相身势与话语内容的和谐一致当成一个语用原则提出来，仍然有其必要性。这个必要性表现这两者的和谐具有普遍意义。(1)它得到了生理学、心理学的支持；(2)它使会话双方的目的与意图得到了满足成为一个普遍的事实；(3)违反了它，就会使会话走入困境或歧途。这三点已经在第三章第四节详细讨论过了，不再赘述。

既然是普遍规律，而且有不可避免性——违反了它，会话就会走入困境或歧途，那它就是一个原则。我们已经说过，**语用原则，是指说话如不遵守它们便会引起交际失败的一套规则**。语用原则管辖交际如何不失败。

第四节　假信息策略（假信息论）

说话人放出虚假信息也是语用策略，这是一种言语功能假信息。(钱冠连，1987)这与所谓的合作原则的质准则完全是背道而驰的，但又是符合目的—意图原则的，因而是可以理解的。

一、什么是言语假信息

言语交际活动（口头、书面）中释放、接受的非真实信息，叫言语假信息。

它可分为两类。

第一类是为了蒙蔽、欺骗接受方面(听者和读者)。这就是通常说的"谎言"。我称之为利害假信息。这样的例子太多，可以不必举出。

第二类假信息用"蒙蔽、欺骗接受方面"来解释，说它是"谎言"，显然不通了。我称之为功能假信息。请看三例。

> 语境：一次电视实况转播（宋世雄主持）一场足球赛，看台
> 　　　上几万名观众在狂热地为主队欢呼助威，而对客队一
> 　　　片嘘声。
> 宋世雄：亲爱的观众，亲爱的听众，现在看台上正热烈地为
> 　　　双方队员的精彩球艺喝彩、加油！

观众明明是一边倒支持主队，而宋世雄却说"正为双方队员喝彩、加油"。看台上的和电视机前的观众、主队、客队，甚至宋世雄自己都知道这不是

事实。为什么他还这么说？

> 杨绛：真的，什么物质享受，全都罢得；没有书却不好过日子。
> （杨绛，1993）

"没有书却不好过日子"，这话对她，是真。"什么物质享受，全都罢得"，认真起来，却禁不起推敲：一般的物质享受可以罢得，稀饭、馒头（低级的物质享受）也罢得？一个"什么……全都……"就有点过分，尽管我们理解、接受并欣赏这种过分：修辞也罢，强调也罢，都说得通。杨绛自己和读者（听话人）都知道稀饭、馒头罢不得，为什么一个要如此说，一个愿意听？

> 语境：任弼时从牢里放出以后，拼命工作，以弥补坐牢耽误的时间。
> 陈琮英：（关切地）你从哪里来的这股劲，怎么不觉得累？
> 任弼时：（笑了笑）从狱中带来的。[1]

监狱只可能消耗人的精力，不可能产生精力，这是常识。说话人自己和听话人都懂。可说话人照样说这股劲"从狱中带来"，听话人乐意听。这是为什么？

二、利害假信息

自己明知所输出信息是错，却向不知其错的对方发出，以造成不利于对方的后果者，属施害假信息；造成有利于或至少是无害于对方的后果者，属施利假信息。英美人称之为 white lie 的，即属后者。

施害与施利假信息的共同点在于接受的一方不知其言语信息是假。

三、功能假信息

自己明知所发信息不真实，交际对方经启发也能悟出其假，但发出的一方照样发，接受的一方也不介意其假，或者不觉其假之害，甚至于觉得假比真好，乐意接受其假。**这种在特殊的证实背景之下发出的能收到特殊**

---

[1] 本书第二版作者标注：本段选自《名人传记》1994年第7期《永不消逝的驼铃声》一文。但因作品年代久远，且原刊遗失，故页码不详。——编辑按

效果的非真实信息传递，叫功能假信息。

功能假信息具备哪些特点？

第一，发出信息的一方，正是要让对方知道，或者不怕让对方知道自己释放的信息是假。接受的一方明知自己接受的是假信息，却不介意，没有受蒙蔽、受欺骗的后果问题。以上三例都说明了这一点。

第二，在功能假信息传递过程中，一般有心理流动——双向流动——伴随完成。对话即心理交流。人的心理千差万别，交流中也会出现真假掺杂现象。只要有心理差别，就会有假信息传递的可能。内心世界隐秘的东西，表现出来往往不是直陈式的，多采取曲折、歪曲、逆反、回旋、荒谬、悖论等形式。

"始皇尝议欲大苑囿，东至函谷关，西至雍、陈仓。优旃曰：善。多纵禽兽于其中，寇从东方来，令麋鹿触之足矣。始皇以故辍止。"（司马迁：《滑稽列传》）优旃既反对始皇扩大苑囿，又怕直陈被斩，只好放出假信息"善"，这便是优旃当时的心理脉向；始皇害怕"寇从东方来"，只好"辍止"，这便是始皇当时的心理脉向。

我们还可以举出很多例子说明功能假信息交流时存在于双方的害怕与解脱、指斥与反抗、恭维与厌恶、挑逗与拒绝、求怜与同情等心理交流活动。

第三，传递功能假信息结束时，收到了某种特殊效果，一般表现为言外之意。这个"某种特殊效果"就是假信息的功能表现。上述诸例中，我们可以发现宋世雄引导倾向主队的观众为双方加油的效果、杨绛话语中强调没有书不好过日子的心境、任弼时表示为挽回坐牢损失的时间而拼命工作的打算、优旃劝阻扩大苑囿成功的效果。

为了制造隐含意义（特殊效果）故意说假话的情形是语用学中最有魅力的一个部分。又如："李斯乃从狱中上书，'臣为丞相，治民三十馀年矣。……卒兼六国，虏其王，立秦为天子，罪一矣'。"《考证》："凌稚隆曰：'按李斯所谓七罪，乃自侈其极忠，反言以激二世耳'。"那言外之意是：我给你办了那么多的事，怎么还成了罪人？（钱钟书，《管锥编》，第333页）

按《滑稽列传》褚先生补郭舍人为汉武帝大乳母缓颊，"疾言骂之曰：'咄！老女子！陛下已壮矣，宁尚须汝乳而活耶？沿何还顾？"这也是反言以激。为一个老妈子讲情，向汉武帝讨饶，岂有不动脑筋的。那言外意是说：人家喂奶将你养大了，你也该饶人家一次。

第四，功能假信息发出时，真实的信息隐藏在假信息之中。即是说，真信息是让对方能立即悟出来的。真信息若不能立即让对方找准、悟出，功能假信息即归于失败。宋世雄例的真信息（隐含）是"理应为双方欢呼加油"，杨绛话语的真信息是"精神享受优于物质享受"，任弼时话语的真信息是"有劲是为了革命"，优㳺话语的真信息是"扩大苑囿不善"。

四、能不能立即让对方从假信息中悟出真信息来是区别功能假信息和利害假信息的标准

> 语境：1928年，安徽南陵县政府和国民党县党部联合会审任弼时。
> 审：你叫什么名字？
> 任：胡少甫。
> 审：籍贯？到南陵来干什么？
> 任：湖南人，长沙伟伦纸庄的学徒，来南陵催收账款。[1]

对话中任的两次答话都是假信息，归入利害假信息一类。因为施利、施害假信息的特点是接受一方不知是假。事实也是如此，审问人虽然后来诈唬说这个胡少甫是共产党，但并不知胡乃何许人，足见审问人没有立即悟出"胡少甫"与"湖南人……收账款"是假信息。

五、假信息的证实背景

有必要指出的是，以真假而论，任何一个信息都是可变的、相对的。即：真和假信息具有可变性和相对性。例如，我们抛开上面审问一例的语境，孤零零地看"湖南人，来南陵催收账款"，可能是真，也可能是假。深一层下去，它也可能是功能假信息，也可能是利害假信息。这一点应该是不难理解的。于是我们一定要找到与某一个信息同时给出的语境，靠它提供背景以证实所给信息是真还是假，是功能假还是利害假。这样的背景叫假信息的证实背景。

什么可以充当假信息的证实背景呢？

---

[1] 第二版未标注本段文字来源。——编辑按

第一，非语言媒介做证实背景。非语言媒介指的是附着符号束：面相身势、伴随物、声、气、息。上例中，任弼时在回答"从狱中带来的"之前，"笑一笑"，这就算面相身势作了证实背景，听话人立即知道那一股劲是"从狱中带来的"为假。如果有人一方面说"谢谢你"，另一方面马上扭过脸去咬牙切齿，便知道"谢谢你"是大假话，"恨死你"才是真信息。怎么知道的？咬牙切齿起了证实作用。

第二，常识、逻辑、常规、定理等可作证实背景。杨绛说"什么物质享受，全都罢得"，即使不看说话人的附着符号束，也可以知道是功能假信息。因为常识告诉我们，任何人也不能够"什么物质享受全都罢得"，说话人不过是为了强调后面的话语罢了。

第三，人物的一贯行为、真实面貌在上下语或上下文中作证实背景。任弼时做工作的一股劲从来都是凭革命激情，即使说话时没有"笑一笑"这样的附着符号出来作证，他的一贯行为就会自动地把他的戏语"从狱中带来的"驳回去。

第四，语音提示和语面（或字面）信息不和谐作证实背景。语音提示是指重音、语调、音色、声音模拟、叹息、语速、响亮度、停顿、沉默等等的异常表现。

(1)"你真是上知天文下知地理呀，老兄。"
(2)"谁稀罕见到你？"
(3)"对不起你。这钱我就只好带走了。"
(4)"冤家！"

上面几例，只要在语调、重音、音色上做一个和语面信息不和谐的调整，或者语速、响亮度变化异常，或者做一个意在言他的停顿，或语流过程中奇怪地突然沉默，都可能使其中任何一句话变成功能假信息。接受一方立即悟出原话背后的真信息。

(1) 变成："你什么也不懂。别在我这儿充内行。"
(2) 变成："其实我要见的就是你。"

(3) 变成:"我够对得起你了。这钱该我拿走。"
(4) 变成:"我的心肝!"

第五,当时生成的人文语境作证实背景。实况转播例中,"看台上几万名观众正狂热地为主队欢呼助威,而对客队一片嘘声",很容易证实播音员的解说词"正为双方队员加油"是功能假信息。

第六,对话者之间早就存在着的关系可作证实背景。例4"冤家",如果出自一个热恋中的情人之口,对方在任何时候都不会把"冤家"理解成"仇人"之类。因为他们早就存在很亲密的关系。

六、言语假信息论与语用学

"真正弄清在某一特定情景中讲出的一句话的实在意思,是语用学的范围。"(Morris,1939)假信息也是"在某一特定情景中讲出的一句话"——此时是假话。而假信息论研究的正是这句话的"实在意思"。

但是,假信息论所允许的正是所谓合作原则第一条准则即质准则所忌讳的。这就出现了矛盾。它最重要的一条出现了危机。

假信息论以及其他策略(冗余信息论、模糊论,特别是目的—意图原则)使语用学不必在所谓合作原则里兜圈子。

现在,本书第五章的整个一章(特别是第一节)来论证:合作不必是原则,理由已经在第一节里说过。

假信息论说明在质上不合作的种种合情合理的情形,冗余信息论(本章第一节第一种情形以及下见第五节)说明在量上不合作的种种合情合理的情形,人的模糊思维允许在方式上不合作的种种合情合理的行为(心态不清楚的表现却有补偿机制),目的—意图原则和其他一切方面表明在关系上不必从合作与否去考虑的种种情形,与其说是从总体上使合作原则的一切漏洞得以真正的补偿,倒不如说是彻底证明了合作不必是原则。

七、假信息论与得体

说假话难道与得体还有什么瓜葛吗?有的。说假话也可能得体。"此时此地对此人说此事,这样的说法最好;对另外的人,在另外的场合,说的还是这件事,这样的说法就不一定最好,就应用另一种说法。"(吕叔湘,

1986）为什么要用另一种说法？为了得体。例如，医生对癌症病人的三种（可能更多）说法：

(1) 你得的是癌症。
(2) 你的时间不多啦。
(3) 你的病没什么了不起，好好配合治疗就行了。

三例中，（1）是对一个认为无须隐讳的人的回答，其特点是直陈、真实；（2）是对一个有正确生死观的朋友的回答，其特点是委婉；（3）是回答一个对绝症有恐惧的病人，特点是假，施利假信息在此用上了。这三种说法是一回事。可见说假话也是得体态度。功能假信息也要研究在何时何地对何人如何说假话。

八、假信息论与修辞（夸张与比喻等）

难道修辞学还包括"说假话"的研究吗？修辞学不是提倡说假话的学问，但修辞学一旦和假信息论结合，它们确实要研究何时何地对何人怎样释放假信息才算说得最好。修辞性的夸张，超出客观事实，以渲染突出描写对象。"白发三千丈"极言其长，"千里送鹅毛，礼轻情义重"言其轻与重的辩证关系，"恩比天高"极言其高，"怒发冲冠"极言其怒，等等，都是以言过其实、不真实为前提的。从表面上看，上面几例都是不可能存在的现象，似乎违反了客观真实，但对于修辞学来说，却是可以接受的。**夸张修辞即是假信息论的运用。修辞与假信息论相通**。这两个说法是不错的。

日常生活中比喻修辞运用得太多太多。而比喻修辞的前提也是不真实。"你胆大，敢在老虎嘴上拔毛"，其实，谁敢真的在老虎嘴上拔毛？"现在孩子真不好带，像伺候皇上"，当然，也不是真像伺候皇上那样战战兢兢。比喻不过是假信息的一种功能而已。

九、假信息的两种情况

第一种情况：言语假信息的双重属性。某条假信息对接受者中的一部分人是利害假信息，而对另外一部分人则可能是功能假信息。这样的双重可能性叫作假信息的双重属性。

语境：张作霖离京出走的消息，是由一封措辞巧妙的普通电

>   报由北京发到上海去的。收报人是陈达哉。再由陈达哉之手见报。(顾执中:《报海杂谈》)
>
>   电文:弟拟于本日晚携小妾离京,所有家务由郭务远先生代为管理。[1]

电文对张作霖的新闻爪牙来说是利害假信息:存心蒙骗;对收报人来说,却又是功能假信息。收报人结合当时的时代背景和传闻(作为"证实背景")猜出:张作霖眷属一日晨出京,张作霖本人定一日晚行,政局由北京国务院代为维持。

第二种情况:言语假信息的隐蔽性。由于使用了某些诡辩法或其他手法,某条假信息很像真信息,这样的可能性叫作假信息的隐蔽性。如某些手法高明的欺骗性商品广告就是如此。一经查核证实背景,才能发现它是一条施害假信息。

言语假信息是交际中普遍存在的传递形式之一。假信息虽"假",但不可以和"坏"画等号。功能假信息使交际充满生机和活力,是交际手段之一,也是语用策略之一。离开了假信息这一语用策略,交际是不健全的、残破的、失去魅力的。为特殊效果而释放假信息,甚至比释放真信息要好。假信息论附带的作用是,从一个方面再一次证明:合作不必是原则。

第五节 适当冗余信息策略(冗余信息论)

说话人释放适当的冗余信息,多说话或说超出需要量的话,也是一种语用策略。这和所谓合作原则的量准则是分道扬镳的,却是自然之事,因为它符合目的—意图原则。

一、什么是语言冗余信息的容忍度

信息论应用到语言文字领域,便提出了语言冗余性(redundancy)的问题。"冗余度"或"多余度"这个概念是信息论创始人申农(Shannon)首

---

[1] 第二版未标注本段文字来源。——编辑按

次提出来的。"冗余信息与有效信息并存的现象称为语言具有冗余性。"(徐盛桓，1984）比如，我们说一段话或写一段话，共需五十个音节或字或单词，然后尽量去掉其中一部分字或单词，若抹掉了三十个，剩下二十个，根据剩下的二十个字或单词可以把去掉的三十个单词很准确地推断出来，那就说明那去掉的三十个字或单词的信息都包含在剩下的二十个之中了，换句话说，那三十个字或单词所包含的信息是多余信息，或称冗余信息。请看例子。

(1) 信息论应用到语（言）文（字）领域，（便）提出（了）语言冗余性（的问题）。
(2) 年年（岁岁）如此。

(1) 句里的"便""了"包含在"提出"之中，没有提供新信息，是结构上的强制手段；"言"对于"语"，"字"对于"文"，"的问题"对于"语言冗余性"，都没有提供新的信息。(2) 句里的"岁岁"对"年年"是重复累加，没提供新的信息。"便"与"了"这类的冗余信息是结构性的（因而是强制性的），"岁岁"这样的冗余信息是语义性的。

那么，什么是语言冗余信息的容忍度？上面两例仅举了单个句子的冗余信息，而在超句体、段落、篇章之中，冗余信息就更多。**后面的单位与前面的单位相比，后面的单位如未提供任何新信息的话，这后面的整个单位都算是冗余信息，本书称之为"单位相对冗余信息"**。(钱冠连，1986) 在讨论语言冗余信息的容忍度时，就要大量地碰到这种单位冗余信息。

语言具有冗余性，是一个客观事实。有人计算出英文多余度在67%～80%。一般认为，各种发达语言的多余度显著地超过50%（A. M. 雅格洛姆、N. M. 雅格洛姆，《概率与信息》），如俄语，其多余度大大超过40%（尹斌庸，1984）。

可是能不能容忍冗余信息，可容忍多少冗余信息，就涉及人的强烈的主观态度，即说话或写作者的目的与意图了。我们在本章第一节论证过意图在语用学中的分量。"可以说，话语是跟着意图走的。语用策略也是跟着意图走的。"有了说话人意图，是否容忍冗余信息，或者是否应当把多余信息当成负担的问题，才可能迎刃而解。

语言冗余信息的容忍度，是指语言使用人运用、控制语义性冗余信息时所掌握的分寸。释放适当的冗余信息，或者说掌握冗余信息的分寸，便是适当冗余信息策略。

初看这个定义,容忍度问题是个语义性质的问题。可是,从语义上接受不接受这个冗余,却是由说话人的主观意图确定的,既然涉及说话人意图,那就是地道的语用性质。

另外,这个定义只说了控制语义性冗余信息而未提及结构性冗余信息,原因是后者带有强迫性质。如不说出两个分句的关联词语,分句之间的关系便不清楚。有人说,英语是如此,汉语却未必。汉语由于可以以心领神会来"意合"两者之间的关系,可以不要关联词语,因而也可以将结构性冗余信息删除掉,如你来(的时候),我走(了)。可以删成:你来,我走。在语境充分的情况下,确实可以如此删除。而且事实上汉语口语和文学作品中这样的说法是可以接受的。但认真一想:恐怕不能这样绝对地在任何情况下都靠"意合"。政论、科技文体中,说理、辩论(如法律场合)、会谈(如商贸场合)、宣告(如外交场合)、谈判(如军事场合、国际会议)等言语事件或活动中,即使语境充分了,使用关联词语的"形合"也是必要的,也就是说,必须接受关联词语的强制,删除不得。比如说,"你来,我走"两个分句关系不清楚,是承接关系如"你来了,我才走",还是条件关系如"你来,我就能走",还是递进关系如"你来了,我也走",还是选择关系如"你来,倒不如我走",还是转折关系如"你来,我偏偏走",还是因果关系如"你来,故而我走",还是假设关系如"如果你来,我就走",还是让步关系如"就算你来,我也要走",还是目的关系如"你来,为的是我走"?

上面这段话的意思是说,结构性冗余信息,无论在英语中,还是在汉语中,一般情况下,应该是容忍的。

那么,究竟人们对语义性冗余信息所持的不同态度,或不同的使用分寸表现在什么地方呢?什么情况下,对冗余信息采取删除态度,即容忍度为零;什么情况下,对冗余信息采取限制态度,即容忍度大于零,但其值还小;什么情况下,对冗余信息着意大加利用,即容忍度很大,但又不是无穷大?

二、容忍度的三种情形

1. 容忍度为零

情况紧急,环境险恶。如途中遇到危险,使用汉语的人只会喊"救命"

或连续喊"救命"。在单句体内多用任何一个花哨词都是愚蠢可笑的。这种单句体内的容忍度为零,超句体内容忍度很大(连续重复使用引起)的矛盾现象,下面还要专门讨论。又比如说,进行紧急抢救开刀手术中的医生,命令护士拿工具时的用语也是不容忍冗余信息的。

讲究经济效益。七个字能写完的电报,一般不会用八个字,除非你想多花钱。类似情况,还有电视广告、广播广告等,凡一切按字数按时间付钱的传播手段,大都属此种情形。但话又说回来,有时明知要多付钱,也要重复累加,以保证信息交流成功。但首先考虑的还是删除冗余信息。

节时省力,讲究简便、明确。中央人民广播电台报时用语,有一个变化过程。1985 年以前,在报时信号最后一响之后,说出"刚才最后一响,是北京时间……";1986 年开始,终于对"刚才最后一响,是"采取了不容忍态度,将其删去,只报了"北京时间,零点整。"试比较:BBC 电台报时用语(在报时信号一响之后紧接着):Midnight, Greenwich meantime。中央广播电台这一变化是人们根据主观愿望调整容忍度的一个引人注目的例子。又如 20 世纪 50 年代北京沿街叫卖小贩用语:"冰棍一毛俩!"没有一个多余的字。20 世纪 80 年代到 90 年代,广州街上兜客的中巴售票员,反复地叫喊着:"火车站!"他绝不会反复地叫喊:"这车是开往火车站方向去的!"不要说后面的"方向去的"是冗余的,就是前面的"这车是开往"也是可以省略的。又如两人心领神会的极简单的词语交换。又如配合电视广播的声音在屏幕上出现的文字提示,都是极简单明了而不容忍冗余信息的,例子之一是,1996 年 3 月 4 日,中央电视台新闻联播节目播音员在广播《人民日报》社论的同时,屏幕上出现了两排字:"揽世纪风云,谋兴国大计",确无任何多余信息。又如用途极广的简称、略缩语:外经部、对外文委等。

企图一箭中的的警语、戒语。"天时、地利、人和""慎独""善有善报,恶有恶报""以出世态度做入世学问"(熊十力)"家有黄金,外有斗秤""宁可清贫自乐,不可浊富多忧"……为何如此明快凝练,毫不拖泥带水?因为它的目的就是给人一个"警"或"惊"或"醒"或"戒"的效果,语必锋利、精辟,才能奏效。如果它与冗余话语并存,枝蔓旁节必夺其精警、削其锐利,何谈戒醒之效?

其他情况。如为了保密,或不宜公开,使用的文字和语言也是极简单的,容不得冗余信息。按考试要求的填空,也是要求对冗余信息的容忍度为零的。

以上就是第一种情形，若不将容忍度控制为零，则将招致不同程度不同类型的损失。但是，有必要提请注意，完全不容忍冗余信息并不等于一定是适当的。如果容忍度为零但交际不成功，这个容忍度就不是适当的。

2. 容忍度大于零，但其值还小

人们在语言交际中，有求简求便的天性。但是，太简太省，又会产生遗漏，终而产生交际误差。这里表现出人们交际的初衷——求成功。这是由目的—意图原则决定的。这就是说，目的—意图最终还是要统领策略。为了求成功，就得容忍少量冗余话语。正是求成功的意向使语言多余性获得了可用性。"信息系统是由信源、信道和信宿构成的……信息在流通中实现。"成功的交际就要预先估计信息在信道上的损耗，于是故意多给信息。明知是多余，但也要给。这在哪些具体情况下产生呢？

考虑到受话对象是有生理缺陷的人，如聋人，要多给信息，否则会产生误差。技术的运用，如无线电台联络时的呼叫，它应该是容忍度为零的，这是指一个呼叫单句内不容许有多余信息而言。但要联络成功，又需要多次重复，这重复的单句就是冗余的了。这就出现了一个矛盾：单句体内不容许多余信息（如上例中的"火车站"），超句体内却容许多余信息（如下例中在括号之内的多个"火车站"）。这种矛盾现象在"容忍度为零"的情况下会时时出现。如中巴售票员兜客的喊叫声："火车站，（火车站，火车站啊，火车站、火车站、火车站！……）"。

语言教学和某些小品文中，如笔试时的选择填空和听试中选择勾题，要多给选择项目，不然就等于公布了答案。谜语中冗余信息多于必要信息，智力测验中冗余信息多于必要信息，是为造成疑念，转移注意力，以增加谜语或题目的难度。考虑到受话人的知识水平不高，生理状况不佳，要多给信息，不然对方接受信息的系统反应不过来。如幼儿教师对幼儿，对反应迟钝的老人，对没有专长的人做学术报告，等等，就属于使用一定容忍度的例子。

考虑到礼仪、气氛，在公文体式中，在诸如写信、介绍、推荐、表扬、命令等言语事件中，都要表现一定程度的容忍度。这里有一个颇有启发的言语事件：有一位普通中国公民向世界各国退休首脑写信提出要求，让他们每人写一句表示为人类创造更美好的生活的精辟警语，以便将这些题词编辑成书。现在，让我们假设以容忍度为零的策略按如下样式书写。

第五章　语用原则与策略

××阁下：

　　我请求您亲笔写一句您认为应该给世界的精辟语言，我将编辑出版。

××

这样写的最大长处是没有多余信息，简明扼要。但这样的信寄出去，恐怕要石沉大海。它注意了一个方面——不说废话，却忽视了更多的方面——礼貌、说清楚、让人可信。须知，我们上面强调过，将冗余信息的容忍度控制为零，这并不就是适当冗余信息策略。容忍度为零但违背目的而不能成功的策略，乃是不适当冗余信息的使用。长春市的这位老人，是按如下样式写成这封信的。

××阁下：

　　衷心向您致以敬意。

　　请原谅一个异国公民贸然打扰您。

　　我是中国一退休老人，拟编一本《寄语世界》的书，请求各国离任的国家领导人，本着多年工作所积累的良知，为人类创造更美好的生活，而亲笔写上一句您认为应该给世界的精辟语言，并附签名照片寄来，我将用中、英和其他多种文字同时编辑出版。您的语言将响彻世界，成为人类社会前进的一种精神力量。恳切希望我这一美好构想，能在您的支持下得以实现。

　　我深信您不会使我失望的，预先在此表示深深的谢意。

　　为有幸万里书信拜见，谨奉小照一枚，以保您得见寄信人的面貌。

　　祝您精神愉快、健康、长寿！

××

这封信的成功在于它遵守了适当冗余信息策略，而不是仅仅将冗余信息容忍度控制为零。此外，还遵守了其他必要的多种策略。多余的信息派了什么用场呢？用在实行礼貌、恭维策略上去了，用在叙述目的、过程、方法和结果方面去了。

　　常常看到一种现象，平时在台上、在银幕上能说会道的演员，一旦被电视记者随意采访（没事先准备），说出来的话语不仅前言不搭后语，表达不准确，毫无章法（就不要谈什么语法了），而且废话颇多。奇怪的是，观众和主持人还都并不在意。道理很简单：既然是和熟人随便聊天，就不必那么正式、那么刻板，像板起脸孔似的，使人受不了。

表达特定的情绪。如警告"你敢！你敢！""严正申明！严正申明！"。

学术论文、新闻报导中使用了较小的容忍度。这种情况很值得注意。说清一个道理（学术论文），讲清一个事件（新闻报导），讲究的是确实、简练。啰嗦、冗长是论文、报导的大敌。但为了避免错误或为了强调，也要多给一定的冗余信息，使用较小的容忍度。

估计信息在信道上的损耗，就要容忍少量多余信息，不然交际就要失败，或者不成功。这种情况下的冗余信息不是负担，反而是交际成功的辅助通道。

3. 容忍度很大

对语言多余信息采取发展态度的最主要的场合是在文学作品里。这个问题将在第六章"语用的体现关系"第二节"文学体现"里详细论及。

大量冗余信息用来制造言外之意。有如下这样一问一答。

> 问：您的作品有无改编成影视的？您想不想"触电"？
> 张炜：曾拍出过一两部，我未看。无大的影响。影视基本是外向的，它的形式与其极内向的精微思维相冲突。一般而言，影视比起文学，总因其过分的通俗性而显得粗糙。再说影视艺术是众手合成，一个人的心灵是守不住它的。
> 我大概不会涉足影视。
>
> （张炜，1993）

对于第一个问题的回答，张炜说到"无大的影响"为止，简单而清楚，使用了容忍度为零的信息。对于第二个问题的回答，从"影视基本上是外向的"开始，直到"守不住它的"一段已完，还不见答案，作者这里使用了容忍度很大的信息，那隐含的意义已然：即使不说下面那一句正面回答的话，也很清楚地表白了"不触电"的态度。这也是适当冗余信息策略的使用，因为前面那一大段话暗示了"不会涉足影视"的理由。

语言的冗余有时是负担，有些情形下，它不是负担。经过适当的、恰如其分的处理，冗余信息还会有很大的用途。这便是适当冗余信息策略。语言多余信息容忍度问题，就是说话人如何在主观上调整、利用多余信息的问题。人们对多余信息的态度是矛盾的：从交际的求简出发，要把容忍度降为零；从交际的求成功出发，要把容忍度升到某种程度。求简与求成功之间，既有矛盾，又有统一。这便是所谓"适当"的含义。

第六节 容忍语用失误策略（语用失误的容忍度）

容忍语用失误也是策略。对别人的失误容忍以达到自己的说话目的，容忍不就成了策略吗？

一、什么是"语用失误"

Jenny Thomas 定义为"不能理解所说话语的含义"。这不像是说话人语用失误，倒像是听话人的无能。

语用失误应该是指说话人话语中无意触犯对方的错误，而语用失误的容忍度是听话人所持的态度：接受、某种程度的接受和不接受这三种。

本书认为，**说话人在言语交际中使用了符号关系正确的句子，但不自觉地违反了人际规范、社会规约，或者不合时间、空间，不看对象，这样性质的错误就叫语用失误。**

它与句子结构方面的错误或者语法错误不是同一个类型。语用错误不是句法层面上的问题。句法无问题，但是说的话语无意之中违反了人际关系与社会规约，或者不合时间、空间与对象，这样的不当，便是语用失误。

"不自觉违反"与有意犯规是不同的。"不自觉违反"就是说话人无意中地触犯了人际关系、社会规约，这样的后果是语用失误；有意犯规是自觉的挑衅性言语行为——挑战、批评、批判、进攻、侮辱、谩骂、打击、中伤对方的言语行为。下面两例分别是母语文化交际中语用失误（第一例）与自觉的挑衅性言语行为（第二例）。

（第一例）这是我亲身经历过的言语事件。在 1989 年广州举行的全国第一次语用学研讨会期间，一位中年学者以尊敬的态度称呼某位先生为"某老,那位从精力到思路都看不出老态的先生几乎是立即但以友好的态度纠正说:"我还不老嘛。"后来,这位先生正式作学术报告之前,大会主持人介绍说:"下面请我国著名语言学家某老作报告……",后来这位先生开口第一句话便是:"人被别人称为'老',就不是好事情了。"引起大会一阵大笑,理解的笑。这个颇有人生意义的声明表明那位先生不接受那个"老"的评价。那位中年学者与大会主持人所无意触犯的人际关系的错误就是语用失误。

(第二例)浙江萧山市大庄乡张家村,晚春某日,两妯娌吵得不可开交。急眼之时,大嫂竟往弟媳妇的痛处戳:"你逞什么能,再能干还不是一只十年不打鸣不下蛋的母鸡……"这位大嫂的语言行为不是语用失误,而是自觉的挑战性言语行为。

语用失误有跨文化交际中的失误与母语文化交际中的失误。

二、跨文化交际中的语用失误的容忍度

当某说话人(如英美人)所说的外语(如汉语)恰好是听话人(如中国人)的母语时,操母语者对外国人所犯的语用错误有不同程度的容忍度——完全容忍、某种程度的容忍、零容忍(不容忍)。这些不同程度的容忍度叫作语用失误的容忍度。

对于零容忍度的情形,也许可以举出一个外语界流传甚广的语用失误笑话为例子加以说明。一个中国学生看见一个外国朋友在塔林内兜来兜去,他出于好意,想上前提供帮助,顺便想操练操练口语,便上前问道:"What's your name?"他的本意是请问贵姓,可是英语那样问一个陌生人是不客气的(可以问 May I know your name, please?),外国人以为这个青年是公安局或警察之类的人前来干涉了。正当外国人满脸狐疑的时候,这个小伙子又来了一句:"What are you doing now?"他的本意是"你是不是遇到什么麻烦了",可是说出来的英语句子是审问的口气"你在干什么?"(可以说"I think you are rather in a difficulty."),这就让外国朋友更加深信碰上了便衣警察。如果这时小伙子熟悉英语文化的话,还有机会挽救败局,可是,他又接着用一句外国人听了更紧张而他自以为是帮助对方摆脱困境的话,彻底地吓倒了外国人:"Follow me!"("你得跟我走一趟",他的本意是"你跟着我走就能走出塔林"),于是外国人提出了抗议。其实,这种情况下他本来应该说:"Can I do anything to help you?"(要不要我帮助你?)这便是外国人不能容忍(零容忍度)的语用失误的例子。

影响跨文化语用失误容忍度的因素有哪些呢？据某硕士研究生的调查，这些因素有：语言因素、心理因素、社会因素、会话人的因素、非言语因素、会话的背景、话题等大小共二十五个方面。

一个中国女售货员，比如她想问外国顾客要一点什么，根据汉语这个意思套出一句英语，对一个英（美）顾客说："What do you want?"［英语这样说就有埋怨和审问的口气："你要（干）什么？"］此话当然不妥，可是英国人也接受了，买卖往下进行。为什么？女店员脸上有笑容，善意的说话内容配上笑脸，这是文化共核，英美人善意的话语内容也是配上笑脸的。顾客由此推断，女售货员是问我要买什么东西，不是审查我。这里，文化共核使这个外国顾客对女售货员的语用失误加以原谅，即容忍。还有，这个外国人此时的最高愿望即要买货物也推动了他不要计较语言问题，提醒他买东西事大，语言问题事小。

跨文化之间的语用失误之所以得以容忍，谜底也许是，达到交际目的的最高愿望、文化共核等因素，对语用失误有调节、补偿、修改的功能。

上面所提到的二十五个影响容忍度的因素，绝大部分是非语言因素。也就是说，**容忍、弥补语用失误的机制不在语言里，而在语言系统之外——在社会里**！这再一次证明了三条相互联系的真理：

第一，语言不可能是封闭系统，它必须接受人类社会的干涉，它是一个开放的、动态的、复杂的巨系统；

第二，语言的功能是不完备的；

第三，解释语言的功能的理论系统也是不完备的，它要靠系统以外的其他系统来补充。

语用失误靠人类的文化精神、道德规范、交际愿望去调节、补偿和修改，这乃是人与语言合作的一件"无缝的天衣"！

三、汉语文化中的语用失误的容忍度

汉语文化中的语用失误又是一个什么样的情景呢？

1995年11月6日上午7时30分广东人民广播电台"新闻追踪"节目主持人，介绍了以色列总统被暗杀的经过，先说"这位世界人民尊敬的总统某某"后面又说杀手"这位犹太青年阿米尔如何如何"。同样的尊称（这位）先给了被杀的"尊敬的总统"，后又给了谋杀凶手。中国听众会怎么想？（从跨文化交际看，以色列人会怎么想？总统的亲属又会如何想呢？总统的亲属对后面的"这位"会不会接受？）主持人的话语符合了正确的语法，但不合情理与事理，这就是一个语用失误。相同的例子有，一小孩开门，对着站在门外的大人说："王伯伯又来了。"语调重音虽然不在"又"字上，尽管小孩也并不厌烦来人，表现出来的言外之力（效果）却是：来人多次来访，不受欢迎。听话人不能接受。如果小孩主观上确实厌烦来人，重音又明确地放在了"又"字上，他通过"又"字影射出他对来人的不满，那不是语用失误，那就是他要传达出来的话语含义。

以某一民族语言（如汉语）为母语的交际中，**听话人对说话人的语用失误有三种态度：接受、某种程度的接受和不接受，这三种态度就是语用失误的容忍度。**

上面这个定义，还可以这样表述：对相同的文化背景、大致一样的道德观和价值观的中国人来说，对语用失误的容忍度也分三种情形：完全容忍、某种程度的容忍和零容忍（不容忍）。

对于自己不容忍的话语，汉语文化中的人往往以下面这些通俗说法回敬："你这话我不喜欢听了""你这是怎么说话的？""你出语伤人""你不会说话就回家让你爸爸教教你"等。当然，还有更多的反驳方式，如不用语言反驳的方式。另外，还有一类不容忍的极端例子："你说这话是要掉脑袋的"——确实是中国历史上朝朝代代都能听到的对最不能容忍的话语失误的最严厉的警告。事实上，说话掉脑袋的失误，是历代都发生过的。清代的"清风不识字，何必乱翻书"之类招来杀身之祸的案子，历代都有。这类案子里面，确实是有些含沙射影的话语，那本来就不该叫"失误"而应该称之为自觉利用语言犯上违纲；也有一些是被冤屈的真正无意犯上的话语，而被小人曲解以媚上报功的。无论如何，这两类案子所涉及的语言形式确实都自觉或不自觉地负载了多出话面或字面的含义。

一般而言，对语言方面的错误，如发音与句法混乱，较容易得到听话人的谅解，而触犯了政治制度、社会规则、道德规范、人伦关系的话语，却不易得到谅解。这种偏向一边的心理，往好的方面去说，是目中有人；往坏的方面去说，是"容语不容人"。有意思的是，这种偏向在西方也是如此。发音和句法错误被人视为无知识，而话语无意冒犯了人和社会公德，却被视为人品不好。

被视为人品不好的语用失误,人们(例如作为家长身份的人)特别敏感。比如,小孩发音错误或句子颠三倒四,家长往往一而再、再而三地纠正,还带上笑脸,要是小孩犯了礼貌错误,家长却一反常态地呵斥:"掌嘴!"这里的原因是,家长恐怕这类失误得不到及时纠正,小孩将此带到社会上真正地投入言语交际之后,就会殃及他人,同时,也会被人认为是父母不教之过。

现在,将影响听话人对语用失误的容忍度的一些因素分述如下。

1. 目的—意图是最高利益

目的—意图是最高利益,可能深深地影响容忍度。你所处的地位是需要人家帮助的,对于人家语用失误,你必须容忍。问路、求医、买紧俏货、询问、打听、接受口试、接受审查、接受盘问、借钱借物等时,对于人家可能出现的语用失误,你较容易谅解。如果你不谅解,你得付出代价——放弃你的所需所求。这就是为什么处于市场不成熟状态中的中国消费者去买急需商品时受了售货员的气甚或侮辱,还只好忍受(不反抗、有时甚至还倒赔笑脸)的道理。这样的例子举不胜举。把目的—意图当成最高利益,对说话人的语用失误有加以容忍的思想准备的情形,还包括下面这样一种:带着目的的暂时合作。例如,贸易伙伴之间的谈判,为了达成某项协议,双方对对方的语用失误都会暂时不加计较;公关人员奉命接待单位的客人,公关人员对客人的语用失误,也会不加计较;上级找下级谈心做思想工作,上级对下级的呵斥,下级也不会放在心上。以上案例中,主方如不忍耐对方的语用失误,就要牺牲掉根本的目的,而这是他所不愿意得到的结果。

2. 个人性格与心理因素

宽容对人的人、善于理解人意的人、具有同情心的人、有温良恭俭让品质的人,对别人的语用失误,往往抱有完全容忍和某种程度容忍的态度。而生性挑剔的人,相反,对别人的语用失误,在很多情形下会持零容忍态度。

生活态度乐观者,容忍语用失误的可能性大;相反,生活态度悲观者,容忍语用失误的可能性小。

3. 入乡随俗的社会规约

同一句话，在你所在的语言社团或生活圈子里，或者你所在的地区，是不能容忍的，你到了另外一个语言社团或者地区，却不得不容忍。这便是入乡随俗的社会规约。例如，一个地区（一个语言社团）有一个地区的口头禅、口头语。这些口头禅有干净的也有不干净的，有礼貌的也有不礼貌的，有文雅的也有不文雅的。在你所属的地区或社团不能接受或不大能接受的口头禅、口头语，另外一个地区男女老少都这样用，你就不得不接受。

4. 听话人当时的情绪与心理状态

如果听话人当时的心情不好，情绪不佳，如生气、愤怒、神经质、压抑，对别人的语用失误就特别敏感，不容忍的机会就大大增加；如果相反，如欢快、高兴、兴奋、轻松时，则容忍的可能性就大大提高。这就是下面这些警告或鼓励的言语经常出现的原因："他正在发怒，别去碰他，要不叫你吃不了兜着走。""改个时候再来与他说话，他正没好气呢。""你来得不是时候，他心情不好。""你来得正是时候，他正高兴哩。""你趁他高兴时求他，保准行。"

5. 相互了解程度或双方关系

听话人原来与说话人有良好的关系，摸准了对方的老脾气、个人秉性，对说话人的语用失误在一般情况下都会有完全容忍或某种程度的容忍度。教师对学生、家长对子女、好朋友对好朋友，都可能会形成这样和谐的容忍关系。

6. 说话人社会地位

说话人社会地位往往影响听话人对他语用失误的容忍。社会地位越高，说话往往越小心谨慎，这有两层原因。一是对自己所说的话要负责任，二是怕说话稍有不慎便引起听话人反感。所以，社会地位较高的人，往往形成私下说话与公开说话有两幅面孔。私下说话时放松、放心，公开说话则慎而又慎。作者有过一次私下接触一位地委书记的机会，曾听他发过牢骚："母妈的，房子可以让他们住大的，原则问题，对不起，我要坚持。"他在这里使用的语用策略绝不会拿到公开场合对他的真正听话人去使用。如果他公开使用,那容忍度肯定为零,至少得一个"说话不礼貌"的批评,甚或还犯政策错误。地位高的人说话,如果对下级或老百姓打官腔,其容忍度也肯定不会高。汉语文化里有一种大家都熟知的"拖腔拿调",带这种腔调讲话,听话人对其容忍度好像也很小。据我的观察与记忆,这种腔调,不仅仅是官员讲话才特有的,1949年以前,老辈教训小辈,富人对穷人,债主对借债人,先生对学生,绅士对平民,都喜欢用这种拖腔。腔调成了一种地位与权势的象征。**用说话声腔显示地位**,这种现象,现在并非绝迹,是社会语言学研究的一个方面。这个现象有普遍意义:英美语言学家也有人注意到以特殊的发音、声腔显示高社会地位与所属高阶层的事实。

非常有趣的是,反过来,社会地位低的人,却往往对别人的语用失误不那么容易接受。比如穷人或社会地位低的人,同样一句他认为不当的话,是一般人说的,他可以放过不计较,抱一个完全容忍的态度;是当官的人或是有钱人说的,他却要计较一番,即抱一个不容忍的态度。这便是人的社会心理干涉言语行为。常言道,穷人气大,就是这个意思。在一个家庭中,也有这种有趣的现象,曰:童言无忌。某一句不礼貌、不吉利、刺伤人的话,是小孩子说的,大人不计较,甚至哈哈笑过;这一句话要是其他大人说的,那后果竟然完全不同了:引起怄气者有之,吵闹者有之,引起家庭不和者亦有之。对象不同,容忍度变化如此之大。可见,"语用失误"的定义里包括了"不合说话对象"这一因素是有事实根据的。

7. 宗教信仰

宗教信仰不同对语用失误的容忍也有影响。两人争吵时,一方口里带出"猪"字,会被视为骂人话,这无异于火上浇油;若对方是少数民族,后果更严重(视其为侮辱),因为这涉及民族禁忌,于是容忍度更小。如果在1949年以前,市场上有人指着木刻观音菩萨说:"把这个东西买回去!"在场的信菩萨的人肯定会出来纠正说:"要说'把菩萨请回去'。"在场的不信佛的人却不会有什么反应,就是说,他容忍了。1989年闹得轩然大波的《撒旦诗篇》及其作者印裔英国作家萨尔曼·拉什迪,他写的东西,不为另外一个国家(伊朗)的伊斯兰大主教霍梅尼所容忍。岂止不容忍,大主教还发出处死令,这个拉什迪日日夜夜处于保镖保护之中。直到1996年的3月,伊朗总统才宣布解除此令,说这个命令从来没有认真执行过,并说:"为这样一件事花这么多的精力是愚蠢的。"可是那个看来"愚蠢的"处死令却使作家本人几年来东躲西藏疲于奔命。对于作家来说，还不是因为自己写的东西不为异教所容忍！因为语言不容忍而闹起来的宗教案子，在世界范围内还为数不少。

8. 政治信仰

政治信仰影响语用失误容忍度的现象，更是不胜枚举了。作者本人亲身经历过这样一次言语事件：1996年春节期间，我的一个二十多年没见面的学生上门探访，她居然坐下来交谈不到十分钟就问我是不是党员，在得到确证以后，她似乎才放心地重新拣起话头。其实她也是一个普通而奉公守法的优秀教师，何以谨慎如斯？由此可见政治信仰对人们生活各方面深刻的干预。**谈话是人类行为的重中之重**。她是深恐"话不投机"造成"半句多"的不欢而散的局面，用语用学的观点来说，她是怕她的一句什么不留意的话因政治信仰不同而不被我所容忍或接受，才有如此这般先投石问路的举动。

9. 对象的年龄因素

刚才已经提到"童言无忌"的问题（说话人的社会地位），现在却是刚好相反：童言有忌。如果大人不示意，小孩是不允许参与大人之间的正式谈话的。尤其是涉及重大问题的谈话，小孩插嘴更是不允许的。

对象的年龄因素影响容忍度的另一个情形是"敏感年龄"现象。老人忌谈"老"。上面为了说明"无意触犯"而举的例子，便是一个"敏感年龄"现象。那位先生的两次纠正，都可以看成是对失误说法的不接受。有意思的是，尽管问话人与答话人都是语用学学者，知道这个准则那个原则，可是一到语言运用场合却照犯不误。这是一个方面；另一方面，当对方犯了语用错误的时候，较起真来，哪怕是语言学家之间，说不容忍就是不容忍。

"敏感年龄"现象还表现在大龄女青年身上，她们对有关婚姻问题和生育问题的谈话，甚为敏感。谈话对方稍有不慎，就会使她们处于难堪地位，如果她们不接受，就会有不愉快的事发生。

我们曾在第二章第一节讨论过"上下语为语境对话语的干涉"，提到过一位老人与三位高中女学生的对话，说"小"不行，说"老"也不行，这"敏感年龄"现象真够折磨人的。

10. 过敏话题

对有失恋苦恼的人，大谈女人或男人，谈婚姻与恋爱；对自杀未遂者，大讲自杀的勇气与胆小；对事业上失败过的人，绘声绘色地讲某人事业的成功与失败；如此等等，都会伤对方的心，使对方不能接受。民间的说法是，哪壶不开提哪壶。这便是过敏话题方面的语用失误。

政治事件也可以成为过敏话题。在气候不适当时谈政治事件，说话人往往用委婉词语或者心照不宣的说法，为的就是避免犯错误或语用失误。这个方面，汉语文化中有一个特有的现象，便是家长绝对不允许不经事的小孩谈过敏政治事件，其不允许态度之严之厉到了不可理喻的程度：只要小孩对这些问题一张口，就毫无例外地遭到声色俱厉的呵责，有的小孩甚至受到掌嘴的处罚。

11. 听话人的职业

听话人的职业也影响容忍度。我的老师张达三先生，曾任《现代外语》主编，在他参加省政协或省九三学社省委会会议期间，对会议发言人的发言错误、语病、语用失误，对会议文件上语病、语用失误，总是非常敏感，到了见错必纠的地步。后来，有关方面就专门请他修改某些文件。这显然与他的职业有关。他长期从事编辑工作，见了语病随笔就改，形成了纠正语病的习惯。

这种现象也见于各行各业。搞戏剧的，听到有人谈戏谈出了专业性质的错误（这不是语用失误，而是外行、不懂行的错），或者对戏剧这行职业无意中稍带不敬不恭之词，便不能容忍。又如，从事容易被人瞧不起的职业——火葬工、清洁工等——的人员，对说话人触犯了他们职业的语用失误，他们的反应一般是不容忍。

12. 说话的场合——正式或私下

有些话在正式场合说，听众不容忍；在私下场合，听的人不会有什么异常反应。正式与私下也关系到说话的语体。在正式场合用正式语体，在私下场合用随便语体。

上面（说话人社会地位）提到的那位地委书记与本书作者的一次私下牢骚话，也关系到说话的场合与语体的配合。正因为是私下，他便用了随便语体:"母妈的,房子可以让他们住大的,原则问题,对不起,我要坚持。"他在这里使用的语用策略绝不会拿到公开场合对他的真正听话人去使用。因为他必须考虑,听话人是否能接受?即是否能容忍?现在设想在公开的正式场合,那位地委书记可能将会用这样正式的语体措词:"对于老同志,我们应该在生活上尽量照顾;对于他们提出的要求,能解决的尽量解决,涉及原则问题,我们不能解决的,也要尽可能做好说服工作,说清道理。"看看,完全相同的一个意思,说出的话竟然相距如此遥远!这是语用策略的神奇,还是避免语用失误的机巧?

这个言语事件非常典型地说明了,语用策略是非讲不可的,"语用失误"这个概念是语用学中一个非常重要的概念。我相信,不久之后,便会有汉语文化的语用失误调查出现。这里只是提出这个问题。

再看一个言语事件:

> 语境:1965年,湖北恩施地委书记(郭某)在东方红电影院做动员报告,台上台下气氛都很紧张。时间过了将近两个小时。
>
> 郭:(突然停了一下之后)现在大家"解放解放"……(马上离开自己的座椅)

全场立刻明白这是他自己遇急也顺便让大家上厕所。这句话是不是语用不当?我们知道,"大小便"在各种不同场合下的说法是非常多的。顺便进行一下对比,英语中,大小便的说法有23种之多(钱冠连,1988)。场合不同以及其他参照因素不同就会有不同的表达法。如表达法与场合不匹配会如何?说话人就会给听话人粗野、不文明、不讲礼貌至少是唐突的感觉,当然也就不会接受。多年过去了,现在来看这位地委书记在这种场合下执行这个言语行为,最恰当的说法是"大家休息一会儿",他自己或者别人就会自然处理大小便的事。但是,当时的政治气氛最支持"解放"这一说法,所以,他那样的说法具有当时浓厚的汉语文化色彩,因而具有一定程度的容忍度。

13. 交际渠道

交际渠道对语用失误是否容忍,关系极大。

面对面的说话中不能容忍的语用失误,在书面形式中很可能避免。为什么面对面不那么容忍语用失误？面对面的讲话，对说话人而言，没有机会修改错误，说出口的东西，错了就是说错了，哪怕当时立即声明改正，那错误的声音与话语已在空中，已入听话人耳中，总有失误的印象存放在那儿；对于听话人来说，有一个保面子问题。你触犯了我，我的面子上不好看，严重的当时顶撞起来，不严重的也可能心存芥蒂，嘴巴上容忍了而实际上没有容忍。而且，面对面时，听话人看得见说话人的附着符号束，看得见说话人的面相与身势，于是一下子就能猜中对方的真实意图，对说话人的触犯行为不会发生判断失误。书信渠道为什么很可能避免语用失误呢？从说话人角度来考虑，许多言语事件如打报告、请示、请求、陈述、辩护、辩论、抗议等，表达严密、说理清楚以外，语气、方式、态度等这些可能得罪对方的东西都可以得到反复的修改与润色，语用失误也可能获得许多删改的机会。问题是，正因为书信渠道是经过反复修改、润色与删改的，书写人确认这一点，接受人更是认识到这一点，所以，一旦有什么语气、口气或者态度问题，那接受一方就不会认为是失误，就会认定是对方有意所为。对于这一点，选择书信这一渠道的人应有充分的思想准备。

打电话、写条子、捎口信，这些不同的渠道，各有其便利之处，但也有各自的缺陷。在语用失误这个小小的"雷区"，都会有踏响踩线的危险时刻。

14. 世道变迁

对某些言语行为能够或者不能够容忍，对哪些言语行为算语用失误哪些不算，没有一个一成不变的规矩。世道变迁也是影响容忍度变化的因素之一。

以见面问什么话才算合适为例，来看看世道变迁对语用失误的容忍度的影响。我这里是想提醒某些社会学家与语言学家注意，不要再拿老语料来概括当今的汉语文化现象了。

从前一见面，中国人确实爱问对方——因为对方容忍——"吃了没有？"现在在城市，尤其是在知识分子中间，这样说的人不多了。如果还以此为笑料或语料说明文化冲突，那就有点儿强加之嫌了。在知识分子、国家干部、见多识广的商人中，已经少有人这样见面问好的了。这得益于中西文化交流的正面影响。首先是外语界师生知道了外国人对这样问法的困惑以及由此而来的有趣的笑话，然后逐渐流传全国，大家都觉得再这样问好真是太土、太难堪、"太饥饿"了。这种城市中多数人不能容忍的问好方式，便逐渐地被抛弃并换上了新的问好说法。

过去，中国人见面问私人的事，如工资多少，芳龄几何，有没有红颜知己，是否有私房钱体己钱，确实司空见惯。现在，问工资多少的仍然不少，但问芳龄几何，已经不多。这一方面是人的素质的提高，另一方面，也是西方文化习惯的正面影响：打听隐私是不光彩的。可是与问芳龄几何相关的事——问老人高寿的，还相当多。为什么同样是打听年龄，问少女的人不多了而问老年人的却不见减少？这很有意思。原因是老人接受。老人有人问好，这本身就是一件好事。况且，高寿，在中国也好外国也好都是一种值得羡慕的事儿。打听对方的红颜知己与伴侣，这在过去的中国还算一种关怀。现在见面，这样打听的少多了。据说还有这样的事：在商界，你见面就问人家伴侣情况如何，他还一时答不上来，因为有的人不仅有一个伴侣，他不知你问的是哪一个！这可能是极个别的案例。

过去，问未婚青年朋友何时请吃糖，怎么问怎么顺耳。现在你若再想这么问就要看看对象了。世道变了。一个情况是，离婚变得容易了，有的人结了离，离了结，都不知道有几次了。你这样问，他会觉得你是在讽刺与批评他把婚姻当儿戏。另一情况是，结婚的选择自由已不成问题，经济条件好转使婚姻操办变得容易，主要麻烦倒是"多项选择"难以决断与城市婚前性行为增加，你不问青红皂白问他何时请吃糖，对方以为你暗示催促他们应该快结婚，岂不是干涉他的自由？

15. 非言语因素补救

语用失误已成事实的情况下，非言语因素补救，也可能使听话人容忍与接受。往往有这样的情形，当言语与非言语行为或者说附着于人的符号（伴随物与面相身势）不一致时，听话人却信任非言语符号。有时候非语言符号提供的信息更多。如老公公或老奶奶与三岁的小孙女说话，指着在旁的孙女的爸爸问孙女："他是谁呀？"小孙女天真可爱地用小手指指向爸爸说："张三（她爸爸姓名）！"一般情况下，下辈直呼上辈之名是不能容忍的。这里张三却笑嘻嘻地接受了。原因是小女天真可爱的表情弥补了言语上的失礼。这里还有另外一个非语言因素帮了忙：三代同堂的乐趣是中国人最乐于接受的文化传统。但是，一般情况下，女儿直呼父名是不能接受的。

16. 听话人知识背景

听话人对说话人的某个说法的知识背景不够，认为这一说法是触犯了自己，实际上，当听话人有了相关问题的足够知识以后，误解会消除，不容忍变成容忍，所谓的语用失误就会自动取消。作者自己经历过的一个言语事件可以说明这个问题。作者举家由湖北南下广东之后的三年，小孩已经从他们的广州小伙伴那里学得儿子可以当面称父亲为"老头"（广州音为"豆"），称母亲为"老母"（广州音为"谋"）。当儿子笑眯眯地呼我为"老豆"时，我翻着眼说："我不喜欢这个叫法。"儿子辩解道："广州人可以这样当面叫唤爸爸。"后来我发现他的辩解符合事实。一位广州籍的教授证实："过去只是背着爹妈的时候这么称呼，现在不管这一套了，我的女儿就叫我'老头、老头'了。"还有一个工作人员证实："'老头、老母'，满街满巷乱叫。"听见如此说法，我才逐渐接受了这种叫法。这说明，这类问题能否接受的关键是文化背景知识是否足够。

17. 谈话主题

同一用语在不同的话题里，听话人会有不同的接受态度。"统治者"一词，在议论阶级关系时，用来称谓当今领导阶层自无问题，但在另外的话题里用来称谓当今领导人就不恰当。"对立面"一语，在哲学话题里，用来指代矛盾的双方是合适的，但换一个话题，如夫妻关系，夫或妻称自己的另一半为"对立面"肯定是刺耳的。特别是所谓汉语文化里的"非自由话题"，如未婚单身女人年龄、非账面上收入（注意：不是工资！）、婚外恋中的第三者或其他隐私，对语用失误的容忍度影响就更明显了。

四、避免语用失误的选择与修辞

为了避免语用失误而在可能的一些说法中选择最恰当的一种，这叫作避免语用失误的选择。

"说话和写文章的时候，要斟酌用词，选择造句，对篇章进行调整，借以提高语言表情达意的效果，这就是'修辞'。"（王群生等，1988）

表面看来，避免语用失误与修辞都在讲究选择，二者是一回事。不。应该说两者小同大异。

这两者相同之处在于，都是词或语的竖向选择。

避免语用失误的竖向选择的例子：

$$\left.\begin{array}{l}\text{小朋友}\\ \text{"老朋友"}\\ \text{小同志}\\ \text{小女孩}\\ \text{姑娘们}\\ \text{女学生们}\end{array}\right\}\text{，请借光。}$$

说话人哲学家老康称几位挡在路当中的女高中学生为"小朋友"，按汉语文化，是合适的，老人称不认识的姑娘为小朋友，是很亲切的；按说话人的身份，把小姑娘称朋友，平起平坐，不啻是抬举，还不失诙谐。小姑娘们不接受是故意、善意的玩笑（有面部笑容为证）。现在，咱们回过头来，从竖栏的"小朋友、'老朋友'（说话人第二次碰上她们时的称呼，与"小"相对）、小同志、小女孩、姑娘们、女学生们"或更多的说法中选择一个听话人接受得了的说法，其实还应该说是"小朋友"或者"姑娘们"最恰当。

我们知道，修辞也是词语竖向关系的选择。

$$\text{"喂，一手}\left\{\begin{array}{l}\text{交钱}\\ \text{付款}\\ \text{交款}\\ \text{付钱}\end{array}\right\}\text{，一手交货！"}$$

竖向词语有四个或者可以更多，哪个最能表达刽子手康大叔贪财这样的效果？"交钱"，只有"交钱"，才能表现他赤裸裸地是为了弄钱。"付款"有点会计专业味道。"付钱"虽然也点到了"钱"字，但它有正式用语的味儿，与此处（杀场）情景不符。与后面说出的"交货"联系起来考虑，只有"交钱"最能形成对比。

那么，两者的不同之处在哪儿呢？

第一，两者要达到的目的不同。

修辞是从审美的角度提出要求的。一般认为，修辞是为了增加表情达意的效果，本文作者认为，这就是审美选择。

> 袭人……忙进来，只闻见酒屁臭气满屋。
>
> （《红楼梦》第四十一回）

什么臭气？可以选择的还有"汗"臭气，而且，"酒气"应该是香气，怎么说是臭气？也罢，既然喝过酒，臭气中包括酒气也还说得通。何来"屁"？可是，曹雪芹还是选择了"酒屁"，这就把一个"扎手舞脚的仰卧在床上"的刘姥姥对高门大户的犯规之状写得极具审美价值了。

避免语用失误的选择是从不触犯人际关系、社会规范的角度提出要求的，从不违反"说话对象、时间、地点的合适性"方面提出要求的。这就从根本上不同于修辞的要求了。回过头看看第三个问题"汉语文化中的语用失误的容忍度"中的所有例子，就可以发现所谓的失误都是无意之中触犯了人际关系或者社会规范。此处就不再重复了。

说透彻些，**以两者要达到的目的而论，修辞是为了让语言成为审美对象，而避免语用失误是为了在人面前好做人**。这样两个目的可以说是不挨边儿了。

第二，两者的运用范围不同。

避免语用失误的选择发生在日常生活言语的运用范围里，而修辞的主要范围是在文学语言和公众媒体（非文学的报纸、刊物、广播、电视等）里。为什么？日常生活中的人们，为了谋生，当然要优先考虑自己的言行是否适合于社会，不会将修辞放在首位。另一方面，修辞主要是为了将写的东西变成审美对象，而文学刚好是在以写作创造审美客体，两者正好合拍，所以修辞主要用在文学和公众媒体里。当然，文学中的人物对话也要避免语用失误，或者反过来，有些对话故意被描写成充满语用失误，那是为了表现人物和意象世界，而不是表现作者自己。

还需要说明的是，这并不是说日常生活言语就不需要修辞，不需要美（而且，其中确实有着美的表现，请参见拙著《美学语言学》），我们只是在这里说明两种选择（避免语用失误选择和修辞选择）运用的范围不同，不涉及日常生活言语是否存在着美。

有些汉语教材上说，修辞是讲"说话和写文章如何如何"。本书作者认为，事实上，要求在说话中注意修辞是一个理想状态，因而不容易得到人们的优先考虑（当然应该考虑，而事实上有文化教养的人确实在考虑）；而要求说话不违反人际关系、社会规范，要求说话注意对象与时间场合，即避免语用失误,倒是符合说话人实际利益的,因而也就能获得他们的优先注意。

我们发现一个很说明问题的事实,那便是,修辞格(见下一个区别)在诗、词、赋、小说、抒情散文等文学品种中的运用比在一般文体中的运用更普遍、更典型、更用心和更精巧。这证明了两点:(1)修辞是以文学为对象、为材料的。若不以文学为对象、为材料,那一个一个的"格"是从天上掉下来的?(2)"修辞主要是为了将写的东西变成审美对象"这个判断是得到修辞格这个事实支持的。

最后,两者的表达样式不同。

修辞的表达样式为修辞格,如比喻、借代、夸张、对偶、对比、衬托、排比、层递、反复、双关、反语、押头韵、押内韵、移觉、通感(钱钟书发现了大约三四种)、设问和反问等。有了格,便有了相对固定的表达程式,有章可循。这给运用带来了一定的方便。但是,由此也会走向审美的反面——死板与僵硬。

而避免语用失误选择的表达样式可以是语用原则与策略,但是,原则与策略都不是"格"意义上的东西。而且,有些策略之间是相互矛盾的,遵从了这个便牺牲了那个。从根本上来说,不违反人际关系和社会道德、规范的言语行为,无固定的样式可循。

第七节 从功能不完备原理到语用学的实质

一、什么是"功能不完备原理"

"功能不完备原理"是"解释语言功能的理论系统是不完备的"这一命题的简称。

语用学从更大的范围而言是研究语言功能的,所以它和功能不完备原理息息相关。

语言学家不完备现象(钱冠连,1995c)告诉我们,语言学的许多新领域、新学科、新论题往往不是由语言学圈内的专家发现的;那些新课题也往往是从语言学之外的角度发现的;有卓越成果的语言学家总是以语言外的知识不够而遗憾的。

与此紧密相关的是：语言功能不完备现象。

徐盛桓（1991）曾为功能语言学的研究提出过四条原则，其中之一是参考哥德尔的提法而提出的"不完备原则"，大意是：任何一个说明语言功能的理论系统，无论看起来是多么充分和完善，其实都是不完备的，要留待系统以外的其他系统去补充。

现在举出几个例子来验证：解释语言功能的理论系统是不完备的。

第一例：语用策略是不可穷尽的。这有三层含义。

第一层含义是，语用策略出了一个又一个，兴兴灭灭，《汉语文化语用学》无法将其穷尽，其他语言功能专著也无法将其穷尽。这是因为，说话人的目的与意图是无穷尽的，跟着的策略当然也不会穷尽。除了得体、谢绝夸奖、虚抑实扬的恭维、把对方当第三者、把自己当第三者、借第三者之口说出自己的意见、多种言语行为伴随礼貌策略、运用权威、回避、表面一致而事实否定（曲线否定）、以行代言的答复以外，你还可能临场即兴地发挥出某一个策略来。如为了提出要求先赞美对方，如为了说明某事某人却将他事他人描绘比附一番，这都是语用策略。有时好言相劝是策略，有时骂人也顶用；有时轻言细语、花言巧语可以把对方送入圈套，有时当头棒喝也可以让对方就范。一言以蔽之，帮助顺利达到目的的说话手段都是语用策略。

第二层含义是，你有你这个民族语言文化的策略，我有我这个民族语言文化的策略，这些策略可能是相矛盾的，也可能是互相分享的。如汉语文化里特有的谢绝夸奖，西方语言文化里就用不上；在中国客宴上诗酒酬酢的得体用语，搬到西方宴会上说不定要碰钉子；中国禅门公案中的对话策略与西方语言文化语用学里的一套原则与准则几乎是格格不入。而得体策略，就可以在两种语言文化中分享。这里，各式各样的既互相矛盾又互相分享的例子就不说了。

第三层含义是，有一个策略，就可能有一个相反的策略。礼貌是策略，不礼貌也是策略，如运用权威时，就顾不了那么多的礼貌了；回避是策略，单刀直入回答问题何尝不是成功一法！虚抑实扬的恭维可以玩得溜溜转，让人恶心的赤裸裸的奉承拍马何尝不能使某些人入耳？曲线否定用得好，照顾了对方的面子与情绪，直接否定使用得适时也可能会取悦对方；谢绝夸奖的老传统固然还在"传"还在"统"，现在却也有不少人对夸奖是坦然领受，不少市井百姓给夸奖的人回敬一个"谢谢"甚或一个不地道的"Thank you"，也不失为诚朴不磨、浩浩落落之风！

第二例：语言本身的功能就不完备。

"语言本身的功能不完备"与"解释语言功能的理论系统不完备"是两个不同的命题。但是，这两个命题联系极为紧密。或许，正是因为语言本身的功能不完备才导致解释语言功能的理论也不完备。

这一问题，在第二章"语境干涉"第二节"语言符号的局限邀请语境介入"里已经详细论述过，这里不再重复，只是将其主要论点简述如下：语言不是万能的。正是因为语言符号的局限性才呼唤出语用学来。

第三例：所谓"合作原则"本来就不需拯救。

对于格氏提出的"合作原则"，人们早就有一个问题要问：怎么解释实际上存在着的大量的违反合作的情形呢？利奇（Leech，1983）有一个说法："如果我们对违反合作原则的诸例进行一番检查，就会发现礼貌原则适用于大部分情形。"于是他提出"用礼貌原则拯救合作原则"。国内有人（钱冠连，1987）反驳说："说礼貌原则可以解释人们对合作原则违反的大部分情形，实在是太牵强了，漏洞太大了。单由礼貌原则拯救不了合作原则。"本文第五章全部内容都说明了：合作原则从根本上来说就无须去拯救。我们现在看到，语言功能的任何一个子系统，如目的—意图原则也罢，得体和其他策略也罢，和其他说明语言功能的理论系统一样，天生不完备。如要挽救其漏，就永无休止之日。增加一个，还可以增加一个，有 X 项，就得允许有（X+1）项存在。功能系统是开放的。例如，用"假信息论"去补充质准则，用"冗余信息论"去补充量准则，用"模糊思维论"和说话人心智不清楚的原因去补充方式原则，用"思路大跳跃"和"回避"去补充关系准则，那么，又用什么去填补"假信息论""冗余信息论""模糊思维论"等自身的漏洞呢？它们自身也是功能理论系统，也是不完备的。

二、功能不完备原理的深层原因

语言是一个开放的复杂的巨系统。这样一个系统结合了它之外的两个系统：人自身与人组成的社会。语言学与多种学科相互交叉产生新的学科的根本原因就在这里。光是人自身就是一个复杂的巨系统，人类社会又是另一个复杂的巨系统。语言深入两个巨系统之中，其复杂程度难以想象，足令任何语言学家捉襟见肘。这就要求语言学家有无限的勇气和智慧！言语的生命意识的存在（见本书第三章第五节或拙著《美学语言学》第二章第四节）提供了语言与人自身互相干涉的直接证据。对言语生命意识的深入探讨，就有可能在涉及人自身的领域内发现新的交叉学科。语言是人造系统，不是自然系统——有人参加，是人所造；语言是开放系统，不是封闭系统——它与人类社会系统有信息交换（虽然不存在物质、能量的交换）；语言是动态系统，不是静态系统——它随时间变化而变化。正因为如此，解释它的功能的理论系统永远不完备，永远要靠其外的系统来补充，就是顺理成章的事了。我们只要将语用策略扫视一番，立刻就会发现，**所谓语用策略，全是由人出的主意！**语言得体，说到底，是说话人的行为得体。谢绝夸奖，是听话人的行为；运用权威，称自己为第三者等，哪一项策略不是人干涉的结果？这就是说，所谓语用功能，**不是出自语言符号自身，而是出自社会中的人！**而是出自社会人文网络的干涉。这不就是语言功能的理论系统要它之外的系统来补充的"铁证"么？

三、从功能不完备原理到语用学的实质

认识到"解释语言功能的理论系统不完备"有什么积极意义呢？

一是理论上可以主动；二是便于抓住语用学的实质与核心。

先说理论上采取主动立场，这可以表现在以下两个方面。

第一个方面，"语言的功能不完备""解释语言功能的理论系统不完备"，这样两个不完备，提醒我们不得不想一想：是不是语言系统里还有许多子系统尚未被揭露？或者还有一些语言性质尚未被认识？

我曾经想过换码亏损和言语的生命意识。是不是从这里又可诱发出新的有意义的认识？言语的生命意识，在拙著《美学语言学》第二章第四节"言语美的生成机制"里有过详细的说明，而关于"换码亏损"，本书第二章第二节略有提及，这里再稍加补充。"语言符号在传达最初由非语符感受时的认知内容时，发生换码内容亏损。**设非语符感受为 X，换成语言符号表达时，感受的内容却小于 X，这叫换码内容亏损。**例如，我们由舌头（味觉，非语符感受）感受腐乳（一种腌制的豆制品）的味道，然后用语言（换成语码）传达出这个味道。在换码过程中，语符也许会漏掉了一部分内容：豆腐乳的味道说不全；也许会歪曲了一部分内容：豆腐乳味道说错了。谁能够把

豆腐乳的味道说全、说准？这个内容亏损，不能责怪感受不明白，舌头是自己的，感受也是自己的，亏损发生在换成语码描述的过程中。系列科学实验，用眼睛感受到了全过程（视觉，非语符感受），若将认知内容换成语码复述，就可能发生内容重大亏损。病人报告自己病情，医生听完（听觉，非语符感受）后写成病历（换成语码），如果漏掉或歪曲一点内容，就会引起医疗困难。这些应用的语言研究，一旦在理论上完全弄清楚，就会产生巨大成果。换码时，内容为什么会有亏损？什么条件导致了原认知内容的减少？什么条件下会歪曲原认知内容？如何做到在换码时尽量减少亏损？这些规律弄清楚了，不仅对换码亏损本身有帮助，更重要的是又认识了一个语言性质。"（钱冠连，1995b）

第二个方面，树立信心去发现更多的语言学的交叉学科。刚才已经说过，"语言是一个开放的复杂的巨系统。这样一个系统结合了它之外的两个系统：人自身与人组成的社会。语言学与多种学科相互交叉产生新的学科的根本原因就在这里。……言语的生命意识的存在提供了语言与人自身互相干涉的直接证据。对言语生命意识的深入探讨，就有可能在涉及人自身的领域内发现新的交叉学科。"

认识到"功能不完备原理"的积极意义之二是，便于我们抓住语用学的实质与核心。

能不能这样看：语用学的实质，就是**语用功能理论系统完全建立在语言符号关系之外**，具体地说，完全建立在人和人文网络对语言干涉的基础之上！用"功能不完备原理"去解释，就是说，语用功能的理论系统完全**是靠语言系统之外的人（自然的人）及社会这两个系统（组成社会人文网络）补充而成的**。这就是语用学的实质。承认这个实质，就能理解为什么语用学还可以又名"人文网络言语学"或者"人文网络说话学"。这个问题，将专辟第八章讨论。

第六章 语用的体现关系

语用学不在符号层次上操作，可是它的"三带一理论"却在语用学本体之外的某些学科——要在符号层次上操作的句法、在语言层次上刻画人物形象的文学与用一种语言系统诠释另一种语言系统的翻译等——上体现出来，也在语言运用的某些特殊场合（如禅宗公案）中体现出来。这种体现关系，扩大了认识语用学的视野，从侧面说明了语用学的本质，印证了语用学的"三带一理论"，对深刻理解语用学极有价值。

这就是语用学和其他学科的体现关系。

不妨这样认为，这种关系也就是语用分析介入了其他学科，比如说，介入了句法、介入了文学、介入了翻译、介入了禅门公案等。语用学还是语用学，但它可以介入其他学科。这是两码事儿。

语用学"三带一理论"简单回顾如下："三"是指三个语言符号外因素的干涉，即语境、附着符号束和智力对语用含义推理的干涉和参与。"一"是指产生了一个多于话面的含义。

第一节　句法体现

语用学的"三带一理论"在句法上是如何体现的呢？按语用学的定义，语用含义是脱离符号层次得出来的推理，而句法却必须在符号层次上操作，这两者能搞到一块儿吗？

国内国外的语用学家都认为这两者是能搞到一块儿的。这便是语用介入句法。简言之，对句型作语用分析。有人（赵淑华，1992）认为，对句型作语用分析是一个亟待开发的项目。

语用学在句法中的体现就是对句法作语用分析，或者说是对句法作出语用理据的解释。

一、对句型作语用分析的理论准备

外语界语用学学者对这个问题的看法如何呢？

新格赖斯语用机制正是在这一个问题上有所突破：语用学渗透到了语法过程，引起了对语法的再考察。列文森指出了一种现象（参见钱冠连，1995a），语用学解决问题的途径常和语义学或者句法途径相冲突。他称之为"恶战"（三种解释途径的冲突）。在语用学者看来，能够成熟地处理语用性质问题的语用机制也能运用到一般由语法去处理的问题中去。但重要的是，应该看到，这样的"恶战"只是企图将解释的负担重新分配一下，并没有抹杀语义、句法、语用三个解释层次和模式的独立存在的企图（但某些极端的功能主义者企图如此）。

徐盛桓介绍新格赖斯语用机制的系列论文中多次提及这一点。

钱冠连（1995a）以下面一个英语句子为例说明了句法解释与语用解释的不同，也说明了语用解释对句法的介入。

Only by this means is it possible to explain his failure to act decisively.

句法解释是这样说的（如 R. Quirk）：only 是加强语气的词语，它与状语组合提至句首，主、谓就应该倒装。

如果要问，这样解释为什么就是语法性质的呢？为什么这样摆法就成了一项规定呢？没有人回答。本书作者试探用语用性质来回答。说话人的心理过程是这样的：如果我想告诉别人，"他没有采取决定性行动的原因"，这样解释可以，那样解释就不行，我就只好加强 by this means（这样）的语气，我用什么来加强 by this means 的语气而又使别人来注意我的意图呢？第一，我把 only 和 by this means 放在一起最先说出来；第二，我采取一种怪异方式，即将谓语提前说出来，怪异必有故。你注意到 by this means 这个短语了，于是我的目的就达到了。

其实，语法里说的加强语气就是说话人的个人意图。涉及个人意图就涉及了语用学的核心部分了。个人意图在语用学里是个了不得的、至关重要的术语和概念。

汉语界学者的看法又是怎样的呢？

在汉语语法分析中引进语用平面的做法，从 20 世纪 80 年代起就有了。

胡裕树（1979）认为："必须区别三种不同的语序：语义的、语用的、语法的。"

胡附、文炼（1982）认为："独立成分（插说成分）、提示成分（复指成分）等，这些其实都是语用的成分。……语序所表达的，有的属于语义，有的属于句法，有的属于语用。"他们指出："必须认识到造句手段（如语序、虚词等）所表达的内容有语义的、有句法的、还有语用的。……必须区分一般主语（陈述对象）与话题主语（脱离句法控制的说话焦点）。"后面两个提法值得注意：明确地点出句子成分中的语用分析，说"话题主语"是"脱离句法控制的"。这个看法与语用学者普遍认为的语用分析是在符号层之外操作的观点是完全一致的。

胡裕树、范晓（1985）认为："要使语法学有新的突破，在语法研究中必须自觉地把三个平面区别开来；在具体分析一个句子时，又要使三者结合起来，……"他们提出了一个较为完满的三个平面分析框架。他们指出，语用平面包括：主题和评论，表达重点、焦点，行为类型，口气，增添，变化，虚词的运用，等等。

陆俭明（1992）断言："语法、语义、语用结合研究是 20 世纪 90 年代现代汉语语法研究的发展趋势。"

施关淦（1991）在《关于语法研究的三个平面》中对这一问题的研究提出了许多意见，我们感兴趣的意见有：(1) 胡裕树、张斌等先生讲的三个平面中的"语用"，不是指语用学；(2) 三个平面中，应以句法为基础；(3) 用三个平面的语法理论来分析一个具体的句子，其分析程序大致如下：首先要分清楚哪些是语用成分，哪些是非语用成分，并搞清楚它们之间的关系,然后再做句法分析和语义分析。

他所说"三个平面中的'语用'不是指语用学",那么是指什么呢?用他的"一个具体句子的分析程序"(首先要……然后再……)大概可以回答。本文作者认为,这正是语用分析介入了句法。

龚千炎(1992)对"三个平面的提出"的肯定是:"它标志着汉语语法学从此走上迅速发展的康庄大道。"

范开泰(1985)在施关淦对一个具体的句子进行三个平面的语法理论分析之前,曾提出语用分析的几个基本内容:

> 话语结构分析——说话人如何选择谈话的出发点(话题),如何围绕话题来构成话语;
> 交际过程中的心理结构分析——说话人如何选择话语的焦点,以突出交际的兴趣中心;
> 交际过程中的信息结构分析——说话人如何安排从已知信息到新信息的传达方式;
> 语气情态分析——说话人如何选用适当的语气、口气来表达自己对说话内容的态度、情感以及对听话人的态度、情感,还包括在一定的环境(谈话环境和社会环境)下所产生的言外之意的分析。

如果我们把施关淦的一个句子的三个平面分析程序看成是微观的语用介入句法,那么,范开泰的语用分析就可以看成是宏观的语用介入句法。这两个方面的意见也许是对语用介入句法的一个有参考价值的思路。

这里,我们再次引用吕叔湘(1990)的那个精辟见解:

> ……我说的动态研究指的是句子内部各种成分之间的相互制约;一个句子可以怎样不变内容(或基本不变)而改变形式;某一句式适用于哪种环境(上下文及其他),环境有某种变动的时候,句式要不要随之变化,如此等等。静态的研究当然重要,这是基础,可是语言毕竟只在使用中存在,……

如果要问:是什么原因使说话人让一个句子可以不变内容而改变形式?

原因之一是说话意图、目的的引导,二是为了适应语用策略的改变,三是为了适应环境的变动。我以为答案应基本如此。**这三个原因基本上说**

清楚了句子的形成与改变的语用理据。这三个原因正是语用学研究的核心内容。

如果要问：为什么某一句式适用于某种环境？

大体是因为说话人在句式里贯彻了环境所要求的语用策略。

如果要问：环境有某种变动的时候，句式要不要随之变化？

答案是：要变化。这正是本书第二章所论证的语境干涉。

我以为，这三问三答是语用介入句法的根本性的描写。

二、句式形成与变化的语用理据

我认为，句法的一部分，很可能就是当初说话人为了贯彻自己的语用意图而在句子上做了一定的特殊操作、安排或铺排。所以，与其讨论语用介入句法，倒不如弄清楚当初是如何把（说话人的）语用意图的操作误当成了句法规定的。如果这样做麻烦，那么，我们就可以重新梳理一下所有的句法规则，分清哪些确实是规则，哪些本来就不该是规则而是语用意图的安排。这样，我们就会果断地把本来属于语用安排的那些部分交还给语用分析，减轻一下句法分析的负担。

对句子进行符合语用意图的安排，还可以看成是句式形成或变化的语用理据。

因此，本书首先不提出语用介入汉语句法的整个框架，而是从微观入手，试着对一些句式一个一个地清理一番，看看吕叔湘提的三个问题与本书的试答是否符合规律，看看哪些本来就应该是为贯彻语用意图而进行的操作，就归还给语用分析。

下面就是一些具体的句式变化的语用理据。

1. 说话意图是形成句子、选择句式最重要的语用理据

第一，"句调成句"论的实质

有一种意见认为（杨成凯，1994），任何一个语言单位，只要它能用作独立的交际单位，它所传达的信息量不可能少于一个句子的信息量。这实际上是在说，任何一个单位都能成为一个句子。

那么，如何才能使任何一个单位都能成为一个句子呢？"在汉语里，

任何词组，不管是主谓词组，还是述宾词组、述补词组、偏正词组、联合词组、复谓词组，只要附带上超语段成分——句调，即只要能单独站得住，就是句子。"（陆俭明，1992）

看来，使词组能单独站得住的东西是句调。"句调"是个什么东西呢？超语段成分。"超语段成分"刚好就是语言符号之外的东西。可以这样认为，句调灌注了说话人的意图与心理。所以，"语调+词组"成句的核心是说话人的意图与心理。而说话人的意图与心理是语用学研究的重中之重。即是说，任何一个词组（我们姑且不以最容易成句的主谓词组、述宾词组为例），能不能成为一个句子，关键落实在说话人的意图上。

例1 都上大班了！（大人对上幼儿园的小孩说。语调显示了表扬。意图是夸奖与逗乐。）

例2 卖西瓜的！（有人对卖西瓜的吆喝。语调高兴。意图是让其过来，有人买西瓜。）

看来，意图在形成句子、选择句式中是核心因素。如果这样说不过分，那么，寻找句法的语用理据，就有了比较明朗的前景。

反过来，意思一样（如对"不上班"的原因提问），句式不同，就可以反观说话人的不同意图与心理了。

例3 你为什么不上班？（语调中有愠怒。）

例4 不上班，怎么啦？（柔声柔气的语调透露关怀；强硬的语调则表示正式的查问。）

例5 你不上班，是何道理？（语调藏匿威胁。）

从例3可反观说话人的意图是让听话人知道他的不满。从例4可反观两类说话人的意图：如果用柔声柔气语调，那说话人毫无责备之意，只是对原因本身感兴趣；如果以强硬的语调说出，那他是表示正式的查问。从例5看出说话人的意图是要采取措施整一整听话人了。看，**同是一个对原因提问，但意图不同，就使用了三种不同的句式。**

贯彻说话人意图是形成与选择句式的最重要的语用理据这一观点，还可以从更多的方面得到支持。

第二，被动句的语用理据

被动句有没有语用理据？

一般地说，施事不出现是说话人或写话人认为：（1）施事必须回避，不回避就会出现某种不利的后果；（2）施事不重要，出现了反而会转移听话人或读者对话题（焦点）的注意力；（3）施事不明。前两条的处理，很明显，是说话人或写话人在贯彻语用意图。

第三，有宾主谓句（主—述—宾）和"把"字句的语用理据

这两种句式的选择也面临着类似的情形。

让我们看看"我弄破了那本书"（有宾主谓句）与"我把那本书弄破了"（"把"字句）的选择。

现代汉语语法对"把"字句是这样解释的：运用"把"字句要受一定条件的限制。这条件大致有以下几项：（1）动词要有"处置"的意思；（2）"把"字介引的对象必须是定指的；（3）动词前后总有别的成分，一般不能只用一个动词，尤其不能是个单音节动词，至少要带上助动词；（4）动词前一般不能加否定词、助动词。（黄伯荣、廖序东，1988）

第一个限制条件（动词要有"处置"的意思）是从语义角度上看的。动词有了处置性（如"弄〈破〉"，"破"就是处置结果），即不仅有及物性，而且还对受事要有积极的影响，才能将施事（如"我"）的"施行"强加在受事（如"那本书"）的身上。

第二个限制条件（"把"字介引的对象必须是定指的：受事词之前常带"这""那"，表示定指）的语用意图是：说话人突破事物发生发展的正常秩序，把在后的对象提到前面来，即急于把处置对象告诉听话人。这样处置，就使"把"字介绍的对象产生了某种结果，发生了定指变化，处于某种状态。

第三个限制条件（动词前后总有别的成分），我以为，是第二个限制条件的延长，也是语用意图的操作。既然要急于将处置对象告诉对方，那就要将处置结果一览无余地报告出来，不留尾巴。"把茶喝"，处置结果还没有完结，就必须说"把茶喝光"，结果彻底出来了。"把信带"与"把信带上"，"把他们轰"与"把他们轰走"，"把市场搞"与"把市场搞活"，都可以作如上的解释。一句话，用了"把"字句，说话人的意图是将完全的处置结果急于告诉对方。

第四个限制条件（否定词、助动词只能加在"把"字前），是另一种处置状态和结果，反面的结果。"我**没有**把你的书拿走""干吗**不**把这消息告诉他"等，否定都不在动词前面。既然正面的、肯定的结果急于告诉对方是语用意图，那么反面的、否定的结果急于告诉对方也是语用意图的贯彻。

第四，"复指"的语用理据

与复指有关的句式（宋玉柱，1987）的形成与选用，也说明贯彻说话人意图的作用。

例6 夺取全国胜利，这只是万里长征走完了第一步。

例7 这本书，我非常喜欢它。

宋玉柱说，"复指成分"（"这""它"）之所以会出现，是有它的修辞上的原因的。

我们的话从这儿说开去：为什么这样修辞呢？宋没有往深处说。其实，这正是说话人的意图导致了复指句式的形成。看下面的长句子就会更清楚。

例8 国家的统一，人民的团结，国内各民族的团结，这是我们的事业必定要胜利的基本保证。

宋说，上一例句本来可以不要"这"，让前面三个偏正词组组成的联合词组作主语，"是……保证"作谓语。现在为了突出这个主语，用"这"指代一下。"这"无论从意义上看还是从语法地位上看，都是与其指代的成分相一致的。在这里，我要问的是：为什么重复回指一下呢？说话人怕自己说了三个词组之后听话人有所淡忘——前面说的词组越是多，听话人越是有淡忘的危险——给听的人来一个重复指代，帮助听话人总结一下前面的主语部分。说话人的意图就这样得到了强调。

第五，语用否定句更有语用理据

否定句式的选择也可能有语用理据：不用语义否定，而选"语用否定"，往往是说话人企图否定对方的隐含意图。

语用否定的结构是：第一部分是说话人否定对方的命题（语义上的操作），这仅是说话人次要的、过渡的手段，第二部分是说话人提出自己的纠正命题，在这个纠正命题里，否定对方的隐含意图（语用上的操作），这才是说话人否定的重点，真正的落脚点。也就是说，采取这样的语用否定并非真的在对方提出的命题的真值上表明自己的否定，而是针对着对方的隐含意图或言外之意发出否定。这是语用介入句法的很典型的一个例子。

 语境：两人在辩论。
　　甲：看来你刚才说的就是你的全部论据了。
　　乙：不是全部，而是论据的一部分。

乙并非对"你刚才说的是论据"提出否认，而是否认甲那种推理方式——以一概全。我们知道，<部分，全部>形成荷恩级差（形成荷恩级差的条件请见本书第一章第四节的第一部分），当甲说"全部"（论据）的时候，是想将乙的部分论据当成乙的全部论据，以便在辩论中占上风，也就是说，甲的隐含意图是将乙的另外一些很有分量的论据抹杀不顾，乙不能忍受的就是这个。于是，乙用纠正命题"而是论据的一部分"来否定甲的隐含意图。

　　上面提出的这个语用否定的结构是受沈家煊有关语用否定分析的启发的。按沈家煊（1993）的考察："'语义否定'是否定句子表达的命题的真实性，即否定句子的真值条件。……'语用否定'不是否定句子的真值条件，而是否定句子表达命题的方式的适合性，即否定语句的适宜条件（felicity conditions）。……否定语句的适宜条件往往就是（但不全是）否定语句的隐含意义或言外之意，即非真值条件的意义。"

他将语用否定分为以下五种。

一是否定由"适量准则"得出的隐含义，例子之一是：

　　不是基本属实，是完全属实。

二是否定"有序准则"得出的隐含义，例子之一是：

　　中国的足球健儿没有屡战屡败——他们是屡败屡战。

三是否定风格、色彩等隐含义，例子之一是：

　　他不是什么"非正常死亡"——他是自杀！

四是否定"预设"意义，例子之一是：

> 张三才不后悔搞语言学呢——他搞的是文学。

五是否定语音或语法上的适宜条件，例子之一是：

> 甲：哦，你有便秘（mì）。
> 乙：我没有便秘（mì），我有便秘（bì）。

其实，"语用否定"仍须在第一部分里在形式上否定对方命题的真值条件：

不是基本属实。

中国的足球健儿**没有**屡战屡败。

他**不是**什么"非正常死亡"。

张三才**不**后悔搞语言学呢。

我**没有**便秘（mì）。

只是在第二部分里说话人必须提出自己的纠正命题。否则，那就真成了语义否定了。

2. 说话焦点改变是句式变化的语用理据

说话的焦点，就是说话人在话中强调的主题。

第一种情况，一般主谓句变为主谓谓语句。

例10 知道这件事的人不多。（一般主谓句）

例11 这件事知道的人不多。（主谓谓语句）

例10 说话的焦点放在"知道这件事的人"上，因而用了主谓句。

例11 把话题变成"这件事"，"这件事"成了说话的焦点，因而变成了主谓谓语句。可见是语用的需要（改变说话焦点）带动了句式的改变。换一个方式提出问题：为什么同样的意思要用不同的句式表达呢？回答是：强调的主题不同。

第二种情况，常式句与倒装句的形成与选用，也可能受说话焦点改变的控制。

例12 你真棒！（主语在前，谓语在后）

例13 真棒啊，你！（倒装句）

主谓倒置往往是为了强调谓语（"真棒啊"），或者急于说出对听话人的评价（谓语）。这种情形下，评价是压倒一切的、急于说出来的，至于是谁（主语）能得到这个评价，那以后再补充。这显然是在贯彻语用目的：说话人的注意焦点变了。

3. 语境干涉是句式和句式变体选择的语用理据

语境干涉，是指语言性环境或非语言性环境对语言符号的使用（说与写）上的制约与限制（但并不因此有什么消极后果），理解（听与读）上的帮助与推动。语境干涉大致体现在以下几个方面：

第一，语境对语言符号的使用（说与写）有强制、制约作用；

第二，语境对语言符号的理解（听与读）有帮助、推动的作用，语用推理就是在语境上展开的；

第三，语言符号的信息量和意义（语面的或隐含的）就是在语境中得以澄清的；

第四，语境对说话人有特殊要求与限制。

语境可以化为非语言环境与语言环境。篇章、上下语（文）是语言环境。

廖秋忠（1994）指出，"篇章对句式和句式变体选用有制约作用。一个极为明显的例子是发问的句式对回答的句式的制约，特别是对正面回答的句式的制约。"

例14 语境：一次长途电话。
　　甲：是《现代外语》编辑部吗？
　　乙：是，您哪位？
　　甲：我是湖南的××。

在这里一般不可能用"湖南的××是我"这样的句式来回答,因为前面的问题是"您哪位"。如果前面的问话是"湖南的××是谁",答话可以用"湖南的××是我"或者"是我"。

再谈篇章对句式变体选用的制约。廖秋忠说:"所谓句式变体是指一对或一组能表达同样命题内容或具有相同的真值条件的句子,如汉语里的主动句与被动句和(或)'把'字句可以认为是同一命题的不同句式变体。"可以举出的一组句式变体的例子是:"我弄破了那本书""那本书被我弄破了"和"我把那本书弄破了"。虽然它们表达的命题内容相同,但在具体运用中却受到篇章因素的制约。

4. 隐含意图也是形成和选择某些句式的语用理据

按理说,说话人的隐含意图和上一个项目"贯彻说话人意图"是形成和选择句式的同一个理据。但是,隐含意图对于语用学来说是个核心概念,为了强调,便专辟一个项目来讨论。

第一类情形,某一些句式当初的形成和后来的选用,是有隐含意图的。这样的句式便有语用理据了。如"……才……呢",便是这样的句式。

例15 语境:甲向乙打听电脑的售价。
甲:没有一万拿不到手,对吧?
乙:486才8000多一点呢。

乙说的话的真实含义是"你估价高了"或者"根本用不了一万"。在广州,满天飞的广告上,常常看到这样一句:"……才……元"。那隐含的意思是说,我用这个价钱卖给你,是太便宜了,是最低价钱了。

第二类情形,"只……"等句式。

广州各家电视台的商业广告里经常出现这样的非主谓句:"只卖5000元。"那背后的意思是:5000元是便宜价。

5. 表述重心影响句式的形成与选用

"表述重心"与"说话焦点"是不同的两个概念。说话焦点是放在句子话题的位置上,总是在句首,而表述重心虽然也是说话人注意的重点,也具有焦点意义,但其位置却不一定在话题的位置上,即不一定在句首。显然，表述重心是说话人对自己意图的强调与安排，因此这是语用性质的。

宋玉柱（1988）认为有如下一类的连谓式，它们由主谓词组充当第二个谓语成分，表述重心就在主谓词组上。

先看这类连谓式：

例16 小王搞技术革新信心不足。

例17 我干这件事顾虑重重。

上面这样的连动句型里，第一个动词短语可以放入介词框架内（在……上或方面），处在从属的地位；而另一个动词短语，即第二个主谓词组，则处在主要的地位，作了谓语，构成主谓谓语句，于是构成连谓式的一个组成部分。上面的两个句子成了：

> 小王在搞技术革新方面信心不足。
> 我在干这件事上顾虑重重。

上述句子中的主谓词组（"信心不足"等）并非陈述前面的主谓词组（"小王搞技术革新"等），而是陈述句首的主体词（"小王"等）。现在我们可以发现，这些例句的表述重心都是在主谓词组（"信心不足"等）上，前面的动词词组是说明在哪一方面是如此。正因为这样，如果去掉动词词组，句子在结构上站得住；但是如果去掉主谓词组，句子就不能成立了。例如：

> 小王信心不足。　　？小王搞技术革新
> 我顾虑重重。　　　？我干这件事

也就是说，在"小王搞技术革新信心不足"这类连谓式中，说话人心目中，表述重心是在第二个主谓词组（"信心不足"）上。表述重心就是这类连谓式的语用理据。

6. 语气和口气是句型的形成与选择的语用理据

口气是不是语用问题？当然是。我们在本书第三章第五节中讨论过口气，对它的概括是：有词语因素，有合适的语调和声、气、息，有隐含意义，也是一种言语行为，更是一种情绪、态度与评价。所以，如果口气参与了句型选择,便是语用问题。

猜度疑问句就是语气与口气参与了问句的句式。

按黄伯荣、廖序东(1988)的意见,采用猜度疑问句时(如"屋里还有人吧?"),"说话人对事情已有初步看法,但是还不能十分确定。如果用陈述句说出来,怕失之武断;如果用一般疑问句说出来,又嫌不能表达略有所知的口气。因此就宜于用猜想的语气说出来,希望对方证实一下自己的看法。"这一段话便是地地道道的语用分析:说话人的心理、意图明显地干预了句法。

综上所述,某种句型的语用理据可能是:贯彻说话人意图,说话焦点的改变,语境干涉,隐含意图,表述重心,语气和口气,等等。很可能这些理据并没有罗列完全。

三、语用介入句法的另一种形式:消除歧义

汉语界对于这个问题讨论得比较充分,高见连篇,本书就不必在此耗用篇幅了。关于这个方面,大家的一致意见是:消除歧义的方法是依靠句内语境、上下文语境、情景语境和社会语境;语用分析对歧义的消除也最为有效,它可以消除语义和句法消除不掉的歧义。

四、研究语用介入句法有两种方法

第一,以语用学的范畴(定义、性质、规律、原则与策略等)为参照系,到句式里去寻找这些范畴是如何介入句式的。这一节的六个小点就是用的这个方法。我要强调的是,不能也无法得出结论说,所有的句型都能接受语用的介入。

汉语句型有多少可以接受语用的介入?

先看看汉语句型的全貌(见第250页图)。

那么,有语用理据介入的句型有多少?这一节我们涉及的有:主谓谓语句、连谓式、"把"字句、"被"字句、疑问句。可见,并非所有的句型都能接受语用的介入。我们只是试着看看,如何将本来就属于语用分析的内容从句法的规定中分划出来,以减轻一下句法的负担。

第二,按语用功能给句型分类。这只是一个感觉,作者相信可以一试。

对句型作语用分析是一个亟待开发的项目。这样的"语用句法"不是对句法形成一个咄咄逼人的挑战，而是还句法与语用学一个本来面目。

从句型出发，一个句型可以表达多种语用功能，如疑问句可以表示：

（1）怀疑、惊讶（如"你能拿冠军？"）；（2）自己推测出了答案，问的目的是让对方证实（如"现在三点了吧？"）；（3）打招呼、问候（如两个教师某日见面，其中一个问："刚上完课？"）；（4）命令（如"你还不快走？"）。

反过来从语用功能出发给句型分类呢？

从承担性的言语行为中，我们概括出"承担句"，表示将要干什么，如许诺、恐吓等行为。

从宣告性的言语行为中，我们概括出"宣告句"，表示改变世界上某种事态的行为。

从指示性的言语行为中，我们概括出"指示句"，有使对方做某事的功能，如建议、请示、命令等。

从表情性的言语行为中，我们概括出"表情句"，表达对某事的情感和态度，如道歉、抱怨、感谢、祝贺等。

从描述性的言语行为中，我们概括出"描述句"，描述世界上的状况或事件，如断言、主张、报告等。（以上分类根据哲学家 J. R. Searle 的言语行为理论）

上面这些分类就是所谓"功能句法"。

比如，指示句中下命令这样的言语行为，有下列的语法句型可供对照：

（1）动词性非主谓句，如"不准吸烟！"

（2）疑问句，如"你还敢吸烟？"

也就是说，在"功能句法"的系统里，"不准吸烟！"是指示句，"你还敢吸烟？"也是指示句。

我相信这是可以一试的工作。这是一片尚未开垦的"处女地"。

汉语句型全貌

- 单句
  - 主谓句
    - 动句，无宾主谓句 ┐
    - 动句，带宾主谓句 │ ←主谓谓语句分属
    - 形句 │
    - 名句 ┘

    - 附属：主谓谓语句
    - 双宾句
    - 连谓式
    - 兼语式
    - 存现句
    - "把"字句
    - "被"字句
  - 非主谓句
    - 动词性非主谓句
    - 形容词性非主谓句
    - 名词性非主谓句
    - 叹词句

- 复句
  - 联合复句
    - 并列关系
    - 顺承关系
    - 解说关系
    - 选择关系
    - 递进关系
  - 偏正复句
    - 转折关系
    - 条件关系
    - 假设关系
    - 因果关系
    - 目的关系
  - 多重复句
    - 二重复句
    - 三重复句
    - 四重复句
  - 紧缩复句

第二节　文学体现

——《庄子》《阿Q正传》案例调查

　　语用学在文学中的体现，就是其范畴（如语境干涉、附着符号束和智力干涉等）与规律（如语用原则和策略等）在具体的文学作品——小说、散文、戏剧、诗歌——中的体现。

　　可是，散文、戏剧、诗歌没有语用学所要求的话语，因此不便作调查案例。而记录了人物对话的小说正好在这个方面发挥作用。

　　在浩如烟海的中国文学典籍中，本书为什么选取《庄子》和《阿Q正传》作为穷尽性的调查案例呢？

　　《庄子》成书年代久远当然是一个理由。从历时的角度上选取调查对象是语言学经常采取的手段之一。按理说，兼具文学的典范性、历时角度与对话精彩这三个方面长处的《红楼梦》本当是首选对象。可是，我们下面将用它的英文译本作为翻译体现的范例，文学体现就只好不用它了。

　　选取《庄子》和《阿Q正传》[1]作为调查范例，还有另外的理由。

　　《庄子》流传至今共33篇，内篇有7篇，外篇15篇，杂篇11篇。先秦诸子的著作中，《庄子》难读。文字障碍重重不论，内容宽阔艰深，寓言寓得离奇，对话对得古怪。但是，在先秦诸子的著作中，它的文学价值却又是最高的。它对宇宙的遐思，对人生的细察，对理想人格的刻画，对各种技艺的描写，令人百读而不忍释卷，这样的文学魅力，未必能在中国文学宝库中找到许多可与之媲美的对手。其寓言思想的光芒，比喻技巧的多姿，议论方法的奇妙，直到如今这追新求巧的时代，仍不失它的耀眼光辉，仍可作为中国文学一个方面的典范。

　　但是，它的小说形态，与现代意义上的小说创作比较起来，却是初级的，尚未成型。庄周还没有这样的创作意识：用人物性格的刻画去表现他那个时代的精神。另外，兼具丰满突出的人物形象与曲折的故事的篇章尚

1　本书所引《庄子》对话，主要来自黄绳著《庄子——先秦文学的奇葩》，中华书局（香港）有限公司，1991年第1版。所引《阿Q正传》对话，摘自《鲁迅选集》（第一卷），中国青年出版社，1956年第1版。下面对话分别以"庄例"和"鲁例"区别之。

不多。因此，他的作品还不能充分体现成熟的文学形态。而鲁迅的《阿Q正传》刚好在上面两个方面作了恰到好处的补充。而且，《阿Q正传》作为现代文学的样本地位是毋庸置疑的。一个古代，一个现代，刚好在历时的角度上满足了语言学研究的需要。

一、体现之一：整个作品的语用含义

一句话可能有多于话面的含义，一段话，一个故事，一个情节，一篇或一部文学作品，也会有多于话面的含义。以一篇或一部文学作品而论，这多于话面的语用含义便是所谓的主题思想。

用语用学的观点来看，主题思想是作者通过人物形象或者典型的人物形象的活动——不是作者自己直接出面用话语——告诉读者的某个思想，某个意念，某个精神。实，是人物形象；虚，是某个思想或意念或精神。但虚是比实更重要的东西。作品是否深刻，取决于虚。但是，作品是否吸引人，却取决于实。

现在，我们通过三个例子来看整个篇章（整个作品）的语用含义和整个作品的虚与实的关系。

庄例1 宋元君将画图，众史（画师）皆至，受揖（接受了宋元君的揖谢）而立（各就各位）；舐笔和（研）墨，在外者半（宫里站不下这许多人，一半人只好站在宫外）。有一史后至者，儃儃然（从容不媚）不趋（不向皇帝宋元君快步礼拜），受揖不立（不规规矩矩站在那里），因之舍（径直走到画室里去）。公使人视之，则解衣盘礴裸（裸露身体，盘腿而坐）。君曰："可矣，是真画者矣。"

（《田子方》）

实，写的是两类画师。虚，庄子是想说出的一个真理：靠恭谨献媚来讨好国君者，未必称职。真正胜任工作，有本领的人，却是自信、闲适、放松、不媚，旁若无人地进入角色，不靠献媚处身立世。这虚，就是这一小篇记叙文（故事）的主题思想，亦是全篇的言外之意，是作者没有写出来的东西。

庄例2 庄子钓于濮水。楚王使大夫二人往先（先去致意）焉，曰："愿以境内（整个国家）累矣（相托矣）！"庄子持竿不顾（看），曰：

"吾闻楚有神龟，死已三千岁矣，王以巾笥（竹器）以藏之庙堂之上。此龟者，宁其死为留骨（壳）而贵（让人敬拜）乎？宁其生而曳（拖着）尾涂中（泥泞中）乎？"二大夫曰："宁生而曳尾涂中。"庄子曰："往矣（就如此，请自便）！吾将曳尾于涂中。"

（《秋水》）

人物形象已昭然，不必再论。那么，全篇未说出的语用含义是什么呢？做人不必被虚名所累。做官不过显赫一时，过平凡的日子却可以养生尽年。

鲁迅的《阿Q正传》，全书约有两万七千三百个字。它隐含着什么意思呢？它隐含的意思，即它的主题思想，包含在两个方面。

第一个方面，鲁迅自己说过，他就是"要画出……默默的生长、萎黄、枯死，像压在大石底下的草一样……的沉默的国民的灵魂"来。这是一种什么灵魂呢？冯雪峰（1956）回答道：

> 在对于阿Q的灵魂和性格的解剖中，同时展开着对于社会和历史的深刻和广阔的解剖，于是就把压在阿Q身上的千百年的多方面的压迫势力一层一层揭露开来，终于使人明白集中在阿Q身上的所有缺点和落后性的最深的根源究竟是什么。……他的最大的缺点就是当他反抗着压迫者而遭受失败的时候总要自欺欺人地拿来安慰自己的所谓"精神胜利法"。但这是一种失败主义，而且实质上存在着压迫者阶级的奴役主义的最深刻的影响；阿Q自己就不但常常忘记他的敌人——他的奴役者，而且还常常向更弱者去报复，俨然他也是一个奴役者。鲁迅对阿Q给以最痛心的批判和鞭挞的也就是这一点。……这完全是几千年封建统治和百年来外国侵略的结果。中国人民对于压迫者是前仆后继地始终在反抗和战斗的，可是在多次失败的中间也就会在人民中产生失败主义，这种失败主义同几千年来封建统治阶级的奴役主义的思想……长期统治的影响结合起来，就造成阿Q的所谓"精神胜利法"，所谓阿Q主义，阻碍着阿Q以清醒的态度去对付压迫者，去进行反抗斗争。这是鲁迅最要竭力揭示的一方面，也是他的天才的洞察力最明显的表现。

第二个方面，阿Q的反抗，遇到了一个机会，便是辛亥革命。但是，阿Q式的革命与失败了的辛亥革命的软弱性的结合，铸成了阿Q的悲剧命运。鲁迅似乎在问："阿Q的出路在哪里呢？"

语用学家关心的东西和文学评论家关心的东西显然有不同之处：后者所关心的是，形象如何产生了主题思想以及主题思想是否深刻，前者所关心的是一个大的语篇（长篇的或中篇的或短篇的小说）本身明白说出的话语之外还给出了什么样的隐含之意。语用学家称之为"语篇的隐含之意"，文学评论家称之为"作品的主题思想"。

二、体现之二：人物对话的语用含义

人物对话中语用含义的分析，是语言学和文学沟通的一座桥梁。

语用学窄式定义说：语用学是一种语言功能理论，它研究语言使用人是如何在附着符号束、语境和智力的参与和干涉之下对多于语面（字面）的含义做出解释的。

在研究语用学对文学的体现关系时，"语言使用人"指的是作家。

对话中体现语用学定义的主要点是：多于话语字面的含义，也就是话语隐含，或者说语用含义。

> **庄例3** 语境：南伯子綦游乎（游览）商之丘（商丘），见大木焉，有异：结驷（四匹马拉的车）千乘，将隐芘其所藾（一千辆车和四千匹马都可隐息在大树的荫庇之下）。
>
> 子綦曰：此何木也哉？此必有异材夫！
>
> （《人间世》）

其实他说这话，并非不知其特异。他是故作惊诧之姿态，隐蔽的意思是：以其不材故能至大如此，无用还有利，保其天年。

> **庄例4** 语境：子列子穷，容貌有饥色。
>
> 客有言之于郑子阳者（相国）曰：列御寇，盖有道之士也，居君之国而穷。君无乃为不好士乎（您还不算不爱护贤士么）？
>
> （《让王》）

按修辞反问句"君无乃为不好士乎？"的意义，一般是反问正说，即"您真是一个爱护人才的人啊"。可是，士穷成这个样子，显然是不爱护人才的结果。这是在讽刺、批评相国。是故,郑子阳听出了话外有话,故"即令官遗之粟",赶快送粮食以遮人耳目。

例5 语境:原宪居鲁,环堵(四道墙)之室,茨以生草(用还未晒干的茅草做屋顶),蓬户(蓬蒿织成的门)不完(破烂),桑(桑条)以为枢(门枢),而瓮牖二室(用破瓮当作两室的窗口),褐(粗布破衣)以为塞(堵塞漏洞);上漏下湿,匡(正正经经)坐而弦歌。子贡乘大马,中绀(穿着紫红色衬里的衣裳)而表素(外衣素白),轩车不容巷(小巷不容大车),往见原宪。原宪华冠纵履(露出脚跟的鞋子),杖藜(拄着藜杖)而应门。

子贡曰:嘻!先生何病?

原宪应之曰:宪闻之,无财谓之贫,学道而不能行谓之病。今宪,贫也,非病也。[子贡逡巡(进退两难)而有愧色。]

(《让王》)

子贡为何进退两难,面带愧色?原来原宪是在批评他:"不是我病,而是你病,你光说学道而不身体力行。""有病的是你。"这些都是弦外之音。难怪子贡面有愧色。

例6 语境:庄子送葬,过惠子之墓,顾谓从者曰:郢人垩慢(将白石灰涂满)其鼻端若蝇翼(石灰薄得像苍蝇的翅翼)使匠石斫之。匠石运斤(挥动斧头)成风,听而(运斧的一阵风响过)斫之,尽垩而鼻不伤,郢人立不失容。

宋元君闻之,召匠石曰:尝试为寡人为之(在我的鼻端上试试看)。

匠石曰:臣则尝(曾经)能斫之。虽然,臣之质(搭档)死久矣!自夫子(先生)之死也,吾无以为质矣,吾无与言之矣(无人可与我商议了)!

(《徐无鬼》)

石匠暗示什么呢?你让我在你鼻端上试,我能削去石灰,而你不是能当搭档的料。这个技艺不仅是运斧人的高明,尤其是需要配合人的素质好,受试人"立不失容",镇定如常。你能吗?你不能。这是话里藏着的话。

庄例7 东郭子问于庄子曰：所谓道，恶乎在？
庄子曰：无所不在。
东郭子曰：期而后可（据实具体地说才行）。
庄子曰：在蝼蚁。
东郭子曰：何其下邪？

（《知北游》）

在东郭子的心目中，道应该在很神秘、很高深的处所。庄子说"在蝼蚁"使他大为惊讶。那问话其实是对庄子的反驳。言下之意是说："怎么道会在这种污秽之所？"

现在我们用鲁迅的《阿Q正传》来说明对话中语用含义，不再分析，只是罗列。

鲁例1 阿Q："我们先前——比你阔的多啦！你算是什么东西？"（语用隐含是：我也阔过，我阔的时候比你更阔，我还瞧不起你哩。）

鲁例2 一见面，他们便假作吃惊的说："哙，亮起来了。"（语用隐含是：讥笑阿Q的癞头疮。）

鲁例3 "原来有保险灯在这里！"（同上。）

鲁例4 阿Q没有法，只得另外想出报复的话来："你还不配……"（语用隐含是：他头上的癞头疮"是一种高尚的光荣的，并非平常的"东西。）

鲁例5 语境：凡有……揪住他黄辫子的时候，人就对他说："阿Q，这不是儿子打老子，是人打畜生。自己说：人打畜生。"
阿Q两只手都捏住了自己的辫根，歪着头，说道："打虫豸，好不好？"［语用隐含是：用退一步的办法（承认自己是虫什么的），否认自己是畜生。］

鲁例6 语境：阿Q站起来，两手叉在腰间说："谁认便骂谁！"
王胡也站起来，披上衣服说："你的骨头痒了么？"（语用隐含是：

你想讨一顿打么？）

鲁例7 阿Q……呆笑着，说："秃儿！快回去，和尚等着你……"［语用隐含是：阿Q是暗示（信口开河）尼姑与和尚有风流事件。］

鲁例8 "记着吧，妈妈的……"阿Q回过头去说。"妈妈的，记着吧……"小D也回过头来说。（他们两人的话都有这样的语用隐含：小心下次我还要揍你。）

鲁例9 赵太爷……一面说："那很好，那很好的。这个，……听说你有些旧东西，……可以都拿来看一看，……这也并不是别的，因为我倒要……"（这话的语用隐含很多：我倒要看看你阿Q搞到了些什么货色，是不是有不轨行为，你若不便宜卖给我，我叫你吃不了兜着走。）

鲁例10 "老Q，……现在……"赵太爷却又没有话，"现在……发财么？"（实际上，话里的话是打听阿Q参加了革命党没有，是不是要造他们的反。）

鲁例11 "革命了……你知道？……"阿Q说得很含糊。（他的语用隐含是：现在造反了，抢东西也更不怕你了。）

鲁例12 "奴隶性！……"长衫人物又鄙夷似的说，但也没有叫他起来。（语用隐含是：我要你站着，你倒要跪。）

鲁例13 "胡说！此刻说，也迟了。现在你的同党在哪里？"（语用隐含是：那一晚你打劫赵家是定论了，现在只是要你供出同党来。）

鲁例14 老头子很和气的问道，"你还有什么话么？"（言外之意是，要判你刑、杀你头了，你有什么交代的没有？）

三、体现之三：语境干涉

语境包括语言背景（上下文、上下语）和非语言背景（自然物与社会文化背景）它对话语意义推导所产生的影响，便是语境干涉。

庄例8 语境：庖丁为文惠君解（宰）牛，手之所触，肩之所倚，足之所履（踩着），……莫不中音，合于《桑林》之舞，乃中《经首》之会。

文惠君曰：嘻，善哉！技盖至此乎？

（《养生主》）

文惠君为何发出"嘻，善哉！技盖至此乎？"的惊叹？如何才能理解文惠君所说之"善哉"与"技盖"？这要靠语境：他进刀的时候，牛发出的声音，居然像乐音，能让人感受到跳舞的节奏，乐曲的韵律。语境参与，使我们明白话语的由来。这一例的语境是非语言语境，是对方的一系列的动作与情景（手……肩……足……牛发出的声音……跳舞……音乐……）。

庄例9 语境：庖丁释刀对曰："臣之所好者（所看重的）道（事物发展的规律）也，进乎技矣（比看重技术本身还进了一步，超越技术范围）。……全牛……神遇而不以目视……依乎天理……以无厚入有闲（以无厚度的刀进入有空隙骨节之间）……游刃必有余地矣……视为止（目光专注不动）……踌躇满志（悠然自得）……"

文惠君曰：善哉！吾闻庖丁之言，得养生（领悟养生之道）焉。

（《养生主》）

要理解文惠君"得养生"一语，就必须听前言里庖丁所说的"……全牛……神遇而不以目视……依乎天理……以无厚入有闲……游刃必有余地矣……视为止……踌躇满志……"。这一例的语境是前言，是对方的一大段话语。

现在我们用鲁迅的《阿Q正传》来说明语境对话语的干涉。

鲁例15 "我们的少奶奶……"吴妈还唠叨说。

"我和你困觉，我和你困觉！"阿Q忽然抢上去，对伊跪下了。

如无语境，吴妈是无法了解阿Q这话是从何说起的。因为吴妈完全不了解这一阵子阿Q在小镇上的遭遇：被小尼姑骂为"断子绝孙"，他开始想女人。而谈话发生的那一晚吴妈在闲聊中透露老爷要买一个小的。这便引起了阿Q的冲动。

鲁例16 "畜生！"阿Q怒目而视的说，嘴角上飞出唾沫来。
"我是虫豸，好么？"小D说。

小D的话，有取笑阿Q的意思。"我是虫豸"这话本是阿Q前些日子自己说出来的，阿Q被打，而且还要被迫承认是"人打畜生"，阿Q面子上下不来，只肯承认"我是虫豸"。

鲁例17 "你不知道，他们已经来革过了！"
"谁？……"阿Q更其诧异了。

阿Q为什么更诧异了？前面发生的事件是：赵秀才与假洋鬼子相约来静修庵砸碎了龙牌，顺手摸走了宣德炉。他们抢先阿Q一步革了命。阿Q自己落后了形势还不知道，因此诧异。

四、体现之四：附着符号束的参与

附着于人的符号，包括伴随物、面相身势与声、气、息。它们参与谈话时，会对话语有深刻的影响。

1. 伴随物

它不是语境中的自然物体，是说话人正在运用中的或者自觉地准备着参与谈话的东西。这些东西必须是：(1)话语涉及的，(2)脱离本身的，即，A不是A，临时获得了抽象的符号意义（中介系统）。对方之所以能听懂说话人的意思，正是借助了这些伴随物的参与。所以，那些虽是人的伴随物，但并未临时获得抽象的符号意义的物体，就不算对话语产生了干涉。

　　语境：庄子钓于濮水。
　　楚王使大夫二人往先焉，曰："愿以境内累矣！（愿以国家大事相托）"
　　庄子持竿不顾，曰："……"

（《秋水》）

庄子的钓鱼竿在后来的话语中并未发生作用，只提到了龟，龟参与了话语意义的推理（但龟只是自然物，不是谈话人自觉准备的，也不能算伴随物）。因此，钓鱼竿并未形成对话语的干涉。

庄例10 桓公（国君名）读书于堂上，轮扁（人名）斫轮于堂下，释椎凿而上，问桓公曰："……"

（《天道》）

伴随物"轮"参与了话语意义的推理。后来，他们的谈话中，轮扁提到"削木为轮""斫轮"，没有这个参照物，桓公不会明白他的话语含义：既然木工手艺无法真正传及子孙，那桓公读的书也必定是记录下了糟粕。于是，桓公原谅了轮扁话中对他的不尊之词。

庄例11 列御寇（人名）为伯昏无人（人名）射（表演射箭），引之盈贯（将弓拉开得很满），措杯水其肘上（在肘上放了一杯水），发之，……。伯昏无人曰："是射之射，非不射之射。……"

（《田子方》）

伯昏无人瞧不起这种为了表演而非实战的花架子，后来，他把列御寇引到高山之上，临绝壁，令列御寇射，列御寇果然吓得战兢伏地。因此，弓箭与杯水都成了参与谈话之伴随物，获得了摆在外面的花架子这样的象征意义。

庄例12 语境：庖丁为文惠君解（宰）牛。

文惠君曰：嘻，善哉！技盖至此乎？

庖丁释刀曰：……

（《养生主》）

刀是伴随物。他的整个话语是谈宰牛下刀的技法。刀参与了谈话。这种场合下的刀已不再是刀，而是象征一切可被人运用的工具。

现以《阿Q正传》为例，说明伴随物参与交际会给话语的意义带来什么影响。

鲁例18 语境：天色将黑，他……走近柜台，从腰间伸出手来，满把是银的和铜的，在柜上一扔说，"现钱！打酒来！"

伴随物是银钱与铜钱。过去，阿Q老是赊账，未庄小酒店与未庄人极为轻视他，这次发了财，"腰间还挂着一个大褡裢"，有了这"满把是银的和铜的"钱，他说话的用词（"现钱！打酒来！"）便敢于这样正式，语气便敢于硬朗，神态便敢于这样潇洒。这时的银钱与铜钱不再是本身，而成了抬高他身价的象征物。

鲁例19 语境：阿Q悟出自己之所以受冷落的原因了。要革命，就必须去结识假洋鬼子之类的革命党。
   阿Q："我要投……"
   "滚出去！"洋先生扬起哭丧棒来了。

伴随物是哭丧棒。哭丧棒的符号意义极为明白，即"不准革命"的权杖。

鲁例20 语境：阿Q杀头之前，让他画押。
   "我……我……不认得字。"阿Q一把抓住了笔，惶恐而且惭愧的说。

伴随物是笔。笔在这里具有了象征意义：将自己送上黄泉之路的送葬物。

2. 面相身势与话语内容的配合

下例中，为了不使本节篇幅拖得过长和突出面相身势，人物的话语都省略，只提面相身势。

庄例13 子祀、子舆、子犁、子来四人相与语曰："……"四人相视而笑，莫逆于心，遂相与为友。

（《大宗师》）

四人说话时的面相是"相视而笑"，配合他们莫逆之交的话语，堪称契合。

庄例14 使者去，子列子入，其妻望之而拊心（拍着胸口）曰："……"
   子列子笑谓之曰："……"

（《让王》）

子列子妻子说话的身势是：拍着胸口。这与其妻的话语配合，甚是得当。

庄例15 庄子钓于濮水。楚王使大夫二人往先焉，曰："愿以境内累（将以国政相托）矣！"庄子持竿不顾，曰："……"

（《秋水》）

庄子说话时的身势是：持竿，不转过身来，看也不看对方一眼，表示对做官的不屑。话语也是不屑做官的内容。

庄例16 广成子（人名）南首而卧，黄帝顺下风膝行而进，再拜稽首（叩头）而问曰："……"

（《在宥》）

黄帝说话时是什么身姿？叩头。他以此表示了对听话人的虔诚，话语也是对广成子一片恭敬。

庄例17 谒者入通（侍候的人进去通报），盗跖闻之大怒，目如明星，发上指冠（怒发冲冠），曰："……"

（《盗跖》）

"发上指冠"也是一种说话时的姿态，与他对孔子的仇视话语一致。

现以《阿Q正传》为例看面相身势对话语的干涉。

鲁例21 赵太爷愈看愈生气了，抢进几步说："你敢胡说！我怎么会有你这样的本家？你姓赵么？"

身势是"抢进几步"，与"你敢胡说"相配。

鲁例22 而阿Q自己也不说，独有和别人口角的时候，间或瞪着眼睛道："我们先前比你阔多啦！你算是什么东西！"

"瞪着眼睛"与骂人的言语"……你算是什么东西！"相配合。

鲁例23 阿Q两只手都捏住了自己的辫根，歪着头，说道："打虫豸，好不好？我是虫豸——还不放么？"

"歪着头"与自暴自弃的话语内容（"我是……"）一致。

鲁例24 他癞疮疤块块通红，将衣服摔在地上，吐一口唾沫，说："这毛虫！"

骂人的话语（"这毛虫"）与癞疮疤通红的面相与摔衣、吐唾沫的身势和谐一致。

第六章　语用的体现关系

鲁例25 "谁认便骂谁！"他站起来，两手叉在腰间说。

叉腰这样的身姿与骂人的话语内容（"谁认便骂谁"）一致。

鲁例26 "'君子动口不动手'！"阿Q歪着头说。

歪着头与油腔滑调的话语内容一致。

鲁例27 "你怎么动手动脚……"尼姑满脸通红的说，一面赶快走。

通红的面相，赶快走的身势，与无力的抗议言词是一致的。

鲁例28 "啊呀！"吴妈楞了一息，突然发抖，大叫着往外跑，且跑且嚷，似乎后来带哭了。

楞、发抖、跑、嚷和哭，与口里喊的"啊呀"一致。

鲁例29 一定走出一个男人来，现了十分烦厌的相貌，像回复乞丐一般的摇手道："没有没有！你出去！"

烦厌的相貌、摇手与"没有没有！"不仅内容和谐，而且话语的节奏与摇手也是一致的。

鲁例30 "畜生！"阿Q怒目而视的说，嘴角上飞出唾沫来。

怒目、飞唾沫与骂人话语相一致。

鲁例31 "你们可看见过杀头么？"阿Q说："咳，好看。杀革命党。唉，好看好看，……"他摇摇头，将唾沫飞在正对面的赵司晨的脸上。

阿Q是麻木的，麻木的话，配上麻木的行为，说得兴高采烈之处，唾沫飞溅。

鲁例32 "太爷！"阿Q似笑非笑的叫了一声，在檐下站住了。

语境是阿Q在城里偷了一些衣物，赵太爷想买阿Q的便宜货，便叫阿Q上门来套近乎。阿Q对赵太爷心存芥蒂，便有了这样的似笑非笑面相。

鲁例33 "你又来什么事?"伊大吃一惊的说。
……
"革命革命,革过一革的,……你们要革得我们怎么样呢?"老尼姑两眼通红的说。

阿Q曾经去尼姑庵偷过萝卜,于是便有了尼姑这样吃惊的面部表情与话语。后来的两眼通红,是因为曾吃过秀才和假洋鬼子的"革命"(砸龙牌和偷宣德炉)的苦头。

3. 声、气、息参与话语

下例中,为了节省篇幅,人物的话语省略,只录其声、气、息。

庄例18 颜回无以应,入告孔子,孔子推琴喟然而叹(感慨长叹)曰:"……"

(《让王》)

孔子说话时吐了长气。这种生命姿态表现了此时的一种情绪。情绪与话语内容一致。

庄例19 孔子愀然(凄凉地)而叹,再拜而起曰:"……"

(《渔父》)

孔子的声、气、息状态是叹气,表现了一种凄凉的说话情绪。

庄例20 公子牟隐机大息(靠着几案长叹一声),仰天而笑曰:"……"

(《秋水》)

说话人用大气,长叹一声,后是仰天大笑。

庄例21 盗跖大怒,两展其足,案剑瞋目,声如乳虎,曰:"……"

(《盗跖》)

盗跖说话的声音如虎吼。配合了他对孔子的极端鄙视与仇视的话语。

庄例22 尧观乎华(在华州视察),华封人(驻守华州封疆的人)曰:"嘻,圣人!……"

(《天地》)

"嘻"的一下，就是说话人的气息状态，与他们对来者的不卑不亢话语一致。

庄例23 孔子仰天而叹曰："然。"

（《盗跖》）

孔子说话的气息状态是仰天长叹，表示对劝说盗跖的彻底失望。

现以《阿Q正传》为例说明声、气、息对话语的参与意义。

鲁例34 阿Q即汗流满面的夹在这中间，声音他最响："青龙四百！"

这声音表现了他押宝的情绪。

鲁例35 "这断子绝孙的阿Q！"远远地听得小尼姑的带哭的声音。

声音中带哭，一是表明小尼姑反抗无力，二是表明对阿Q痛恨之绝，与话语正好配合。

鲁例36 "啊呀！"吴妈楞了一息，突然发抖，大叫着往外跑，且跑且嚷，似乎后来带哭了。

嚷、带哭的声音，表明了吴妈的惊愕心理。

鲁例37 "他只说没有没有，我说你自己当面说去，他还要说，我说……"邹七嫂气喘吁吁的走着说。

邹七嫂语无伦次，配合气喘吁吁，表明她既怕赵太爷怪罪下来又想称功的心态。

鲁例38 "老Q，"赵太爷怯怯的迎着低声的叫。

造反的声势陡起，一向欺侮阿Q的赵太爷居然改了称呼去叫唤，配合上怯怯的低声，表明赵太爷还是怕造反、怕革命的恐惧之心。

鲁例39 赵司晨脑后空荡荡的走来，看见的人大嚷说，"嚄，革命党来了！"

看见的人大嚷，表示了一种对革命"成果"（将辫子没了当成革命成功，其实是对辛亥革命的误解，也是辛亥革命的失败）的惊诧与莫名其妙的反应。当然也是对赵太爷自剪辫子的嘲笑。

4. 附着符号束参与言语的一个变形：元语用提示

语用学和文学沟通的又一座桥梁是元语用提示分析。

元语用提示（metapragmatic metaphors），是耶夫·维索尔伦（Jef Verschueren）元语用选择中的一个术语。元语用提示，涉及的不是原说话人的话语内容，而是新闻报导人或小说写作人叙述原说话人的话语内容时所用的语言行为动词或者类动词用语。我们马上就可以看到，所谓元语用提示就是本书提出的附着符号束对话语的干涉。

英语中的语言行为动词，如：say（说），emphasize（强调），note（指出），add（补充道），explain（解释），mention（提到），……

汉语中的语言行为动词，如：说、讲、谈、聊、议、论、言、道、曰、云、叙、述、白、训、讴、诉、讼、咏、评、诒、谘、谏、谓、谕、询、哗、谴、赞、诽、谤、讥、辩、谵、夸、诘、诩、澳、告、喃、发言、闲聊、唠叨、咕噜、吩咐、叽咕、嗫嚅、嘀咕……这里有四十七个。

英语中的类动词用语，如：

repeat a threat that...（重复了某个威胁说道……）；

more deliberate but still angry comment about... was given by sb.（某人就某问题发表了更仔细但更加气愤的评论）；……

react with restraint to sb. that...（对某人作出了有节制的反应）；

a determined argument was made by sb.（某人下了一个明确的断语）。

汉语中的类动词用语，如：恳切地说，涨红了脸说，气愤地说，等等。如果用"状语+说"和"说得+补语"这两个模式去组合，在理论上计算出的元语用提示数目将是十分庞大的。

元语用提示如何运用于文学分析呢？

文学作品中的人物说了些什么，对塑造人物性格和推动情节发展至关重要，这一点是不言而喻的。但是人物性格的塑造也靠他怎样说话——其实是作家让他怎样说话。所以，语言行为动词和类动词用语对提高艺术形象的美学价值具有颇大的分量。

现在我们分析鲁迅小说《孔乙己》，看鲁迅在描写孔乙己的言语行为时使用了哪些元语用提示。

（1）他**不回答**，对柜里说："……"

（2）孔乙己**睁大眼睛**说："……"

（3）孔乙己便涨红了脸，额上青筋条条绽出，**争辩道**："……"

（4）有一回对我**说道**："……"

（5）他说："……"

（6）孔乙己等了许久，**很恳切的说道**："……"

（7）孔乙己……将两个指头的长指甲敲着柜台，**点头说**："……"

（8）**忽然间听得一个声音**："……"

（9）见了我，**又说道**："……"

（10）孔乙己**很颓唐的仰面答道**："……"

（11）但他这回却**不十分分辩，单说了一句**："……"

（12）孔乙己**低声说道**："……"

上述元语用提示帮助作者描绘一幅孔乙己的行动的画像。在我们面前站着一个活生生的深受封建礼教熏染过的迂腐潦倒、不谙世事的穷儒生。要是没有这些元语用提示，这个人物就会失色许多，人物的审美价值就会减低许多。可见，元语用提示的选择是褒贬、评价人物艺术形象不可少的手段。通过元语用提示，作家把自己的审美评价倾注到人物身上，然后读者又通过元语用提示接受和感受作家的这种审美评价。这个过渡之所以能实现，是依靠了元语用提示的暗示性含义。

汉语元语用提示的几个模式初步分析如下：

第一个模式：单一动词（说，道，……）

第二个模式：单一动词叠加（说道，……）

第三个模式：状语＋说／道

第四个模式：其他成分＋状语＋说／道

第五个模式：一整句话［句8即是，又如，"不知哪里甩来一句话：'……'"］

上面五个模式的区分是否恰当，还可以讨论。

现在我们已经看到了，这个元语用分析就是本书所提出的附着于人的符号束的参与。即是"说"之前或同时发生的面相身势与声、气、息的参与。

这样的元语用提示的分析实际上就变成了文学分析，语用学和文学又找到了一座沟通的桥梁。

或者我们可以说，元语用提示就是将语用学的分析成果落实在人物形象的对话分析上。对元语用提示这样评价要冒一点风险，即抹杀语言学家和文学评论家的界限。但是，这对语言学界和文学界都是一个好事。事实上，不可能拒绝元语用提示在文学中的运用，无论文学家们本人是否意识到了这一点。

岂止如此。事实上，我们在本节通过语用学在文学中的全面体现的案例调查，可以发现：语言学和文学这两个不同学科的沟通桥梁便是语用学。

五、体现之五：智力干涉

智力干涉就是听话人运用最基本的事理逻辑、对世界的知识与记忆及人际关系，推测出说话人词语里的隐含之义的推理过程。智力干涉过程也是一个"合适感觉"的选择过程。

用例24 语境：田开之见周威公。

威公曰：吾闻祝肾学生（学习养生之道），吾子（你）与祝肾游（有交往），亦何闻焉（曾听到有关方面的教诲吗）？

田开之曰：开之操拔彗（旧读 suì，扫帚）以侍门庭，亦何闻于夫子？

威公曰：田子无让（不必谦让），寡人愿闻之。

田开之曰：闻之夫子曰，"善养生者，若牧羊然，视其后者而鞭之。"

威公曰：何谓也？

田开之曰：……

（《达生》）

威公作为听话人，有两次推理。第一次，听对方说"开之操拔彗以侍门庭"，威公知道是在推脱，便有后面那句话"田子无让"，说明他听懂了，这一次他推理成功了：拿扫帚扫地的看门人，可能听不到主人关于养生之道的说道吧？威公推测成功了，但不信他那一套，坚持让对方讲讲。第二次，对方讲了道听而来的养生之道"善养生者，若牧羊然"，哪只羊落在后面，就给它一鞭子，威公却未听懂，养生与放羊有何关系？这次威公智力干涉没有成功。所以田开之后来却不得不讲了一大段道理（省略号所示部分）来解释：针对自己不足之处来加以补救，这便是养生之道。这后面不成功的一次推理生动地证明，智力干涉确实需要听话人的智力，才能推测出词语里的隐含之义。

庄例25 语境：尧让天下于许由。
　　许由曰：……庖人（厨子）虽不治庖，尸祝（主持祭礼的人）
　　　　　不越樽俎（酒器与砧板，厨子的工作）而代之矣。
　　　　　　　　　　　　　　　　　　　　　　　　　（《逍遥游》）

尧听懂了没有？庄子没交代。但是，要能理解许由的话却需要一些知识：事理逻辑、社会常识、专业知识等。最后的结果必须是推测出许由拒绝出山的意思。

　　现以《阿Q正传》为例说明智力干涉（语用推理过程）在理解话语意义中的作用。

鲁例40 "和尚动得，我动不得？"他扭住伊的面颊。

阿Q认为听话人小尼姑的推理应该是这样的：和尚动得我，他阿Q摸我的头皮也不算什么错。当然这只是阿Q单方面的理由，是在为自己的流氓"勋业"辩护。

鲁例41 地保进来了。"阿Q，你的妈妈的！你连赵家的用人都调戏起
　　　来，简直是造反。害得我晚上没有觉睡，你的妈妈的！……"

听话人阿Q理解地保话语含义的过程是这样的：造反，该罚；是晚上，害地保没有睡成，也应该罚；二罪合罚，"送地保加倍酒钱四百文"是理所当然的。

鲁例42 "这是你的？你能叫得他答应你么？你……"

老尼姑对阿Q话语含义的推理过程是这样的：他让我叫得萝卜答应，萝卜才是我的，叫不答应，当然就不是我的；但是，我不可能叫它答应，于是萝卜不是我的。然而，萝卜不会答应任何人。所以，阿Q这话是耍赖的。

鲁例43 "老Q,"赵太爷怯怯的迎着低声的叫。

"锵锵,"阿Q料不到他的名字会和"老"字联结起来,以为是一句别的话,与己无干,只是唱。"得,锵,锵令锵,锵!"

阿Q为什么不能理解"老Q"是叫唤自己?阿Q用的是以往的生活经验(受赵的鄙视)来推理。而赵太爷因为要向阿Q打听造反动向,用的是新的态度新的称呼,于是形成"料不到",导致阿Q推导失败。

六、体现之六:语用原则与策略

文学作品(如小说)中人物的话语是否有资格当作真正的语用策略?我对这个问题的回答是持否定态度的。理由是:小说中的人物对话是作者设计出来的,不是原始形态的对话。如果硬要从中概括,那就是一种艺术的概括,而不是语用学的概括。也就是说,只有生活中的话语才有资格当语用策略的研究对象。既然如此,下面只需拿出几例作为真实语用策略的体现。

第一个方面:对话受目的—意图原则的驱动。目的—意图原则是一个带纲领性的语用原则与策略:"有了交际的总的目的,就会在说话中将目的分解成一个个的说话意图贯彻到话语中去,交际就能顺利进行下去。如果没有交谈的总目的,就不可能在每一个话轮中将目的分解成为意图,于是真正意义上的交际就无法开始或者中途失败。这样就必须把目的—意图驱动过程作为原则来遵守。这便是目的—意图原则。"

现在我们可以在《庄子》的对话中看到将总的目的化解为一个个的意图的过程。

庄例26 啮缺问乎王倪曰:子知物之所同是(公认的是非标准)乎?

曰:吾恶乎(怎么)知之!

啮缺又问:子知之所不知邪?

曰:吾恶乎知之!

啮缺又问:然则物无知(万物是不可认识的)邪?

曰:吾恶乎知之!……自我观之,仁义之端,是非之涂,樊然淆乱,吾恶能知其辩?

(《齐物论》)

啮缺的目的是想问世界上是否存在着公认的、一致的是非标准。但他不是一口气问完,而是化解为三个小问题:你知道公认的是非标准(同是)吗?你是否知道你所不明白的东西(所不知)?万物是不可知的吗(物无知)?

特别要注意的是回答。王倪是有自己的观点的,但是,他三次回答"吾恶乎知之!"省略号省去的大段回答(不过是表明了庄子对于这个问题的看法),就是他的观点。"是非之涂,樊然淆乱",一句话,万物不可知。这说明,回答的人无须考虑是否在每一个话轮与上一个问题发生关系,如果他想交际成功,达到自己的目的,他就会采取相关措施,那前面的一些"不知道"只不过是先抑后扬的语用策略而已。这一现象在下面这个对话例子里又非常典型地出现了。

庄例27 东郭子问于庄子曰:所谓道,恶乎在?
　　庄子曰:无所不在。
　　东郭子曰:期而后可(据实细致地说才行)。
　　庄子曰:在蝼蚁。
　　曰:何其下邪?
　　曰:在稊稗(稻田害草丛生之处)。
　　曰:何其愈下邪?
　　曰:在瓦甓(砖瓦堆)。
　　曰:何其愈甚邪?
　　曰:在屎溺。
　　东郭子不应。

(《知北游》)

东郭子从始至终也未明白道在哪里。对于他来说,交际是失败的。因为答案与他头脑中的知识图式大相冲突。庄子的答话并非话不对题。他把他的意图——告诉东郭子道无所不在——分配在四个答话中,一个比一个奇,一个比一个出人意料。庄子认为,道自本自根,于天于地,在太极之上不为高,在六极之下不为深。终因双方知识结构悬殊,交际没有结果。但庄子一方是遵守了目的—意图原则的。

第二个方面:其他语用策略。我们曾在本书第五章第二节讨论过这些策略:得体、谢绝夸奖、虚抑实扬的恭维、把对方当第三者、把自己当第三者、借第三者的口说出自己的意见、多种言语行为与礼貌策略伴随、运用权威、回避、表面一致而事实否定、以行代言的答复、禅宗公案极端手段,共十二种。但是,这远不是最后的策略。

上面说过，由于文学作品中的对话例子不是原始形态的，不足以作为语用策略概括的基础。既然如此，我们就只看几例作为语用策略的体现，不作新的概括了。

庄例28 语境：庄子与惠子游于濠梁（濠水的桥）之上。

庄子曰：儵鱼出游从容，是鱼之乐也。

惠子曰：子非鱼，安知鱼之乐？

庄子曰：子非我，安知我不知鱼之乐？

（《秋水》）

庄子的策略是反戈一击，这在禅门公案里是常见的。

庄例29 语境：尧让天下于许由。

（尧）曰：日月出矣，而爝火（火炬）不息，其于光也（它要同日月较量谁的光更亮），不亦难乎！时雨降矣，而犹浸灌（还有人在人工浇灌），其于泽（润泽作物）也，不亦劳（徒劳）乎！（如果）夫子（先生）立（为天子），而天下治（必定会达到大治），而我犹尸（仍然占在这个位置）之，吾自视缺然（实在惭愧）。请致（请允许我让给你）天下。

许由曰：子治天下，天下既已治也。而我犹代之，吾将为名（虚名、名声）乎？名者实之宾（派生出来的东西，处于从属地位的东西）也。吾将为宾呼？鹪鹩巢于深林，不过一枝；偃鼠饮河，不过满腹。归休乎君（您就算了吧），予无所用天下为（天下对于我无所用）！庖人（厨子）虽不治庖，尸祝（祭祀的主持人）不越樽俎（古代酒器与砧板，代指厨子）而代之矣。

（《逍遥游》）

许由用什么来执行拒绝的言语行为？他用了一个有礼貌的比喻策略。

庄例30 语境：肩吾（人名）见狂接舆（人名）。

狂接舆曰：日中始（人名）何以语汝？

肩吾曰：告我君人者（做一国之君者）以己出经式义度（凭自己的意志制定法度），人孰敢不听而化诸（接受教化）！

狂接舆曰：是欺德（这是骗局）也，其于（他像这个样子）治天下也，犹涉海凿河（在海里凿河）而使蚊负山也。……

（《应帝王》）

以两件事（涉海凿河，使蚊负山）比喻出道理来：不可能做的事就不必做。以比喻去说服对方，即是语用策略。

现以《阿Q正传》为例来看语用策略的体现。

鲁例44 赵太爷喝道："阿Q，你这浑小子！你说我是你的本家么？"……赵太爷跳过去，给了他一个嘴巴。"你怎么会姓赵！……你那里配姓赵！"

赵太爷用的是运用权威策略。又打嘴巴，又是骂，还不准阿Q姓赵，阿Q也能接受。

鲁例45 "唅，亮起来了。"……"原来有保险灯在这里！"

未庄的闲人们使用了多种言语行为与礼貌伴随的策略：取笑、影射（以"亮"与"灯"影射癞疮疤）加上礼貌（玩笑，但不以恶言相加）。

从上面这个穷尽性的（除了语用策略的运用不必是穷尽性的以外）调查中，我们可以说，语用学定义、语用含义、语境参与话语、附着符号干涉话语、智力干涉话语的理解、语用原则与策略这几个方面全面地、淋漓尽致地体现在文学作品的言语行为的描写之中了。从这里，我们发现，作为人文科学的语言学与作为艺术的文学的沟通是靠语用学这座桥梁。

第二节 翻译体现

——中译英《红楼梦》案例调查

语用学在翻译中的体现，可以简括为"翻译的语用观"。它是窄式语用学定义在翻译科学中的体现。窄式语用学定义说：语用学是一种语言功能理论，它研究语言使用人是如何在混成符号束、语境和智力的参与和干涉之下对多于话语字面（语面）的含义做出解释的。

当翻译活动成为语用学的体现对象之后，上述的"语言使用人"就应该看成是"翻译者"。这种体现关系中，语用学研究翻译者是如何在混成符号束、语境和智力干涉的参与和干涉之下对多于话语字面的含义做出处理的。

为了说明翻译语用观，本书以《红楼梦》的英译本第三章（*A Dream of Red Mansions*, translated by Yang Hsienyi and Gladys Yang, Foreign Languages Press, Beijing, 1978）为案例进行了穷尽性调查。以下简称"杨译本"。行文中，英文句子后面也不再注明译者，中文原文取程甲本（曹雪芹，花城出版社，1993年），不再注明作者和页数，第三回是从第35页到第50页。

为什么选择了第三回——托内兄如海荐西宾，接外孙贾母惜孤女——呢？这样考虑有如下几条理由。(1) 两个主人公是在第三回会了面，开始了他们早已注定是悲剧结局的人生命运；(2) 此奇书有几个章节是人人谈、个个讲、说书人挑选、演戏人钟情、评论家偏爱的精彩场面，第三回是其中之一；(3) 从文学角度看，此书最有描写特色、最有审美价值的若干章节显然也包括了第三回：关键人物登台亮相描写最引人入胜的几位——王熙凤的人未到声先至，林妹妹的"步步留心，时时在意"，贾宝玉的"似疯如狂"——都一一在第三回表演出来。这一回有了这么几个重要特点，译家的工夫到家不到家按说也应该是能得到考验的了，翻译语用观的体现按说也具备典型特征了。

一、本书对翻译可译性与翻译等值的观点

在讨论翻译的语用观之前，有必要对读者交代一下我对翻译的最一般的认识。这便是：对翻译的可译与等值的完美性，不抱乐观态度。虽然翻译佳作的精彩之处时时给我们一个一个的惊喜，但是，要让人相信世上真有丝丝入扣的可译性与理想的等值翻译，是非常困难的。

原因有三。一是翻译中的发源语在符号转换中的文化亏损，二是由一种认知感觉系统向语言符号转换时的换码亏损，三是三重的解释学偏离。

一是翻译中的文化亏损。对此，我曾经有过这样的看法：

> 文化共核对翻译显示正调节时，(1) 在不懂外语的人那里，翻译的效果是等值的，(2) 在语言层次上，两语可以向最大限度

的等值靠近。文化共核对翻译显示负调节时，(1) 在不懂外语的人那里，翻译的效果是有限度的等值；(2) 在语言层次上，两语不可能等值。也就是说，翻译等值论要在两个前提的各自两个层次上展开。

(钱冠连，1994b)

为什么会是这样呢？

误将文化差异当共核，以发源语的文化共核来硬套目的语，交际失败，以目的语的文化形象来重新取代发源语的文化形象，交际成功（在不懂外语的人那里有等值的效果）。留下的遗憾是：发源语文化亏损。……文化亏损是翻译尤其是口译的一块心病。

(钱冠连，1994b)

越是文化含量重的发源语，越是向不可译靠近。再高明的译家也阻挡不了发源语的文化亏损，这与译家的目的语是否精通几乎无关。有能耐的译家只不过是尽量减少了文化亏损而已。因此，在这个问题上，似应尽量体谅译家，少生责怪。把"林姑娘"译成 Miss Lin，英美人哪里知道，这个说法隐瞒了许多文化信息：中国的大家闺秀也罢，小家碧玉也好，被人唤为张姑娘、李姑娘，那份亲切与贴近，哪里是 Miss 所能传达的？这个 Miss 在英美人那里，无论是天南海北的人，碰到任何一个自己不认识的女人都可以以此呼之。英美读者哪里知道贾母嘴里的"林姑娘"等同于心肝肉，真是放在手上怕飞了，含在嘴里怕化了。"心较比干多一窍，病如西子胜三分"（第 47 页）译成 She looked more sensitive than Pikan, more delicate than Hsi Shih. (p. 48)，英美人怎么也不会想到比干身上的故事会那样不可思议。尽管译者注解说 Pikan, a prince noted for his great intelligence at the end of the Shang Dynasty，可是他们怎么也不能了解发生在他身上的血刃事件：相传他的心有七窍，他的侄儿纣王，无德无道，居然开其膛剖其胸观其心。对于西施，尽管译者注解了 Hsi Shih, a famous beauty of the ancient Kingdom of Yueh，但在他们心目中这个女人最多是一个漂亮妞，与中国人世代相传的那个美女无疑是迥然不同的两回事。所以，翻译中的发源语文化亏损，作为高山或鸿沟，不要说搬不走，填不平，就是要搬要填，也不是译家的事啊。

但是，翻译中的文化形象转换，还是有相当多的办法处理，有些办法还真的能有等值的效果。这方面，我国许多翻译工作者，做了大量的工作。由于本书的任务只涉及翻译的语用观，这些贡献就不在此处一一列举了。

二是换码亏损，本书第二章第二节与第五章第七节已经探讨，此不再赘。

三是三重的解释学偏离。

毫无疑问，翻译也是一种解释。带有译者解释的译法常常是不可避免的。于是，翻译的主观色彩无从避免。谨慎的译家必然会根据自己的理解对词语有所取舍变通。还有些自我感觉特别良好的译家，无中生有，不仅添枝加叶，还添花加果，创造了许多理论为自己的离题万里辩护。总的来说，他们的一个基本心理是：翻译中如不添花加果，翻译就不再是创造了，翻译就降了格了。

进入翻译之前，阅读原文文本本身就是一种解释，你阅读一部作品时，就会落入解释的套路，摆脱不了解释学原则的煎熬。

倪梁康认为，阅读原文本（Urtext）是第一次偏离；翻译或阐发代表了双倍的偏离；阅读翻译本已是"织入了三重的解释学诅咒"！

所以，不断地强调忠实原文不仅是一个原则，是一个标准，而且，不啻为一个"紧箍咒"，对三重解释的远离是一个遏制。

二、翻译的语用观

语用学对翻译的体现关系中，语用学研究翻译者是如何在附着符号束、语境和智力干涉的参与和干涉之下对多于话语字面的含义做出处理的。

这个处理，包括如下三个方面。

第一个方面是：(1)怎样处理非文学和文学作品中原作者叙述语言中的隐含意图（implicature）？(2)如果是文学作品，如何对待原作品中人物话语的隐含意图？

第二个方面是：附着于人的符号束(伴随物、声、气、息和面相身势)，语境和智力如何对话语意图进行干涉？

第三个方面是：怎样把握翻译中的创造？

下面将分别回答这三个问题。

1. 翻译语用观的第一个方面

怎样处理原作者叙述语言中的隐含意图？翻译对象如果是文学作品，如何对待原作中人物话语的隐含意图？

王东风（1992）讨论过英译汉中含蓄意义的处理，并归纳出五种方法：形随意就、异曲同工、形意兼顾、直译其意和形存意释。这五种方法和其他人提出的一些处理意见，肯定是英译汉中可资借鉴的方法。但是，他所说的"含蓄意义"指的是 connotative meaning。我们这里所说的"隐含意图"是说话人与写作人的个人意图，言外之意，是 implicature。而且，我们讨论的是语用学的各个方面在翻译中的体现。

本文作者认为，翻译中的语用观对待这两个隐含意图的态度应该是：

（1）原作者叙述语言中的隐含意图与人物话语的隐含意图，必须保留在译文中（如案例调查中的例 1 到例 8 所示）。

（2）不能"没收"与取消某个语用隐含（如例 9 到例 23 所示）。

（3）不必平添一个语用隐含或将原来语面上的明显示义（以下简称"明示"）译变为语用隐含。（如例 24 到例 25 所示）

这可能是一个引起争论的结论。但是，我还是要强调说，将原文里作者的隐含意图与人物对话中的隐含意图变成译文中的明显示义，是译家好心办错事。

先讨论第一条和第二条：原文里的语用隐含一定要在译文中保留下来，不能将其公开于文字——这样的翻译语用观，要从回答"什么是文学"那里得到解释。

小说、戏剧、诗，是面向想象力的艺术。它们都要靠形象说话。文学作品——我是说真正的文学作品——是不提供答案的，它只是对世界提出问题。回答是读者的事。作者在构思时想象，构思成功的人物与场景也使读者想象。读文学是一个想象的过程，读者自己与自己，读者与艺术形象，读者与作者进行精彩的对话。如果作者给作品填满信息，就伤害了文学自身的声音。因此，成功的文学家无一不是留下许多空白，让人家去想象。**留下空白，运用到语言上，便是作者自叙语言的隐含与艺术形象对话中的隐含**。译家把原作者苦心经营的隐含——留白——公开了，泄露了，那还有想象吗？那还有文学吗？译者不变更原文里的隐含，读者就要花费气力去推敲，得到的报酬是美的享受。这个过程是个审美的过程。**如果译文改**

变、取消了原来的隐含意图,虽然也取消了读者的脑力劳动,却也同时取消了审美过程,也等于取消了文学。

假如我们暂且苟同将原作隐含意图在译品中公开化的思路,那么,翻译家的任务就永远也完成不了。你能公开一处或另外几处,你能公开全部吗?因为,就一部原作而言,"不管说出来的有多么多,没有说出来的总是要多得多"(富恩特斯,墨西哥作家)。译家能够将原作中"要多得多"的没有说出来的东西都公开吗?

更坏的是,假如我们僭越原作者暂时容忍译家将原作中的隐含意义泄露出来,译家能够保证译变正确吗?如果译变错了,那不是对原作的歪曲与背离吗?那不是译家对自己反复认同的口号——忠于原作——的背叛吗?

如果我们同意上面讨论的观点,那么,下面的判断便可以成立了:

译家把语用隐含变成明示,译变对了,便堵塞了读者的想象,译变一处堵塞一处,译变全部堵塞全部,结果是整个译品虽然可读但毫无趣味,这是取消了文学;译家把语用隐含变成明示时,译变错了,便无异于毁灭了原来的创造,变错一处毁灭一处,变错全部就毁灭了全部,要多糟有多糟。

第二条说,不能没收与取消某个语用隐含。既然艺术上的留白是艺术与文学创作的根本规律之一,没收了、取消了话语隐含意义(艺术留白在语言上的运用),那就等于没收了文学,取消了文学。

有人说,有些读者发现不了隐含意义怎么办?那不是作者的事。更不是译家的事。读者发现多少,接受多少,是读者的审美能力的事。这是接受美学要讨论的东西。这里,译家必须相信语境的力量,相信读者智力干涉的能力,他们自会解决问题。翻译家不能迁就审美能力低下的读者。他不懂,就让他不懂。不懂比取消文学(语用隐含译变明示译变成功了)甚至毁灭文学(译变失败了)要好得多呀。

最后讨论第三条:不必平添一个语用隐含或将原来的明示译变为语用隐含。这个道理比较简单:一个语用隐含便是一处艺术创造。原文中既没有,译文就不必加进一个。不要帮助原作者进行创造。加进了语用隐含处理,一是不忠,二是不能保证加进的隐含是成功的,若不成功,就会干画蛇添足那样吃力不讨好的事。译家可以有自己的语言符号的高明创造,但不能在形象上无中生有。

第六章 语用的体现关系

另外，说明一个问题：为什么只拿文学作品的译本（如《红楼梦》英译本）而不拿非文学作品（如科技、新闻、论述等）的译本搞案例调查？在如何对待"原作者叙述语言中的隐含意图"中就包括了一切非文学作品了。因为一切非文学作品（论述、科技、新闻等）中的语言也都是作者自己叙述性的语言，没有所谓人物的言语了。

翻译语用观的具体体现——案例调查

需要说明的是，这里用了翻译大家的译本，评论中除了为其精彩处理时时叫好以外，也不免有所磕磕碰碰，有意见相左之处，但这丝毫不表明本书作者做起来会比杨先生高明。论翻译水平，本人望其项背尚不及矣。下面的讨论完全是为了弄清翻译中一个原则性问题——**翻译中如何处理语用意图**——而已。

首先要说明的是，本书不只是举出杨译本第三章的一两个例子，而是举出全部涉及这个问题的例子。这样做的目的是体现研究的穷尽性（尽管是局部的穷尽性），以便使研究具有说服力。

第一方面的情形：译本保留了原作者叙述语言与作品人物话语的隐含意图。

 原文：（如海笑道：）"二内兄……其为人谦恭厚道，大有祖父遗风，非膏粱轻薄之流……"
    译文：He is an unassuming, generous man who takes after his grandfather. (p. 34)

林如海说贾政"谦恭厚道，……非膏粱轻薄之流"，这话中是有话的，这里就埋下了作者的一个伏笔：让读者看看，这个贾政是不是厚道如此。实际上，这个贾政，按曹雪芹的意图，就是一个"假正（经）"。他后来把宝玉往死里打，逼着宝玉走上仕途以便成为王族的接班人（便造成了贾黛分离的直接缘由），是一点也不"谦恭厚道"的。还有，偌大一个贾府的花销就靠周围农民交租，在逼租这个问题上，贾政也是全不"谦恭"，更不"厚道"的。这些话外话，英译本都没有公开，保留了隐含面貌。

 原文：于是三四人争着打帘子，（一面听得人说：……）
    译文：Three or four of them ran to raise the door curtain.

原文使用了"争着"二字，曹雪芹在暗示什么呢？一是林姑娘受欢迎，二

279

是贾府里确有威严气氛。译文中这一点也仍然潜伏着。

例3 原文：（这个人打扮）……粉面含春威不露，丹唇未启笑先闻。

译文：The springtime charm of her powdered face gave no hint of her latent formidability. And before her crimson lips parted, her laughter rang out. (p. 39)

这一段是作者在刻画王熙凤。原文与译文可算是伏笔对伏笔。"威不露"打下了这样的伏笔：后来就是这个凤姐弄权铁槛寺，要尽了威风。英文以 gave no hint 相对，不作发挥。"笑先闻"打得什么埋伏？就是这个人，笑里藏刀毒设相思局，把个贾瑞弄得死去活来。英文以 laughter rang out 相对，亦不作发挥。英美读者以后读到王熙凤弄权铁槛寺与毒设相思局时，才会回过头来回味 gave no hint of her latent formidability 与 her laughter rang out 原来是为了淡中出奇，抑先扬后！

例4 原文：（这熙凤……因笑道：）"……况且这通身气派，竟不像老祖宗的外孙女，竟是个嫡亲的孙女，……"

译文：The whole air is so distinguished! She doesn't take after her father, soninlaw of our Old Ancestress, but looks more like a Chia. (p. 39)

凤姐在耍什么心眼儿？她的隐含意图是："这通身气派"只有出在我们贾家这样的名门望族身上。这看起来像是抬举贾府。另一方面，她使用"竟不像"（英文以 doesn't take after her father 替换）与"竟是个嫡亲的孙女"（英文以 a Chia 替换"嫡亲孙女"，真是好），是不是提醒贾母，她林黛玉毕竟是外姓人，也未可知。这些语用隐含，原文译文均是隐含处理。

例5 原文：（熙凤……道：）"丫头老婆们不好，也只管告诉我。"

译文：If the maids or old nurses aren't good to you, just let me know. (p. 40)

说话人凤姐的言外之意何在？一是警告在场的第三者（丫头老婆们），如有不慎，我要惩罚，二是向林黛玉也是向老祖宗讨好卖乖。译文也保留了隐含。

原文：（王夫人乃说：）"……我有一个孽根祸胎，是家里的'混世魔'。"

译文：...that's my dreadful son, the bane of my life, who torments us all in this house like a real devil. (p. 44)

王夫人说"孽根祸胎、混世魔"有什么意图？就她而言，鉴于宝玉平日"疯疯癫癫"的行为，她预告今后儿子要闹出祸事。以作者而言，他是在向读者暗示，宝玉是个叛逆者，不仅是他妈妈的"孽根"，也是林黛玉的"孽根"（当然，说到底贾宝玉并不是祸根）。译文并未将此公开，仅用 the bane of my life 与"孽根祸胎"相对，保留了原文中的暗含。

 原文：（黛玉心中想：）这个宝玉，不知是怎生一个惫懒人物。

译文：What sort of graceless scamp or little dunce Paoyu was? (p. 46)

作者让林黛玉猜测宝玉"惫懒"，无非是为了表明他对仕途的冷淡，对做官的背叛，这是隐藏着的意思。译文也是隐藏着的。只是 scamp（"无用之人"，戏谑用语"恶汉"）与 dunce（笨人，迟钝的学人）用得有点过头。

例8 原文：（贾母道：）"……何苦摔那命根子！"

译文：But why should you throw away that precious thing your life depends on ? (p. 49)

贾母话中的"命根子"，指的是大家心目中都明白只是口中不提的那块通灵宝玉，是贯穿全书最重要的隐喻。它既是宝玉的命根子，何尝不是贾家的命根子？这是作者深藏的命意。杨译本翻译时没有挑明，这当然很好。顺便提一句：只是"命根子"何必译得那么长 precious thing your life depends on，还带了一个定语从句？那么一长串，影射的毕竟不是一个东西，可以是任何"你的性命系之的宝贵东西"。换成 lifeblood，不知是否可行？陈红薇教授认为，lifeblood 太直，不如用原来译文，因为那块玉是"维系"着宝玉的性命以及他在贾府及社会上的地位的东西，用 depend on 更能表现这种依赖性。

第二个方面的情形：译本"没收"与取消了某个语用隐含（将语用隐含变为明示）。

例9 原文：这林黛玉尝听得母亲说，他外祖母家与别家不同。

译文：She had heard a great deal from her mother about the magnificence of her grandmother's home. (p. 35)

作者叙述语言中"与别家不同"，并没有明说不同在哪里，自然是影射贾府富丽堂皇，但译文用 magnificence 公开了这个语用隐含。

例10 原文：……多要步步留心，时时在意，不要多说一句话，不可多行一步路，恐被人耻笑了去。

译文：She must watch her step in her new home, she decided, be on guard every moment and weigh every word, so as not to be laughed at for any foolish blunder. (p. 35)

这一段话是曹雪芹叙述林黛玉初进贾府的心态。"不多说，不多行"有两层言外之意，一是林姑娘怕出错，害怕说错话与做错事。二是表现孤女的自悲与自尊，她明白自己是外姓人。可是译文用 for foolish blunder 将第一个隐含意图挑明了。所幸的是，将第二个隐含保留下来了。要指出的是，这是林姑娘第一次出场，作者用了"步步留心，时时在意，不要多说……不可多行……"，这都是自言自语。她外表冷静，内心波涛汹涌，浪潮冲空。多少不尽之言、含蓄之语，留给读者去想象。现在译家却公开了一处隐含，可惜，可惜。

例11 原文：第二个……文采精华……

译文：She seemed elegant and quickwitted with an air of distinction. (p. 37)

作者写出"文采精华"的意图，是让初到贾府的林黛玉感到贾府上下气度非凡，与众不同，连下人（丫头）都那么不同凡响。elegant and quickwitted 已经把风度与智慧翻译清楚了，何劳多加 with an air of distinction 呢？好像这不是在为等值而努力。过细察看，这多加出来的"超凡的风度"正是作者叙述语言所暗藏的东西，译家给泄露出来了。

例12 原文：（癞头和尚又说：）"……除父母之外，凡有外亲，一概不见，（方可平安了此一生。）……"

译文：The only other remedy is to keep her（from hearing weeping and) from seeing any relatives apart from her father and mother. (p. 38)

"外亲"和"内戚"是两类性质不同的亲戚。"外亲"是母亲一方的亲人,"内戚"是父亲一方的亲人。曹老先生在这儿用了"外亲"内含颇深。他老先生的用意就是:林黛玉不能见母亲一方的亲人贾宝玉!可是整本书偏就写她不但见了而且深交了贾宝玉,于是有了一个悲剧人生(当然她的悲剧命运的根子不是贾宝玉闯进她的生活),从反面印证了癞头和尚的疯话。译文最好用 maternal relatives 来代替这个"外亲"。可是,杨译本用一个上义词 any relatives(任何亲戚)把"外亲"淡化掉了,把原来的一个重要语用隐含取消了,随之把曹老先生的良苦用心也一扫而光矣。(另外,我怀疑,括号内的英文是多出来的,可能杨译本是根据不同的汉语版本处理的,与程甲本不同。)

例13 原文:(贾母道:)"这正好,我这里正配丸药呢,叫他们多配一料就是了。"

译文: We are having pills made, and I'll see they make some for you. (p. 38)

"叫……就是了",这分明是贾母在暗示自己有至高无上的权威,她在下命令,她在吩咐下人,这是一件轻而易举的事。可是,"I'll see"就完全没有原文的那些言外之意。这也是对语用含义的取消。陈红薇指出,I'll see 太正式,I'll ask them to make some for you 比较随便,愈是随便,愈能表明贾母的权威。这个意见是入骨之见。

例14 原文:这些人个个敛声屏气如此,(这来者是谁,这样放诞无礼?)

译文: The people here are so respectful and solemn, they all seem to be holding their breath. (p. 38)

这是林姑娘对尚未见面的王熙凤的猜度。凤姐人未到,笑语先至。作为与王的泼辣对照,原文写了"敛声屏气",这是暗含着什么呢?贾府的压抑气氛与对贾母的尊敬与惧怕。这暗含被 so respectful and solemn 公开了。而且,这个译变并不理想。英文里的 respectful and solemn 只有尊敬与肃穆之意,英美人看到这两个词只会对贾母生出敬佩与好感。可是这只是原文"敛声屏气"暗藏意思里的一个不重要的部分,重要的部分是丫头使女男仆女佣的压抑与惧怕。这一译变便是上面曾提到过的担心:"译家把语用隐含变成明示时,译变错了,这便无异于毁灭了原来的创造。"其实,译文中有了 holding their breath,不要译文那个明示,读者反而会想到压抑与惧怕上来,现在有了那个明示,读者的思路被"尊敬与肃穆"堵住了。

例15 原文:"正是呢!我一见了妹妹,一心都在他身上,又是喜欢,又是伤心,竟忘记了老祖宗。该打,该打!"

译文: I was so carried away by joy and sorrow at sight of my little cousin, I forgot our Old Ancestress. I deserve to be caned. (p. 39)

凤姐说这段话暗含着什么?自贱(该打该打)以抬贾母。作者的意图是塑造一个油腔滑调、奉迎拍马的凤姐。她明白疼爱林姑娘就是疼爱老祖宗。"该打该打"用 to be caned 来对等,似乎还差点什么。差什么呢?就差连说两个"该打"那样油嘴滑舌的味道。不知道英语怎么才能把这样连说两个词又兼油滑的味道表现出来。这样的表现法找到之前,至少在 to be caned 之后加一个 indeed 吧?如果这个味道不加以表现,就等于是没收了原来的语用隐含。陈红薇认为,原文"打",意义模糊,并未说如何打,to be caned 却把打的方式挑明了,这未必是好事。

例16 原文:(贾赦老爷说:"……见了姑娘彼此伤心,)暂且不忍想见。"

译文: He isn't up to it for the time being. (p. 41)

贾赦说"不忍想见"的语用含义是:姑娘与贾赦都伤心。但是 isn't up to it 是"不胜任,不能及得上,不能做"。英语中有一个说法 I don't feel up to going to work today. 说的就是"身体不适,不能上班去工作",非"不忍去",是"不能去"。译文若用这个 isn't up to it(自己不能去),就取消了"不忍"引起林姑娘伤心的那一部分客观原因。

例17 原文:(老嬷嬷让黛玉上炕坐,)……黛玉度其位次,便不上炕,只就东边椅上坐了。

译文: But feeling that this should be presumptuous, she sat instead on one of the chairs on the east side. (p. 43)

作者写这句话的意图何在?表现林姑娘的细心与聪颖,扫了几眼便知道,这些位置是该什么人才能登上去的。也表现了她的小心翼翼,孤女心态:

284

"不多行一步路，不多说一句话。"如果贸然上坐，岂不是僭越、胆大妄为？这些都是暗含的，却让译者用 presumptuous 泄漏了出来。语用隐含译变为明示。

例18 原文：黛玉素闻母亲说过，有个内侄……最喜在内帏厮混。
译文：Taiyu's mother had often spoken of this nephew... delight in playing about in the women's apartments. (p. 44)

"内帏"是什么？是旧时闺女、妇人房门外挂的门帘之类的装饰物。它的作用是遮艳避羞。在此，作者用它比喻女人房间，当然是不可言传的语用隐含。如果像译文那样剥其暗喻，露其真实地处理成 in the women's apartments，那遮艳避羞的躲躲闪闪味儿就一点儿也不剩了。在英美人心目中，一个男孩总"在女人房子里"（其实是"在姊妹房子里"）厮混（playing about），不是流氓便是色鬼，这样贾宝玉岂不是无端受屈？这也是由暗到明的译变变错了的损害。退一步，即使这样将"内帏"挑明，也应该是 in the sisters' apartments，而不应该是 in the women's apartments。

例19 原文：(忽见一个丫环来说：)"老太太那里传晚饭了。"
译文：a maid announced that dinner was to be served in the Lady Dowager's apartments. (p. 44)

丫头口里"传"字暗示什么？一是传达老太太邀请大家入席的意思，二是作者借用丫头之口以"传"字来烘托贾府开宴一呼百应的场面。而译文 dinner was to be served 是个静态，于是那两个含义被取消了。

例20 原文：(王夫人笑道：)"……他嘴里一时甜言蜜语，一时有天无日。……"
译文：One moment he's all honeysweet; the next, he's rude and recalcitrant... (p. 44)

"有天无日"，王夫人如此说的语用含义是他儿子胡说八道。何以为证？前面有个"他嘴里"，可见是嘴上有天无日，即胡言乱语。但是英译本用的是 rude and recalcitrant（粗暴的与不服权威的）却不一定指言语行为，而更多是指非言语行为。这样的由暗变明，实际上没收了一部分语用含义。

285

例21 原文：（外间侍候之媳妇丫环虽多，）却连一声咳嗽不闻。饭毕……

译文：not so much as a cough was heard. The meal was eaten in silence. (p. 45)

"一声咳嗽不闻"必暗射"安静"和贾府平日的威严与苛刻，只需按原词翻译就有了这些含义，何劳英译本再加上一个 in silence？这也是将隐含译变为明示。

例22 原文：黛玉一见，便吃一大惊，心中想到：……只见这宝玉向贾母请了安，（贾母便命，……）

译文：His appearance took Taiyu by surprise. ...Paoyu paid his respects to the Lady Dowager ... (p. 46)

作者的原意是用黛玉的眼睛看一个陌生的世界——贾府与它周围的人。所以，原文用"黛玉一见，……黛玉想到……黛玉只见……"，直到"贾母便命"那里才切换镜头。现在我们已经发现，杨译本用的是宝玉的眼睛看世界。His appearance 为主语，Taiyu 成了宾语。然后又是 Paoyu 如何如何。意思不错，可是观察者变了。行不行？不行。只要问一问谁是陌生人，是谁初到贾府，答案便清楚了。这是另一种作者的隐含意图被曲解的形式。

例23 原文：这袭人有些痴处：（……心中只有一个宝玉）

译文：Hsijen's strong point was devotion：... (p. 51)

"痴处"是反话，作者的叙述语言，反得特别妙，特别好。那奴才对主子的忠诚，一个"痴"字括尽了。说得文雅是愚忠。读《红》者，无人不知，无人不晓，不知怎么译本就那么不信任英美读者的智力干涉，那么不相信语境的力量，就硬是用 strong point（长处）和 devotion（奉献、忠心）挑明了！"写小说写到这个份上，这么直白，这么清楚，这么敞开，怎么还能成为中国人引以为荣的世代相传的名著、奇书？中国人的头脑怎么就这么浅？"英美读者可能有这样的疑问。其实，英语里也有说反话的时候，也有说反话的地方，也有反话正读。

第三个方面的情形：平添一个语用隐含或将原来的明示变为语用隐含。

第六章　语用的体现关系

例24　原文：众人……便知他有不足症。因问："常服何药？如何不治好了？"

译文：Observing how frail she looked, they asked what medicine or treatment she had been having. (p. 37)

众人这一问"如何不治好了？"是明问。明问林姑娘的病如何治不好这一结果。前面有"不足症"为证。问题中没有语用隐含。可是，译文中却变成了 what treatment she had been having，这却变得委婉了，取消了一个明明白白的询问：你为何治不好呢？

例25　原文：（王夫人乃说：孽根祸胎，是家里的"混世魔"……）晚间你看见便知道了。

译文：..., but you will see what he's like when he comes back this evening. (p. 44)

"晚间你看见便知道"什么呢？前面已经明说了，王夫人说宝玉是"孽根祸胎"，是"混世魔"。这有前面的话语作证实背景。译文却用 what he's like 反而把一个明确的东西弄成不大明白的"瞧他那套做派"了。这便是将明示译成了语用隐含。

不改变两个隐含的译文，让读者展开想象，保留了文学的特征；改变、取消了原文的两个隐含的译文，便取消了审美过程，同时有没收文学特征的危险。

2. 翻译语用观的第二个方面：语境、附着于人的符号束和智力如何对话语意图进行干涉（三个干涉）

第一，在处理两个隐含意图时，必须靠语境、附着于人的符号束（伴随物、面像身势和声、气、息）与智力干涉的帮助与证实。

问题是如何在翻译中看出语境和智力干涉？大凡是忠实于原著的翻译，译家必然会在操作过程中自然地、充分地借助原著中的语境（否则就会吃不透原著全体或者吃不透原著中的某一句话语。对语境漏掉一处也会造成翻译操作的困难）。这样，译文的读者就会享受语境带来的方便。至于智力干涉，它在翻译操作中的体现有两层，第一层是译者对话语的理解，需要智力推理。大凡译者做得很好的地方，译文也会相应的正确与顺畅。译家自己推理不正确的地方，手下的译文则是千疮百孔。第二层的智力干涉是译文读者的事了，第四章"智力干涉"已详细讨论过了。所以，这里就不必提出调查例证，因为每一句话的译出都可以是例证。

伴随物、面相身势和声、气、息的干涉已经在文学作品创作之初体现了（请参见本章第二节"文学体现"）。翻译是原本的衍生（虽然承认有前提的创造），它必须忠于原本，毋须再一次在三项干涉上有所创造。它只须忠实地按照原著的面貌反映这三项的干涉就行了。因此，这里就没有必要对这些干涉一一重复，只是提出少许的几个例子加以说明。由是，三项干涉的译文观察就不是穷尽性的调查，这是必须说明的。

例26 原文：丫头，……都笑迎上来，说道："刚才老太太还念呢，可巧就来了。"）

译文：Several maids...hurried to greet them with smiles. "...," 从 they cried. (p. 36)

"笑迎上来，说道"中"说"的伴随面相是"笑迎上来"，原文是放在一块的，译文拆开处理成 with smiles...they cried.

例27 原文：（"心肝儿肉"）叫着，大哭起来。

译文：She cried, and burst out sobbing. (p. 36)

老太太怎么对刚到贾府的林姑娘说话？"叫着，大哭起来"这是声气息——大声、大气、大息这样的生命迹象——对话语的参与。英文照译。

例28 原文：不免贾母又伤感起来，（因说："……"）

译文：Inevitably, the Lady Dowager was most painfully affected. (p. 37)

中国人"伤感"着说话，既是一种面相，又不免有唉声叹气这样的小声、细气与轻息加入。英语用 be most painfully affected 对应，不知道能否向英美读者提示出相应的声、气、息来？

例29 原文：黛玉道："我自来如此，从会吃饭时便吃药，……"）

译文：Taiyu said with a smile. (p. 38)

原文是没有面相伴随的，译文却加上了 with a smile（带着笑意说），没有必要加上这样的附着符号。

例30 原文：贾母笑道：（"你不认得他，……"）
　　　　译文：The Lady Dowager chuckled. (p. 39)

作者这时提示"贾母笑道"，没有具体分出怎样的笑。一多半的笑带出愉快的声音来，并有中等大小的气息。这可算是声、气、息的干涉。汉语中的"笑"是个上义词，"大笑""尖声笑""吃吃地笑""哈哈地笑""抿着嘴轻笑"是下义词或词组。但"笑"这单个的词其语义分布很宽，因而是一个无标记词，中性的。英文用 chuckle（抿嘴轻笑），语义分布窄，但具体，是一个有标记的词，这样的处理可能比原文具体。

例31 原文：这熙凤听了，忙转悲为喜道："……"
　　　　译文：Hsifeng switched at once from grief to merriment. "...," she cried. (p. 39)

这里有明显的面相转换：转悲为喜。英文对译的办法是：首先用 from grief to merriment，然后另起一句 "...," she cried。

以上的例子是不完全的，但是，我们仍然能看出翻译家对原著中已有的附着符号束(伴随物、面相身势和声、气、息)的重视，不曾有任意改动，更没有随心所欲的"创造"。

3. 翻译语用观的第三个方面：如何把握翻译的创造

翻译的创造，是在两个前提之下的语言符号范围之内的创造。这两个前提，一是忠于原著，二是不改变作者叙述语言与文学作品中人物话语的隐含意图。简言之，翻译的创造是不涉及语用意图的语言符号范畴之内的创造（如"达"与"雅"，美学处理，等等）。

下面是案例调查的具体分析，让我们看看：（1）这些译文是不是创造（"达"与"雅"，美学处理，等等）；（2）是不是不改变语用意图；（3）是不是在语言符号范围之内进行。

例32 原文：自上了轿，进了城，……
　　　译文：As she was carried into the city... (p. 35)

译文将主动语态改为被动语态更好：一个对京城陌生的体弱多病的姑娘，坐在轿子里边，被人抬进城去，这符合事理，又符合贾府的排场。将"轿"隐去，是承前省略。

例33 原文：（正门）……东西两角门……
　　　译文：the smaller side gates (p. 35)

与"正门"相比，"东西两角门"不正是 the smaller side gates 较小的两边的门么？

例34 原文：三等的仆妇
　　　译文：the relatively lowranking attendants (p. 35)

古代的仆妇有几等几级，不一定要向英美读者详细介绍，详细反而生误，现在这样处理成"级别较低的仆人"就可以了。

例35 原文：垂花门
　　　译文：a gate decorated with overhanging flowery patterns carved in wood (p. 36)

"垂花门"这样处理正好：以悬垂花样（装饰）雕刻于木上的门。

例36 原文：穿山游廊厢房
　　　译文：rooms with covered passageways (p. 36)

这里全无山，更无"穿过山"之说，"穿山游廊厢房"不过是带走廊的厢房而已。

例37 原文：黛玉……有一段风流态度……
　　　译文：she had an air of natural distinction ... (p. 37)

译文说她有着一种自然的风韵，natural distinction 是符号范围内的变动。

例38 原文：一语未休，只听后院中有笑语声，说："……"

译文：Just then they heard peals of laughter from the back courtyard and a voice cried:... (p. 38)

"有笑语声"拆成两处译出，先是听到一串笑声 peals of laughter，后面再描写 a voice cried（一个声音叫唤道），特别是后面那一半颇为传神。

例39 原文：那一年我才三岁，记得来了一个癞头和尚，……

译文：The year I was three, I remember being told, a scabby monk came... (p. 38)

三岁的小孩能主动记得一个癞头和尚说了什么吗？译文中加了 being told，是人家告诉"我"如何，"我"事后记住的，这才合理了。

例40 原文：……想是太太记错了？

译文：Could your memory have played you a trick? (p. 40)

不是太太记错了，而是太太的记忆力耍了花招，骗了太太。凤姐的嘴巴多乖巧。译文正对上了王熙凤的性格。英语里"记忆误差"正好有一个成语 one's memory plays one a trick，这句英文说起来必十分柔和，又加上用了 could have played，这译语是妙语天成。

例41 原文：仪门内……四通八达，……

译文：This was the hub of the whole estate,... (p. 42)

hub 是对称的中轴，整个仪门内的中轴，当然能四通八达，换得很巧。

例42 原文：……抬头迎面先见……

译文：She looked up and her eye was caught by... (p. 42)

译文由"面"变成了"眼"，由"迎面先见"变成了"眼光视线被什么逮住"（one's eye was caught by），想必是英美人愿意接受的说法。

例43 原文：（丫环捧上茶来）黛玉一面吃了……

译文：and as she sipped it ... (p. 43)

"吃茶"译成 to sip it，可谓神来之笔。不是"吃"，是咂嘴品尝，可以想象出咂嘴的声音，看得出咂嘴的模样（这是附着符号束）。这身份、仪态和教养毕露于咂嘴品尝之中了。

例44 原文：……三个姊妹倒都极好，……都有个尽让的。
译文：I'm sure you'll find them easy to get on with... (p. 43)

译文将原汉语分两处说的话合成一处：them easy to get on with，这是一好。另外，"尽让"不好译，能处理成如今这样，非常难得。

例45 原文：半旧青缎靠背坐褥
译文：a none too new blue satin cover a backrest ... (p. 43)

"半旧青"译成 a none too new blue，原文是从"旧"着眼，译文从"新"着眼，又避免了 half 这个生硬的说法。

例46 原文：平生万种情思，悉堆眼角。
译文：..., for his eyes sparkled with a world of feeling... (p. 47)

"万种情思"处理成 a world of feeling，变得较好。

例47 原文：（因答道：）"我没有。那玉亦是一件罕物，岂能人人皆有？"
译文：No, I haven't. I suppose it's too rare for everybody to have. (p. 49)

反问句译成了判断句。

例48 原文：他自卸了妆，悄悄的进来。
译文：She tiptoed in there in her night clothes. (p. 51)

以 tiptoed 译"悄悄的进来"，不仅声音小，而且蹑手蹑脚的样子也出来了。尤其译得漂亮的是"卸妆"，如果从字面上用 put off 之类的结构就不好了。译文根本不从"脱、卸"入手，反倒从"穿"入手。西方习惯穿晚服，用 in her night clothes 代之。"露出晚服"，使人想到女儿家贴身的小衣薄衬，多么切近。如无对西方文化的谙熟，不会如此处理。

案例中的译文是创造，而且是不改变原文语用隐含，仅在符号范围内的创造。这正是既保留了语用隐含又体现了译家水平的创造。

第四节 禅门公案体现

我们已经在本书相应的各个章节，如第一章第一节"'汉语文化语用学'诠释"、第二章第二节"语言符号的局限邀请语境介入"及第三节"在语境上操作的语用推理"、第三章"附着符号束的参与"各节、第四章第三节"智力必须进入语用推理模式"及第五章"语用原则与策略"第二节"得体及其他"，分析了作为案例的禅门公案，它们极大地补充了、丰富了各种各样的现代言语活动中的语用现象。

这一节，我们将专门分析语用现象在禅门公案中的体现。

值得指出的是，若用西方语言文化语用学的框框去套禅门公案，那是四个字：格格不入；若用汉语文化去比试禅门公案，也是四个字：舒舒服服。

一、为什么全方位对禅宗的考察中没有语言学的位置

禅，是梵语 Dhyana 的译音，容有深思静虑、弃恶的意思。禅的最高境界是真三昧。三昧，是 Samadhi 的音译，是定的意思。所谓禅定，便是达到无空、无丰、无愿三昧的无我的纯境。（愈梅隐，1971）Dhyana 本译"禅那"，"禅"是略称。它的意思，除了静虑，还有思维修。禅是源于印度各种教派的习修方式。又，禅门公案，公案原指官府判决是非的案例，禅宗借用它专指前辈祖师的言行范例。祖师的话头（发表的看法），祖师与弟子间的对话"机锋"（机敏启悟语句），现存的全部禅师语录或"偈（jì，佛经中的唱词）颂"，也都是公案。

从许多角度都可以研究宗教。《宗教文化丛书》（今日中国出版社）的总序中，提到了宗教研究的政治学、经济学、神学、哲学、社会学、心理学、人类学、文学、美学、民俗学、艺术及人体科学的角度，可是语言学的角度一字未提。这当然不是疏忽。为什么不探究它的语言学意义？委实值得问一个为什么。

本文作者认为，各代禅师反复声明禅宗不立文字，于是，声言不立文字的禅宗从根本上就不愿向当时的语言学家（姑且借用，当时与现在的语言学不是一回事）提供资料。这个"不立文字"的主张应该说是从印度传来的。不错，禅是地道的中国独创，可是它的源是印度的佛教。金克木（1995）指出："古印度人口头传授经典，不写下来，不重文字，只重视声

音符号的语言。"但是这里还是有一个问题。宋代以后，文字禅已开始大兴，那为什么没有引起语言学家的注意呢？一方面，不立文字的宣言，挡住了语言学家的思路，牵引开了他们的视线。这是一个主要原因。另一方面原因得从中国语言研究的传统那里寻找了。大家知道，中国的语言学发展，历代以来，一向以解释文字的训诂工作为研究的主体。刘勰的《文心雕龙》注意到言语研究，但没有成为语言研究的主流。这样下来，即使后来有了禅师间对话的文字资料，传统语言学最多也只会是对文字的训诂引起注意，对它的言语运用也不会加以理睬。

这就非常可惜，禅宗研究少了一个很有价值的角度，语言研究少了一个非常活跃而有独特价值的领域。

二、不立文字的宣言与文字禅的事实

下面，我们要将不立文字的宣言与事实上立了文字的矛盾状况罗列少许，否则就不能解开中国的禅宗研究与语言学互不拉手这个结。

达摩、慧可、僧璨、道信、弘忍五代禅宗大师传承，僧璨承慧可后继续持《楞伽经》以为心要，但他"口说玄理，不出文记"，"萧然静坐"（《楞伽师资记》）；中国禅宗的真正创始人慧能主张不立文字，"当令自悟"（敦煌本《坛经》），甚至说"心起不净之心，念佛往生难到"，这无异说念佛也不一定能成佛。他创立顿悟成佛说在我国佛教史上是一个根本的变化；黄龙慧南曾在江西洪州设"三转语"即"黄龙三关"接引参禅者，门徒众多。《人天眼目》（卷2）对此解释："设此三关的用意是在针对当时的文字禅而试图展开一种简易的、令人触机即悟的教学方式，不至让参学者陷于言句之中，重新恢复过去那种明快的禅风。"（潘桂明，1989）杨岐派的开创人方会说："杨岐一言，随方就圆；若也拟议，十万八千。杨岐一语，呵佛骂祖；明眼人前，不得错举。杨岐一句，急着眼觑；长连床上，拈匙把箸。"（《杨岐方会和尚语录》）要做到这样，禅僧就不应在文字语言上下功夫，而应加强禅的直观训练；纯属虚构的"拈花微笑"是不立文字的最早宣言；记录祖师机敏语句的《碧岩录》共十卷，是文字禅进入新阶段的一个标志，它促使了禅门公案语句逐渐固定、生硬与僵化。为此，到大慧宗杲时，他担心"学人泥于言句"，便将其全部刻板毁掉了，可是此书后来又流行起来并传至今日。（潘桂明，1989）

可是说来有趣，不立文字的誓言可说只是一番又一番的理性努力，终究是无效挣扎而已。且不说后来文字禅泛滥，只说佛教从印度传入时，经过了汉魏两晋南北朝长时期的翻译介绍阶段，这不就是开始立文字了吗？北宋初起，禅宗日益背离"不立文字""直指人心"的教旨，在文字语言上大做文章，造成"文字禅"的泛滥，上面说的《碧岩录》，全部刻板毁灭而后又卷土重来，就是一个对文字禅摧而不毁的趣事。

各种禅经不说汗牛充栋吧，也至少是堆章叠册。笔者是不折不扣的禅宗门外汉，也可以抄录一些文字典籍如下：《楞伽经》《金刚经》《坛经》《参同契》《祖堂集》《景德传灯录》《五灯会元》《碧岩录》《古尊宿语录》《指月录》等。唐宋元不说，光是明清禅宗史著述就可以开出长长一大串书单。现在市面上找到《禅门公案五百八十六题》《大地边缘人物——禅师故事》（中国社会科学出版社）、《禅诗今译百首》（今日中国出版社）和《一味禅》（中国青年出版社）之类的读物，也并非难事。实际上，禅宗不但立了文字，而且还立洋文字。慧能《六祖坛经》由陈荣捷译成了英语。（韦政通，1995）日本铃木大拙在美国卡罗斯的帮助和鼓舞下，传译了不少禅宗典籍，向美国公众传授了禅宗。日本、朝鲜、越南都有禅宗的译本。这里就不再列举了。

三、禅门对话的三个显著特点

不立文字的宣言与后来事实上立了文字的矛盾，究其实质，恰好是反映了禅师对如何运用语言有着难以调和的分歧。这正好是语用学对口的研究对象。一个看来不可与语言学沾边的东西却是很典型的语用学课题。问题是如何打通两者。

几乎每一例禅师对话都难以理解。根本原因还是他们对语言的运用有特殊的心机与目的，即有特殊的个人意图。"个人意图在语用学里是个了不得的、至关重要的术语和概念。"（钱冠连，1995a）这些特殊的心机与目的表现在对话上便有了超常的、令人眼花缭乱的言语和非言语手段。

1. 特点之一：反理性的语言形式

使用语意不明确的巧言妙说，不拘泥语言本身，"于句中又不着于句中"（义玄，《五家宗旨纂要》）。这种言诠不及，意路不到的对话在禅门公案里伸手即得。对于这同一个问题("如何是祖师西来意?"),就有许多禅师用不同的禅偈回答过(详见第一章第一节)。这些禅偈都是(西来意),又都不一定是。

斗机锋,是宗教的一种神秘主义的教学方法。对同一问题作出不同的回答,对不同的问题又可以作出相同的回答;有时,回答以种种反理性的形式出现,这即所谓"对病施药"。按格赖斯合作原则来看,对话双方采取了完全不合作的态度,有时甚至是南其辕北其辙,不挨边。可是,它的"不着言辞,寻求言外之意"与现代语用学的一个重要课题——conversational implicature 是完全一致的。这根本原因还是在"教外别传"(言传之外的特别传承手段,请注意:"别传"不是"不要传"),以心传心,本来不应在言语与文字上立教传旨,所以他们师徒对话把相互默契看成是参学的究竟。起初一般采用隐语、比喻、暗示等方式,故弄玄虚,以曲折隐晦的办法绕路说禅。后来进而发展到采取诸如拳打脚踢,棒喝交加等极端手段,就不奇怪了。看他们如何斗机锋。

僧问:"如何是吹毛剑?"

师答:"骼。"

问者以为用无比锋利的般若智慧之剑可以斩断一切烦恼,所谓利剑断发。但是骨骼根本无毛,所以纵然有吹毛立断的利剑,也无处可施其能。这就是说,从禅宗角度看,本来无菩提(puti,觉悟的境界;梵语 *bodhi*)可证,无涅槃(超脱生死的境界,梵语 *nirvana*)可得,一切执著都有害无益。

要特别指出的是,并非所有的机锋都能分析、解释。原因有二:第一,弟子提出的问题本身也是一种激烈的机锋,它可以是哲理的、谜语式的,乃至相当乏味或无聊的。第二,也有禅师水平不高,不及弟子,却又不愿丢失面子,便故意作态,讲些他自己也不一定能懂的话去搪塞。下面(特点之二)韩愈碰上的大颠是不是拿"无厘头"(牛头不对马嘴)去搪塞,我们不得而知,但有些禅师拿"相当乏味或无聊的、故意作态"的话去对答,确实有一点儿耍赖的味儿。

2. 特点之二:禅师间学问的交流和传授,往往不是靠语言而靠其他符号手段:行事与动作

这里的行事与动作纯粹只有符号的象征意义。英国理论家 Terry

Eagleton 说得好，符号是"意识形态的物质媒介"。南岳怀让诱导马祖道一学禅的事很能说明问题。马祖道一整日坐禅，怀让问："大德坐禅图个什么？"道一回答："图作佛。"于是有一天怀让取了一块砖，放在庵前石上研磨。时间一长，道一耐不住问道："磨砖作什么用？"怀让答："磨它来作镜子用。"道一："磨砖岂能成为镜子呢？"怀让趁机反问："磨砖既然不能成镜，你那坐禅就能成佛了吗？"怀让说了禅并不坐卧，佛并不定相的道理（见《景德传灯录》卷六）。这里，引人注目的是，用行事与动作（磨砖）打比喻（磨砖不能成镜比喻坐禅不能成佛）在先，言语开导在后。

韩愈被贬潮州时，问大颠宝通禅师："禅师今年春秋知多少？"大颠提起手中念珠问道："会吗？"韩愈老实地回答："不会。"大颠补充一句："昼夜一百八。"韩愈不懂，便问寺内执事，禅师那样答话是什么意思，执事没有回答，只扣齿三下，韩愈更觉茫然。他又冒胆去见大颠禅师，再问："禅师春秋知多少？"大颠也只扣齿三下。这下韩愈只懂了"原来佛法无二般"，却仍然不懂扣齿三下什么意思。现在我们从"扣齿三下"这一行为里得到的启发是，理解禅宗主要不是靠语言，而是靠这类"表达意识形态的物质媒介"，即符号手段。

用动作打比喻来暗示自己对禅的独特见解，从而留下诸如"归宗杀蛇""南泉斩猫""赵州放火""子湖夜喊捉贼"等荒诞不经的禅宗话头，并进而发展成为呵佛骂祖、辱毁经典的放浪举止。这些举止，如磨砖、扣齿、杀蛇、斩猫、放火、呵佛、骂祖与毁典等，都只是禅宗这一意识形态的物质媒介罢了。

3. 特点之三：往往伴随语言的是极端手段

禅宗认为，语言、文字、概念，只会给人增加负担，而不能教人去发现佛教的真理，用通常的求知求解的方式去理解禅宗，就像是"饭萝边坐饿死人，临河有渴死汉"（雪峰存义禅师语）。甚至于"饭萝里坐饿死人，水里头没浸渴死人"（玄妙师备语）。他们的意思是说，人人都有成佛的佛性基因，倘若你不内向反省，体悟自身，反而执著地向外追求，佛在你身边你找不到，那就只能饿死在饭萝里，渴死在河水里了。据说一个好的禅师，从不作任何正面回答，而是以种种奇特手段令弟子自悟。为使禅僧放弃各种形式的外向追求，一意于自己内心的发掘上用功，一些奇特的极端手段便出现了：棒喝、扑打，甚或拳打脚踢。以前各章都介绍过，这里只讲一个扭鼻头。

（《碧岩录》第五十三例）"马大师与百丈行次，见野鸭子飞过。大师云：'是什么？'丈云：'野鸭子。'大师云：'什么处去也？'丈云：'飞过去也。'大师遂扭百丈鼻头，丈作忍痛声。大师云：'何曾飞去。'"首句答野鸭子是正确的。哪知马祖再问飞向何处时，已不是指野鸭，而是指心在哪里。百丈答飞去了，便是指心随野鸭子飞走了，马祖要掐他的鼻头，把他的错误思路纠正过来。请注意，以极端手段"扭鼻头"去纠正人家的错误思路，这还算是轻的！

那我们就要问一问，禅宗（对话）公案是不是语用学研究的死角？如果不是死角，那语用学应该如何切入？

四、语用学如何切入禅门公案

禅门公案的主流是非常规的、超常规的，用一般的语用含义（implicature）推理已经不行了。一般的语用含义推理可以依仗语篇的语境进行，它至少是符合逻辑的，符合认知规律的。格赖斯的四项合作原则就是根据康德的认知范畴的四个要点（质、量、关系、方式）转换而来的。这里却不行。要推理也是从个人的意境中去推，从各自的佛心中去推，那样，得到的解释就是多种的了，"若也拟仪，十万八千"可以为证。如果用通常的求知求解方式去理解禅门对话，就像是"头上安头，雪上加霜"。如果我们头脑里有了西方语言文化语用学几个语用推理模式、几个会话合作原则，拿来去套禅宗语言，那就会让我们一筹莫展。看来，从禅师接引参学弟子的手段中去寻找切入的方式，不妨一试。

义玄云："……一语须具三玄门，一玄门须具三要……"（《人天眼目》）"三玄"的第一玄名"体中玄"，是指一般的语句，弟子虽能明白其中道理，但因语句滞着于悟的境域，而不能得着真正的自由。第二玄名"句中玄"，这是指使用语意不明确的巧妙言说，不拘泥于语言本身，但能显示其中玄妙道理，意谓已进入相对自由境界。第三玄名"玄中玄"，即"于体上又不住于体，于句中又不着于句"。是说语言虽出自心体却又离于心体，虽有所表达却又不具体说出，获得所谓绝对自由精神境域。

"不拘泥于语言本身""于句中又不着于句"，这不正是指点我们语用学如何接近禅门公案的门径吗？

"三要"的第一要，强调"摈绝一切客观事物，在破相上下功夫，不离正面语言"。第二要强调随机应变，不执着于言句，灵活应用，进入玄妙境域。第三要，强调随机发动，反照一心，即使有所言说，也必须是超越肯定、否定、非肯定、非否定等具体形式。这是在又一次提倡离开一切分别有无、肯定或否定的说话方式。这便是"言诠不及，意路不到"。这又是在否定言说而追求意境。这里，不也是非常具体地告诉我们如何对它进行语用分析了吗？

"三玄三要"的根本用意是破除参禅者对"法"与"我"的执迷。它着重指出语言文字的某种局限性，要求采取"绝相离言"手段，代之以扬眉瞬目，棒喝踢打；或是使用"临机一曲"的方式，即以暗示的、意在言外的、不置可否的、毫无意味的话表达禅意。他们为什么要这样干？是为了诱导禅僧步入宗教神秘主义的玄境吗？这里我们可以不管。但是，这个"三玄三要"，是对禅门公案进行语用分析的一个非常重要的提示。不然，有相当多的公案我们费尽心机弄不懂还以为是我们自己没有开窍，那岂不是天大的冤枉。殊不知有一些话就是不置可否的、毫无意味的！事实上当时的禅师就很难把"三玄三要"的言说要点付诸实践，更不要说我们这些后人了。现在我们看到的公案，已经经过了后人代作的解释，使我们也能领会一二。《百问》指出："它把玄学的'得意妄言'说搬到禅宗领域，从而使禅的意境问题更为突出起来。后期禅宗一些不合常情和逻辑的行为、语言，很大程度上取决于此。"

内省的、非理性主义体验，往往是我们理解禅宗对话的钥匙。要说另辟蹊径的话，就得在这里找。两宋之际的杨岐派禅僧大慧宗杲认为，直接从公案的正面文章上看不到禅师的真实面貌，应该提出公案中某些典型语句作为"话头"题目加以参究。他反对在语言文字上对公案内容进行解剖。他认为，"有解可参之言乃是死句，无解之语去参才是活句。"这个意见为"随方就圆，十万八千"开了大大的方便之门。有解之言，就是那一个解，固定了，而禅门讲的就是自己的体验，而自己的体验是一人一个样的，便是活句了。

禅宗语言讲究拣择，语用学正是讲选择的，这里是一个契合，是另一个切入口。(《碧岩录》第二例) 赵州示众云："至道无难，唯嫌拣择。才有语言，是拣择，是明白。……""拣择"，即分别；语言文字也是拣择，是一种分别知识。本文作者认为，"语言使用的过程就是两个选择的过程。一个,发话人为了使话语(一方)与话语目的和环境(另一方)相互适应而做的选择,其根本目的是让自己能生存下去并生存得好,所以可称为适应选择(Verschueren,1987),是语用学研究的重大课题。另一个,发话人为了让话语接受人得到能引起美感的语言实体而做的选择,叫语言的审美选择,是美学语言学研究的重大课题。……语言的实用价值在适应选择里体现,语言的审美价值在审美选择里体现。"(钱冠连,1993)

五、禅宗对话对语用模式和各种语用原则和准则的启发

必须重新考虑语用模式、原则和准则的改造,但是,这个改造不是增加语用模式的数量,而是考虑它们的概括能力。

也可以说,语用学要切入禅宗研究,必须改造自身的推导模式。这些模式在第四章第三节已介绍,这里不再重复。它们有四个问题:(1)事实上这些规则规定不了人说话,会话在事实上不服从成文规则的管束;(2)这些规则都很细致,但语用公式不是越细致就越好;(3)人们说话并不只使用唯一的一种符号(语言符号),而是还大量地使用其他一些符号,可是这些规则未把其他的符号都包括进去,事实上也不可能都网罗进去;(4)语言不是万能的,而这些公式的基础刚好建立在"语言是万能的"这个假设之上。(钱冠连,1994a)

那么,言语交际的本相是什么呢?

言语交际=混成符号束参与+语境干涉+智力干涉
又,混成的符号束=语词+声、气、息+面部符号+身势符号
　　　　　　　+伴随的物理符号+意外的符号
　　语境干涉=社会大背景+交际小背景
　　智力干涉=合适感觉的选择

上面这个公式可以叫作"言语交际三相"论。

这个公式概括力较强,覆盖面很宽,用它去解释禅宗公案,倒是可能的。三相中的第一相混成符号束,可以包括禅师们的语词、声、气、息,面部符号,身势符号(磨砖头、踢打、棒喝、扭鼻、扣齿等),伴随的物理符号(禅板、砖头等),意外的符号(飞过的野鸭等)。第二相有社会大背景与交际小背景。第三相是智力干涉,就更起作用了。禅师对话本身就是在"斗机锋",现在说"斗智"。不仅禅师拿话头考弟子,弟子也拿话头反考禅

师。语言的模糊性、冗余性、线性、离散性的存在，迫使人的智力必须参与谈话才能将对话目的实现并将话语进行下去。因为智力干涉可以梳理模糊，删除冗余，排除歧义，填补空白，得到准确的话语含义。人类对世界对社会已有的认识可以自动弥合语言中的许多疏漏。但智力是如何工作的，目前尚无法细致描写，因为人脑是一个"黑箱"，它参与话语工作的机制正是目前要弄清楚而尚未弄清楚的问题。因此用"合适感觉"的选择，只是一个大概的推理结果，而不能揭示其推理的全部过程。但是不管如何困难，必须要智力参加，这是毫无疑问的。

试想，对话中偷换施事（请回忆上面"什么处去也？"的施事已不是野鸭子了），相互默契（看成是参禅的究竟），绕路说禅（"面南看北斗""若也拟仪，十万八千"），从不正面说法（对好的禅师而言），……面对如此等等障碍，不让智力参与谈话，能行吗？

言语交际三相论的建立可能是禅宗对语用学也即是对语言学的重要启发之一，也可以说，禅宗迫使语用学改造自己的语用推导公式，言语三相论便是这个改造的尝试。

六、禅门公案在汉语文化语用学中的安顿

现在，我们用汉语文化语用学来安顿禅门公案（本节所提到过的一切案例），可以发现，几乎是一一就位，舒舒服服。

用窄式定义分析：公案的绝大多数话语有多于语面的意义。所以，禅门公案正好是语用学研究的对象。如"什么是吹毛剑？""骼。"对回答（"骼"）超出话面意义的分析就是语用分析。

语境干涉：
语境中自在物，如"归宗杀蛇"的蛇，"南泉斩猫"的猫；
语境中的意外符号，如"马大师与百丈行次，见野鸭子飞过"中的野鸭。
附着于人的符号的参与：
"拈花微笑"中，"微笑"是面相符号；
"拈花"的花，是伴随物，有符号意义；
"磨砖"中砖是伴随物，有符号意义；

"扣齿三下",是面相身势对话语的干涉;

"师(义玄)三度发问,三度被打"的棒是伴随物,有符号意义;

"翠微操起禅板随手便打"的禅板是伴随物,有符号意义;

"扭鼻头"去纠正人家的错误思路,是身势符号;

磨砖头、踢打、棒喝、扭鼻、扣齿等动作是身势符号。

智力干涉:

斗机锋;

绕路说禅,如"面南看北斗";

答非所问,如"麻三斤"。

对极端手段的推理:

"赵州放火";

"子湖夜喊捉贼";

呵佛骂祖;

辱毁经典;

对话中偷换施事。

语用策略:

绕路说禅(也是语用策略),如"面南看北斗";

偷换施事(也是语用策略)。

反戈一击:

(怀让禅师)"磨砖既然不能成镜,你那坐禅就能成佛了吗?"

(坦山和尚)"我放下了,你怎么还抱着(女)?"

(慧忠禅师)"虚空也不看唐肃宗一眼。"

(遵布禅师)"你把'那个'拿来给我瞧。"

设陷阱:

(南泉禅师)"谁能不动镜?"

(百丈禅师)"不得叫净瓶,叫它什么?"

答非所问：

（赵州禅师）"青布衫。"

重复印证：

"柏树子有佛"与"天掉下来时"；

（大隋禅师）"我自己与你自己"。

这一小节说明了禅门公案只能在汉语文化语用学中得到安顿，而与西方语言文化语用学格格不入。这里有一个疑问，即：禅门公案难道不能在印度语中安顿吗？为何说"只能在汉语中安顿"呢？答案是：佛教确系从印度传入中国，但"印度佛教只有禅而没有禅宗，禅宗是纯粹中国佛教的产物。禅宗作为隋唐佛教宗派之一逐渐崭露头角，成为中国佛教史流传最久远，影响最广泛的宗派"（潘桂明，1989）。

第七章 宽式语用学的一个例子：会话分析

会话是语用学研究最理想的案例。说它"最理想"，是因为：

（1）对话（假如它真的是生活原型的话）中有丰富而机巧的会话含义，于是便成为窄式语用学研究的对象；

（2）对话是语言的实际运用，它大于句子而又达到了语篇规模，这样的运用单位，成为宽式语用学研究的对象也是自然的。

按宽式语用学定义，语用学是一种语言功能理论，它研究语言使用人是如何在附着符号束、语境和智力的参与和干涉之下理解并运用话语的。按照这个路子研究会话，就是调查附着符号束、人文语境和语言语境以及智力对话语的理解与干涉有些什么样的规律可循。

一、会话（也称"对话"）的结构层次

对话里的句子叫话轮，它是对话（一个语篇）最基本的结构单元。国外一些会话分析学者认为，对话的结构层次是：

话轮（turn）→ 话对（pair）→ 衔接顺序（sequence）→ 语篇（text）

按这个结构层次解释，最基本的结构单元是话轮，最大的结构单元是语篇，过渡单位是话对与衔接顺序。但是，"话对"可以是结构单元，而"衔

接顺序"却不像是结构单元,它只是一个语句之间的衔接关系(什么样的语句后面可以由什么样的语句接上)。

例1 语境:余文君与余笑予父子俩议论起一个艺名的问题。
  余文君:(郑重地对儿子)改个名字吧,叫余笑愚,愚蠢的愚。
                  (话轮1)
  余笑予:说我蠢?   (话轮2)
  余文君:不。意思是我笑大家愚蠢,把假戏当真,又哭又笑;
     也可以解释为笑那些捣蛋者愚蠢。[1]   (话轮3)

  话轮有三个,这很清楚;话对,如话轮1与话轮2可结成话对,话轮2与话轮3可结成话对;衔接顺序,话轮2只可能在话轮1之后,话轮3只可能在话轮2之后,不可能有颠倒的情况出现,因为没有话轮1提议"改个名字吧……愚蠢的愚",就不可能有话轮2的反问"说我蠢?",如此等等。

  如果按照廖秋忠(1994)的理解,sequence是"话串",话串好像是可以比话对更长的单元,那又得另立标准划分哪些话轮在一起才算是一个话串了。这个问题还可以进一步讨论。

  现在,以一个电话对话为例,说明对话的结构形式。

例2 语境:1963年4月25日,上午11时半,周恩来总理与张瑞芳电话对话。

衔接顺序	话对	话轮
开场	招呼	张:总理,我正等着您的电话呢,知道您来上海开会了,我想可能有电话来,我昨晚就在等着了。
话题及展开	招呼+话题1	周:(笑)你想到了吧?你们的戏演得如何?听到反映说不错嘛! 张:一般舆论很好,学习了北京的演出以后,又有新的发展。

---

[1] 本书第二版作者标注:本段选自《名人传记》1994年第8期邓家琪创作的《戏曲怪杰余笑予》一文。但因作品年代久远,且原刊遗失,故页码不详。——编辑按

	话题2	周：对！你们没有什么过分的地方吧？
话		张：大概没有。
	话题3	周：拍电影的事怎么样了？
		张：总理，我正想写信给你暴露思想呢，舞台上我演善子没问题，但在银幕上我觉得年龄太大了，不如年轻的演员扮演更动人。
题		周：你是不是分三个阶段呢？一开始很热情积极，后来担心年纪，演出以后又有了信心？
		张：我不担心舞台而是担心银幕。
		周：（鼓励）这么说，还得要我给你打气了！
	（告一段落）	
	话题4	周：（关心地）老严在干什么？娃娃在家吧？
及		张：严励去北京了，和一个青年作家浩然在改编一个电影。孩子上幼儿园了，5点钟回来。
		周：嗯。
	话题5	张：总理，你有可能来看戏吗？
		周：（肯定语气）好，今天晚上。
展		张：这太好了，大家早就盼着您能看戏，果然实现了！
	话题6	周：你的身体还好吧？
		张：年纪大了，休息不好，发音有时很吃力。
		周：你年纪大了？
		张：我已满44岁了。
	话题7	周：那还早呢！你正在做什么？
开		张：我正写市人代会上的发言稿，根据李双双和李善子两个角色的创作体会，要我谈现代题材问题，但还没写出来。

话题及展开		周：上次北京电视台谈李双双，你没有稿子不是讲得更好吗？ 张：这次不行了，要印出来。 周：《人民日报》上你不是写过一篇吗？ 张：这不能完全用得上。
收场	话题8	周：你下午别写了，好好休息，晚上演戏。 张：对，好好休息，等着您看戏。

（秦菲，1994）

由于会话展开的制约因素太多，以上这个结构模式远不能概括全部规律。对话结构形式的各种情形，将在下一节"对话的结构形式和可能出现的情况"里交代。话题的展开是双方的事，所以双方都有权提出话题，如上所提示，周提出了许多话题，张也提出了一个话题"你有可能来看戏吗？"（话题5）在这儿使用这个长篇对话记录，作者是想表明，在长篇对话中，情况可以多观察一些，矛盾可以暴露得多一些，以便对同样长篇的对话语篇——闲聊、谈心、会议、商讨、磋商、吵架、争执、面试、法庭调查、谈判、讲课、诊病等言语事件——有所帮助和启迪。

二、对话的结构形式和可能出现的情况

1. 一问一答，只有一个话对

例3 语境：1985年，曲云霞的父亲与教练在大连市金州区体校议论孩子的前途。

曲国礼：(半信半疑) 这丫头行吗？我们堡子穷，若不行，我还领她回家干活去！　　　　　　　　　　　（话轮1）

邱立斗：不行我能要她吗？[1]　　　　　　　　　　（话轮2）

话轮2也是回答，以反问代替回答，表示答话人的信心是不可动摇的。

---

[1] 本书第二版作者标注：本段选自徐光荣于1994年创作的《最早震惊世界的中国径赛女明星》。但因年代久远，且原书遗失，故页码不详。——编辑按

2. 抢占话轮

 熊剑啸：（开门，兴高采烈）我想你是会来的。戏导得很成功，我已经晓得了。　　　　　　　　　　（话轮1）

余笑予：还要感谢你……　　　　　　　　　　（话轮2）

熊剑啸：莫说见外的话。我不过出了些馊点子，真正导戏的还是你，我不敢贪功的……[1]　　　　（话轮3）

话轮2还没有完结，就被话轮3抢占了去。

3. 第三方不期而入

 语境：延安。任弼时与妻子陈琮英、女儿远志坐上车。远志是第一次到延安。总司令朱德在汽车后排就座。

远志：（轻声，对任）爹爹！

朱德：（答应）

陈琮英：（对远志解释）延安的孩子都叫总司令"爹爹"，以后你这样叫。

朱德：（摸远志的头，笑）你来到延安见到了你的爸爸妈妈，也见到了我这位爹爹。[2]

远志预期的话轮应该是其父任弼时接上，可是话轮被第三者抢占，这是没有明确话题的闲聊的特点之一。这是语言交际在场的各方都在起作用的缘故。

4. 一问一答，一贯到底

例6 语境：1965年，侯耀文陪朋友去投考铁路文工团。

考官：哪个学校的？

---

[1] 本书第二版作者标注：本段选自《名人传记》1994年第8期邓家琪创作的《戏曲怪杰余笑予》一文。但因作品年代久远，且原刊遗失，故页码不详。——编辑按

[2] 本书第二版作者标注：本段选自《名人传记》1994年第7期《永不消逝的驼铃声》一文。但因作品年代久远，且原刊遗失，故页码不详。——编辑按

侯耀文：男六中的。

考官：家里还有干文艺的吗？

侯耀文：我、我爸。

考官：你爸爸在哪个单位呀？

侯耀文：中央广播说唱团。

考官：叫什么名字？

侯耀文：侯宝林。

考官：怎么，你是侯宝林的儿子？得，就是你了。[1]

5. 话题变换频率大

我们再一次利用例2说明话题变换频率很大的情形。

张：总理，我正等着您的电话呢，知道您来上海开会了，我想可能有电话来，我昨晚就在等着了。

周：（笑）你想到了吧？你们的戏演得如何？听到反映说不错嘛！ （话题1）

张：一般舆论很好，学习了北京的演出以后，又有新的发展。

周：对！你们没有什么过分的地方吧？ （话题2）

张：大概没有。

周：拍电影的事怎么样了？ （话题3）

张：总理，我正想写信给你暴露思想呢，舞台上我演善子没问题，但在银幕上我觉得年龄太大了，不如年轻的演员扮演更动人。

周：你是不是分三个阶段呢？一开始很热情积极，后来担心年纪，演出以后又有了信心？

张：我不担心舞台而是担心银幕。

周：（鼓励）这么说，还得要我给你打气了！

（告一段落）

周：（关心地）老严在干什么？娃娃在家吧？

（话题4）

张：严励去北京了，和一个青年作家浩然在改编一个电影。

---

[1] 本书第二版作者标注：本段选自余钊于1994年创作的《侯耀文的故事》。但因年代久远，且原书遗失，故页码不详。——编辑按

孩子上幼儿园了，5点钟回来。
周：嗯。
张：总理，你有可能来看戏吗？　　　　　　　　　　（话题5）
周：（肯定语气）好，今天晚上。
张：这太好了，大家早就盼着您能看戏，果然实现了！
周：你的身体还好吧？　　　　　　　　　　　　　　（话题6）
张：年纪大了，休息不好，发音有时很吃力。
周：你年纪大了？
张：我已满44岁了。
周：那还早呢！你正在做什么？　　　　　　　　　　（话题7）
张：我正写市人代会上的发言稿，根据李双双和李善子两个角色的创作体会，要我谈现代题材问题，但还没写出来。
周：上次北京电视台谈李双双，你没有稿子不是讲得更好吗？
张：这次不行了，要印出来。
周：《人民日报》上你不是写过一篇吗？
张：这不能完全用得上。
周：你下午别写了，好好休息，晚上演戏。　　　　　（话题8）
张：对，好好休息，等着您看戏。

　　　　　　　　　　　　　　　　　　　　　　　　（秦菲，1994）

大频率变换话题的对话一般是长篇的。所以这个案例很可能对闲聊、谈心、会议、商讨、磋商、吵架、争执、面试、法庭调查、谈判、讲课、诊病等言语事件有启示。这个对话中，话题共八个。很可能，这样多的变换话题不是个别情形。

6. 挑选另一个听话对象（转换对话对象）

　　下文的例7中，孔子不断变换听话人，不断寻找新的说话对象，先是听子路说，然后另选冉有，三是另选公西华，再后是挑选曾晳说话。语言交际在场的各方都是现实或者潜在的听话人，这一点，说话人心目中是有数的。

三、对话的连贯机制

有一个总的话题，靠话题将意思连贯起来。话题不变，一贯到底。所有的谈话人都围绕一个话题，不跑题，谈话的意思自然就连贯起来了。

下例中的话题是孔子提出来的：如果有人要了解你们如何治国，那你们怎么办呢？

例7 语境：子路、曾晳、冉有、公西华侍坐。

子曰：以吾一日长乎尔（比你们年岁大），毋吾以也（没有人用我了）。居（平日）则曰："不吾知也（人家不了解我呀）！"如或（如果有人）知尔（要了解你们），则何以哉（那你们怎么办呢）？

子路率尔（不假思索）而对曰：千乘之国，摄（局促地处于）乎大国之间，加之以师旅，因之以饥馑；由（子路自呼自名）也为（治理）之，比（等到）及三年，可使有勇，且知方（大道理）也。

夫子哂（笑）之。

（曰：）求（冉有）！尔何如？

对曰：方（国土纵横）六七十（里），如（或者）五六十，求（自名）也为之，比及三年，可使足（富足）民。如其（至于修明）礼乐，以俟（只有等待）君子。

（曰：）赤（公西华）！尔何如？

对曰：非曰（不是说我已经）能之，愿学焉。宗庙之事，如（或者）会同（同外国盟会），端（礼服名）章甫（礼帽名），愿为小相（司仪的小官）焉。

（曰：）点（曾晳）！尔何如？

鼓瑟希（他弹瑟正近尾声），铿（突然收弦之声）尔，舍瑟而作（站起来）。对曰：异乎三子者之撰（讲，说）。

子曰：何伤（有什么妨碍）乎？亦各言其志也。

曰：莫（暮）春者，春服既成（穿定了），冠者五六人，童子六七人，浴乎沂（沂水），风乎（让风吹吹）舞雩（舞雩台），咏而归。

夫子喟然叹曰：吾与点也！

三子者出，曾皙后。曾皙曰：夫三子者之言何如？
子曰：亦各言其志也已矣。
曰：夫子何哂由（仲由）也？
子曰：为国以礼（治国讲求礼让），（可是他）其言不让，是故哂之。
曰：唯（难道）求（冉求讲的）则非邦（不是国家）也与？
子曰：安见（怎样见得）方（纵横）六七十如五六十而非邦也者？
曰：唯赤（公西赤讲的）则非邦也与？
子曰：宗庙会同，非诸侯（国家）而何？赤（公西赤）也为之小（司仪官），孰能为之大（司仪官）？

（杨伯峻译注，1980：119）

参加谈话的几个人子路、曾皙、冉有、公西华和孔子，都围绕一个话题：如果受到国家起用，将采取什么样的施政纲领？这样，谈话自然就有一个连贯的主线了。附带要交代的一个问题是：孔子的结语，现代人不容易听懂，是由于社会语境不明。但对于当时的听话人来说，听懂并不难，听话人有如下的智力干涉过程：孔子笑仲由的不是说他不能治理国家，而是笑他说话的内容和态度不够谦虚。而公西华是个十分懂得礼仪的人，但他只说愿意学着做一个小司仪者。如果他只做一小司仪者，又有谁来做大司仪者呢？

磋商。话题变换，怎样将意思连贯起来呢？谈话各方的磋商意识便成了意思连贯机制了。

例8 语境：何健欲派刘廷芳到南京面见蒋介石，制止两广军队打武汉。

何健：两广军队一旦到了武汉，就要成立临时政府，与南京分庭抗礼。　　　　　　　　　　　　　　　（提出话题）

刘廷芳：（心情沉重）如今的中国已是满目疮痍，再也经不起内战了。　　　　　　　　　　　　　　　　　　（同意）

何健：是啊！所以我请你来商量，想劳你的驾，请你往南京走一趟，面见蒋委员长。请他设法制止两广军前进。

（同意＋提出新的话题）

刘廷芳：（意外）我行吗？　　　　　（怀疑、反对提议）

何健：我思前想后，此事非君莫属。　　　　　（重复话题）

刘廷芳：（思前想后）要是他不见我，那我怎么办？（坚持怀疑）
何健：（十分把握）此事我思谋再三，觉得很有把握。（重复话题）
刘廷芳：（站起来，铿锵有声）现在我就告辞了。回家准备一下就起程。[1]　　　　　　　　　　　　　　　　（同意建议）

我们可以发现，磋商往往是再三的，磋商成功往往是全部对话的结束。说话人似乎不在意使用词语连贯手段（cohesion），如不用"首先，然后，最后；这样，从而，于是；……"这一类的词语连接手段，而是靠意思连贯（coherence）。

四、语境与会话

语境与会话的关系，我们在语境一章已经讨论过了。这里，只是小结式地提出纲要，以便引起注意。

语境要求对话时的语气、语调与语境和谐一致，否则要犯策略上的错误。

语境要求注意对话的场合（自然空间与人文网络）。

语境要求根据不同的对话对象使用不同的策略。

语境是对话中成分省略的前提条件。

---

[1] 本书第二版作者标注：本段选自《名人传记》1994年作品。但因年代久远，且原刊遗失，故作品名与页码不详。——编辑按

第八章 语用学：人文网络言语学

一、语用学的社会成分

深入地研究语境特别是社会语境对话语的干涉、语用策略和语用功能不完备原理之后，特别是将这三者打通之后，就会有一种豁然洞开的领悟：语用学，就是"社会人文网络言语学"。下面从两个方面作一个简要的回顾，看能不能让我们走向这个结论。

（1）我们已经论述过，非语言语境对语言符号的干涉，实际上就是社会文化、风俗习惯、行为准则、价值观念、历史事件等对人使用语言符号上的干涉。简单地说，就是社会人文网络干涉你的话语。"我想怎么说就怎么说"，是不存在的、一厢情愿的愿望。事实上，人不能想说什么就说什么，不能想怎么说就怎么说，不能想在什么时候说就在什么时候说，不能想在什么地方说就在什么地方说，不能想对什么人说就对什么人说。我们在说话的时候，顾及这顾及那，看人的脸色，不断地改变初衷。我们在做语言环境的奴隶，不折不扣的奴隶。我们是在受非语言环境的左右，也在受语言环境（上下文）的左右。社会关系、文化传统、道德标准、行为规范、物质环境与自然力量组成了一个天网，人不过是自以为自由的网中之鸟而已。这天网，就是社会人文网络。网络里的各种体系（村落体系、城镇体系、交通体系、市场体系、政治体系、思想体系等）、各种制度（土地制度、经济制度、法律制度、教育制度等）和各种关系（国际关系、民族关系、氏族关系、供求关系、人际关系、敌我关系等），在每一个瞬间都对我们的话语强加了极为复杂的前提与限制。**这个社会人文网络每每在你说话的时候"说话"并且"算数"。**

老实说，对话中引起交际失败的"危险"，并非来自语言问题，而是人文网络的问题。人的自我，舍此网络不能成立，人也不能脱离网络独自兀立。**人的自由不是与生俱来的，不是为所欲为，而是为所应为。**为什么？说到底，是因为符号系统与意识形态"相互重叠"（马克思语），而人又生活在意识形态之中。

下面，我们不妨将本书引证过的重点论断再强调如下。

钱钟书："文网语阱深密乃尔。"文字与言语本身织成了一张密密的网，也形成了一口深深的井，人陷其中，横竖不能自拔。他说的是语言与社会政治制度之间的相互渗透，说得简明却透彻。

海德格尔："语言乃存在的家园，人则居住在其深处。"这不是说人深陷语阱中么？

卡西尔："人从自身的存在中编织出语言，又将自己置于语言的陷阱之中。"

福柯："你以为自己在说话，其实是话在说你。""话在说你"就描写了话在"治你"或者"你被话治"的情形。

维特根斯坦："语言是一座遍布歧路的迷宫。"

哈贝马斯："语言交流方式受到权力的扭曲，便构成了意识形态网络。"注意：权力不仅可以扭曲人格，还可以扭曲语言交流方式。

所以，我以为，从社会语境对语言符号的干涉中，我们看语用学，它**简直就不是符号体系上的事，而是与人有关的语境体系上的事（即社会人文网络上的事）**。我们说过，只有这样看语用学才不至于隔靴搔痒。

（2）语用学的社会成分的第二个方面是，使用语用策略的全部情形都是顺应社会语境干涉。现在具体地看看下面的语用策略。**语用原则和策略，与其说为了交际成功，倒不如说是为了寻找出对付社会人文网络（社会文化、风俗习惯、行为准则、价值观念、历史事件等）对人使用语言符号上**

干涉的办法。说白了,语用策略是受了人文网络的强迫而采取的应付措施;是承认不能自拔于文网语阱就干脆适应它的求生策略;是各种体系、制度和关系干涉出来的无可奈何的措辞;是"话在说你"式的话语。因此,第五章所讨论的一切语用策略举例都不是别的,就是对付社会语境干涉的防范措施。

"得体"策略是什么?对适当的人,在适当的时间,在适当的地点,说适当的话。吕叔湘(1986)说:"此时此地对此人说此事,这样的说法最好;对另外的人,在另外的场合,说的还是这件事,这样的说法就不一定最好,就应用另一种说法。"古人要求"拟(量度一番)之后而言"(易·系辞上),还要求慎言、忠言。孔子固执地坚持"正名"主张。刘勰主张"宜言,允,允集,有度,不要择言(过头话)。"如此这番,都是为了现代人要的风度或古代人要的君子仪态,落实到不得罪人,在社会上立得住,避免在人背后受"否"不受"臧"。如此说来,语用得体策略就是为了**做人得体**,而并非真正为了**语言本身得体**。这不就是指言语行为中的社会成分吗?"谢绝夸奖"策略是什么?表示谦虚,把自己降低到某个程度,好让对方心理平衡,让出光荣与对方共享,这也是从如何做人着眼的。"虚抑实扬式的恭维"又是什么样的策略呢?话面是在批评对方,他听了还乐滋滋的,"我可要代表大家批评你了:'你把身体累垮了,是我们单位最大最大的损失。'"这更是在圆圆滑滑做人,天衣无缝讨好。那么,"把对方当第三者"策略,对张三说,却是暗中让李四听,其间的微妙意蕴与指桑说李式的情结,也是在人的关系上做游戏。"把自己当第三者"也是一种语用策略,它用代名词指称自己,"小的不敢"中的"小的"算自轻自贱,"你欺负人"中的"人"语带责怨,"兄弟领教了"中的"兄弟"可以是自谦,也可以是软中有硬,"宝宝,是妈妈不好"中的"妈妈"却又是爱意欲滴,这些都是人与人关系的巧妙处理。"借第三者的口说出自己的意见"策略,一是为了表示意见的客观性,二是为逃脱责任留下后路,这也是一种处事学问,而不真是语言符号上的操作。"各种言语行为与礼貌策略伴随"策略,一听就是为了讲礼貌,为了行为规范、社会道德、公共关系上的适应,使主要言语行为得到缓冲,体现了中庸的道德传统。"运用权威"也是一种语用策略,礼貌是策略,不礼貌未曾不可以为策略。重要的是要符合权势身份,要看准了对方比自己在权威或地位方面要低这一点。运用——不一定是"要"——权威破坏了礼貌策略固然是一个方面,但用足了权威也可以使说话更有效果,达到说话目的:师对生、父对子、官对兵、上对下等的说话不是权威运用得十足吗？这更是一种纯社会关系上的操作了。"回避"作为一个语用策略，是为了某种目的而答非所问，这个"某种目的"当然不会是语言上的目的，而是为了行事方便。"表面一致而事实否定"策略，是一种文化心态，先作出同意、赞成的姿态，再作出事实上的否定，"好是好，可是……""你这么说，用心是好的，可是……"，"可是"后面便是事实上的否定。"以行代言的答复"：摇头代替否定，点头代替同意，摆手、摇手、招手、愤怒、皱眉、张开嘴巴、转过脸去、抬脚就走、拍拍口袋、摸摸脑瓜子、挠耳朵、眨巴眼睛、耸耸肩膀等，都可以代表相应的言语行为，这更不是言语层次上的事了。"禅宗公案极端手段"作为语用策略，喝、棒（打）、拂、杖、烧（焚）、翻字诀等，还有重复印证（循环论证）、反戈一击、引入歧途、答非所问等机巧，更是远离文字与语言。

"面相身势与话语和谐一致"，作为语用原则，是语用原则与策略中少有的不与社会人文网络"结盟"的成分。面相身势作为人的附着符号束，它与话语的配合，主要是一种生理反应。

"假信息"策略的要点是，言语交际活动（口头、书面）中释放了非真实信息。为了蒙蔽、欺骗接受方面（听者和读者）的叫利害假信息。自己明知所发信息不真实，交际对方经启发也能悟出其假，但发出的一方照样发，接受的一方也不介意其假，或者不觉其假之害，甚至于觉得假比真好，乐意接受其假。这种在特殊的证实背景之下发出的能收到特殊效果的非真实信息传递，叫功能假信息。最典型的例子是医生对绝症病人说的假话，病人心里明白，但照样乐意接受。功能假信息显然是对人际关系的顺从。且不说有些人受利益的驱动靠说假话过日子，就是一个诚实的人，为了人际关系，为了与社会和谐相处，总要说几句假话的。所谓"假信息"策略，以调侃的语气说，它们通通都是"狡猾狡猾的"；从积极意义上说，它们何尝不是人们求生存的适应策略呢？

"冗余信息"策略的要点是，对语言冗余信息（多余的、没有提供新信息的信息）表现出了容忍（其容忍度是指语言使用人运用、控制语义性冗余信息时所掌握的分寸）。释放或耐心地接受适当的冗余信息是必要的，因为有些情形下，它不是负担，经过适当的、恰如其分的处理，冗余信息还会有很大的用途。不仅有用途，而且还能帮助人们顺当地、和谐地处理人际关系。人们对多余信息的态度是矛盾的：从交际的求简出发，要把容忍度降为零；从交际的求成功出发，要把容忍度升到某种程度。无论如何，人要在社会把自己安顿下去，不听不说多余的话（无新信息价值的话）恐怕是不可能的。

"容忍语用失误"策略，就是别人犯了语用失误（说话人所使用的语言符号之间的关系正确，但他不自觉地违反了人际规范、社会规约，不合时间空间或不看对象），你容忍。别人不自觉地违反了人际规范、社会规约等，你却原谅，这正是维护了与犯语用失误的说话人的关系。他冒失了，你不再冒失。你原谅了别人的语用失误，正是为别人原谅你可能的语用失误创造了条件。

现在我们可以问，实施某种语用策略是一个语言问题还是一个社会行为问题？要回答好，不妨从反面问：不使用语用策略会怎么样？回答是，既会得罪交谈对方，又导致交际失败，那么，"得罪对方"是什么意思？就是在人面前不好做人，在人背后受到非议。比如第一条"得体"策略就是为了做人得体，而并非真正为了语言本身得体。这样看来，采取语用策略不是一个语言问题，而是一个社会行为问题。所以，我们说，**回头看上述的一条条语用策略都不过是社会人文网络逼出来的策略。从这个意义上看来，语用学又叫"人文网络言语学"或者"人文网络说话学"就是很自然的事了。**

以上是语用学社会成分的两个方面。

（3）语用学的社会成分可以由语言功能不完备原理说明。

任何一个说明语言功能的理论系统，无论看起来是多么充分和完善，其实都是不完备的，要留待系统以外的其他系统去补充。几个证明是：第一，语用策略是不可穷尽的；第二，语言符号本身不是万能的，是有缺陷的。

认识到"功能不完备原理"的积极意义之一是，便于我们抓住语用学的实质与核心内容。

语言功能不够对付交际怎么办？拿社会行为去补！语用功能这一套系统是完全建立在社会行为之上、语言符号关系之外的，具体地说，是完全建立在人和人文网络对语言干涉的基础之上的！

语用功能理论系统的维持，靠的是语言系统之外的人（自然的人）及其社会这两个系统（组成社会人文网络）对语言缺陷的补充。这就是语用学的实质。承认这个实质，就能理解为什么语用学还可以又名"人文网络言语学"了。

请看，语用学的几个根本的理论要点，无一不是在人或人组成的社会那里生根。

语境和语境对话语的干涉：这里的社会背景、文化背景、人际关系，都是在人那里生根的，不是在语言符号中早就藏好的；

附着于人的符号束及其对话语的参与：这里的符号束，除伴随物外，就是由人的脸、手、身体出发的信息，声、气、息更是人发出的生命信息。这些生命信息是语言在使用中人加进去的，也不是在符号中早就藏好了的东西；

智力对话语的干涉：智力就是人的属性，更不是语言符号的事儿；

语用策略更是人创造出来的，不是符号本身的属性。

二、语用学的语言成分

能不能根据"语用学就是人文网络言语学"的命题得出结论说，语用学干脆就是社会学家的事儿？不能。语用学与语言符号毕竟是息息相关的。

多于话面的意义毕竟要从话面上即符号上出发，然后才是语境上的推导。

语境干涉也只能是对语言符号的干涉，不能干涉空中楼阁。

附着于人的符号，在言语活动中，也只是一种参与，不是主角。主角是语言符号。

智力干涉，是人的智力对语言符号的干涉，没有了语言符号它干涉什么？

语用原则与策略虽是社会网络干预的结果，但表现出来的主要行为毕竟是言语行为——以言行事。"言"是基础。

语用学的体现关系中，句法体现，是符号的排列关系；文学体现，首先要是文学，而文学是语言的艺术；翻译体现，首先要的就是两种语言符号，然后才能谈上两种语言之间的转换。

如此等等，我们的结论：语用学的本体是从语言符号出发的。

三、西方语用学定义的缺陷

我们已知道构成汉语文化语用学的主体是语境干涉、附着于人的符号束的参与、智力干涉、语用原则与策略、语用的体现关系等。如果我们把这几个主体部分打通一看,特别是将语境干涉、语用策略和功能不完备原理串起来深入地思考,就会发现原来没有想到的东西。首先是语境体系和人文网络的挂钩,然后发现语用策略竟然全是非语言因素,随后就得到"功能不完备原理"的说明,最后得到的便是本书的副题:语用学可以叫作人文网络言语学。我认为这是一个不无意义的发现。

以西方语言为基础的语用学基本上是以"符号与解释人的关系"为语用学定义的出发点。当然还有别的一些定义,如耶夫·维索尔伦的语言适应论:"语用学应定义为对语言(任何一个方面)的功能性综观。"当然,这些定义各有见仁见智的观点。但蹊跷的是,沿着这样的定义与几个特定的研究基本单元(如"言语行为""会话分析"等)走,却发现不了语用学原来也是人文网络言语学。因为这样的定义不能引导研究者发现语用学里的非语言成分,即社会成分。是的,**这样的定义不能将社会成分赫然突出在研究者面前。原因何在?一旦进入交际,符号与人的这对关系被更紧迫、更现实的(说话)人与(说话)人的关系掩盖起来,符号与人的关系就陷入隐蔽状态,人与人的关系凸显出来。**而语用学是研究使用中的语言,所以,语言只要进入真正的使用状态即交际动态(communicative dynamism)之中,人与人的关系的现实性与紧迫性总是要盖住符号与人的关系(人文网络于是就这样扩张开来了)。所以,**只要你盯住符号与人的关系这个定义不放,就不容易发现人文范畴里的因素。**

但是,《汉语文化语用学》却不同了。它肯定了不同文化背景的语言有不同的语用原则与策略之后,发现语境、附着于人的符号束与说话人的智力有相当重要的地位,并接二连三地发现了三个明晰的范畴:语境干涉、附着符号束的干涉与智力干涉。越是充分展开这三个范畴,越是清楚地看到语用学中的非语言成分:社会语境与语用策略(当然语言成分是依然存在的东西)。顺理成章的是两套定义。窄式定义:语用学是一种语言功能理论,它研究语言使用人是如何在附着符号束、语境和智力的参与和干涉之下对多于话面(字面)的含义做出解释的。宽式定义:语用学是一种语言功能理论,它研究语言使用人是如何在附着符号束、语境和智力的参与和干涉之下理解并运用话语的。**这样的一套定义给了社会成分(如语境)充**

分的地位，为最后发现语用学是社会人文网络言语学打下了基础。

在讨论了语用学的社会成分与语言成分之后，我们确实可以打这样一个比喻：有人从社会网络那里开挖打地道，又有人从语言运用那里开挖打地道，结果，两个地道口在语用学那里汇合。

这个比喻是说，研究语用学的人必然要走到社会人文网络那里去。研究人文网络的人，也必然会发现语言这个通道口。我以为这个是符合事实的。

第一版后记：简单的与美的

书现在是写完了，付印了。

我扪心自问，我是老老实实从汉语实际出发来进行写作的（搭起语用学的框架的）。从我的主观上，打定的主意是：不事虚浮，不生拉硬扯，不凑合，有多少说多少，这样即使犯错误也不会犯大错。

有两件给我留下了极深印象的事儿影响了这本书的写作。

我在国际语用学会（设于比利时安特卫普大学）做合作研究的时候，曾受一位中国数学博士生之邀，去旁听了他的学位答辩。在做总结时，答辩委员会主席对这位博士的数学论证使用了一个词，令我终生难忘。这便是"very beautiful"。我真不知道，数学论文如何还能 beautiful？！据我那位朋友说，对于数学论证来说，最好的评语不是"正确"，而是"简单的、美的"，尤其是"美的"。他这一说，立刻让我想起此前曾读过的《科学美学思想史》（徐纪敏）。此书断言，真正的科学理论都是简单的、美的。但是，亲耳听到科学界称科学论文是"非常美的"毕竟还是第一次。另一件事是听来的，发生在乔姆斯基身上。不知怎么地，这位思想活跃的语言学家有一次轻慢经济学家说，经济学全部的内容可以在两星期内掌握。赫赫有名的经济学家萨缪尔逊动了肝火，不依不饶，认真和乔氏辩论起来。乔氏的说法，不论他本人主观意图如何，客观上实在是在大大夸奖经济学。想想，一门可以在两个星期内让普通人掌握的学问，一定是简单的、优美的。学问到了这一地步，是高境界，是学问家梦寐以求的。基本定律就那么一个或极少几个，却极为有效，用不着更多的假设和推衍定理，就足以使整个构建运转起来。以少说多，即以少解释了多、描述了多、预言了多。这两件事，使我从旁得到了很好的启示：最好的科学理论是简单而优美的。

这个启示直接影响我在这本书里对语用学模式的构建。在1994年拙作"论构建语用推理模式的出发点：新格赖斯机制评述"（1994a）中就有了这个思想念头：以少说多。那么，这篇东西后来被中国人民大学资料中心复印，是不是说明这样的方法论和基本想法是有人同意呢？文中说"语用推理模式只能大（指把握几项基本的出发点），不能小（指细致的纯粹形式化手段）。这几个大的出发点是：简单、自然；混成符号束同时工作；语境干涉推理；智力干涉推理。"有幸的是，后来，1995年1月才出首版的《时间简史》（许明贤、吴忠超译，湖南科学技术出版社），在下当年秋天便读到了。作者是英国科学伟人、爱因斯坦之后最杰出的理论物理学家史蒂芬·霍金（Stephen W. Hawking）。他说："……你必须弄清什么是科学理论。如果它满足以下两个要求，就算是好的理论：它必须在只包含一些任意元素的一个模型的基础上，准确地描述大批的观测，并对未来观测的结果作出确定的预言。"妙啊，"在一个模型的基础上，描述大批的观测"，这，正是本书作者在这本书中所要努力达到的东西。我想我在这本书做了什么工作呢？不也就是在一个窄式语用学的定义（当作一个模型）的基础上描述了几个观测（语境干涉、附着符号束的参与、智力干涉、语用策略、语用体现关系）么？

不过我知道，我没有学到家。

但愿我能在近海的礁石滩上翻寻到一个可心的贝壳，即使不能使博奉献者开颜一笑，也能让他们知道我不过是一个愿意劳作、寻觅的孩子，虽然我暗暗羡慕那些能在大海中捕风逮浪、深潜海底而擒龙挑珠的人。

本书作者
1996年7月23日

主题词与关键词索引

以汉语拼音为序

A

B

把对方当第三者（策略）：p.166，p.181，p.188，p.231，p.271，p.317
把自己当第三者（策略）：p.166，p.181，p.189，p.231，p.271，p.317
伴随物的参与：p.124，p.259
表面一致而事实否定（策略）：p.166，p.181，p.196，p.231，p.271，p.318

C

禅门公案体现：p.21，p.293
禅宗公案极端手段与机巧策略：p.181，p.197

D

多于话面（字面）的含义：p.9，p.12，p.14，p.117，p.321

多种言语行为与礼貌策略伴随（策略）：p.181，p.191，p.197，p.271

E

F

翻译体现（关系）：p.251，p.273，p.320

符号信息量膨胀：p.91，p.112

附着符号束：p.8，p.9，p.10，p.11，p.12，p.15，p.23，p.39，p.40，p.44，p.58，p.69，p.104，p.111，p.115，p.121，p.123，p.143，p.156，p.205，p.225，p.235，p.251，p.254，p.259，p.266，p.276，p.289，p.291，p.293，p.305，p.318，p.321

附着符号束干涉：p.11

G

H

汉语文化语用学：p.1，p.2，p.3，p.8，p.9，p.72，p.78，p.231，p.293，p.301，p.303，p.321

合适感觉的选择：p.143，p.145，p.300

回避策略：p.195

I

J

假信息策略：p.40，p.166，p.173，p.201

假信息论：p.65，p.173，p.201，p.206，p.207，p.208，p.232

交际成功：p.40，p.165，p.168，p.170，p.171，p.177，p.214，p.271，p.275，p.316

借第三者之口说出自己的意思（策略）：p.181，p.190

句法体现（关系）：p.236，p.320

K

宽式语用学（定义）：p.9，p.23，p.58，p.305

L

零语境句：p.39，p.91，p.105，p.117，p.118，p.119，p.137，p.139，p.141

M

面相身势的参与：p.126

面相身势与话语内容和谐：p.127

目的—意图原则：p.43，p.44，p.167，p.168，p.174，p.201，p.206，p.208，p.212，p.232，p.270，p.271

N

O

P

Q

R

人文网络言语学：p.87，p.89，p.90，p.165，p.166，p.200，p.234，p.315，p.319，p.320，p.321，p.322

容忍语用失误策略：p.40，p.166，p.215

冗余信息的容忍度：p.65，p.74，p.75，p.208，p.209，p.211，p.213

冗余信息论：p.168，p.171，p.206，p.208，p.232

S

三带一理论：p.9，p.39，p.235，p.236
声、气、息的参与：p.134，p.268
适当冗余信息策略：p.40，p.168，p.208，p.210，p.213，p.214，p.215

T

U

V

W

文学体现（关系）：p.214，p.251，p.288，p.320

X

谢绝夸奖（策略）：p.166，p.181，p.186，p.231，p.233，p.271，p.317
虚抑实扬的恭维（策略）：p.5，p.181，p.188，p.231，p.271

Y

言语得体策略：p.181
以行代言的答复（策略）：p.166，p.181，p.197，p.231，p.271，p.318
语调的意向含义：p.137
语境干涉：p.8，p.10，p.11，p.12，p.15，p.39，p.87，p.90，p.91，p.96，p.107，p.118，p.124，p.143，p.145，p.156，p.158，p.159，p.160，p.181，p.182，p.232，p.239，p.245，p.248，p.251，p.257，p.258，p.300，p.301，p.316，p.317，p.320，p.321
语境句：p.13，p.39，p.91，p.105，p.117，p.118，p.119，p.120，p.137，p.138，p.139，p.141
语用的体现关系：p.16，p.77，p.214，p.235，p.321
语用失误的容忍度：p.215，p.216，p.217，p.218，p.219，p.225，p.227，p.229

语用学的实质: p.25, p.90, p.230, p.233, p.234, p.319

运用权威（策略）: p.40, p.166, p.181, p.193, p.194, p.231, p.233, p.271, p.273, p.317

Z

窄式语用学（定义）: p.9, p.12, p.13, p.16, p.23, p.58, p.116, p.117, p.174, p.273, p.305

智力干涉: p.8, p.10, p.11, p.12, p.15, p.16, p.21, p.39, p.40, p.88, p.111, p.143, p.144, p.145, p.146, p.156, p.158, p.159, p.160, p.162, p.163, p.251, p.268, p.269, p.273, p.274, p.276, p.278, p.286, p.287, p.288, p.300, p.301, p.302, p.313, p.320, p.321

主要参考书目

说明:

1. 钱钟书著作、《论语》《庄子》与《文心雕龙》的章节段页复杂,且引用处极多,它们和引用次数也很多的《阿Q正传》与《红楼梦》英文版以文中注明的方式出现,不在此表中列出;

2. 作为会话语料引用(非理论引用)的其他资料的出处,采取文中随注的办法,也不在此表中列出。

陈平. 1991. 现代语言学研究. 重庆:重庆出版社.

程雨民. 1993. 语用分析如何介入语言理解——评Levinson的照应理论. 现代外语(4): 1-7, 72.

范开泰. 1985. 语用分析说略. 中国语文(6): 401-408.

冯雪峰. 1956. 鲁迅的文学道路:论文集. 长沙:湖南人民出版社.

冯友兰. 1996. 中国哲学简史. 北京:北京大学出版社.

葛兆光. 1993. 最是文人不自由. 读书(5): 3-12.

龚千炎. 1992. 80年代现代汉语语法研究的回顾与评价. 80年代与90年代中国现代汉语语法研究.《世界汉语教学》《语言教学与研究》杂志编辑部编. 北京：北京语言学院出版社.

古野，彭剑秋. 1994. 武陵一松壮千山——记著名爱国实业家李烛尘. 湖南党史（5）：28-34.

韩宝育. 1987. 语言符号的局限性. 陕西师大学报（4）：90-91.

何自然. 1988. 语用学概论. 长沙：湖南教育出版社.

胡附，文炼. 1982. 句子分析漫谈. 中国语文（3）：161-167.

胡裕树. 1979. 现代汉语. 上海：上海教育出版社.

胡裕树，范晓. 1993. 试论语法研究的三个平面. 语言教学与研究（2）：4-21.

胡壮麟. 1980. 语用学. 国外语言学（3）：1-10.

黄伯荣，廖序东. 1988. 现代汉语（修订版）. 兰州：甘肃人民出版社.

纪觅功. 1993. 布衣大师侯宝林. 读者文摘（6）：12.

金克木. 1995. 历史并未过去. 读书（2）：34-39.

李锡胤. 1994. 讨论《美学语言学》的一封信. 现代外语（1）：30-31.

廖秋忠. 1983.《语义学和语用学的探索》介绍. 国外语言学（4）：15-18.

廖秋忠. 1994. 篇章与语用和句法研究. 语用研究论集. 中国社会科学院语言研究所"汉语运用的语用原则"课题组编. 北京：北京语言学院出版社.

林新居. 1994. 一味禅·月之卷. 北京：中国青年出版社.

凌云. 1994. 周恩来与赫鲁晓夫. 名人传记（10）：1.

刘润清. 1995. 许国璋教授与英语教育. 外语教学与研究（1）：72-74.

龙应台. 1996. 干杯吧，托玛斯·曼. 读书（2）：53-60.

陆俭明. 1992：80年代现代汉语语法研究理论上的建树. 80年代与90年代中国现代汉语语法研究.《世界汉语教学》《语言教学与研究》杂志编辑部编. 北京：北京语言学院出版社.

罗尔纲. 1943. 师门五年记：胡适琐记. 北京：生活·读书·新知三联书店.

吕叔湘. 1980. 语文常谈. 北京：生活·读书·新知三联书店.

吕叔湘. 1986. 封二题词. 修辞学习（1）：封二.

吕叔湘. 1990. 现代汉语八百词. 汉语学习（4）：6-10.

倪梁康. 1996. 译，还是不译——这是个问题. 读书（4）：78-83.

潘桂明. 1989. 佛教禅宗百问. 北京：今日中国出版社.

钱冠连. 1986a. 语言冗余信息的容忍度. 现代外语（3）：1-6.

钱冠连. 1986b. 言语假信息. 鄂西大学学报（社会科学版）（3）：57-66.

钱冠连. 1988. 汉译英一语多说300例. 武汉：华中理工大学出版社.

钱冠连. 1989a. 面像身势与话语必须和谐. 外语教学（2）：67-74.

钱冠连. 1989b. "不合作"现象. 现代外语（1）：16-21.

钱冠连. 1990a. 语用学在中国：起步与发展. 外语教学（3）：96.

钱冠连. 1990b. 论维索尔伦的元语用选择. 外国语（4）：25-30.

钱冠连. 1991a.《语用学：语言适应理论》Verschueren 语用学新论述评. 外语教学与研究（1）：61-66.

钱冠连. 1991b. 言语的生命意识. 现代外语（4）：1-6.

钱冠连. 1991c. 语言符号的局限和语用学. 外语研究（4）：13-19.

钱冠连. 1993. 美学语言学——语言美和言语美. 深圳：海天出版社.

钱冠连. 1994a. 论构建语用推理模式的出发点. 现代外语（3）：1-6, 72.

钱冠连. 1994b. 从文化共核看翻译等值论. 中国翻译（4）：16-17, 36.

钱冠连. 1995a. 新格赖斯语用机制新在哪里？. 外国语（1）：17-24.

钱冠连. 1995b. 语言功能不完备原则的启示. 外语学刊（1）：23-26.

钱冠连. 1995c. 语言学家不完备现象. 外语研究（2）：9-12.

钱冠连. 2000. *PRAGMATICS* 九年首文研究. 现代外语（3）：238-248, 237.

秦菲. 1994. 张瑞芳心中总理的雕像. 名人传记（9）：4.

曲卫国. 1993. 也评"关联理论". 外语教学与研究（2）：9-13, 80.

少华，大立. 2015. 彭德怀的"离婚"风波. 人民文摘（2）：40-42.

沈家煊. 1993. "语用否定"考察. 中国语文（5）：321-331.

沈家煊. 1994. 语用学和语义学的分界. 语用研究论集. 中国社会科学院语言研究所"汉语运用的语用原则"课题组编. 北京：北京语言学院出版社.

沈家煊. 1996. 我国的语用学研究. 外语教学与研究（1）：1-5, 80.

施关淦. 1991. 关于语法研究的三个平面. 中国语文（6）：411-416.

宋玉柱. 1987. 关于主谓谓语句的范围和类型. 南开学报（5）：27-32.

宋玉柱. 1988. 双主谓结构句和连谓式. 中国语文（5）：370-371.

汪晖. 1995. 关键词与文化变迁. 读书（2）：107-115.

王东风. 1992. 英译汉中含蓄意义的处理. 中国翻译（2）：21-24.

王群生等. 1988. 现代汉语. 武汉：华中师范大学出版社.

王天一. 1994. 情感的呼唤. 人民文学（8）：119-126.

王宗炎. 1988. 英汉应用语言学词典. 长沙：湖南教育出版社.

王宗炎. 1990. 中国首届语用学研讨会侧记. 外语教学与研究（1）：9-13, 80.

王佐良. 1993. 语言之间的恩怨. 读书（11）：40-45.

韦政通. 1995. 白鹿薪传一代宗. 读书（3）：131-138.

文旭. 1999. 中国语用学20年. 解放军外国语学院学报（4）：9-12, 128.

吴迪. 1996. 世道人心：前后上下考. 读书（2）：35-37.

吴晓. 1994. 陈独秀和他的两个儿子. 安徽决策咨询（6）：34-36.

熊学亮. 1996. 单向语境推导初探（下）. 现代外语（2）：16-21.

许国璋. 1991. 论语言. 北京：外语教学与研究出版社.

徐盛桓. 1984. 语言的冗余性. 现代外语（2）：1-6.

徐盛桓. 1993a. 会话含意理论的新发展. 现代外语（2）：7-15, 72.

徐盛桓. 1993b. 论"常规关系". 外国语（6）：13-20, 82.

徐盛桓. 1994. 新格赖斯会话含意理论和否定. 外语教学与研究（4）：30-35, 80.

徐盛桓. 1995a. 论荷恩的等级关系. 外国语（1）：11-17.

徐盛桓. 1995b. 选择重构、阐发、应用——我对格赖斯理论的研究. 现代外语（2）: 11-17.

徐友渔. 1995. 二十世纪十大哲学问题. 社会科学战线（5）: 19-28.

徐友渔. 1996. 语言与哲学: 当代英美与德法传统比较研究. 北京: 生活·读书·新知三联书店.

徐友渔. 1997. 精神生成语言. 成都: 四川人民出版社.

杨伯峻译注. 1980. 论语译注. 北京: 中华书局.

杨成凯. 1994. 语用学理论基础研究. 语用研究论集. 中国社会科学院语言研究所"汉语运用的语用原则"课题组编. 北京: 北京语言学院出版社.

杨绛. 1993. 杨绛作品集（3）. 北京: 中国社会科学出版社.

尹斌庸. 1984. "多余度"与文字优劣. 文字改革（1）: 17-23.

愈梅隐. 1971. 塔禅林夏序. 禅门公案五百八十六题. 北京: 中国社会科学出版社.

张炜. 1993. 问答录精选. 济南: 山东友谊书社.

张亚非. 1992. 关联原则及其话语解释作用. 现代外语（4）: 52-54.

赵淑华. 1992. 谈 80 年代与 90 年代的句型研究. 80 年代与 90 年代中国现代汉语语法研究.《世界汉语教学》《语言教学与研究》杂志编辑部编. 北京: 北京语言学院出版社.

周振甫. 1986. 文心雕龙今译. 北京: 中华书局.

诸通允. 1991. 句子语调在语言中的地位. 外国语（1）: 77-80.

Atlas, J. D. and S. C. Levinson. 1981. It clefts, informativeness and logical form. In *Radical Pragmatics*. Ed. P. Cole. New York: Academic Press.

Austin, J. L. 1962. *How to Do Things with Words (2nd ed)*. Oxford: Oxford University Press.

Austin, J. L. 1970. Performative utterances. In *Philosophical Papers*. Eds. J. O. Urmson and G. J. Warnock. Oxford: Oxford University Press.

Fillmore, C. J. 1981. Pragmatics and the description of discourse. In *Radical*

Pragmatics. Ed. P. Cole. New York: Academic Press.

Gazdar, G. 1979. *Pragmatics: Implicature, Presupposition and Logical Form*. New York: Academic Press.

Grice, H. P. 1957. Meaning. *Philosophical Review* (66):141-158.

Grice, H. P. 1975. Logic and conversation. In *Syntax and Semantics, Vol. III*. Eds. P. Cole and J. L. Morgan. New York: Academic Press.

Gumperz, J. J. 1981. The linguistic bases of communicative competence. In *Analysing Discourse: Text and Talk*. Ed. D. Tannen. Washington, D. C.: Georgetown University Press.

Hawking. S. 1988. *A Brief History of Time*. New York: Bantam.

Horn, L. R. 1972. *On the Semantic Properties of Logical Operators in English*. Bloomington: Indiana University Linguistics Club.

Horn, L. R. 1984. Toward a new taxonomy for pragmatic inference: Q-based and R-based implicature. In *Meaning, Form and Use in Context: Linguistic Applications*. Ed. D. Schiffrin. Washington, D.C.: Georgetown University Press.

Horn, L. R. 1988. Pragmatic theory. In *Linguistics: The Cambridge Survey, Vol. I*. Ed. F. J. Newmeyer. Cambridge: Cambridge University Press. pp.113-145.

Huang, Y. 1991a. A pragmatic analysis of control in Chinese. In *Levels of Linguistic Adaptation*. Ed. J. Verschueren. Amsterdam: John Benjamins Publishing Company. pp. 113-145.

Huang, Y. 1991b. A neoGricean pragmatic theory of anaphora. *Journal of Linguistics* (27): 305-335.

Kasher, A. 1976. Conversational maxims and rationality. In *Language in Focus: Foundations, Methods and Systems*. Ed. A. Kasher. Dordrecht, Holland: Reidel Publishing Company. pp. 197-216.

Leech, G. 1983. *Principles of Pragmatics*. London/New York: Longman.

Levinson, S. C. 1983. *Pragmatics*. Cambridge: Cambridge University Press.

Levinson, S. C. 1987. Minimization and conversational inference. In *The*

Pragmatic Perspective. Eds. J. Verschueren and M. BertuccelliPapi. Amsterdam: John Benjamins Publishing Company. pp. 61-129.

Levinson, S. C. 1991. Pragmatic reduction of the binding conditions revisited. *Journal of Linguistics* (27): 107-161.

Maria, B. 1999. *Modern Philosophy of Language*. Washington, D.C: Counterpoint.

Martinich, A. P. 1990. *The Philosophy of Language*. Oxford: Oxford University Press.

Morris, C. W. 1939. *Foundations of the Theory of Signs*. Chicago: University of Chicago Press.

Morris, C. W. 1946. *Signs, Language and Behavior*. Englewood Cliffs, NJ: Prentice Hall.

Searle, J. R. 1965. What is a speech act?. In *Language and Social Context*. Ed. P. P. Giglioli. London: Penguin Books.

Searle, J. R. 1969. *Speech Acts*. Cambridge: Cambridge University Press.

Sperber, D. and D. Wilson. 1986. *Relevance: Communication and Cognition*. London: Basil Blackwell.

Verschueren, J. 1987. *Pragmatics as a Theory of Linguistic Adaptation*. Antwerp: University of Antwerp.

Verschueren, J. 1989. *Pragmatics, Metapragmatics and Intercultural Communication*. Antwerp: Antwerp University Press.

Wittgenstein. 1964. *1953 Philosophical Investigations*. Trans. G.E.M. Anscombe, Oxford: Blackwell.

Outline of the Book

1. **Introduction**
   1.1 Pragmatics in Chinese culture
   1.2 Definition of pragmatics in the broad sense and the narrow one
   1.3 The philosophical origin of pragmatics
   1.4 Object and methodology
   1.5 The development of pragmatics abroad
   1.6 The development of pragmatics at home
   1.7 A comparative study of pragmatic topics abroad and in China

2. **The intervention by contexts**
   2.1 The intervention by contexts
   2.2 The limitation of language signs inviting the intervention by contexts
   2.3 Pragmatic inference operated at context levels
   2.4 Expansion of information capacity of signs in contexts
   2.5 Zero context sentence and context sentence

3. **The cluster of signs adhering to speakers taking part in the speech events**
   3.1 The cluster of signs (adhering to speakers)

3.2　The prerequisites to the participation of the clusters in speech events

3.3　Things adhering to speakers and their taking part in speech events

3.4　Facial expression and gestures participating in speech events

3.5　Voice and breath participating in the speech events

4. The intervention by intelligence

4.1　The intervention by intelligence: The choice of "appropriate feeling"

4.2　No way to pure formalization of pragmatic inference

4.3　The intervention by intelligence in pragmatic inference

5. Pragmatic principles and pragmatic strategies

5.1　Goal-intention principle—The CP need not be a principle

5.2　Tact and beyond

5.3　A strategy: facial expression and gestures in harmony of speech events

5.4　False information as a strategy

5.5　Redundancy as a strategy

5.6　Tolerance of pragmatic failures as a strategy

5.7　From the theory of imperfect function to the essence of pragmatics

6. Reflection of pragmatics in other disciplines

6.1　The reflection in syntax

6.2　The reflection in literature: *Zhuangzi* and *AQ's Biography*

6.3　The reflection in translation: *A Dream of Red Mansions*

6.4　The reflection in Dhyana cases

7. A case study of pragmatics in the broad definition: conversation analysis

8. Pragmatics: Speechology in humanistic networks